中國古代史學叢書

漢書補注

壹

［漢］班固 撰 ［清］王先謙 補注

上海師範大學古籍整理研究所 整理

圖書在版編目(CIP)數據

漢書補注 /（漢）班固撰；（清）王先謙補注；上海師範大學古籍整理研究所整理. —上海：上海古籍出版社，2021.5（2025.1重印）
（中國古代史學叢書）
ISBN 978-7-5325-9939-4

Ⅰ.①漢… Ⅱ.①班… ②王… ③上… Ⅲ.①中國歷史—西漢時代—紀傳體②《漢書》—注釋 Ⅳ.①K234.104.2

中國版本圖書館 CIP 數據核字(2021)第 066141 號

中國古代史學叢書
漢書補注
（全十二册）
［漢］班 固 撰 ［清］王先謙 補注
上海師範大學古籍整理研究所整理
上海古籍出版社出版發行
（上海市閔行區號景路159弄1-5號A座5F 郵政編碼201101）
（1）網址：www.guji.com.cn
（2）E-mail：guji1@guji.com.cn
（3）易文網網址：www.ewen.co
上海展强印刷有限公司印刷
開本 850×1168 1/32 印張 199.75 插頁 60 字數 5,800,000
2021 年 5 月第 1 版 2025 年 1 月第 3 次印刷
ISBN 978-7-5325-9939-4

K·2991 精裝定價：1,200.00 元
如有質量問題，請與承印公司聯繫
電話：021-66366565

上海師範大學古籍整理研究所整理

項目負責人：王禮賢　沙宗復

項目組成員（以姓氏筆畫爲序）：

王禮賢　方誠斌　沙宗復

辛品蓮　牟家義

復　　審：徐光烈　許沛藻

執行編輯：吕　健

責任編輯：郭子建　占旭東

美術編輯：嚴克勤

技術編輯：富　强

前言

漢書補注，作者王先謙（一八四二—一九一八），字益吾，號葵園，湖南長沙人。清同治四年（一八六五）進士，授史館編修。光緒六年（一八八〇）晉國子監祭酒。歷典雲南、江西、浙江鄉試，曾任江蘇學政，任上奏設書局。十五年（一八八九）開缺還鄉，主持過思賢講舍、嶽麓和城南兩書院，又歷任師範館長、學務公所議長、鐵路局名譽總理、省咨議局會辦等職。因總督陳夔龍、巡撫岑春蓂以其所著尚書孔傳參正、漢書補注、日本源流考和荀子集解等書進呈朝廷，而被賞内閣學士銜。辛亥革命後，改名遯，終老鄉間。

王先謙加以補注的漢書，是我國第一部紀傳體斷代史，起漢高祖，迄王莽，通記西漢一代史實（表、志有不限於西漢者），東漢扶風安陵（今陝西咸陽市東）人班固（三二—九二）撰。漢書之作，實發端於其父班彪的後傳，班固死時尚有八表和天文志未成，由其妹班昭和郡人馬續補續而成，故清人趙翼説漢書「經過四人手，閱三四十年始成完書」。

漢書微文奧義，歷來被認爲難讀，始出已「多未能通者」，當時一代通儒馬融亦要「伏於閣下，從昭受讀」。因此自東漢起即有人爲漢書注解，服虔、應劭便各爲音義，自別施行。魏晉、南北朝時期，爲漢書作音注者更多。晉代的晉灼於服、應之外，采伏儼等十四家，辯其當否，集爲漢書集注十四卷。臣瓚於晉灼之外，增劉寶漢書駁義一家，爲集解音義廿四卷。至東晉蔡謨，則取臣瓚之書散入漢書正文之下，自此以降，始有注本。

唐初，顔師古（五八一—六四五）受太子承乾之命注漢書，在服、應、晉、臣、蔡五種注本的基礎上，增以荀悦漢紀、崔浩漢紀音義和郭璞司馬相如傳注，並資取其叔父顔秦游漢書決疑之義，匯集前二十三家注解，揆之諸説，參以己見，發明駁正，而成集一代大成之作，號爲班氏忠臣。

顔注問世以後，至宋，雕板興起，宋太宗淳化五年（九九四），命官分校三史，校畢，就杭州鏤板，是爲淳化本，此漢書有板本之始。此後官府多次選官校勘，遂有景德監本、景祐刊誤本、熙寧本、宣和國子監本、乾道本等。其間對後世漢書流傳影響較大的，有余靖的景祐刊誤本、宋祁在其基礎上又增十五家而成的宋祁校本。同時民間摹刻以市易者滋多，南宋寧宗慶元年間（一一九五—一二〇〇），建安人劉之問取宋祁校本，別用十四家本參校，采入蕭該音義、司馬貞索隱、三劉刊誤等，刊印而成建安本。明代的官私刻本叠出，官本如取建安本而刊落甚多注文的南監本，私家本有毛氏用建安本但删除了三劉刊誤、景祐刊語而成的汲古閣本，此外還有汪本、閩本、德藩本等。入清，漢書注本主要沿着兩條系統流傳，一是乾隆四年，取南監本別加考證而成的武英殿本，即補注中的官本，一是同治年間，金陵書局重印汲古閣本而成的金陵書局本。以上便是漢書補注出現前，漢書注釋、校勘、版本流傳的大致綫索。

清代考據學興盛，治漢書的學者，在校訂的同時，並重釋義，多「研窮班義，考證注文」，湧現出一批專門著述。如錢大昭的漢書補疑、陳景雲的漢書訂誤、沈欽韓的漢書疏証、周壽昌的漢書注校補等，還有專究漢書某志、表、傳的專書，如梁玉繩的古今人表考、徐松的漢書西域傳補注等，而校注漢書地理志的著作尤爲繁富，此外還有王鳴盛的十七史商榷、錢大昕的廿二史考異、王念孫的讀書雜誌等考史名著中有關漢書的部分等，對漢書的校訂注釋取得了超越前代的豐碩成果。

然而由於漢書「義藴宏深，通貫匪易」，經顔師古集注後，雖然解釋詳明，旨趣畢顯，但遺義尚多。經過宋、明至晚清近千餘年間，諸家校訂，輾轉翻刻，漢書和顔注，都因而存在着文字上的異同錯訛，所謂「未發明者固多，而句讀僞訛，解釋踳駁之處，亦迭見焉」。而清代學者的宏富著述，又「散見諸書，學者罕能通習」。至晚清時期，對漢書再作一次全面補注的客觀條件和需要都已具備。

王先謙以其三十餘年「究心班書，博求其義」的深厚功力，在顔注的基礎上，又一次對漢書進行全面的注疏。他以汲古閣本爲底本，主要「遵用官本校定」，還對校了乾道本、北監本、南監本，移録了官本上的宋、劉校語和官本考證的成果。他的基本方法是「詳載文字異同，備録諸人考證」，將隋蕭該音義至清俞樾等四十七家的著述，參訂郭嵩燾等廿人的見解，薈萃編摩，整理排列，疏通發明，訂正訛謬，附以自己的研究心得，散入顔注或正文之下，撰成漢書補注，于光緒二十六年（一九〇〇）二月由其虚受堂刊行。

漢書補注是繼顔注之後，匯集宋、清學者校訂注釋漢書成果的又一次集大成之作，也是對清代學者考據漢書豐碩成果的一次總結。補注刊行後還有幾本漢書注疏問世，但誠如李家驥先生在其論文中指出的，「總的來説，漢書補注已基本結束了漢書的注疏。」

補注取材廣博，内容涉及諸多方面，有學者列舉出廿項之多。舉其要者有：校勘是正文字，補注羅列諸家版本文字異同，刊訂錯訛，或加斷語，某是某非；注音釋義，詮釋史事，補注匯集顔注以下宋、清學者的研究成果，網列衆説，疏理補證，糾繆正誤，使難於理解者，通順可讀；增補顔注的缺遺，顔師古對律曆志和天文志的注疏較少，尤其是律曆志下的顔注僅四十餘條，而補注卻有五百餘條，超過舊注十餘倍之多；特别是「地理志補注得最卓絶」，吸取了清代學者全祖望、錢坫、段玉裁、汪遠孫、吴卓信、徐松、陳澧等人對地理志研究的豐碩成果，還徵引了歷代水地諸書，疏通發明，訂正訛誤，並對每一地名必述其沿革，常加考證辨析，指明其當今之所在，或列舉其人物掌故，山川關隘；藝文志的補注亦稱精當；此外對顔注本的句讀失當，常有駁正。因此，堪稱目前漢書注釋最爲完備的本子。誠然補注並非盡善，其失注、誤注，以致誤糾前注，以及徵欠折衷等不足之處也是無庸諱言的，但是瑕不掩瑜，並不影響其對漢書校勘、注疏的巨大貢獻。因而是研究漢代歷史和漢書本身的基本史料。

這次整理工作，用光緒二十六年虚受堂刊本作底本，參校了「萬有文庫」本漢書補注以及中華書局點校本漢書。整理工作以補注部分爲重點，對其中的引文，盡可能核對了原書，其間的文字漏誤，一般皆據原書加以補正，但有的所引原書的文字，因後出版本曾加校訂而改動者，以當時所引原書如此，則未加校改。對正文和舊注中的文字脱誤，凡經補注辨正者，皆仍其舊，其未加辨證者，則汲取前人成果予以訂正，誤字加圓括弧，正字加方括弧，置於誤字之下。

許沛藻

點校凡例

一、本書以清光緒二十六年（公元一九〇〇年）王氏虚受堂刻本爲底本。整理工作以補注部分爲重點，按照以點帶校的原則，力求做到清楚、正確。

二、改原刻版正文中雙行夾注爲段後注。補注部分前標【補注】。補注中更有小字雙行附注者，改用楷體，以示區别。

三、補注部分多爲引文，且多爲套引，層次重疊，故少用引號和雙引號，一般只于所引人、書篇下加冒號，而止在主要引文處加引號。

四、官名不用專名號，官名中夾有地名的，只在地名上標專名號，例如泗川守。

五、星名不加專名號。以人名爲星名，如王良、造父、蚩尤等，亦不加專名號。

六、書名簡稱及篇名，均加書名號。如遷史、荀紀、水經注淮水等。

七、正文和舊注的衍脱訛誤之處，補注雖多所辨證，然皆未改字。今仍其舊。其未加辨證者則吸取前人校勘成果，予以訂正，誤字用圓括弧，正字用方括弧置于誤字之下。補注中的文字訛誤，盡量查對所引原書，訂正方法同上。

八、補注對句讀、提行的意見，一般應予采納，而其辨正文字仍予保留。

九、書中古字、異體字如「目」、「廼」、「㬥」等，因使用頻率高，改爲通行字，餘則一仍其舊。

十、書中避清諱各字，缺筆如「玄」、「寍」等，均添筆復全；代用字如「玄」作「元」、「曆」作「歷」等，逕行改回。避前代諱如「桓」作「威」、「莊」作「嚴」等，則仍其舊。

總目

前漢補注序例

賜進士出身前翰林院編修國子監祭酒加五級王先謙撰

自顏監注行，而班書義顯，卓然號爲功臣；然未發明者固多，而句讀譌誤，解釋踳駮之處，亦迭見焉。良由是書義蘊宏深，通貫匪易。昔在東漢之世，朝廷求爲其學者，以馬季長一代大儒，尚命伏閣下從孟堅女弟曹大家受讀，即其難可知矣。宋明以來，校正板本之功爲多。國朝右文興學，精栞諸史。海内耆古之士，承流嚮風，研窮班義，考正注文，箸述美富，曠隆往代，但以散見諸書，學者罕能通習。先謙自通籍以來，即究心班書，博求其義，薈最編摩，積有年歲，都爲一集，命曰漢書補注。臧之篋笥，時有改訂。忽忽六旬，炳燭餘明，恐不能更有精進，忘其固陋，舉付梓人。自顧材識駑下，無以踰越古賢。區區寸心，頗謂盡力，疏譌之咎，仍懼未免。匡我不逮，敬俟君子。

據敘例，顏監以前注本五種：服虔、應劭、晉灼、臣瓚、蔡謨也。大氐晉灼於服、應外，增伏儼、劉德、鄭氏、李斐、李奇、鄧展、文穎、張揖、蘇林、張晏、如淳、孟康、項昭、韋昭十四家。臣瓚於晉所采外，增劉寶一家。顏監於五種注本外，增荀悦漢紀、崔浩漢紀音義、郭璞注司馬相如傳三家。說本王鳴盛。顏注發明駮正，度越曩哲，非印人鼻息者也。其中或引舊文，據爲己說。以史記索隱證之，張蒼傳「柱下方書」注，乃姚察說。淮南王安傳「會有詔即訊太子」注，乃樂產說。郊祀志「周始與秦國合而別，別五百載當復合」

注，乃顏游秦說。本洪頤煊。以文選李善注證之，枚乘傳注「隱匿，謂僻處於東南也」，乃韋昭說。「梁下屯兵方十里」，乃張晏說。本朱一新。以詩王風譜疏證之，地理志內「雒邑與宗周通封畿」注，乃臣瓚說。舊唐書顏籀傳：叔父游秦，撰漢書決疑十二卷，爲學者所稱，師古注漢書，多取其義。今書中未見。本王鳴盛。此外注文，間用舊說，皆爲證明，以資識別。原其本意，非必掩襲前賢，或因己說冥符，不復割捨，尚非巨累；至游秦行輩文學，巋然在前，盜竇遺名，有慙德矣。今補注所采，悉出其人。家世儒素，昆弟相師，先後三人，慘歸黃土，脊令原隰，垂老增唏，片羽可珍，敢忘護惜！宗族講肄，朋好往還，賞析所存，皆登斯輯，亦公善之義也。

顏注漢書，至宋仁宗景祐二年，韶州余靖宋史本傳，字安道，曲江人。爲祕書丞，奏言文字舛譌，命與王洙同校。靖撰刊誤一書，增入江南張佖校說六條，宋祁云：漢書中有臣佖者，乃張佖，江南人，歸本朝。太祖收諸僞國圖籍實館閣，或召京朝官校對，皆題名卷末。所謂景祐刊誤本也。嗣又有宋景文公祁合十六家校本。至寧宗慶元中，建安劉之問又取宋校本，更別用十四家本參校，又采入蕭該音義、司馬貞索隱、孫巨源經綸集學官考異、章衡編年通載、楊侃兩漢博(文)〔聞〕、漢書刊誤、楚漢春秋、史義宗本、西京雜記、朱子文辨正、孔武仲筆記、三劉刊誤、紀年通譜刻之，爲建安本。周壽昌云：劉之問號元起。書前題云「建安劉元起刊於家塾之敬室」。余購得之，今存湘潭袁漱六同年芳瑛家。顧千里析劉元起與之問爲兩人，又訛作「之冏」，南監本又作「之同」。明南監本即用建安本者也，但於注文刊落甚多。汲古閣本注文完足，而去其敍例，又於藝文志、張良、司馬相如、東方朔、揚雄、賈誼傳後，坿臣佖校語六條，即張佖也，而三劉刊誤及景祐刊語，皆未之采。國朝文教昌明，圖書大備，乾隆四年，武英殿校刊漢書，用監本精校付梓，別加考證。今補注以汲古本爲主，佖說併入注文，遵用官本校定，詳載文字異同，備録諸人考證。顏監敍例，宋劉校語，粲然具列。庶覽者無遺憾焉。

監本列宋景文參校諸本：一、古本；顔師古未注以前本。二、唐本；張唐公家所得唐本。三、江南本；金坡遺事云：太祖平江南，賜本院書三千卷，皆紙札精好。東原榮氏私記云：江南本宣和間尚在御府。四、舍人院本；江南本在舍人院，亦曰舍人院本。劉之問云：景文所據爲十五家，按其目實十六。殆因舍人院本即江南本之藏舍人院者，一本二目，故併稱之。五、淳化本；國朝會要云：淳化五年七月，詔選官分校史記、前後漢，命陳充、阮思道、尹少連、趙況、趙安仁、孫何校前後漢畢，遣内侍裴愈齎本就杭州鏤板。六、景德監本；國朝會要云：咸平中，真宗命刁衎、晁迥與丁遜覆校兩漢書板本。迥知制誥，以陳彭年司其事。景德二年七月，衎等上言，漢書歷代名賢注釋，至有章句不同，名氏交錯，除無考據外，博訪羣書，徧觀諸本，校定凡三百四十九卷，籤正三千餘字，録爲六卷以進。七、景祐刊誤本；景祐元年九月，祕書丞余靖上言：國子監所印兩漢書，文字舛譌，恐誤後學。臣謹參括衆本，旁據它書，列而辨之，望行刊正。詔送翰林學士張觀等詳定聞奏。又命國子監直講王洙與靖偕赴崇文院讐對。二年九月校書畢，凡增七百四十一字，損二百一十二字，改正一千三百三十九字。八、我公本；今不詳何人。九、燕國本；十、曹大家本；十一、陽夏公本；十二、晏本；十三、郭本；十四、姚本；十五、浙本；十六、閩本。又列建安本參校諸本：用宋景文本校定，復用諸家參校。一、熙寧本；熙寧七年，參知政事趙抃奏新校漢書五十册，及陳繹所著是正文字七卷。二、卷子古本；古字。三、史館本；舊本。四、國子監本；宣和六年本。五、陳和叔本；熙寧中所校。六、邵文伯本；用宋景文本校。七、謝克念本；用景文本校。八、楊伯時本；用謝本校。九、李彦中本；用楊本校。十、張集賢本；張瓌得唐世本校。十一、王性之本；用景德中監本校。十二、趙德莊本；用祕閣本校。十三、沈公雅本；用祕閣本校。十四、王宣子本。用祕閣本校。景文校本，近儒錢大昕、王鳴盛等皆信之，惟全祖望以爲南渡末年麻沙坊中不學之徒依託爲之，非出景文，列有五證，見鮚埼亭集外編第四十六卷。今案宋説淺陋，誠所未免，惟劉之問輩曾用以校定，則固嘗有是書，不出南渡末也。國朝諸儒講求板本之學，致力漢書者多用南監本。此外如景祐本、王念孫父子校。閩本、錢大昭校。明按察司按察使周采、提學副使周琉、巡海副使柯喬等刊。汪本、朱一新校。明汪文盛刊。德藩本、葉德輝校。明德王刊。乾道本、宋乾道中刊。北監本，以上二本先謙校。並備搜羅，間有甄采。良由文軌同塗，衆善咸萃，内府精槧，前無以加云。

三劉刊誤出劉敞與其弟攽、子奉世撰。宋史敞傳云字原父，臨江新喻人，不言有此書。惟攽傳云字貢父，邃史學，作東漢刊誤爲人所稱，司馬光修資治通鑑專職漢史，奉世傳云字仲馮，精漢書學而已。其實兩漢皆有三劉評論，今書已亡，賴監本存之。斗南補遺援引蕪雜，説詳王氏十七史商榷。頗有芟取，未從割棄。蕭該音義采自監本，雖非瑰寶，亦資印證。明代史評大暢，競逐空疏。國朝碩學雲興，考訂精能，超踰前古。茲編廣羅衆家，去取務慎。沈文起疏證一書，以後事稽合前言，自爲別派。今但取有關書義者，餘屏不録。

顔監敘例言：曲覈古本，歸其真正。史記正義論例云：史、漢文字相承已久，若「悦」字作「説」、「閑」字作「閒」、「智」字作「知」、「汝」字作「女」、「早」字作「蚤」，緣古字少，通共用之。史、漢本有此古字者，乃爲好本。劉之問跋建安本漢書云：自顔氏後又幾百年，向之古字日益改易，書肆所刊，祇今之世俗字耳，識者恨之。今得宋景文公所校善本，雌黄所加，字一從古。愚案：從古之字，如「供」爲「共」、「伺」爲「司」、「蹤」爲「縱」、「藏」爲「臧」、「廂」爲「箱」、「慰」爲「尉」、「屢」爲「婁」、「嗜」爲「耆」、「屍」爲「死」、「讓」爲「攘」之類，或係最初正文，或出聲近通假，非由古字之少。既展轉借寫，彌久失真，故東京文字不正，流弊斯極，而許氏説文出焉。刊本存真，不宜輒改。若概目爲古字，其蔽也愚。或乃以爲六書假借之恉，則去之愈遠矣。

汲古本文字無定，如「以」字作「目」，後多作「以」，「桓」字作「桓」，閒亦作「桓」，及公孫賀等傳贊，淵聖御名，悉仍其舊。或有譌脱乖誤之處，並依前式加以注正。書雖增新，板如逢故。惟官本劉、宋注文有隔斷顏注者，輒爲移易舊處，俾免違滯。

顏監於雜家傳記，擇取綦嚴，如太公名字、四皓姓氏，雖登史志，並就柔落，可謂慎矣。西京雜記亦在屏除之列，沈文起詆之。引見傳中。愚謂雜記不知撰人，初無妄説，又古事、雅語，並資多識，師古棄而不取，而稱引顯相牴牾之楚漢春秋，不悟其僞託，抑又何也？今依沈説，仍采雜記。此外，如飛燕外傳之類，概不闌入。

王子、功臣、外戚恩澤侯表所列，皆受國封，而司馬貞之徒，或云名號，此大謬矣。其不見地志者，皆因免侯併省；亦有侯表相符，而地志不言侯國，則班氏失書也。其有先國而後縣，或一國而前後兩封，取覈表、志，原委咸在，疑訟已久，特爲揭明。

班志地理，存前古之軌迹，立來史之準繩，兼詳水道源流，使後人水地相資，以求往蹟，可謂功存千古者也。元魏酈道元水經注一書，於漢世水道，曲折具存，實爲疏證班志而作，前人引用不得要領。兹編於酈注諸水，顛末畢備：同郡之水，則云自某縣來，下入某縣；隔郡之水，則云自某郡某縣來，下入某郡某縣。脈絡畢貫，臚載無遺。更取歷代水地諸書爲之疏通發明，訂正訛謬。讀者因酈證班，即漢考古，然後遞推諸史，上下數千年地理，可以了然胸中。

律曆、天文，顏監無注。國朝錢、李諸儒，洞貫劉術，更迭推衍三統，以明天文。圖籍紛陳，管窺積歲，補苴闕漏，藉竟全功。其餘得失之林，開卷即了，遠俟百世，不煩贅論。

光緒二十六年，歲次庚子二月初吉，識於長沙城北葵園。

引用諸書姓氏
非注本書者不列

蕭該 蘭陵人。隋國子博士，山陰縣公。著漢書音義，引見官本。

張佖 見上。有校説，引見官本。

宋祁 字子京，安州安陸人。宋翰林學士承旨，謚景文。有校説，引見官本。

劉敞 字原父，臨江新喻人。宋集賢院學士。有刊誤，引見官本。

劉攽 字貢父，敞弟。宋中書舍人。有刊誤，引見官本。

劉奉世 字仲馮，敞子。宋端明殿學士。有刊誤，引見官本。

吴仁傑 字斗南，崑山人。宋淳熙進士，國子學録。著兩漢刊誤補遺。

王應麟 字伯厚，河南祥符人。宋淳祐進士，禮部尚書。著藝文志考證。

張照 字得天，江蘇華亭人。官檢討，刑部尚書，謚文敏。見官本考證。

勵宗萬 直隸靜海人。官編修、刑部侍郎。見官本考證。

陳浩　官詹事府詹事。見官本考證。

齊召南　字次風，浙江天台人。官檢討、禮部侍郎。見官本考證。

杭世駿　字大宗，號堇甫，浙江仁和人。官編修。見官本考證。

張永祚　官欽天監博士。見官本考證。

顧炎武　字寧人，一字亭林，江蘇崑山人。諸生。著日知録。

閻若璩　字百詩，山西太原人。諸生。著潛邱劄記。

何焯　字屺瞻，江蘇長洲人。官編修。著讀書記。

全祖望　字紹衣，一字謝山，浙江鄞縣人。官庶吉士。著經史問答、地理志稽疑。

王鳴盛　字鳳喈，號西莊，晚號西沚，江蘇嘉定人。官光禄寺卿。著十七史商榷。

錢大昕　字曉徵，號辛楣，一號竹汀，江蘇嘉定人。官詹事府詹事。著廿二史考異、三史拾遺、三統術衍、三統術鈐。

錢大昭　字晦之，一字竹廬，大昕弟。舉孝廉方正。著漢書辨疑。

陳景雲　字少章，江蘇長洲人。縣學生。著兩漢訂誤。

李鋭　字尚之，江蘇元和人。諸生。著三統術注。

錢坫　字獻之，大昕姪。副貢生。著新斠注地理志。
姚鼐　字姬傳，安徽桐城人。官刑部郎中。著惜抱軒筆記。
王念孫　字懷祖，江蘇高郵人。直隸永定河道。著讀書雜志。
洪亮吉　字稚存，江蘇陽湖人。官編修。著四史發伏。
段玉裁　字若膺，一字懋堂，江蘇金壇人。舉人。四川巫山縣知縣。著地理志校正。
劉台拱　字端臨，江蘇寶應人。官訓導。著漢學拾遺。
李賡芸　字生甫，號許齋，江蘇嘉定人。官福建布政使。著炳燭編。
沈濤　字西雍，浙江嘉興人。著銅熨斗齋四史隨筆。
洪頤煊　字筠軒，浙江臨海人。著讀書叢録。
汪遠孫　字小米，浙江錢塘人。著地理志校本。
吴卓信　字立峯，一字頊儒，江蘇常熟人。著地理志補注。
梁玉繩　字曜北，浙江錢塘人。諸生。著人表考證。
王引之　字伯申，念孫子。官禮部尚書，謚文簡。見讀書雜志。

沈欽韓　字文起，江蘇吳縣人。著漢書疏證。

何若瑶　廣東番禺人。

徐松　字星伯，直隸大興人。官編修、内閣中書。著西域傳補注、地理志集釋。

翟云升　字文泉，山東萊州人。舉人。著校正古今人表。

周壽昌　字荇農，湖南長沙人。官内閣學士。著漢書注補正。

汪士鐸　字梅村，江蘇上元人。舉人。著漢志釋地略。

陳澧　字蘭甫，廣東南海人。舉人。著地理志水道圖説。

李光廷　字恢垣，廣東番禺人。官吏部主事。著漢西域圖考。

張文虎　字嘯山，江蘇南匯人。著舒藝室隨筆。

成蓉鏡　字芙卿，江蘇寶應人。舉人。著史漢駢枝。

俞樾　字蔭甫，浙江德清人。官編修。著湖樓筆談。

同時參訂姓氏

郭嵩燾　字筠仙，湖南湘陰人。官編修、侍郎。

朱一新　字蓉生，浙江義烏人。官編修、御史。著漢書管見，參訂時，書尚未成。

李慈銘　字炁伯，浙江會稽人。進士。官御史。

繆荃孫　字筱珊，江蘇江陰人。官編修。

沈曾植　字子培，浙江嘉興人。進士。官户部主事。

王闓運　字壬秋，湖南湘潭人。舉人。

瞿鴻禨　字子久，湖南善化人。官編修、侍郎。

杜貴墀　字仲丹，湖南巴陵人。舉人。

王啟原　字理菴，湖南湘潭人。官江華訓導。

李楨　字佐周，湖南善化人。附貢生。

葉德輝 字奐彬，湖南湘潭人。進士。官吏部主事。
皮錫瑞 字鹿門，湖南善化人。舉人。
蘇輿 字厚康，湖南平江人。舉人。
陶憲曾 字伯成，湖南安化人。廩生。
陶紹曾 字仲甫，湖南安化人。縣學生。
王文彬 字蓮生，湖南長沙人。縣學生。
王先和 字蕙庭，湖南長沙人。
王先惠 字敬吾，湖南長沙人。廩生。
王先恭 字禮吾，湖南長沙人。附貢生。分省補用知府。
王先慎 字慧英，湖南長沙人。官道州訓導。

汲古閣本卷首〔一〕

〔一〕先謙補注不別立目録，即用此本卷首目録，以便檢閲。惟地理志上旁注一、二、三，地理志下旁注一、二，共新增五字。雖卷帙加多，無改舊式。

班固前漢書凡百篇，總一百二十卷。〔二〕

顔師古注

〔二〕【補注】洪頤煊曰：敍傳班氏原目百卷。今本一百二十卷，蓋師古集注分高紀、王子侯表、百官公卿表、律曆志、食貨志、郊祀志、地理志、司馬相如傳、嚴安以下傳、揚雄傳、匈奴傳、〔西域傳、〕外戚傳、敍傳爲二卷，王莽傳爲三卷，五行志爲五卷。隋書經籍志「漢書一百一十五卷，太山太守應劭集解」。顔注視應本又多五卷。梁書陸倕傳「嘗借人漢書，失五行志四卷」，視顔本五卷又異。

十二帝紀一十三卷

八表一十卷

十志一十八卷

七十列傳七十九卷

皇明崇禎十有五年，歲在橫艾敦牂如月初吉，琴川毛氏開雕。〔一〕

〔一〕索隱曰：橫艾，壬也。爾雅作「玄黓」。今從史記曆書。【補注】王鳴盛曰：常熟毛氏汲古閣刻本字密行多，篇帙縮減，簡便可喜；但前明南監板有師古敍例，此削去不存，則來歷不明。

前漢書目録（一）

帝紀一十二卷
年表八卷
本志一十卷
列傳七十卷

顔師古注

帝紀

年表

本志

〔一〕【補注】盧文弨曰：史記、漢書書前之有目録，自有板本以來即有之，爲便於檢閲耳，然於二史之本旨所失多矣。史公之自序即史記之目録，班氏之敘傳即漢書之目録，乃後人以其艱於尋求，而復爲之條列以繫於首。後人又誤認書前之目録即以爲作者所自定，致有據之妄訾謷本書者。史記孟荀列傳以兩大儒總搭之，何嘗齒淳于髡、慎到、騶奭於其閒哉。貨殖等傳以事名篇，與八書相類，未嘗一一標姓名也。譏漢書者以范蠡、子貢、白圭非漢人而入漢書爲失於限斷，其實班氏何嘗爲范蠡諸人立傳，即彼蜀卓、宛孔閭里猥瑣之流，亦豈屑屑爲之標目，與因人立傳者同乎！明毛氏梓史記集解，葛氏梓漢書正文，其前即據自序、敘傳爲目録，亦爲便於觀者而尚不失其舊，在諸本中爲最善矣。朱一新曰：漢書目録，刊書者以意爲之，故各本詳略不同。

〔二〕【補注】葉德輝曰：監本、德藩本帝紀某帝下，皆有諱名小字。

〔三〕【補注】葉德輝曰：監本、德藩本有「子敖」二小字。

〔四〕【補注】先謙曰：「王」下當有「交」字。下當作「交孫辟彊，辟彊子德，德子向，向子歆」。葉德輝云：監本、德藩本「元王」下有「交」字。劉向别標目，下有「子歆」二字。

〔五〕【補注】葉德輝曰：三字，監本、德藩本小字注「第八卷」下。

〔六〕【補注】葉德輝曰：五王名，監本、德藩本小字。

〔七〕【補注】葉德輝曰：監本、德藩本小字注王名。

〔八〕【補注】葉德輝曰：三字，監本、德藩本小字注「第十七卷」下。

〔九〕【補注】葉德輝曰：三王名，監本、德藩本小字。

〔一〇〕【補注】葉德輝曰：監本、德藩本有「子臯」二小字。

〔一一〕【補注】葉德輝曰：四字，監本、德藩本小字注「第二十三卷」下。

〔一二〕【補注】葉德輝曰：十三王名，監本、德藩本小字。

〔一三〕【補注】先謙曰：傳題衛霍，李息等不應列名，官本注「去病」下，是也。閩本同。皆九人，闕荀彘。葉德輝云：監本、德藩本李息以下九人小字注「去病」下。

〔一四〕【補注】葉德輝曰：監本多「延壽子放」四字。先謙曰：官本無，蓋以放在佞幸。

〔一五〕【補注】葉德輝曰：三字，監本、德藩本小字注「第(二)〔三〕十三卷」下。

〔一六〕【補注】葉德輝曰：諸王名，監本、德藩本小字。

〔一七〕【補注】葉德輝曰：監本、德藩本有「子敬聲」三小字。

〔一八〕【補注】葉德輝曰：監本、德藩本有「子咸」二字。

〔一九〕【補注】葉德輝曰：監本、德藩本多「子駿孫崇」四字。

〔二〇〕【補注】葉德輝曰：監本、德藩本有「傳云兩龔是也」六字。

〔二一〕【補注】葉德輝曰：監本、德藩本有「唐林薛方」四字。

〔二二〕【補注】葉德輝曰：監本、德藩本無「族子勝」三字。勝別標目。

〔二三〕【補注】葉德輝曰：四字，監本、德藩本小字注「第五十卷」下。

〔二四〕【補注】葉德輝曰：六王名，監本、德藩本小字。

〔二五〕【補注】葉德輝曰：二字，監本、德藩本小字注「第五十八卷」下。又目無楊何，而張山拊下有孔安國。先謙曰：官本儒林、循吏、酷吏、貨殖、游俠、佞幸標目俱用大字，蓋稍變舊式。

〔二六〕【補注】葉德輝曰：二字，監本、德藩本小字注「第五十九卷」下。

〔二七〕【補注】葉德輝曰：二字，監本、德藩本小字注「第六十卷」下。

〔二八〕【補注】葉德輝曰：監本、德藩本多「周陽由」三字。

〔二九〕【補注】葉德輝曰：二字，監本、德藩本小字注「第六十一卷」下。又目白圭前有范蠡、子贛二人。

〔三〇〕【補注】葉德輝曰：二字，監本、德藩本小字注「第六十二卷」下。

〔三一〕【補注】葉德輝曰：二字，監本、德藩本小字注「第六十三卷」下。

〔三二〕【補注】葉德輝曰：監本、德藩本目，董賢上有張放。

〔三三〕【補注】葉德輝曰：「兩粵」，監本、德藩本分南粵王、閩粵王二目。

坿官本卷首目録

前漢書敘例〔一〕

〔一〕【補注】洪頤煊曰：金樓子聚書篇「又使孔昂寫得前漢、後漢、史記、三國志、晉陽秋、莊子、老子、肘後方、離騷等合六百三十四卷，悉在一巾箱中」。漢書加「前」字已見於此。

唐正議大夫行祕書少監琅邪縣開國子顔師古撰〔一〕

〔一〕【補注】王鳴盛曰：舊唐書：顔籀字師古，齊黄門侍郎之推孫也，以字行。其先本居琅邪，世仕江左。之推歷事周、齊，齊滅，始居關中。師古貞觀十一年爲祕書少監，時太子承乾命師古注漢書，解釋詳明，承乾表上之，太宗命編之祕閣。其敍例有云：「歲在重光，律中大吕，是謂涂月，其書始就。」重光是辛年，當爲貞觀十五年辛丑，承乾以十七年被廢爲庶人，則此書之成必在十五年矣。師古於十九年卒，年六十五，則書成時年六十一也。

儲君體上哲之姿，膺守器之重，俯降三善，博綜九流。觀炎漢之餘風，究其終始；懿孟堅之述作，嘉其宏贍。以爲服、應曩説，疏紊尚多；蘇、晉衆家，剖斷蓋尠；蔡氏纂集，尤爲牴牾；〔二〕自茲以降，蔑足有云。悵前代之未周，愍將來之多惑。顧召幽仄，俾竭芻蕘，匡正睽違，激揚鬱滯。將以博喻胄齒，遠覃邦國；弘敷錦帶，啓導青衿。曲稟宏規，備蒙嘉惠；增榮改觀，重價流聲。斗筲之材，徒思罄力；駑蹇之足，終慙遠致。歲在重光，律中大吕，是謂涂月，其書始就。不恥狂簡，輒用上聞，粗陳指例，式存揚搉。

〔一〕【補注】王鳴盛曰：序述服、應、蘇、晉、蔡氏，不及臣瓚，以蔡全取瓚書也。

漢書舊無注解，唯服虔、應劭等各爲音義，自别施行。至典午中朝，爰有晉灼，集爲一部，凡十四卷，又頗以意增益，時辯前人當否，號曰漢書集注。屬永嘉喪亂，金行播遷，此書雖存，不至江左。是以爰自東晉，迄于梁、陳，南方學者皆弗之見。有臣瓚者，莫知氏族，考其時代，亦在晉初，又總集諸家音義，稍以己之所見續厠其末，舉駁前説，喜引竹書，自謂甄明，非無差爽，凡二十四卷，分爲兩帙。今之集解音義，則是其書，而後人見者，不知臣瓚所作，乃謂之應劭等集解。王氏七志、阮氏七録，並題云然，斯不審耳。〔二〕學者又斟酌瓚姓，附著安施，或云傅族，既無明文，未足取信。蔡謨全取臣瓚一部，散入漢書，自此以來，始有注本。但意浮功淺，不加隱括，屬輯乖舛，錯亂實多，或乃離析本文，隔其辭句，穿鑿妄起，職此之由，與未注之前大不同矣。謨亦有兩三處錯意，然於學者竟無弘益。〔三〕

〔二〕【補注】錢大昕曰：隋書經籍志「漢書集解音義二十四卷，應劭撰」。依顔説，知隋志所載即臣瓚所集，非出劭一人。隋志多承阮録舊文，則應劭下當有「等」字，殆傳寫失之也。晉灼集(解)〔注〕不載於隋志，則師古所謂「東晉訖於梁、陳，南方學者皆未之見」。王、阮既未著録，故隋志亦遺之也。

〔三〕【補注】錢大昕曰：據此知不獨服、應音義單行，即灼、瓚兩家亦不注本文之下，至謨乃取瓚書散入正文，是漢書注本始於東晉。顔注蓋依蔡本而稍采它書附益之。

漢書舊文，多有古字，解説之後，屢經遷易，後人習讀，以意刊改，傳寫既多，彌更淺俗。今則曲覈古本，歸其真正，一往難識者，皆從而釋之。

古今異言，方俗殊語，末學膚受，或未能通，意有所疑，輒就增損，流遯忘返，穢濫實多。今皆删削，克復其舊。

諸表列位，雖有科條，文字繁多，遂致舛雜。前後失次，上下乖方，昭穆參差，名實虧廢。今則尋文究例，普更刊整，澄蕩愆違，審定阡陌，就其區域，更爲局界，非止尋讀易曉，庶令轉寫無疑。

禮樂歌詩，各依當時律吕，修短有節，不可格以恒例。讀者茫昧，無復識其斷章，解者支離，又乃錯其句韻，遂使一代文采，空韞精奇，累葉鑽求，罕能通習。今並隨其曲折，剖判義理，歷然易曉，更無疑滯，可得諷誦，開心順耳。

凡舊注是者，則無間然，具而存之，以示不隱。其有指趣略舉，結約未伸，衍而通之，使皆備悉。至於詭文僻見，越理亂真，匡而矯之，以祛惑蔽。若汎説非當，蕪辭競逐，苟出異端，徒爲煩冗，秖穢篇籍，蓋無取焉。舊所闕漏，未嘗解説，普更詳釋，無不洽通。上考典謨，旁究蒼雅，非苟臆説，皆有援據。六蓺殘缺，莫覩全文，各自名家，揚鑣分路，是以向、歆、班、馬、仲舒、子雲所引諸經或有殊異，與近代儒者訓義弗同，不可追駁前賢，妄指瑕纇，曲從後説，苟會局塗。〔一〕今則各依本文，敷暢厥指，非不考練，理固宜然，亦猶康成注禮，與其書、易相偝，元凱解傳，無係毛、鄭詩文。以類而言，其意可了。爰自陳、項，以訖哀、平，年載既多，綜緝斯廣，所以紀傳表志時有不同，當由筆削未休，尚遺秕稗，亦爲後人傳授，先後錯雜，隨手率意，遂有乖張。今皆窮波討源，搆會甄釋。

〔一〕【補注】先謙曰：官本考證云監本、别本俱訛作「局塗」，非也。今從古本改。

字或難識，兼有借音，義指所由，不可暫闕，若更求諸別卷，終恐廢於披覽。今則各於其下，隨即翻音。至如常用可知，不涉疑昧者，衆所共曉，無煩翰墨。

近代注史，競爲該博，多引雜説，攻擊本文，至有詆訶言辭，掎摭利病，顯前修之紕僻，騁己識之優長，乃效矛盾之仇讐，殊乖粉澤之光潤。今之注解，翼贊舊書，一遵軌轍，閉絶歧路。

諸家注釋，雖見名氏，至於爵里，頗或難知。傳無所存，具列如左：〔一〕

〔一〕【補注】陳浩曰：按此另爲一條，監本接連前文，非是，今提行寫。朱一新曰：監本載景祐二年祕書丞余靖上言，顏師古總先儒注解名姓可見者二十五人，而爵里年代史闕載者殆半。考其附著及舊説所承注釋源流、名爵、年次，謹條件以聞，望行刊於本書之末云云。則此下注語皆余氏所爲，非師古原文也。又余靖言注解二十五人，史通正史篇亦云二十五家，而今本前所列者僅二十三人。又天文志引宋均語，不在二十三家之内。齊召南曰：「二十五」係「二十三」傳寫之訛，不然，宋祁謂諸家名氏已附注師古敍例之下，益不可解矣。王鳴盛曰：二十五人者，外增師古及張佖也。許慎注漢書今不傳，引見顏注者尚多，不知前五書是何書中所采，敍例不列其名。洪頤煊曰：文紀應注、元紀百官公卿表如注並引「胡公曰」，賈誼傳蘇注引「胡公漢官」，胡公即胡廣，當時名位尊，故不著其名。敍例不載廣名氏、爵里。又高紀十二年顏注引「王楙」，景紀中三年臣瓚注引「王楙」，楙是西晉以前人，敍例亦不載。

荀悦字仲豫，潁川人，後漢祕書監。撰漢紀三十卷，其事皆出漢書。〔一〕

〔一〕【補注】宋祁曰：景祐間余靖校本注末有「後人取悦所著書入於注本」十一字。王鳴盛曰：案漢紀自序，悦蓋專取班書別加銓次論斷，未嘗有所增益，其間或小有立異，似當各有所據。若班書傳刻脱誤處藉此校改者亦間有之，然已僅矣。

服虔字子慎，滎陽人，後漢尚書侍郎，高平令，九江太守。初名重，改名祇，後定名虔。〔一〕

〔一〕【補注】朱一新曰：新唐書藝文志有服虔漢書音訓一卷。

應劭字仲瑗，一字仲援，一字仲遠。汝南南頓人，後漢蕭令，御史營令，泰山太守。〔一〕

〔一〕【補注】朱一新曰：廣韻：應姓出南頓。漢有應曜隱於淮陽山中，與四皓俱徵，曜獨不至。時人語之曰：南山四皓，不如淮陽一老。八代孫劭集解漢書。洪頤煊曰：風俗通聲音篇引漢書舊注云「菰，吹鞭也。菰者憮也，言其節憮威儀」。又引漢書注云「荻，角也。言其聲音荻荻，名自定也」。師古敘例，惟服虔與劭同時，餘諸家皆在劭後，則劭以前注漢書者亦多矣。

伏儼字景宏，琅邪人。

劉德，北海人。

鄭氏，晉灼音義序云不知其名，而臣瓚集解輒云鄭德，既無所據，今依晉灼但稱鄭氏耳。〔一〕

〔一〕【補注】宋祁曰：景祐余靖校本云「鄭氏，舊傳晉灼集注云北海人，不知其名。而臣瓚以爲鄭德，今書但稱鄭氏」。洪頤煊曰：汴本史記索隱以爲鄭玄。案，高紀「沛公還軍亢父」，鄭氏曰「屬任城郡」。郡國志「任城國」，不名爲郡。王子侯表「擲裴戴侯道」，鄭氏曰「『擲裴』音『即非』，在肥鄉縣南五里」。肥鄉縣黄初二年置，皆在鄭康成後，汴本索隱誤也。

李斐，不詳所出郡縣。

李奇，南陽人。

鄧展，南陽人，魏建安中爲奮威將軍，封高樂鄉侯。〔一〕

〔一〕【補注】齊召南曰：顧炎武日知録云「敘例列姓氏，鄧展、文穎下並云魏建安中。建安乃獻帝年號，雖政出曹氏，不得遽名以魏」。顧説是也。朱一新曰：魏志文帝紀裴注引典論自敘稱「與奮威將軍鄧展」「願將軍捐棄故伎更受要道」者，蓋即其人。

文潁字叔良，南陽人，後漢末荆州從事，魏建安中爲甘陵府丞。〔一〕

〔一〕【補注】齊召南曰：兩漢無府丞官名。甘陵改自安帝，或如續志，太常屬官每陵園令各一人，丞及校長各一人，則文潁爲甘陵丞，不得云爲甘陵府丞也。

張揖字稚讓，清河人。一云河間人。〔一〕魏太和中爲博士。〔二〕

〔一〕【補注】先謙曰：官本考證云「河間」訛「阿間」，今改正。

〔二〕止解司馬相如傳一卷。【補注】王鳴盛曰：揖所著今傳者有廣雅，卷首題魏張揖撰。

蘇林字孝友，陳留外黄人，魏給事中領祕書監，散騎常侍，永安衞尉，太中大夫，黄初中遷博士，封安成亭侯。〔一〕

〔一〕【補注】宋祁曰：景祐余靖校本「孝友」字下有「一云彦友」四字，「安成亭侯」無「亭」字。朱一新曰：事蹟見三國志劉劭及高堂隆傳注。又王肅傳注引魏略以董遇、賈洪、邯鄲淳、薛夏、隗禧、蘇林、樂祥等七人爲儒宗。

張晏字子博，中山人。

如淳，馮翊人，魏陳郡丞。〔一〕

〔一〕【補注】王鳴盛曰：廣韻引晉中經簿云，魏有陳郡丞馮翊如淳注漢書。

孟康字公休，安平廣宗人，魏散騎常侍，弘農太守，領典農校尉，勃海太守，給事中，散騎侍郎，中書令，後轉爲監，封廣陵亭侯。〔一〕

〔一〕【補注】朱一新曰：新唐書藝文志有孟康漢書音義九卷。洪頤煊曰：史記正義云漢書音義中有全無姓名者。裴注史記直云漢書音義今有六卷，題曰孟康，或曰服虔。案：鄒陽傳「申徒狄自沈於河」，集解駰案，漢書音義曰「殷之末世人」，文選李善注引作「服虔」。司馬相如傳集解駰案，漢書音義曰「瑕蛤、猛氏皆獸名」，文選注引作「孟康」。

項昭，不詳何郡縣人。

韋昭字弘嗣，吴郡雲陽人，吴朝尚書郎，太史令，中書郎，博士祭酒，中書僕射，封高陵亭侯。〔一〕

〔一〕【補注】朱一新曰：新唐書藝文志有韋昭漢書音義七卷。王鳴盛曰：三國志昭傳不言注漢書，然昭注國語今存，而傳亦無，則傳不備也。

晉灼，河南人，晉尚書郎。〔一〕

〔一〕【補注】朱一新曰：新唐書藝文志有晉灼漢書集注十四卷，又音義十七卷。

劉寶字道真，高平人，晉中書郎，河内太守，御史中丞，太子中庶子，吏部郎，安北將軍。侍皇太子講漢書，别有駮義。〔一〕

〔一〕【補注】宋祁曰：景祐余靖校本云，劉寶字道宇，高平人，晉吏部侍郎，餘無説。朱一新曰：新書藝文志有劉寶漢書駮義二卷。先謙曰：據宋説「真」當作「宇」，「郎」上多「侍」字，「餘無説」者，駮義外無説也。

臣瓚，不詳姓氏及郡縣。〔一〕

〔一〕【補注】宋祁曰：景祐余靖校本云，臣瓚不知何姓。案裴駰史記序云莫知姓氏，韋稜續訓又言未詳，而劉孝標類苑以爲于瓚，酈元注水經以爲薛瓚。姚察訓纂云，案庾翼集，于瓚爲翼主簿，兵曹參軍，後爲建威將軍。晉中興書云，翼病卒，而大將于瓚等作亂，翼長史江虨誅之。于瓚乃是翼將，不載有注解漢書。然瓚所采衆家音義，自服虔、孟康以外，並因晉亂湮滅，不傳江左，而高紀中瓚案茂陵書，文紀中案漢祿秩令，此二書亦復亡失不得過江，明此瓚是晉中朝人，未喪亂之前，故得具其先輩音義及茂陵書、漢令等耳。蔡謨之江左，以瓚二十四卷散入漢書，今之注也。若謂爲于瓚，乃是東晉人，年代前後了不相會，此瓚非于，足可知矣。又案穆天子傳目録云，祕書校書郎中傅瓚校古文穆天子傳曰，記穆天子傳者，汲縣人不準盜發古冢所得書。今漢書音義臣瓚所案，多引汲書以駁衆家訓義。此瓚疑是傅瓚。瓚時職典校書，故稱臣也。顏師古曰，後人斟酌瓚姓，附之傅族耳。既無明文，未足取信。洪頤煊曰：劉昭續漢志注補、杜佑通典作于瓚，司馬貞索隱、李善文選注作傅瓚。

郭璞字景純，河東人，晉贈弘農太守。止注相如傳序及游獵詩賦。

蔡謨字道明，陳留考城人，東晉侍中，五兵尚書，太常領祕書監，都督徐、兗、青三州諸軍事，領徐州刺史，左光禄大夫，開府儀同三司，領揚州牧，侍中司徒不拜，贈侍中司空，謚文穆公。〔一〕

〔一〕【補注】朱一新曰：「公」字衍。王鳴盛曰：晉書本傳，謨東晉元帝時始入仕，卒於穆帝永和末，年七十六。謨總應劭以來注班固漢書者爲之集解。案師古云，謨全取臣瓚一部散入漢書，然則謨但襲取也。

崔浩字伯深，清河人，後魏侍中，特進，撫軍大將軍，左光禄大夫，司徒，封東郡公。撰荀悦漢紀音義。〔一〕

〔一〕【補注】宋祁曰：景祐校本作「字伯淵」。朱一新曰：唐人避諱改「淵」爲「深」耳。新唐書藝文志有崔浩漢書音義二卷，編年類別有崔浩漢紀音義三卷。

前漢書目録

漢蘭臺令史班固撰
唐正議大夫行祕書少監琅邪縣開國子顔師古注

帝紀第八
宣帝詢
前漢書卷九
帝紀第九
元帝奭
前漢書卷十
帝紀第十
成帝驁
前漢書卷十一
帝紀第十一
哀帝欣
前漢書卷十二
帝紀第十二
平帝衎
表
前漢書卷十三
表第一
異姓諸侯王
前漢書卷十四
表第二
諸侯王
前漢書卷十五上
表第三上
王子侯
前漢書卷十五下
表第三下
王子侯
前漢書卷十六
表第四
高惠高后文功臣
前漢書卷十七
表第五
景武昭宣元成哀功臣
前漢書卷十八

酈食其
陸賈
朱建
婁敬
叔孫通
前漢書卷四十四
列傳第十四
淮南厲王長
衡山王賜
濟北王勃
前漢書卷四十五
列傳第十五
蒯通
伍被
江充
息夫躬
前漢書卷四十六
列傳第十六
石奮
衛綰
直不疑
周仁
張歐
前漢書卷四十七
列傳第十七文三王
梁孝王武
代孝王參
梁懷王揖
前漢書卷四十八
列傳第十八
賈誼
前漢書卷四十九
列傳第十九
爰盎

前漢書卷五十四
列傳第二十四
李廣孫陵
蘇建子武
前漢書卷五十五
列傳第二十五
衞青
霍去病李息　公孫敖　李沮　張次公　趙信　趙食其　郭昌
路博德　趙破奴
前漢書卷五十六
列傳第二十六
董仲舒
前漢書卷五十七上
列傳第二十七上
司馬相如
前漢書卷五十七下
列傳第二十七下
司馬相如

前漢書卷五十八
列傳第二十八
公孫弘
卜式
兒寬
前漢書卷五十九
列傳第二十九
張湯子安世　安世子延壽
前漢書卷六十
列傳第三十
杜周子延年　延年子緩　緩弟欽
前漢書卷六十一
列傳第三十一
張騫
李廣利
前漢書卷六十二
列傳第三十二
司馬遷

何竝
前漢書卷七十八
列傳第四十八
蕭望之子育 咸 由
前漢書卷七十九
列傳第四十九
馮奉世子野王 逡 立 參
前漢書卷八十
列傳第五十宣元六王
淮陽憲王欽
楚孝王囂
東平思王宇
中山哀王竟
定陶共王康
中山孝王興
前漢書卷八十一
列傳第五十一
匡衡
張禹
孔光
馬宮
前漢書卷八十二
列傳第五十二
王商
史丹
傅喜
前漢書卷八十三
列傳第五十三
薛宣
朱博
前漢書卷八十四
列傳第五十四
翟方進子宣 義
前漢書卷八十五

后蒼
韓嬰
趙子
毛公
孟卿
胡泭生
嚴彭祖
顏安樂
瑕丘江公
房鳳
前漢書卷八十九
列傳第五十九
循吏
文翁
王成
黄霸
朱邑

龔遂
召信臣
前漢書卷九十
列傳第六十
酷吏
郅都
甯成周陽由
趙禹
義縱
王温舒
尹齊
楊僕
咸宣
田廣明
田延年
嚴延年
尹賞

淳于長
張放
董賢
前漢書卷九十四上
列傳第六十四上
匈奴
前漢書卷九十四下
列傳第六十四下
匈奴
前漢書卷九十五
列傳第六十五
西南夷
南粤王
閩粤王
朝鮮
前漢書卷九十六上
列傳第六十六上

西域
前漢書卷九十六下
列傳第六十六下
西域
前漢書卷九十七上
列傳第六十七上
外戚
前漢書卷九十七下
列傳第六十七下
外戚
前漢書卷九十八
列傳第六十八
元后
前漢書卷九十九上
列傳第六十九上
王莽
前漢書卷九十九中

官本跋尾

侍讀臣召南謹言：史之良，首推遷、固，固才似若不及遷者，然其整齊一代之書，文贍事詳，與遷書異曲同工，要非後世史官所能及，故其書初成，學者即已莫不諷誦。服虔、應劭而下，解釋音訓，不異注經。更魏晉至唐初，名家磊落相望，而顔師古注折其衷，論者以比杜征南注左傳，稱爲班氏忠臣，不謬也。自唐以前，書皆手寫，而校對極精，譌脱相承無過數處。其有板本，自宋淳化中命官分校三史始也。雕板染印，日傳萬紙，於人甚便。人間摹刻以市易者滋多，彼此沿襲，莫識由來，輾轉失真，烏焉成馬。故書有板本而讀者甚易，亦自有板本而校者轉難，固其勢然也。以人人所共習之漢書，又經師古注釋，旨趣畢顯，校者似易爲力，乃自淳化歷景德、景祐、熙寧，百年之中，三經覆校。當時名儒碩學，刁衎、晁迥、余靖、王洙所奏刊正增損之條，累百盈千，積成卷帙。三劉刊誤又别爲書，陳繹是正文字又在宋祁之後，亦足以徵善本難得，在北宋時已然矣。況自宋至明，刻本愈雜，學士家校讐之精遠不如北宋以前者哉！若國子監所存明人舊板，於顔注所引二十三家之説十删其五，於慶元所附三劉、宋祁諸家之説十存其一，即本書正文字句亦多譌脱，則尤板本中至陋者已。夫古人撰述既博，不無失檢，紀、表、志、傳或彼此乖違，郡國官名或後先錯出，如高紀書「太上皇后」、書「丞相噲將兵」，文紀書「内史欒布」，景紀書「御史大夫青翟」、書「三輔舉不如法者」，宣紀書「元康元年復高帝功臣後」之類，皆本書自誤，非關後人。至如地理、溝洫成文，酈元注水經特多援引，賈、馬、淵、雲辭賦，蕭統輯文選時有異同，藝文志言儀禮之經倒「十七」篇爲「七十」，律曆志載積黍之數增「九十」分爲「一千」，孔穎達、賈公彦並師古同時人，而所據書本各别，斯則傳寫失真之明驗也。衍文脱字，離句辨音，三劉於師古注銖較寸量，未嘗少假借焉。校古人書義當如是爾。乾隆四年，奉敕校刊經史，如是書尤加詳慎。臣照等既與諸臣遍蒐館閣所藏數十種，及本朝李光地、何焯所校，再三讐對，積歲彌時。凡監本脱漏，並據慶元舊本補缺訂譌，正其舛謬，以付開雕，稍還古人之舊。臣召南復奉敕編爲考證，謹採儒先論説關於是書足以暢顔注所發明，刊三劉所未及者，條録以附於每卷云。臣召南謹識。

又一葉

原任詹事臣陳浩、侍讀學士臣董邦達、原任侍講學士臣萬承蒼、原任庶子臣朱良裘、侍讀臣齊召南、洗馬臣陸宗楷、編修臣孫人龍臣李龍官、原任編修臣吴兆雯臣杭世駿、御史臣沈廷芳、拔貢生臣張本等奉敕恭校刊。

高帝紀第一上〔一〕

〔一〕師古曰：紀，理也，統理衆事而繫之於年月者也。【補注】王先慎曰：説文「統」下云「紀也」，「紀」下云「絲别也」。凡絲必有端，别者尋其端，故爲紀。淮南泰族訓云「繭之性爲絲，然非得女工煮以熱湯而抽其統紀，則不能成絲」。禮器鄭注云「紀者，絲縷之數有紀也」。此「紀」字本義。引申之爲凡事統紀之稱。史記稱「本紀」，班書單用「紀」字，皆每帝事實分别統紀之意。顏説非。先謙曰：官本考證云，監本刊此六字於第一行下非也，今從古本提行。顏注「紀，理也」云云，即解此目。後凡某紀、某傳，俱放此。王念孫云：宋景祐監本無「帝」字，下文惠帝紀至平帝紀亦皆無「帝」字，景祐本是也。敘傳云「述高紀第一」下至「述平紀第十二」皆無「帝」字，又項籍傳云「語在高紀」，他篇言語在某紀者，竝同。師古注惠紀云「解在高紀」，他篇注言解在某紀者，竝同。皆其證。先謙案：宋乾道本亦無「帝」字。「上」、「下」字，師古分卷加之，亦非班氏元書所有。官本第一行首列「前漢書卷一上」六字。二、三行低二格，列班、顏銜名。四行低一格，列「高帝紀第一上」六字。五行低三格，「師古曰紀理也」云云。今案：「漢書」上不當有「前」字。汲古閣本大題在下，猶存古式。茲刻一依汲古。惟因補注坿列銜名，參同官本，餘悉仍舊，以存其真。

高祖，〔一〕沛豐邑中陽里人也，〔二〕姓劉氏。〔三〕母媪〔四〕嘗息大澤之陂，〔五〕夢與神遇。〔六〕是時雷電晦冥，〔七〕父大公往視，則見交龍於上。〔八〕已而有娠，〔九〕遂産高祖。

〔一〕荀悦曰：諱邦，字季。邦之字曰國。張晏曰：禮謚法無「高」，以爲功最高而爲漢帝之太祖，故特起名焉。師古曰：「邦之字曰國」者，臣下所避以相代也。【補注】先謙曰：史記云「字季」。索隱案，漢書「名邦，字季」，此單云字，亦又可疑。案高祖長兄名伯，次名仲，不見别名，則「季」亦是名也。故項岱云「高祖小字季，即位易名邦，後因諱邦不諱季，所以季布猶稱姓」。先謙案：今漢書無此文，索隱所云，殆漢紀之誤。惠棟後漢書補注云「洪邁曰『之』字之義訓『變』。左傳『周史以周易見陳侯者，陳侯使筮之，遇觀之否』，謂觀六四變爲否也。他皆放此」。棟謂「之」，猶「適」也，適則變矣。易繫辭曰「惟變所適」，京房論卦有「適變」，是也。避諱改文與卦變同，故云「之」。

〔二〕應劭曰：沛，縣也。豐，其鄉也。孟康曰：後沛爲郡，而豐爲縣。師古曰：沛者，本秦泗水郡之屬縣。豐者，沛之聚邑耳。方言高祖所生，故舉其本稱以説之也。此下言「縣鄉邑告喻之」，故知邑繫於縣也。【補注】劉攽曰：予謂沛、豐郡縣名，史官用漢事記録耳。吴仁傑曰：史記世家、列傳所載邑望，大抵書某縣某鄉，或略之則曰某縣，鮮有列郡縣名者。如蕭何沛豐人，陳平陽武户牖人，項羽下相人，陳涉陽城人，此類是也。至漢書文、景以來諸臣傳，始兼列郡縣名。如史記張釋之但曰堵陽人，衛青但曰平陽人，漢書則曰南陽堵陽，河東平陽，此類是也。帝紀比世家、列傳加詳，故縣、邑、里名皆具。高紀所著縣邑，乃史記本文，則知所謂沛豐邑者，沛縣之豐邑，非用漢事紀録然也。春秋傳都曰城，邑曰築，則都大而邑小。至秦商鞅集小都鄉邑聚爲縣，故縣有仍用邑名，如栒邑、左邑之類爲多。今地理志沛郡屬縣有豐，而不云豐邑，此足以知紀所云豐邑，非縣名也。中陽者，里名。荀悦漢紀云「劉氏遷於沛之豐邑，處中陽里而高祖興焉」。刊誤以「沛豐邑中」爲連文，公是先生兄弟不應爾。傳録者誤也。齊召南曰：史家記事，必用當時地名。秦無沛郡，沛縣屬泗水郡，若全記郡縣，必云泗水沛矣。時蕭何、曹參、王陵、周勃、樊噲、夏侯嬰、周緤、周苛、周昌、任敖皆同縣人，而盧綰則同鄉同里，故於蕭曹等傳但曰「沛人」，綰傳則曰「豐人」，又曰「與高祖同里也」。師古説是。先謙曰：沛、豐，漢縣，並屬沛郡。沛在今徐州府沛縣東；凡言在今某地，皆謂故城。後不復出。豐，今徐州府豐縣治。

〔三〕師古曰：本出劉累，而范氏在秦者又爲劉，因以爲姓。【補注】吴仁傑曰：索隱「因生賜姓。若舜生姚墟，以爲姚姓，封之於虞，號有虞氏」。其後子孫即遂以虞爲姓，云虞氏。今此云姓劉氏，亦其義也」。案：索隱説非也。姓與氏相近而不同。古者賜姓命氏，如賜姓曰董，氏曰豢龍。析姓氏而二之，則固有别矣。劉本陶唐後，則劉氏非姓，當云劉氏出自祁姓。此誤自太史公啓之。唯唐書世系表言某氏必曰出某姓爲得之。然於高祖紀書姓李氏，豈仍史文之舊歟？先謙曰：顔約荀悦漢紀爲注，即本班贊。下云「當戰國時，劉氏徙於魏，遷於沛之豐邑」，索隱並取之，顔删此，則文義不全。吴説近迂。詳吕后紀。

〔四〕文穎曰：幽州及漢中皆謂老嫗爲媪。孟康曰：媪，母别名，音烏老反。師古曰：媪，女老稱也，孟音是矣。史家不詳著高祖母之姓氏，無得記之，故取當時相呼稱號而言也。其下王媪之屬，意義皆同。至如皇甫謐等妄引讖記，好奇騁博，强爲高祖父母名字，皆非正史所説，蓋無取焉。寧有劉媪本姓實存，史遷肯不詳載？即理而言，斷可知矣。他皆類此。【補注】先謙曰：顔説是。皇甫謐等説，沈約采入宋書符瑞志，司馬貞、張守節並引以注史記，今不復取。

〔五〕師古曰：蓄水曰陂。蓋於澤陂隄塘之上休息而寢寐也。陂音彼皮反。【補注】沈欽韓曰：寰宇記，大澤在豐縣北六里。王先慎曰：詩陳風「彼澤之陂」。毛傳「陂，澤障也」。説文「陂」下云「阪也」，「阪」下云「一曰澤障也」。是陂，即澤之隄障。顔增文成訓，蓋未明陂字之義。

〔六〕師古曰：遇，會也。不期而會曰遇。【補注】錢大昭曰：釋言「遇，偶也」，對偶之義。王鳴盛曰：詩草蟲「亦既覯止」傳「覯，遇也」。鄭箋引易「男女覯精」，此「遇」義同。沈欽韓曰：讖緯之書，大抵妖妄，而後人公然以汙簡牘。如熹平四年帝堯碑云「慶都與赤龍交而生伊堯」，成陽靈臺碑云「游觀河濱，感赤龍交，始生堯」，欲以神堯，反爲侮聖。班彪王命論云，劉媪任高祖而夢與神遇。若堯與高祖先未有身，而爲怪物所憑以汙族姓，豈帝王應運之本乎？釋典修行道地經云，應來生者，父母精合便入胞胎。然則高祖是龍來受生耳。先謙曰：沈説允當正理，所夢神即龍也。「遇」訓當如顔説，錢、王失之泥。

〔七〕師古曰：晦、冥皆謂暗也。言大雷電而雲霧晝暗。

〔八〕【補注】先謙曰：史記作「見蛟龍於其上」，荀紀亦作「蛟」。賈山傳「交龍驤首奮翼」，文選作「蛟龍」。蛟、交同字。

〔九〕應劭曰：娠，動，懷任之意。左傳曰「邑姜方娠」。孟康曰：娠音身，漢史身多作娠，古今字也。師古曰：孟説是也。漢書皆以娠爲任身字。「邑姜方震」，自爲震動之字，不作娠。【補注】先謙曰：史記正作「有身」。

高祖爲人，隆準而龍顔，〔一〕美須髯，〔二〕左股有七十二黑子。〔三〕寬仁愛人，〔四〕意豁如也。〔五〕常有大度，不事家人生産作業。及壯，試吏，〔六〕爲泗上亭長，〔七〕廷中吏無所不狎侮。〔八〕好酒及色。常從王媪、武負貰酒，〔九〕時飲醉臥，武負、王媪見其上常有怪。高祖每酤留飲，酒讎數倍。〔一〇〕及見怪，歲竟，此兩家常折券棄責。〔一一〕

〔一〕服虔曰：準音拙。應劭曰：隆，高也。準，頰權準也。顔，頟顙也。李斐曰：準，鼻也。文穎曰：音準的之準。晉灼曰：戰國策云「眉目準頰權衡」，史記秦皇蜂目長準。李説文音是也。師古曰：頰權頔字，豈當借準爲之？服音應説皆失之。【補注】沈欽韓曰：齊語韋注，顔，眉目之閒。沈彤釋骨云「横在髮際前者曰額，顱亦曰額，額之中曰顔，曰庭，眉目閒亦通曰顔」。先謙曰：注「準頰權衡」之「頰」，官本作「頞」，是也。國策及通鑑音注引同。

〔二〕師古曰：在頤曰須，在頰曰髯。髯音人占反。

〔三〕師古曰：今中國通呼爲黶子，吴楚俗謂之誌。誌者，記也。【補注】宋祁曰：注文景德本「黶」下有「黑」字，余靖等刊誤以史記注爲據，删去。

〔四〕【補注】先謙曰：史記作「仁而愛人喜施」。

〔五〕師古曰：豁然開大之貌，音呼活反。

〔六〕應劭曰：試用補吏。【補注】先謙曰：史記「試」下有「爲」字。

〔七〕師古曰：秦法十里一亭。亭長者，主亭之吏也。亭謂停留行旅宿食之館。【補注】齊召南曰：史記作「爲泗水亭長」。據後書郡國志云「沛有泗水亭」，亭有高祖碑，班固爲文，見固集。是亭名泗水，不名泗上也。周壽昌曰：北堂書鈔引風俗通云，亭吏舊名負弩，今改爲亭長，或謂亭父。漢舊儀云，亭長皆調五兵，言弩、戟、弓、劍、鎧也。先謙曰：史記正義「國語有『寓室』，即今之亭也。亭長，蓋今里長」。括地志云「泗水亭在徐州沛縣東一百步，有高祖廟」。

〔八〕師古曰：廷中，郡府廷之中。廷音定。他皆類此。【補注】周壽昌曰：釋名，廷，停也，人所停集之處也。讀如本音，不必音定。先謙曰：東方朔傳「柏者，鬼之廷也」，與敬、徑韻，但古音平仄通韻，似不必竟讀作定。

〔九〕如淳曰：武，姓也。俗謂老大母爲阿負。師古曰：劉向列女傳云「魏曲沃負者，魏大夫如耳之母也」。此則古語謂老母爲負耳。王媪，王家之媪也。武負，武家之母也。貰，賒也。李登、吕忱竝音式制反，而今之讀者謂與射同，乃引地名射陽其字作貰以爲證驗，此説非也。假令地名爲射，自是假借，亦猶鮦陽音紂，蓮勺音酌，當時所呼，別有意義，豈得即定其字以爲正音乎？【補注】錢大昭曰：「酌」當作「輦」，監本、閩本皆誤。

〔一○〕如淳曰：讎，亦售也。【補注】宋祁曰：一本無「常」字。先謙曰：史記作「見其上常有龍，怪之」，與此義微異。

〔一一〕師古曰：以簡牘爲契券，既不徵索，故折毀之，棄其所負。【補注】錢大昭曰：券當从刀；从力者，古倦字。「責」南監本、閩本竝作「負」。尋注文義，「負」字爲是。惟史記作「責」。先謙曰：官本「責」作「負」。

高祖常繇咸陽，〔一〕縱觀秦皇帝，〔二〕喟然大息，曰：「嗟乎，大丈夫當如此矣！」〔三〕

〔一〕應劭曰：繇者，役也。文穎曰：咸陽，今渭北渭城是也。師古曰：咸陽，秦所都。繇讀曰傜，古通用字。【補注】劉攽曰：「常」作「嘗」。先謙曰：史記亦作「常」。渭城，扶風縣。故咸陽在今西安府咸寧縣東。

〔二〕師古曰：縱，放也。天子出行，放人令觀。觀音工喚反。【補注】周壽昌曰：顔訓縱爲放，言高祖放觀無忌，解已明。下忽云「放人令觀」，誰放之，誰令之乎？爲此贅文，轉失語氣。觀讀如本音。先謙曰：史記「觀」下多一「觀」字。正義引包愷云「上音館，下音官」。先謙案：多一「觀」字則「縱觀」上屬爲義。今人宫觀之觀去聲，觀覽之觀平聲。六朝、唐人詩賦，游觀、達觀、壯觀等字皆作去聲，不可勝數，非盡平音。

〔三〕師古曰：喟，歎息貌。大息言其歎息之大。喟音丘位反。【補注】周壽昌曰：大息之大音泰。吕覽高注，大，長也，言長歎息。顔訓似滯。

單父人吕公〔一〕善沛令，辟仇，從之客，因家焉。〔二〕沛中豪桀吏聞令有重客，皆往賀。〔三〕蕭何爲主吏，〔四〕主進，〔五〕令諸大夫曰：「進不滿千錢，坐之堂下。」〔六〕高祖爲亭長，素易諸吏，〔七〕乃紿爲謁曰「賀錢萬」，〔八〕實不持一錢。謁入，吕公大驚，起，迎之門。〔九〕吕公者，好相人，見高祖狀貌，因重敬之，引入坐上坐。〔一〇〕蕭何曰：「劉季固多大言，少成事。」高祖因狎侮諸客，遂坐上坐，無所詘。〔一一〕酒闌，〔一二〕吕公因目固留高祖。〔一三〕竟酒，後。吕公曰：「臣少好相人，〔一四〕相人多矣，無如季相，願季自愛。臣有息女，願爲箕帚妾。」〔一五〕酒罷，吕媪怒吕公曰：「公始常欲奇此女，與貴人。〔一六〕沛令善公，求之不與，何自妄許與劉季？」吕公曰：「此非兒女子所知。」卒與高祖。〔一七〕吕公女即吕后也，生孝惠帝、魯元公主。〔一八〕

〔一〕孟康曰：單音善。父音甫。師古曰：地理志山陽縣也。【補注】先謙曰：史記集解引漢書音義「甫」作「斧」，音義即孟説也。索隱引漢舊儀云，呂公，汝南新蔡人。相經云魏人，名文，字叔平。先謙案：此如皇甫謐等造作名字，未可爲據。單父，今曹州府單縣。

〔二〕師古曰：與沛令相善，因辟仇亡匿，初就爲客，後遂家沛也。仇，讎也，音求。

〔三〕師古曰：以禮物相慶曰賀。

〔四〕孟康曰：主吏，功曹也。

〔五〕文穎曰：主賦斂禮進，爲之帥也。鄭氏曰：主賦斂禮錢也。師古曰：進者，會禮之財也。字本作賮，又作贐，音皆同耳。古字假借，故轉而爲進。賮又音才忍反。陳遵傳云陳遂與宣帝博，數負進，帝後詔云可以償博進未。其進雖有別解，然而所賭者之財疑充會食，義又與此通。

〔六〕師古曰：令，號令也。大夫，客之貴者總稱耳。【補注】何焯曰：下卷詔書有云秦民爵公大夫以上令丞與亢禮，諸大夫當謂此也。

〔七〕師古曰：素，故也，謂舊時也。易，輕也，音弋豉也。【補注】先謙曰：官本「豉」下「也」作「反」，是。

〔八〕應劭曰：紿，欺也。師古曰：爲謁者，書刺自言爵里，若今參見尊貴而通名也。蓋當時自陳姓名，并列賀錢數耳。紿音徒在反。

〔九〕師古曰：以其錢多，故特禮之。【補注】沈欽韓曰：此或已聞高祖之名，非爲萬錢驚起也。

〔一〇〕師古曰：上坐，尊處也。令於尊處坐。上「坐」音才臥反。次下亦同。【補注】先謙曰：官本「次」下有「如字」二字。考證云「監本脱『如字』二字，從宋本添。又監本於顔注本文十删四五，全非古人之舊，今並從宋本添補」。

〔一一〕師古曰：詘，曲撓也，音丘勿反。

〔一二〕文穎曰：闌言希也。謂飲酒者半罷半在，謂之闌。

〔一三〕師古曰：不欲對坐者顯言，故動目而留之。

〔一四〕張晏曰：古人相與語多自稱臣，自卑下之道也，若今人相與言自稱僕也。

〔一五〕師古曰：息，生也。言已所生之女。

〔一六〕師古曰：奇，異也。謂顯而異之，而嫁於貴人。【補注】朱子文曰：「欲」字宜在「女」字之下，當曰「公始常奇此女欲與貴人」，於文爲順。王念孫曰：朱說非也。「欲」字本在「奇」字上。外戚傳霍光夫人顯謂淳于衍云「將軍素愛小女成君，欲奇貴之」，語意與此相似。史記亦作「常欲奇此女與貴人」，不得移「欲」字於「與貴人」上也。

〔一七〕師古曰：卒，終也。

〔一八〕服虔曰：元，長也。食邑於魯。韋昭曰：元，謚也。師古曰：公主，惠帝之姊也，以其最長，故號曰元。呂后謂高帝曰張王以魯元故不宜有謀，齊悼惠王尊魯元公主爲太后，當時竝已謂之元，不得爲謚也。韋說失之。【補注】劉攽曰：予謂顏舉呂后言，以明元非謚，未必然也。史家記事或有如此追言謚者。貫高欲謀叛，與張敖言，謂爲高祖，公羊公子翬與桓公言，吾爲子白隱矣，皆此類。何焯曰：西京人質，無文長公主爲「元」理，況一代更無稱元者。「歸乎田成子」豈非謚耶？韋說無妨勝服。何若瑶曰：高祖母謚昭靈，姊謚宣，又謚昭哀。元當是謚；元訓長，「魯長」不成文。當時已謂之元者，追書之詞。且百官公卿表帝姊妹曰長公主，時惠帝未即位，不得稱長公主。高祖少弟楚王交亦謚元，亦可謂最長乎？先謙曰：諸說皆是，服、顏非也。注「白隱」公羊作「口隱」，此誤。

高祖嘗告歸之田。〔一〕呂后與兩子居田中，〔二〕有一老父過請飲，〔三〕呂后因餔之。〔四〕老父相后曰：「夫人天下貴人也。」令相兩子，見孝惠帝，曰：「夫人所以貴者，乃此男也。」〔五〕相魯元公主，亦皆貴。老父已去，高祖適從旁舍來，呂后具言客有過，相我子母皆大貴。高祖問，曰：「未遠。」乃追及，問老父。老父曰：「鄉者夫人兒子皆以君，〔六〕君相貴不可言。」高

祖乃謝曰：「誠如父言，不敢忘德。」〔七〕及高祖貴，遂不知老父處。〔八〕

〔一〕服虔曰：告音如嘷呼之嘷。李斐曰：休謁之名，吉曰告，凶曰寧。孟康曰：古者名吏休假曰告。告又音嚳。漢律，吏二千石有予告，有賜告。予告者，在官有功最，法所當得也。賜告者，病滿三月當免，天子優賜其告，使得帶印綬將官屬歸家治病。至成帝時，郡國二千石賜告不得歸家。至和帝時，予賜皆絶。師古曰：告者，請謁之言，謂請休耳。或謂之謝，謝亦告也。假爲嘷嚳二音，竝無別義，固當依本字以讀之。左氏傳曰「韓獻子告老」，禮記曰「若不得謝」。漢書諸云謝病皆同義。【補注】先謙曰：史集解引孟注「綬」作「紱」。索隱引師古告音古篤反，今本無音。

〔二〕【補注】先謙曰：史記有「耨」字。

〔三〕【補注】先謙曰：荀紀作「乞漿」。

〔四〕師古曰：餔食之餔，屈原曰「餔其糟」是也。以食食人亦謂之餔，國語曰「國中童子無不餔也」，呂氏春秋曰「下壺飧以餔之」是也。父本請飲，后因食之，故言餔也。餔音必胡反。【補注】先謙曰：官本引宋祁云，餔當作必故反。考證云「監本脱宋祁一段，今從宋本」。凡三劉刊誤、宋祁、朱子文諸説別以一圈，脱者俱補。

〔五〕師古曰：言因有此男故大貴。

〔六〕如淳曰：言并得君之貴相也。「以」或作「似」。師古曰：如説非也。言夫人及兒子以君之故，因得貴耳，不當作「似」也。鄉讀曰嚮。【補注】錢大昭曰：史記及論衡骨相篇竝作「皆似君」，如説爲是。蓋言相之大貴皆似君耳，非謂呂后之貌有類高祖也。漢書凡「以」字皆作「目」，此獨作「以」，「以」即「似」字。説文「佀，象也」，「目，用也」。隸書「仏」，不成字，故加「人」於左。先謙曰：荀紀作「夫人兒子蒙君之力也」，與顏説合。義得兩存。

〔七〕師古曰：誠，實也。【補注】周壽昌曰：誠，猶信也。若云信能如父言，設辭也。顏訓泥。

〔八〕【補注】先謙曰：遂，猶竟也。史漢如此用者皆訓竟。

高祖爲亭長，乃目竹皮爲冠，令求盜之薛治，〔一〕時時冠之，〔二〕及貴常冠，所謂「劉氏冠」也。〔三〕

〔一〕應劭曰：以竹始生皮作冠，今鵲尾冠是也。求盜者，亭卒。舊時亭有兩卒，一爲亭父，掌開閉埽除，一爲求盜，掌逐捕盜賊。薛，魯國縣也，有作冠師，故往治之。文穎曰：高祖居貧志大，取其約省，與衆有異。韋昭曰：竹皮，竹筠也。今南夷取竹幼時績以爲帳。師古曰：之，往也。竹皮，笋皮，謂笋上所解之籜耳，非竹筠也。今人亦往往爲笋皮巾，古之遺制也。韋說失之。目，古「以」字。籜音託。【補注】周壽昌曰：淮南子氾論訓「造劉氏之貌冠」，高注：「高祖於新豐所作竹皮冠也。一曰委貌冠。禮記，委貌，周道也。此冠殆仿周制而爲之。」而御覽六百八十四引三禮圖云「長冠，竹裏，高七寸，廣三寸，漢高祖以竹皮作之，世云劉氏冠，楚制，禮不記」。據此，則高帝仍以楚制爲之，名長冠，似不必如高氏之稱委貌冠也。初學記引此同。先謙曰：後漢輿服志：「長冠，一曰齋冠，高七寸，廣三寸，促漆纚爲之，制如板，以竹爲裏。初，高祖微時，以竹皮爲之，謂之劉氏冠，楚冠制也。民謂之鵲尾冠，非也。祀宗廟諸祀則冠之。此冠高祖所造，故以爲祭服，尊敬之至也。」此下又有委貌冠制，與竹皮冠不同，明應高二說非。薛在今兖州府滕縣南四十里。

〔二〕師古曰：愛珍此冠，休息之暇則冠之。

〔三〕師古曰：後遂號爲「劉氏冠」者，即此冠也。後詔曰「爵非公乘以上不得冠劉氏冠」者，即此冠。

高祖以亭長爲縣送徒驪山，〔一〕徒多道亡。自度比至皆亡之，〔二〕到豐西澤中亭，止飲，〔三〕夜皆解縱所送徒。〔四〕曰：「公等皆去，吾亦從此逝矣！」〔五〕徒中壯士願從者十餘人。高祖被酒，〔六〕夜徑澤中，〔七〕令一人行前。〔八〕行前者還報曰：「前有大蛇當徑，願還。」高祖醉，曰：「壯士行，何畏！」乃前，拔劍斬蛇。〔九〕蛇分爲兩，道開。〔一〇〕行數里，醉困臥。〔一一〕後人來至蛇所，有一老嫗夜哭。人問嫗何哭，嫗曰：「人殺吾子。」人曰：「嫗子何爲見殺？」嫗曰：「吾子，白帝子也，化爲蛇，當道，今者赤帝子斬之。〔一二〕故哭。」人乃以嫗爲不誠，〔一三〕欲苦之，〔一四〕嫗因忽不見。〔一五〕後人至，高祖覺。〔一六〕告高祖，高祖乃心獨喜，自負。〔一七〕諸從者日益畏之。

〔一〕應劭曰：秦始皇葬於驪山，故郡國送徒士往作。文穎曰：在新豐南。項氏曰：故驪戎國也。【補注】先謙曰：驪山在今西安府臨潼縣東南。

〔二〕師古曰：度音徒各反。比音必寐反。他皆類此。

〔三〕師古曰：豐邑之西，其亭在澤中，因以爲名。

〔四〕師古曰：縱，放也。【補注】沈欽韓曰：西京雜記：「高祖將與故人訣去，徒卒贈高祖酒二壺，鹿肚、牛肝各一，高祖與樂從者飲酒食肉而去。後即帝位，朝晡尚食常具此二炙並酒二壺。」

〔五〕師古曰：逝，往也。

〔六〕師古曰：被，加也。被酒者，爲酒所加。被音皮義反。

〔七〕師古曰：徑，小道也。言從小道而行，於澤中過，故其下曰有大蛇當徑。【補注】先謙曰：索隱「徑舊音經」。案舊音是也。荀紀正作「夜行經豐西澤中」。又禮祭義「是故道而不徑」，注「徑，步邪趨疾也」。如本音讀之亦通，若訓爲小道則須增文成義，顏說非。

〔八〕師古曰：行，案行也，音胡更反。【補注】劉攽曰：行前，但謂最前行耳。

〔九〕【補注】沈欽韓曰：三輔黃圖：「太上皇微時佩一刀，長三尺，上有銘字難識，傳云殷高宗伐鬼方時所作也。上皇游豐、沛山中，寓居窮谷，有人治鑄，上皇息其旁，問曰：『鑄何器？』工笑曰：『爲天子鑄劍，慎勿言。』曰：『得公佩劍，拾遺記作「刀」，此誤。雜治之即成神器，可克定天下。昴星精爲輔佐，水衰火盛，此爲異兆。』上皇解匕首投爐中，拾遺記：俄而煙焰衝天，日爲之晝晦。劍成，殺三牲以釁祭之。工問：『何時得此？』上皇曰：『秦昭襄王時，予行陌上，一野人授予，云是殷時靈物。』工即持劍授上皇。上皇以賜高祖，高祖佩之，斬蛇劍是也。及定天下，藏於寶庫，守藏者見白氣如雲出户外，狀如龍蛇。呂后改庫曰靈金藏。惠帝即位，以此庫貯禁兵器，名曰靈金内府。』晉書輿服志「惠帝時武庫火燒之」。先謙曰：史正義引括地志云「斬蛇溝源出徐州豐縣中平地，故老云高祖斬蛇處，至縣西十五里入泡水也」。

〔一〇〕【補注】先謙曰：史記作「徑開」。

〔一一〕【補注】先謙曰：官本「困」作「因」，史記同。周壽昌云：監本、凌稚隆本亦作「因」。據文義始曰「被酒」，中曰「醉」，末曰「醉困臥」，情事明有次第，言醉後行數里而困，故臥也。困字較因爲勝。

〔一二〕應劭曰：秦襄公自以居西，主少昊之神，作西畤，祠白帝。至獻公時櫟陽雨金，以爲瑞，又作畦畤，祠白帝。少昊，金德也。赤帝，堯後，謂漢也。殺之者，明漢當滅秦也。【補注】宋祁曰：舊本注文無「少昊金德也」。先謙曰：史集解引亦有「少昊金德也」五字。「西」下有「戎」字，是。此脱。

〔一三〕師古曰：謂所言不實。

〔一四〕蘇林曰：欲困苦辱之。師古曰：今書苦字或作笞。笞，擊也，音丑之反。【補注】沈欽韓曰：呂覽疑似篇「梁北梨丘邑丈人有之市而醉歸者，梨丘之鬼效其子之狀扶而道苦之」，與此義同。作「笞」者非。先謙曰：史記作「笞」，徐廣云一作「苦」。

〔一五〕師古曰：見音胡電反。他皆類此。

〔一六〕師古曰：覺謂寢寐而寤也，音功效反。

〔一七〕應劭曰：負，恃也。

秦始皇帝嘗曰「東南有天子氣」，〔一〕於是東游以猒當之。〔二〕高祖隱於芒、碭山澤間，〔三〕呂后與人俱求，常得之。高祖怪問之。呂后曰：〔四〕「季所居上常有雲氣，〔五〕故從往常得季。」〔六〕高祖又喜。沛中子弟或聞之，多欲附者矣。

〔一〕【補注】王啟原曰：晉書天文志：「天子氣內赤外黃，四方所發之處當有王者。若天子若有游往處，其地亦先發此氣，或有城門隱隱在氣霧中，恒帶殺氣森森然。或如華蓋在氣霧中，或氣象青衣人無手，在日西，或如龍馬，或雜氣鬱鬱衝天者，此皆帝王氣。」

〔二〕師古曰：猒，塞也，音一涉反。【補注】宋祁曰：當，史義音丁浪反。先謙曰：史記無「當」字，索隱引廣雅云「厭，鎮也」。當者，始皇以其地有天子氣，故往游，自當之，應讀如字。

〔三〕應劭曰：芒屬沛國，碭屬梁國，二縣之界有山澤之固，故隱其間。蘇林曰：芒音忙遽之忙，碭音唐。師古曰：碭亦音宕。所言屬沛國、梁國者，皆是注釋之人據見在所屬，非必本當時稱號境界。他皆類此。【補注】錢大昭曰：碭當從昜。先謙曰：官本正文及注並作「碭」，是。芒，沛郡縣，今徐州府永城縣東北甫城集，後漢郡改國也。碭，梁國縣，今碭山縣南保山鎮。碭山在永城、碭山二縣接界。史記「高祖」下有「即自疑亡匿」五字。

〔四〕【補注】宋祁曰：今越本作「高祖怪問呂后后曰」。錢大昭曰：閩本作「高祖怪問呂后呂后曰」。

〔五〕【補注】王先慎曰：史正義引顏云「京房易〔兆〕〔飛〕候云『何以知賢人隱？四方常有大雲，五色具而不雨，其下有賢人隱矣。』故呂后望雲氣而得之」。今本脱。

〔六〕師古曰：言隨雲氣所在而求得之。

秦二世元年〔一〕秋七月，陳涉起蘄，〔二〕至陳，〔三〕自立爲楚王，〔四〕遣武臣、張耳、陳餘略趙地。〔五〕八月，武臣自立爲趙王。郡縣多殺長吏以應涉。九月，沛令欲以沛應之，掾、主吏蕭何、曹參曰：〔六〕「君爲秦吏，今欲背之，帥沛子弟，恐不聽。願君召諸亡在外者，〔七〕可得數百人，因以劫衆，〔八〕衆不敢不聽。」乃令樊噲召高祖。〔九〕高祖之衆已數百人矣。〔一〇〕

〔一〕應劭曰：始皇欲以一至萬，示不相襲。始者一，故稱二世。【補注】錢大昭曰：閩本連上不提行，二年、三年放此。先謙曰：乾道本、明汪文盛本俱不提行。史集解引徐廣云，高祖時年四十八。
〔二〕蘇林曰：蘄音機，縣名，屬沛國。【補注】先謙曰：蘄，沛郡縣，今鳳陽府宿州南蘄縣集。
〔三〕【補注】先謙曰：陳，淮陽縣，今陳州府淮甯縣治。
〔四〕李奇曰：秦滅楚，楚人怨秦，故涉因民之欲，自稱楚王，從民望也。
〔五〕師古曰：凡言略地者，皆謂行而取之，用功力少。
〔六〕師古曰：曹參爲掾，蕭何爲主吏。
〔七〕師古曰：時苦秦虐政，賦役煩多，故有逃亡辟吏。
〔八〕師古曰：劫謂威脅之。
〔九〕師古曰：噲音快。
〔一〇〕【補注】先謙曰：史記作「數十百人」。

於是樊噲從高祖來。沛令後悔，恐其有變，乃閉城城守，〔一〕欲誅蕭、曹。蕭、曹恐，踰城保高祖。〔二〕高祖乃書帛射城上，〔三〕與沛父老曰：「天下同苦秦久矣。今父老雖爲沛令守，諸侯並起，今屠沛。〔四〕沛今共誅令，擇可立立之，以應諸侯，即室家完。〔五〕不然，父子俱屠，無爲也。」父老乃帥子弟共殺沛令，開城門迎高祖，欲以爲沛令。高祖曰：「天下方擾，諸侯並起。〔六〕今置將不善，〔七〕一敗塗地。〔八〕吾非敢自愛，恐能薄，〔九〕不能完父兄子弟。〔一〇〕此大事，願吏擇可者。」〔一一〕蕭、曹等皆文吏，自愛，恐事不就，〔一二〕後秦種族其家，〔一三〕盡讓高祖。諸父老皆曰：「平生所聞劉季奇怪，當貴，且卜筮之，莫如劉季最吉。」高祖數讓，衆莫肯爲。〔一四〕高祖乃立爲沛公。〔一五〕祠黄帝、祭蚩尤於沛廷，〔一六〕而釁鼓〔一七〕旗。幟皆赤，〔一八〕由所殺蛇白帝子，所殺者赤帝子故也。〔一九〕於是少年豪吏如蕭、曹、樊噲等皆爲收沛子弟，得三千人。

〔一〕師古曰：城守者，守其城也。守音狩。他皆類此。

〔二〕師古曰：保，安也。就高祖以自安。【補注】王念孫曰：史集解引韋昭曰「以爲保鄣」。案：韋、顔二説皆失之迂。保者，依也。僖二年左傳「保於逆旅」，杜注訓保爲依。史記周本紀「百姓懷之，多從而保歸焉」，保歸謂依歸也。荆燕世家「與彭越相保」。莊子列御寇篇「人將保女矣」，司馬彪注：保，附也。附亦依也。王逸注七諫云：依，保也。

〔三〕【補注】先謙曰：官本「城上」作「上城」，引宋祁曰，景德監本作「城上」。考證云「監本作『射城上』，非也」。先謙案：史記、荀紀皆作「城上」。

〔四〕師古曰：屠謂破取城邑，誅殺其人，如屠六畜然。【補注】先謙曰：今猶即也。史、漢「今」字如此類皆訓即。

〔五〕師古曰：完，全也。

〔六〕師古曰：擾，亂也。

〔七〕【補注】錢大昭曰：「令」南監本、閩本及史記竝作「今」。先謙曰：官本「令」作「今」，是。

〔八〕師古曰：一見破敗即當肝腦塗地。

〔九〕師古曰：能，謂材也。能本獸名，形似熊，足似鹿，爲物堅中而強力，故人之有賢材者，皆謂之能。【補注】劉攽曰：能雖獸名，安知非此獸有能，故以名之？

〔一〇〕師古曰：鄉邑之人，老及長者父兄之行，少及幼者子弟之黨，故總而言之。【補注】齊召南曰：監本作「父子兄弟」，非也。此及史記竝作「父兄子弟」，故師古注云「老及長者父兄之行，少及幼者子弟之黨」也。今改正。

〔一一〕【補注】錢大昭曰：「吏」，南監本、閩本竝作「更」。先謙曰：官本作「更」，是。史記作「願更相推擇可者」。

〔一二〕師古曰：就，成也。

〔一三〕師古曰：誅及種族也。

〔一四〕師古曰：數音所角反。他皆類此。

〔一五〕孟康曰：楚舊僭稱王，其縣宰爲公。陳涉爲楚王，沛公起應涉，故從楚制稱曰公。

〔一六〕應劭曰：黃帝戰於阪泉，以定天下。蚩尤亦古天子，好五兵，故祠祭之，求福祥也。臣瓚曰：孔子三朝記云蚩尤庶人之貪者，非天子也。管仲曰「割盧山發而出水，金從之出，蚩尤受之以作劍戟」也。師古曰：瓚所引者同是大戴禮，出用兵篇，而非三朝記也。其餘則如應說。沛廷，沛縣之廷。【補注】吳仁傑曰：劭、瓚之說皆非也，所祭蓋天星蚩尤之旗。案天文志「蚩尤之旗，類彗而曲，象旗。見則王者征伐四方」。時方事征伐，故祠之耳。封禪書祠八神，曰天主、地主、陰主、陽主、日主、月主、四時主，而兵主居其一焉。兵主所祠，則蚩尤之星也。武王伐商，上祭於畢，畢星主兵，故師出而祭之，事頗類此。不然，黃帝，擒殺蚩尤者也，既祠黃帝又祭蚩尤，何哉？或謂皇覽載蚩尤冢在東平，而兵主祠亦在焉，則又可疑。是不然，八神之祠本齊太公作之，故皆在齊地。兵主之在東平，正如天主之在臨淄，地主之在梁父。後人見祠蚩尤於此，遂以冢傳會，不足據也。況八神以類舉，天、地、陰、陽、日、月、四時之外，祭星爲宜。彼貪虢之鬼，烏得簉其間哉！全祖望曰：據管子，則造兵者黄帝之臣，而古言蚩尤與黄帝戰，是諸侯之不終者。許慎據三朝記以爲造兵非蚩尤，乃黄帝。賈公彦調劑其説，以爲蚩尤與黄帝戰，亦造兵之首，故漢高祭之。夫黄帝使蚩尤造兵，則蚩尤是黄帝賢臣，如竊黄帝之兵而與戰，則不止於庶人之貪者，豈可祭也！杭世駿力詆吴説，謂高祖立蚩尤祠於長安，宣帝則祠於壽良，後漢詔馬嚴過武庫祭蚩尤，不以爲貪鬼，且壽良乃蚩尤之冢所在，豈是星乎？藝文志兵家有蚩尤二篇，則許、吴之説俱不足信。愚謂蚩尤爲黄帝造兵，自是作者之聖，豈有倡亂之理？而阪泉之戰，傳記有之，疑造兵之蚩尤是一人，阪泉倡亂之蚩尤又一人，如古來作射之人名羿，而有窮之君亦以爲名。後世所祭，乃造兵之蚩尤，非倡亂之蚩尤也。且蚩尤冢在壽張，見於皇覽，而倡亂之蚩尤死於涿鹿，誰爲遠道葬之壽張者！亦可見蚩尤之有二也。蚩尤造兵，則以司兵之星名蚩尤，高祖所祭自未必是星也。先謙曰：全説是。「割盧」管子及史集解、索隱引並作「葛盧」，此誤。

〔一七〕應劭曰：釁，祭也。殺牲以血塗鼓釁呼爲釁。臣瓚曰：禮記及大戴禮有釁廟之禮，皆無祭事。師古曰：許慎云「釁，血祭也」，然即凡殺牲以血祭者皆爲釁，安在其無祭事乎？又古人新成鐘鼎，亦必釁之，豈取釁呼爲義？應氏之説亦未允也。呼音火亞反。【補注】沈欽韓曰：周禮太祝「隋釁逆牲」，鄭云「隋釁謂薦血也」。疏云：「賈氏云釁，釁宗廟，馬氏云血以塗鐘鼓，鄭不從而以爲薦血祭祀者，下文云既祭令徹，則此上下皆是祭祀之事，何得於中輒有釁廟塗鼓？直稱釁，何得兼言隋？故爲祭祀薦血解之。」是釁廟塗鐘鼓祭器，與薦血之義各別。瓚云無祭事，是；應説釁祭，非也。釁呼者，呼與罅同。韻會「罅，集韻或作呼」。易解彖「百果草木皆甲坼」，鄭注「坼，呼也」，陸德明音義「呼，火訝切」。趙岐孟子注「新鑄鐘，殺牲以血塗其釁郄」。鬯人注「釁讀爲徽」，疏云「徽爲飾治之義，亦塗治其釁郄耳」。與應義同。顔兩駁俱非。先謙曰：古即、則同字，故注「然則」爲「然即」，下並同。

〔一八〕師古曰：幟，幖也，音式志反。旗旂之屬，幟即總稱焉，史家字或作識，或作志，音義皆同。【補注】吴仁傑曰：顔注以舋鼓句絶，非是。案封禪書「祠蚩尤，舋鼓旗」，旗字當屬上句讀之。先謙曰：吴説是也。幟是總稱，言幟皆赤可矣。古書簡要，不當有羡文。鼓旗並舋，上屬爲宜。後人習見旗幟字，誤絶耳。史集解、索隱皆如顔讀，官本引蕭該音義幟音熾。

〔一九〕【補注】朱子文曰：於文爲繁，自「由所殺蛇」以下宜去十字，卻添四字。當曰「旗幟皆赤，符嫗所言赤帝子故也」，義自顯然，何必更述斬蛇一事。王念孫曰：下「所」字涉上「所」字而衍。殺者謂殺蛇者也，則殺者上不當有「所」字。文選王命論注引此無「所」字，史記同。郊祀志云「蛇，白帝子，而殺者赤帝子也」，「殺者」上亦無「所」字。史記封禪書同。先謙曰：朱、宋諸説少發明，多謬誤，載在官本者存之不復致辨。

是月，項梁與兄子羽起吴。田儋與從弟榮、橫起齊，〔一〕自立爲齊王。韓廣自立爲燕王。魏咎自立爲魏王。〔二〕陳涉之將周章西入關，至戲，〔三〕秦將章邯距破之。〔四〕

〔一〕服虔曰：儋音負擔之擔。師古曰：音丁甘反。

〔二〕【補注】沈欽韓曰：咎爲周市所立，虚位以待咎者四月。史記月表謂咎在陳，不得歸國，十二月陳勝死，乃自陳歸立。與此所次先後有異。

〔三〕應劭曰：章字文，陳人也。戲，弘農湖縣西界也。孟康曰：水名也。蘇林曰：在新豐東南三十里。師古曰：戲在新豐東，今有戲水驛。其水本出藍田北界横嶺，至此而北流入渭。孟、蘇説是。東越鄭及華陰數百里，然始至湖西界，應説大失之矣。戲音許宜反。【補注】先謙曰：後漢郡國志新豐東有戲亭，又有戲水，並詳地理志「京兆新豐」下。

〔四〕蘇林曰：邯音酒酣之酣。師古曰：音下甘反。

秦二年十月，〔一〕沛公攻胡陵、〔二〕方與，〔三〕還守豐。秦泗川監平將兵圍豐。〔四〕二日，出與戰，破之。令雍齒守豐。十一月，沛公引兵之薛。秦泗川守壯兵敗於薛，〔五〕走至戚，〔六〕沛公左司馬得殺之。〔七〕沛公還軍亢父，〔八〕至方與。趙王武臣爲其將所殺。十二月，楚王陳涉爲其御莊賈所殺。魏人周市略地豐沛，使人謂雍齒曰：「豐，故梁徙也，〔九〕今魏地已定者數十城。齒今下魏，魏以齒爲侯守豐；〔一〇〕不下，且屠豐。」雍齒雅不欲屬沛公，〔一一〕及魏招之，即反爲魏守豐。〔一二〕沛公攻豐，不能取。沛公還之沛，〔一三〕怨雍齒與豐子弟畔之。〔一四〕

〔一〕文穎曰：十月，秦正月。始皇即位，周火德，以五勝之法勝火者水，秦文公獲黑龍，此水德之瑞，於是更名河爲「德水」，十月爲正月，謂建亥之月水得位，故以爲歲首。【補注】先謙曰：文云秦謂十月爲正月，顏本以爲說，大謬。詳見後「春正月」下。

〔二〕鄧展曰：屬山陽，章帝元和五年改爲胡陵。【補注】先謙曰：注「胡陵」官本作「胡陸」，是。胡陵在今兗州府魚臺縣東南六十里。

〔三〕鄭氏曰：音房預，屬山陽郡。【補注】齊召南曰：史記本紀此事在上年之末，此從月表在二年十月。凡漢書月日與史記本紀不同者，皆據月表也。先謙曰：方與在今魚臺縣北。史記本紀此事亦在二年，齊説誤。

〔四〕文穎曰：泗川，今沛郡也，高祖更名沛。秦時御史監郡，若今刺史。平其名也。師古曰：泗川郡川字或爲水，其實一也。【補注】何焯曰：地理志作「泗水郡」，「川」字傳寫之誤。錢大昭曰：周勃傳亦作「泗水」。先謙曰：郡有定名，無兩作者，川、水隸寫相似而譌耳，顏説非。

〔五〕如淳曰：秦并天下爲三十六郡，置守、尉、監。此泗川有監有守。壯，其名也。

〔六〕鄭氏曰：音憂戚之戚。如淳曰：音將毒反。師古曰：東海之縣也，讀如本字。【補注】齊召南曰：胡三省通鑑注云「以地理考之，沛郡與東海相去頗遠，壯兵敗而走，未必能至東海之戚。班志沛郡有廣戚縣，章懷云廣戚故城在今徐州沛縣東，恐是走至廣戚之戚也」。召南案：此説足以正顔注之失。先謙曰：曹參傳「攻轅戚及亢父」，又云「還爲戚公，屬碭郡」。正義，戚即轅戚也，在今濟寧州嘉祥縣西南，即此戚矣。

〔七〕師古曰：得者，司馬之名。【補注】劉攽曰：得，得而殺之，漢書多以獲爲得。王鳴盛曰：史記「得」下有「泗川守壯」四字，則得者得其人殺之，非名。周壽昌曰：索隱「蓋是左司馬曹無傷得泗川守壯而殺之」。案此説或未然，沛公此時左司馬尚有孔聚、陳賀、唐厲，不止曹無傷一人，功臣表可證。孔聚以執盾，前元年從起碭，以左司馬入漢。顔注，前元年謂初起之年，即秦胡亥元年，是孔聚從起碭後即爲左司馬，在入漢前。陳賀亦然，唐厲稍後。

〔八〕鄭氏曰：亢音人相抗荅，父音甫，屬任城郡。【補注】先謙曰：史集解引鄭氏作「鄭德」。亢父，東平縣，在今濟寧州東南五十里。

〔九〕文穎曰：晉大夫畢萬封魏，今河東河北縣是也。其後爲秦所逼徙都，今魏郡魏縣是也。至文侯孫惠王畏秦，復徙都大梁，今浚儀縣大梁亭是也。故世或言魏惠王，或言梁惠王。至孫假爲秦所滅，轉東徙於豐，故曰豐，故梁徙也。臣瓚曰：史記及世本：畢萬居魏，昭子徙安邑，文侯亦居之。汲郡古文云惠王之六年，自安邑遷於大梁。師古曰：魏不常都於魏郡魏縣，瓚説是也。其他則如文氏之釋。【補注】先謙曰：官本注「則」作「即」。

〔一〇〕師古曰：封爲侯，因令守豐。

〔一一〕蘇林曰：雅，素也。

〔一二〕師古曰：爲音于僞反。

〔一三〕【補注】朱子文曰：當去下「沛公」二字。先謙曰：史記「還」上有「病」字。

〔一四〕【補注】先謙曰：史記：「沛公怨雍齒與豐子弟叛之，聞東陽甯君、秦嘉立景駒爲假王，在留，乃往從之，欲請兵以攻豐。」漢書敘入張耳云云，文氣稍隔，此改史記而失者。

正月，張耳等立趙後趙歇爲趙王。〔一〕東陽甯君、秦嘉立景駒爲楚王，〔二〕在留。〔三〕沛公往從之，道得張良，遂與俱見景駒，請兵以攻豐。時章邯從陳，別將〔四〕司馬𡰥將兵北定楚地，〔五〕屠相，〔六〕至碭。東陽甯君、沛公引兵西，與戰蕭西，〔七〕不利，還收兵聚留。二月，攻碭，三日拔之。〔八〕收碭兵，得六千人，與故合九千人。三月，攻下邑，拔之。〔九〕還擊豐，不下。四月，項梁擊殺景駒、秦嘉，止薛，沛公往見之。項梁益沛公卒五千人，五大夫將十人。〔一〇〕沛公還，引兵攻豐，拔之。雍齒奔魏。

〔一〕鄭氏曰：歇音遏絶之遏。蘇林曰：歇音毒歇。師古曰：依本字以讀之，不當借音。【補注】宋祁曰：史記徐廣注云，歇音烏轄反。

〔二〕文穎曰：秦嘉，東陽郡人，爲甯縣君。景駒，楚族。景，氏；駒，名也。晉灼曰：東陽，縣也。臣瓚曰：陳勝傳云「淩人秦嘉」，然即嘉非東陽人。嘉初起於郯，號大司馬，又不爲甯縣君。東陽甯君自一人，秦嘉又一人。師古曰：東陽甯君及秦嘉二人是也。東陽者，爲其所屬縣名。甯君者，姓甯，時號爲君。【補注】先謙曰：官本注「是」作「目」。

〔三〕師古曰：留，縣名。【補注】先謙曰：楚國縣，在今沛縣東南五十里。

〔四〕如淳曰：從陳涉將也。涉在陳，其將相別在他許，皆稱陳。師古曰：從謂追討也。尚書曰「夏師敗績，湯遂從之」。【補注】劉攽曰：余謂「別將」字當屬下句讀之，言章邯身從陳，而別將定楚耳。周壽昌曰：顏引書乃商書序語，

「尚」應作「商」，「書」下應有「序」字，顔從其統稱耳。先謙曰：别將，劉説是。注「他許」猶「他所」，古許、所同字。

〔五〕如淳曰：𡰥，章邯司馬。師古曰：𡰥，古夷字。【補注】周壽昌曰：𡰥，疑亦秦將。司馬其姓，非官稱。若章邯之司馬，當以章邯冠於上，不能隔一事爲稱。樊噲傳「與司馬𡰥戰碭東」，上並無章邯事。先謙曰：周説是。史記「𡰥」作「尼」。

〔六〕師古曰：相，縣名。【補注】先謙曰：相，沛郡縣，在今宿州西北。

〔七〕師古曰：蕭縣之西。【補注】先謙曰：蕭，沛郡縣，在今蕭縣西北。

〔八〕師古曰：拔者，破城邑而取之，言若拔樹木，並得其根本也。

〔九〕師古曰：下邑，縣名。【補注】先謙曰：下邑，梁國縣，在今碭山縣東。

〔一〇〕蘇林曰：五大夫，弟九爵名。以五大夫爲將，凡十人。【補注】先謙曰：「弟」，官本作「第」；「名」，史記作「也」。

五月，項羽拔襄城還。〔一〕項梁盡召别將。〔二〕六月，沛公如薛，〔三〕與項梁共立楚懷王孫心爲楚懷王。〔四〕章邯破殺魏王咎、齊王田儋於臨濟。〔五〕七月，大霖雨。〔六〕沛公攻亢父。章邯圍田榮於東阿。〔七〕沛公與項梁共救田榮，大破章邯東阿。田榮歸，沛公、項羽追北，〔八〕至城陽，〔九〕攻屠其城。軍濮陽東，〔一〇〕復與章邯戰，又破之。

〔一〕【補注】先謙曰：襄城，潁川縣，今許州襄城縣治。

〔二〕師古曰：别將，謂小將别在他所者。

〔三〕師古曰：如，往也。他皆類此。

〔四〕應劭曰：六國爲秦所并，楚最無罪，爲百姓所思，故求其後，立爲楚懷王，以祖謚爲號，順民望也。

〔五〕師古曰：破其軍而殺其身。【補注】先謙曰：臨濟，後漢縣，屬樂安，前漢陳留平丘縣境，在今大名府長垣縣西南。

〔六〕師古曰：雨三日以上爲霖。

〔七〕【補注】先謙曰：東阿，東郡縣，今兖州府陽穀縣東北五十里阿城鎮。

〔八〕服虔曰：師敗曰北。韋昭曰：古背字也，背去而走也。師古曰：北，陰幽之處，故謂退敗奔走者爲北。老子曰「萬物向陽而負陰」。許慎説文解字云「北，乖也」。史記樂書曰「紂爲朝歌北鄙之音」，「朝歌者不時，北者敗也，鄙者陋也」。是知北即訓乖，訓敗，無勞借音。韋昭之徒並爲妄矣。【補注】王念孫曰：説文「北，乖也。從二人相背」。廣雅「背，北也」。北音背。則北爲古背字明矣。管子君臣篇「爲人君者，倍道棄法而好行私謂之亂；爲人臣者，變故易常而巧官以諂上謂之騰。亂至則虐，騰至則北」。北，謂背其君也。尹知章注，以北爲敗北，非是。齊策「食人炊骨，士無反北之心」。反北即反背也。北取乖背之義，故敗走亦謂之北。桓九年左傳「以戰而北」，釋文「北，嵇康音胷背」。吴語「吴師大北」，韋昭注「軍敗奔走曰北，北古之背字」。是敗北之北，古讀爲背，取背而去之之義。甘誓正義「奔北謂背陳走也」。説文訓北爲乖，正與此義相合，而師古乃云「北，幽陰之處，故謂退敗奔走者爲北」，其失也鑿矣。後漢臧宫傳注「人好陽而惡陰，北方幽陰之地，故軍敗者皆謂之北」，此亦襲師古之謬説。唯荀子議兵篇注「北者，乖背之名，故以敗走爲北」，尚能遵用古訓，不爲顔説所惑。師古不讀北爲背者，特以北爲入聲，背爲去聲，不可合而一之耳。不知背、北古同聲，故北爲古背字，而背、邶二字並從北聲，敗北之北亦取乖背之義，故嵇康、韋昭相承讀而爲背。樂書訓北爲敗，安知其不讀爲背乎？大雅行葦之「黄耇台背」與翼、福爲韻，桑柔之「職涼善背」與極、克、力爲韻，瞻卬之「譖始竟背」與忒、極、慝、識、織爲韻，背字皆讀入聲，此背、北同聲之明證也，膠柱之見亦可以廢然而反矣。

〔九〕【補注】先謙曰：城陽即濟陰成陽，本書成、城通作。在今曹州府濮州東南。

〔一〇〕【補注】先謙曰：濮陽，東郡縣，在今大名府開州南。

章邯復振，〔一〕守濮陽，環水。〔二〕沛公、項羽去，攻定陶。〔三〕八月，田榮立田儋子市爲齊王。定陶未下，沛公與項羽西略地至雍丘，〔四〕與秦軍戰，大敗之，斬三川守李由。〔五〕還攻外

黄，外黄未下。〔六〕

〔一〕李奇曰：振，整也。如淳曰：振，起也，收散卒自振迅而起。晉灼曰：左氏云「振廢滯」，如説是也。
〔二〕文穎曰：決水以自環守爲固也。張晏曰：依河水以自環繞作壘。師古曰：文説是也。環音宦。
〔三〕【補注】先謙曰：定陶，濟陰縣，在今曹州府定陶縣西北四里。
〔四〕【補注】先謙曰：雍丘，陳留縣，今開封府杞縣治。
〔五〕應劭曰：三川，今河南郡也。由，李斯子。韋昭曰：有河、洛、伊，故曰三川也。【補注】周壽昌曰：史記李斯傳，二世初立，趙高曰：「丞相長男李由爲三川守，楚盜陳勝等皆丞相傍縣之子，以故楚盜公行，過三川，城守不肯擊。」又云，及二世案三川之守至，則項梁已擊殺之。二年七月，具斯五刑，論腰斬咸陽市。是斯被譖因由，由死又在斯被刑前。
〔六〕【補注】先謙曰：外黄，陳留縣，在今杞縣東。

項梁再破秦軍，有驕色。宋義諫，不聽。秦益章邯兵。九月，章邯夜銜枚擊項梁定陶，〔一〕大破之，殺項梁。時連雨自七月至九月。沛公、項羽方攻陳留，聞梁死，士卒恐，乃與將軍吕臣引兵而東，徙懷王自盱台都彭城。〔二〕吕臣軍彭城東，項羽軍彭城西，沛公軍碭。魏咎弟豹自立爲魏王。後九月，〔三〕懷王并吕臣、項羽軍自將之。以沛公爲碭郡長，〔四〕封武安侯，將碭郡兵。以羽爲魯公，封長安侯，吕臣爲司徒，其父吕青爲令尹。〔五〕

〔一〕師古曰：銜枚者，止言語讙囂，欲令敵人不知其來也。周官有銜枚氏。枚狀如箸，横銜之，繣繫於項。繣者，結礙也。繫，繞也。蓋爲結紐而繞項也。繣音獲。繫音頡。

〔二〕鄭氏曰：音眗怡。師古曰：眗音許于反。【補注】先謙曰：盱台，臨淮縣，在今泗州盱眙縣東北。彭城，楚國縣，今徐州府銅山縣治。

〔三〕文穎曰：即閏九月也。時律曆廢，不知閏，謂之後九月。如淳曰：時因秦以十月爲歲首，至九月則歲終。後九月即閏月。師古曰：文説非也。若以律曆廢不知閏者，則當徑謂之十月，不應有後九月。蓋秦之曆法，應置閏者總致之於歲末。觀其此意，當取左傳所謂歸餘於終耳。何以明之？據漢書表及史記，漢未改秦曆之前，迄至高后、文帝，屢書後九月，是知故然，非曆廢也。【補注】劉攽曰：余謂顏説後九月亦爲未盡。秦知置曆有閏，何故皆以爲九月乎？蓋司馬氏爲史，既以秦正月稱十月，遂以閏月溥謂之後九月，是司馬氏如此敘之，非秦法也。先謙曰：劉注亦襲顏改月之説而謬。

〔四〕蘇林曰：長如郡守也。韋昭曰：秦名曰守，是時改曰長。

〔五〕應劭曰：天子曰師尹，諸侯曰令尹。時去六國尚近，故置令尹。臣瓚曰：諸侯之卿，唯楚稱令尹，其餘國稱相。時立楚之後，故置官司皆如楚舊也。師古曰：瓚説得之。

章邯已破項梁，以爲楚地兵不足憂，乃渡河北擊趙王歇，大破之。歇保鉅鹿城，〔一〕秦將王離圍之。趙數請救，懷王乃以宋義爲上將，〔二〕項羽爲次將，范增爲末將，北救趙。

〔一〕【補注】先謙曰：鉅鹿，鉅鹿縣，今順德府平鄉縣治。

〔二〕【補注】先謙曰：史記有「軍」字，據下文「項羽自立爲上將軍」，則有「軍」字是也。

初，懷王與諸將約，先入定關中者王之。〔一〕當是時，秦兵彊，常乘勝逐北，諸將莫利先入關。〔二〕獨羽怨秦破項梁，奮勢，〔三〕願與沛公西入關。懷王諸老將皆曰：「項羽爲人慓悍禍賊，〔四〕嘗攻襄城，襄城無噍類，〔五〕所過無不殘滅。且楚數進取，〔六〕前陳王、項梁皆敗，〔七〕不如更遣長者扶義而西，〔八〕告諭秦父兄。秦父兄苦其主久矣，今誠得長者往，毋侵暴，宜可下。項羽不可遣，獨沛公素寬大長者。」卒不許羽，而遣沛公西收陳王、項梁散卒。乃道碭〔九〕至陽城與杠里，〔一〇〕攻秦軍壁，破其二軍。〔一一〕

〔一〕師古曰：約，要也，謂言契也。自函谷關以西總名關中。

〔二〕師古曰：不以入關爲利，言畏秦也。

〔三〕晉灼曰：憤，激也。【補注】先謙曰：史記無「勢」字。

〔四〕師古曰：慓，疾也。悍，勇也。禍賊者，好爲禍害而殘賊也。慓音頻妙反，又匹妙反。悍音胡旦反。【補注】王念孫曰：「禍賊」當從史記作「猾賊」。一切經音義一引三倉云「猾，黠惡也」，酷吏傳甯成「猾賊任威」是也。史記作「滑賊」。猾賊與慓悍義相承，禍賊則非其義矣。隸書「禍」字或作「禍」，「猾」字或作「猧」，二形相近，故「猾」誤爲「禍」。漢安帝賜豫州刺史馮煥詔「儕輕狡猾」，「猾」字作「猧」是其證。儕輕狡猾，猶言慓悍猾賊耳。晉語「齒牙爲猾」，史記晉世家「猾」字亦誤作「禍」，猾之爲禍，猶渦之爲滑。呂氏春秋開春篇「昔王季歷葬於渦山之尾」，論衡死僞篇作「滑山」。又酷吏傳「徒請召猜禍吏與從事」，猜禍二字皆猾字之譌，辯見史記。先謙曰：史記「慓」作「僄」。

〔五〕如淳曰：噍音祚笑反。無復有活而噍食者也。青州俗呼無孑遺爲無噍類。

〔六〕如淳曰：楚謂陳涉。數進取，多所攻取也。師古曰：楚者，總言楚兵，陳涉、項梁皆是。

〔七〕孟康曰：前陳王，陳涉也。師古曰：孟説非也。此言前者陳王及項梁皆敗，今須得長者往，非謂涉爲前陳王也，安有後陳王乎？

〔八〕師古曰：扶，助也，以義自助也。「扶」字或作「杖」，杖亦倚任之意。

〔九〕孟康曰：道由碭。【補注】王念孫曰：道即由也，見禮器中庸注。不當分爲二義。後皆放此。

〔一〇〕孟康曰：二縣名也。師古曰：杠音江。【補注】齊召南曰：胡三省云「陽城」史記作「成陽」。索隱：在濟陰。召南案：「陽城」係「成陽」轉寫之誤，不獨史記可證，本書曹參傳「擊王離軍成陽南，又攻杠里，大破之」，即此事也。先謙曰：齊說是。成陽與上碭下成武道里相接，陽城則遼遠矣。韋昭云在潁川，誤。杠里非縣名。索隱引如淳云「秦軍所屯地名」，是也。方輿紀要：杠里在成陽西。

〔一一〕【補注】先謙曰：史記作「秦軍夾壁破魏二軍」，疑文有譌奪。

秦三年十月，齊將田都畔田榮，將兵助項羽救趙。沛公攻破東郡尉於成武。〔一〕十一月，項羽殺宋義，并其兵渡河，自立爲上將軍，諸將黥布等皆屬。十二月，沛公引兵至栗，〔二〕遇剛武侯，〔三〕奪其軍四千餘人，并之，與魏將皇欣、武滿軍合。〔四〕攻秦軍，破之。〔五〕故齊王建孫田安〔六〕下濟北，從項羽救趙。羽大破秦軍鉅鹿下，虜王離，走章邯。〔七〕

〔一〕孟康曰：尉，郡都尉也。師古曰：本謂之郡尉，至景帝時乃改曰都尉。【補注】先謙曰：成武，山陽縣，今曹州府成武縣治。

〔二〕韋昭曰：栗，沛郡縣名也。【補注】先謙曰：今歸德府夏邑縣治。

〔三〕應劭曰：楚懷王將也。功臣表棘蒲剛侯陳武。武一姓柴。剛武侯宜爲剛侯武，魏將也。孟康曰：功臣表，柴武以將軍起薛，至霸上入漢中，非懷王將，又非魏將也，例未有稱謚者。師古曰：史失其名姓，唯識其爵號，不知誰也。不當改剛武侯爲剛侯武。應氏以爲懷王將，又云魏將，無所據矣。【補注】吳仁傑曰：剛武侯自是一人，固不可改爲陳武。若曰陳武爲懷王將無據，則不然。武封棘蒲侯，故太史公以蒲將軍目之。案項籍傳，蒲將軍以兵屬項梁，梁死，楚懷王以宋義爲上將軍，諸別將兵皆屬焉。武在別將之數，則固嘗爲懷王將矣。顔注不悟蒲將軍爲陳武，故謂武爲楚將無據。先謙曰：史集解引功臣表棘蒲云云，屬孟説，功臣表柴武云云，屬瓚説，與此異。

〔四〕【補注】齊召南曰：功臣表樂平侯衛無擇以隊卒從高祖起沛，屬皇訢，當即此皇欣。武滿，史記作武蒲，蒲、滿字形相近，未知孰是。錢大昭曰：「滿」，閩本作「蒲」，與史記同。先謙曰：乾道本作「滿」，汪本作「蒲」。史記：武蒲，魏申徒。

〔五〕【補注】先謙曰：史記敘彭越助攻昌邑不利，乃還至栗，與此先後異；至合皇欣等軍後亦不云攻秦軍破之也。

〔六〕師古曰：建，齊襄王子也，立四十四年爲秦兵所擊，以兵降秦。秦虜之，遷建於河内，遂滅齊。

〔七〕師古曰：章邯被破而走。

二月，沛公從碭北攻昌邑，〔一〕遇彭越。越助攻昌邑，未下。沛公西過高陽，〔二〕酈食其爲里監門，〔三〕曰：「諸將過此者多，吾視沛公大度。」〔四〕乃求見沛公。沛公方踞牀，使兩女子洗。〔五〕酈生不拜，長揖曰：〔六〕「足下必欲誅無道秦，不宜踞見長者。」於是沛公起，攝衣謝之，延上坐。食其説沛公襲陳留。〔七〕沛公以爲廣野君，以其弟商爲將，將陳留兵。三月，攻開封，未拔。〔八〕西與秦將楊熊會戰白馬，〔九〕又戰曲遇東，〔一〇〕大破之。楊熊走之滎陽，〔一一〕二世使使斬之以徇。〔一二〕四月，南攻潁川，〔一三〕屠之。因張良遂略韓地。〔一四〕

〔一〕【補注】先謙曰：昌邑，山陽縣，在今兗州府金鄉縣西北四十里。

〔二〕文穎曰：聚邑名，屬陳留圉。臣瓚曰：陳留，傳在雍丘西南。【補注】先謙曰：郡國志雍丘有酈生祠。高陽亭見水經睢水注，引見「陳留雍丘」下。

〔三〕服虔曰：音歷異基。蘇林曰：監門，門卒也。【補注】沈欽韓曰：公羊宣十五年傳何注：「在邑曰里，一里八十户，八家共一巷。中里爲校室，選其耆老有高德者名曰父老，辯護伉健者爲里正。田作之時，父老及里正旦開門坐塾上，晏出後時者不得出，暮不持樵者不得入。」案此，則監門乃主啓閉監視者，當亦有卒主灑埽，監門非卒也。史記：秦二世曰：「監門之養，不觳於此。」

〔四〕【補注】先謙曰：史記「大度」作「大人長者」。

〔五〕師古曰：踞，反企也。洗，洗足也。踞音據。洗音先典反。【補注】朱子文曰：「吾視沛公大度，乃求見，沛公方踞牀使兩女子洗」，「乃求見」下亦多「沛公」二字。

〔六〕師古曰：長揖者，手自上而極下。

〔七〕臣瓚曰：輕行無鐘鼓曰襲。【補注】先謙曰：史記有「得秦積粟」四字。陳留，郡也。

〔八〕師古曰：開封，縣名，屬滎陽。【補注】齊召南曰：注非也。漢時開封縣屬河南郡，其滎陽郡至晉始置。洪亮吉曰：顔前後注地理皆舉漢志，此云屬滎陽，蓋據見在而言。然考新唐書地理志，武德四年，徙開封屬汴州。師古爲太子承乾注漢書在貞觀中，安得尚云開封屬滎陽乎？依漢志應云屬河南，依見在應云屬汴州，此注可謂前後失據。先謙曰：攻圍趙賁也。開封在今開封府祥符縣南五十里。

〔九〕師古曰：白馬亦縣名，屬東郡。【補注】先謙曰：在今衛輝府滑縣東二十里。

〔一〇〕文穎曰：地名也。蘇林曰：曲音齲。遇音顒。師古曰：齲音丘羽反。【補注】錢大昭曰：郡國志河南中牟有曲遇聚。先謙曰：在今開封府中牟縣東。

〔一一〕師古曰：西走也。【補注】先謙曰：滎陽，河南縣，在今開封府滎澤縣西南十七里。

〔一二〕師古曰：徇，行示也。司馬法曰「斬以徇」，言使人將行徧示衆士以爲戒。

〔一三〕【補注】先謙曰：史記作潁陽，是也。潁陽，潁川縣，在今許州西南。

〔一四〕文穎曰：河南新鄭南至潁川南北，皆韓地也。以良累世相韓，故因之。【補注】先謙曰：史記「地」下有「轘轅」二字。

時趙別將司馬卬〔一〕方欲渡河入關，沛公乃北攻平陰，〔二〕絕河津。南，戰雒陽東，軍不利，從轘轅〔三〕至陽城。〔四〕收軍中馬騎。六月，與南陽守齮戰犨東，〔五〕大破之。〔六〕略南陽郡，南陽守走，保城守宛。〔七〕沛公引兵過宛西。〔八〕張良諫曰：「沛公雖欲急入關，秦兵尚衆，距險。〔九〕今不下宛，宛從後擊，彊秦在前，此危道也。」於是沛公乃夜引軍從他道還，偃旗幟，遲明，圍宛城三帀。〔一〇〕南陽守欲自剄，〔一一〕其舍人陳恢曰：〔一二〕「死未晚也。」乃踰城見沛公，曰：「臣聞足下約，先入咸陽者王之。今足下留守宛。宛，郡縣，連城數十，其吏民自以爲降必死，故皆堅守乘城。〔一三〕今足下盡日止攻，士死傷者必多；引兵去宛，宛必隨足下。〔一四〕足下前則失咸陽之約，後有彊宛之患。爲足下計，莫若約降，〔一五〕封其守，因使止守，〔一六〕引其甲卒與之西。諸城未下者，聞聲爭開門而待足下，足下通行無所累。」〔一七〕沛公曰：「善。」七月，南陽守齮降，封爲殷侯，封陳恢千户。〔一八〕引兵西，無不下者。至丹水，〔一九〕高武侯鰓、襄侯王陵降。〔二〇〕還攻胡陽，〔二一〕遇番君別將梅鋗，〔二二〕與偕攻析、酈，〔二三〕皆降。所過毋得鹵掠，〔二四〕秦民喜。遣魏人甯昌使秦。〔二五〕是月，章邯舉軍降項羽，羽以爲雍王。瑕丘申陽下河南。〔二六〕

〔一〕師古曰：卬音五剛反。

〔二〕孟康曰：縣名也，屬河南。魏文帝改曰河陰。【補注】先謙曰：在今孟津縣東。

〔三〕臣瓚曰：險道名也，在緱氏東南。師古曰：直渡曰絶。轘音環。【補注】劉台拱曰：此與魏豹絶河津義同。欲先定關中，距卬使不得渡。顔訓直渡謬。「從轘轅」當屬下爲句。先謙曰：雒陽，河南縣。郡國志緱氏縣有轘轅關。

〔四〕【補注】先謙曰：陽城，潁川縣，在今河南府登封縣東南三十五里。

〔五〕師古曰：犨，縣名也。齮音蟻。犨音昌由反。【補注】錢大昭曰：齮，漢紀作吕齮。先謙曰：犨，南陽縣，在今汝州魯山縣東南五十里。

〔六〕【補注】王念孫曰：「大」字係後人所加，景祐本無，史記亦無。

〔七〕師古曰：宛，南陽之縣也，音於元反。【補注】先謙曰：今南陽府治。

〔八〕師古曰：未拔宛城而兵過宛城西出。【補注】宋祁曰：一作「過而西」，陽夏公謂唯作「而」，故師古詳釋之。先謙曰：史記正作「過而西」。

〔九〕師古曰：依險阻而自固以距敵。

〔一〇〕服虔曰：欲天疾明也。文穎曰：遲，未明也。天未明之頃已圍其城矣。晉灼曰：文説是也。師古曰：文、晉二家得其大意耳。此言圍城事畢，然後天明，明遲於事，故曰遲明。變爲去聲，音丈二反。漢書諸言遲某事者，義皆類此。史記「遲」字作「邌」，亦徐緩之意也，音黎。【補注】王念孫曰：今本史記「邌」作「黎」。索隱「黎，猶比也，謂比至天明也」。案，小司馬説是也。黎、遲聲相近，故漢書作「遲」。黎明、遲明皆謂比明也。通典兵十一載此事，用文穎説。又別出一解云「黎，黑也，亦未明之候也」，亦非。史記南越傳之「犂旦」一作「比旦」，衛將軍傳之「遲明」一作「黎明」，漢書作「會明」，則黎之不訓爲黑可知。後人皆謂黎明爲將明未明之時，與昧爽、昧旦同義，其誤實由於此。此言高祖夜引軍還至宛城，比及天明已圍城三帀耳。「黎」亦作「犂」。史記吕后紀「帝晨出射，太后使人持酖飲趙(趙)王。犂孝惠還，趙王已死」。徐廣云「犂猶比也」。今本「犂」下有「明」字，集解内有「諸言犂明者將明之時」九字，皆後人所加，辯見史記。漢書外戚傳作「遲帝還，趙王死」。遲帝還，比帝還也。史記南越傳「犂旦，城中皆降伏波」，「犂」一作「比」，漢書作「遲」。史記衞將軍傳「遲明，行二百餘里」，一作「黎明」，漢書作「會明」。會亦比及之意。魏志張郃傳，諸葛亮急攻陳倉，帝問郃曰：「遲將軍到，亮得無已得陳倉乎？」郃對曰：「比臣未到，亮已走矣。」是遲與比同義。服虔以遲明爲欲天疾明，文穎以爲未明，師古以爲明遲於事，故曰遲明，皆非是。先謙曰：文説「遲，未明也」，官本無「明」字，是。史記「偃」作「更」。索隱引楚漢春秋云：「上南攻宛，匽旌旗，人銜枚，馬束舌，雞未鳴，已圍宛城三帀。」「匽」與「偃」義同，言「更」與情事不合，蓋字誤。

〔一一〕鄭氏曰：剄音姑鼎反。以刀割頸爲剄。

〔一二〕文穎曰：主廄内小吏，官名也。蘇林曰：藺相如爲宦者令舍人。韓信爲侯，亦有舍人。師古曰：舍人，親近左右之通稱也，後遂以爲私屬官號。恢音口回反。【補注】先謙曰：官本注「私」作「司」。

〔一三〕師古曰：乘，登也，謂上城而守也。春秋左氏傳曰「授兵登陴」。

〔一四〕【補注】劉攽曰：案文少「足下」二字。吴仁傑曰：史記「宛必隨足下後，足下前則失咸陽之約」，故刊誤云少二字。然漢紀亦載此云「宛必隨之」，語簡意足，疑漢書但脱一「之」字耳。先謙曰：據劉、吴所云，本書「隨」下缺「足下」二字，而今本無闕文，官本亦同，乃仍載此注，蓋未審耳。

〔一五〕師古曰：共爲要約，許其降也。

〔一六〕師古曰：封其郡守爲侯，即令守其郡。

〔一七〕師古曰：纍音力瑞反。【補注】朱子文曰：陳恢説沛公之辭，不過百餘字，凡稱足下者八。其七皆不可去，惟「今足下留守宛」可以削之，宜曰「臣聞足下約，先入咸陽者王，今留守宛」方簡而勢順。

〔一八〕【補注】李賡芸曰：漢紀作「千户侯」。封恢千户，猶陳餘在南皮而環三縣，不必侯也，漢紀「侯」字蓋衍。高紀十一年，封薛公千户亦非侯。

〔一九〕【補注】先謙曰：丹水，弘農縣，在南陽府淅川縣西。

〔二〇〕蘇林曰：鰓音魚鰓之鰓。晉灼曰：功臣表，戚鰓也。王陵，安國侯王陵也。韋昭曰：漢封王陵爲安國侯，初起兵時在南陽。南陽有穰縣，疑「襄」當爲「穰」，而無禾，字省耳。臣瓚曰：時韓成封穰侯，江夏有襄，是陵所封也。師古曰：戚鰓初從即爲郎，以都尉守蘄城，非至丹水乃降也。此自一人耳，不知其姓。王陵亦非安國侯者。晉説非也。韋氏改襄爲穰者，蓋亦穿鑿也。【補注】何焯曰：案下云因王陵兵，從南陽迎太公、吕后於沛，亦出武關之道，則王陵即安國侯王陵也。襄侯則初起所假封爵耳。功臣表云「以自聚黨定南陽，漢王還擊項籍，以兵屬從」，非别一人可知。全祖望曰：陵聚衆定南陽，本傳亦有之。張蒼傳「陵救蒼之死於南陽」，是安國侯即襄侯。「襄」當作「穰」，南陽地，江夏則不相接矣。韓成之封以元年，陵是時何妨自稱穰侯乎？

〔二一〕【補注】先謙曰：胡陽，南陽縣，地理志作「湖陽」，在今南陽府唐縣南八十里。

〔二二〕蘇林曰：番，音婆，豫章番陽縣。韋昭曰：吴芮初爲番令，故號曰番君。鋗音呼玄反。

〔二三〕蘇林曰：酈音蹢躅之蹢。如淳曰：音持益反。師古曰：析、酈，二縣名。蘇、如兩音並同耳。析縣今内鄉。酈即菊潭縣也。【補注】劉攽曰：析、酈之酈，師古於高紀則從蘇音蹢，如音持益反，於吴芮傳則音郎益反，於樊噲傳則音直益反，皆不同，何也？及酈商傳則音歷，不曉所以。先謙曰：析，弘農縣，在今南陽府内鄉縣西北。酈，南陽縣，在内鄉縣東北。持、直、郎皆取酈字雙聲爲音耳。

〔二四〕應劭曰：鹵與虜同。師古曰：毋，止之辭也，音與無同。他皆類此。掠音力向反，謂略奪也。【補注】宋祁曰：掠，舊作力勺反。刊誤案，經典釋文改「勺」爲「向」。先謙曰：官本作「勺」。

〔二五〕【補注】先謙曰：史記有「使者未來」四字。

〔二六〕服虔曰：瑕丘，縣名。申，姓；陽，名也。文穎曰：姓瑕丘，字申陽。臣瓚曰：項羽傳瑕丘公申陽，是瑕丘縣公也。師古曰：文説非也。此申陽即項羽所封河南王者耳，何云姓瑕丘乎？【補注】宋祁曰：瑕丘申陽，觀羽封諸王處，例不稱其鄉里，似文穎説勝。先謙曰：它處皆稱申陽，當依羽傳解。

八月，沛公攻武關，〔一〕入秦。秦相趙高恐，乃殺二世，使人來，欲約分王關中，〔二〕沛公不許。九月，趙高立二世兄子子嬰爲秦王。子嬰誅滅趙高，遣將將兵距嶢關。〔三〕沛公欲擊之，張良曰：「秦兵尚彊，未可輕。願先遣人益張旗幟於山上爲疑兵，〔四〕使酈食其、陸賈往説秦將，啗以利。」〔五〕秦將果欲連和，沛公欲許之。張良曰：「此獨其將欲叛，恐其士卒不從，不如因其怠懈擊之。」沛公引兵繞嶢關，踰蕢山，〔六〕擊秦軍，大破之藍田南。遂至藍田，又戰其北，秦兵大敗。

〔一〕應劭曰：武關，秦南關，通南陽。文穎曰：武關在析西百七十里。【補注】先謙曰：武關詳地理志「弘農商縣」下。

〔二〕師古曰：自與沛公中分關中之地。

〔三〕應劭曰：嶢，音堯。嶢山之關。李奇曰：在上洛北，藍田南，武關之西。

〔四〕師古曰：益，多也。多張旗幟，過其人數，令敵疑有多兵。

〔五〕師古曰：啗者，本謂食啗耳，音徒敢反。以食餧人，令其啗食，音則改變爲徒濫反。今言以利誘之，取食爲譬。他皆類此。【補注】錢大昭曰：啗與噉同。史記樂毅傳「今趙噉秦以伐齊之利」，徐廣云「噉，進説之」。先謙曰：史記敘用張良計説秦將，襲破武關，無破嶢關事。此班氏據他書增。

〔六〕鄭氏曰：蕢音匱。蘇林曰：蕢音蒯。師古曰：蘇音是也，丘怪反。【補注】先謙曰：官本考證云「宋敏求云嶢關即藍田關，在藍田縣東南九十里。蕢山在縣東南二十五里」。沈欽韓云「秦嶢關，後周明帝武成元年徙青泥故城側，改曰青泥關，武帝建德三年改曰藍田關，隋大業元年，徙復舊所，即今關是。嶢山在縣南二十里」。

元年冬十月，〔一〕五星聚于東井。〔二〕沛公至霸上。〔三〕秦王子嬰素車白馬，係頸以組，〔四〕封皇帝璽符節，〔五〕降枳道旁。〔六〕諸將或言誅秦王，〔七〕沛公曰：「始懷王遣我，固以能寬容，且人已服降，殺之不祥。」乃以屬吏。〔八〕遂西入咸陽，欲止宮休舍，〔九〕樊噲、張良諫，乃封秦重寶財物府庫。〔一〇〕還軍霸上。蕭何盡收秦丞相府圖籍文書。十一月，召諸縣豪桀曰：「父老苦秦苛法久矣，〔一一〕誹謗者族，耦語者棄市。〔一二〕吾與諸侯約，先入關者王之，吾當王關中。與父老約法三章耳：〔一三〕殺人者死，傷人及盜抵罪。〔一四〕餘悉除去秦法。吏民皆按堵如故。〔一五〕凡吾所以來，爲父兄除害，非有所侵暴，毋恐！且吾所以軍霸上，待諸侯至而定要束耳。」〔一六〕乃使人與秦吏行至縣鄉邑告諭之。〔一七〕秦民大喜，爭持牛羊酒食獻享軍士。沛公讓不受，曰：「倉粟多，不欲費民。」民又益喜，唯恐沛公不爲秦王。

〔一〕如淳曰：張倉傳云以高祖十月至霸上，故因秦以十月爲歲首。【補注】先謙曰：官本「倉」作「蒼」，是。

〔二〕應劭曰：東井，秦之分野。五星所在，其下當有聖人以義取天下。占見天文志。【補注】劉攽曰：案五星之行，水常不能遠日。此十月若用夏正則日已在大火矣，水安得與四星俱在東井？蓋五星本以秦十月聚東井，高帝乃以夏十月入秦也。時人欲見漢德應天命，故合而言之，史承人言不改爾。檢史記，是年甲午，歲在鶉首，七月，日在鶉火，則水從歲星無疑也。齊召南曰：魏書高允傳，允語崔浩曰：「案星傳，金、水二星常附日而行。冬十月，日旦在尾箕，昏没於申南，而東井方出於寅北。何因背日而行？是史官欲神其事，不復推之於理。」浩初謂不然，後歲餘謂允曰：「先所論者，本不經心，及更考究，果如君語，以前三月聚東井，非十月也。」高允此論，足以發千古之蔽。司馬溫公通鑑所以於十月之下從史記直言沛公至霸上，不言五星聚井。劉攽謂五星本以秦十月聚東井，高帝迺以夏十月入秦，亦即崔浩前三月之説也。周壽昌曰：史記高祖紀未書此事。天官書云漢之興，五星聚於東井，未書歲月。劉向上封事則明云漢之入秦，五星聚於東井。陳餘傳，甘公曰：「漢王之入關，五星聚東井。東井者，秦分也，先至必王。」案二世三年八月，沛公攻武關入秦。所稱引兵西，秦民喜者，正七月五星聚東井之時，故甘公亦止言入關，未云至霸上也。高氏言史官欲神其事，班修漢史，自不得不爾。顧棟高云，武帝太初定曆，改用夏正，史官因改前年月，獨漢元年冬十月失於追改，猶仍秦舊，故有五星聚東井，致高允之疑。其實秦之冬十月，乃夏正之七月也。月初未交中氣，猶未離六月(纏)〔躔〕度，日在鶉火，與東井秦分鶉首，猶是隔宮相望。金、水二星，附日而行，故俱得會於此。漢初司星者原不錯，因後來史官失於追改，後人疑爲夏正之十月，則日(纏)〔躔〕析木之次，與鶉首秦分隔離七宮，金、水無會聚之理。秦之改時改月無所見，此一條致其大彰明較著者也。先謙曰：謂秦冬十月爲夏正七月，亦即太初後改曆之七月也。即云秦改時改月，止能逆推改作七月，不能順數改作正月，與謂秦改冬十月爲春正月並無關涉。後人承用顔説，遂致疑竇横生，不復加察，所當釐正。「五星聚井」，班氏誤書，通鑑從史記削之，是也。

〔三〕應劭曰：霸上，地名，在長安東三十里，古曰滋水，秦穆公更名霸。師古曰：霸水上，故曰霸上，即今所謂霸頭。

【補注】先謙曰：「滋」官本作「茲」，是。與地理志「京兆南陵」下注合。

〔四〕應劭曰：子嬰不敢襲帝號，但稱王耳。素車白馬，喪人之服。組者，天子韍也。係頸者，言欲自殺也。師古曰：此組謂綬也，所以帶璽也。韍音弗。【補注】沈欽韓曰：楚策，蔡聖侯不以國家爲事，子發受命乎先王，繫以朱絲而見之。自後獻俘皆如此。五代史劉守光傳「晉王至太原，曳劉仁恭以組練，獻於太廟」是也。師古説非。先謙曰：官本「係」作「繫」。

〔五〕應劭曰：璽，信也，古者尊卑共之。左傳襄公在楚，季武子使公冶問璽書，追而與之。秦漢尊者以爲信，羣下乃避之。師古曰：符謂諸所合符以爲契者也。節以毛爲之，上下相重，取象竹節，因以爲名，將命者持之以爲信。

〔六〕蘇林曰：亭名也，在長安東十三里。師古曰：枳音軹。軹道亭在霸成觀西四里。【補注】先謙曰：史記、荀紀「枳」並作「軹」。索隱「枳道亭去霸城觀東四里，觀東去霸水百步」。先謙案：注「成」當作「城」。

〔七〕【補注】先謙曰：索隱引楚漢春秋曰，樊噲請殺之。

〔八〕師古曰：屬，委也，音之欲反。

〔九〕師古曰：舍，息也，於殿中休息也。一曰舍謂屋舍也。【補注】先謙曰：止即息也。訓舍爲息，於文爲複，一説是也。已居秦宮而令軍人居舍耳。

〔一〇〕【補注】沈欽韓曰：西京雜記：高祖初入咸陽宮，周行府庫，金玉珍寶不可稱言。其尤珍異者，有青玉五枝燈，高七尺五寸，作蟠螭以口銜燈，燈然則鱗甲皆動。復鑄銅人十二枚，坐皆高三尺，列在一筵上，琴筑笙竽各有所執，皆綴花綵，儼若生人。筵下有二銅管，上口高數尺出筵後，其一管空，一管内有繩大如指，使一人吹空管，一人紐繩，則衆樂皆作。有琴，長六尺，安十三弦二十六徽，銘曰「璠璵之樂」；玉管長二尺三寸，六孔，吹之則見車馬山林隱轔相次，吹息亦不復見，銘曰「昭華之琯」。有方鏡，廣四尺，高五尺九寸，表裏皆明，人照之則見腸胃五藏，歷然如硋。人有疾病在内，掩心而照之，則知病之所在。又女子有邪心則膽張心動。秦始皇以照宮人，膽張心動者殺之。高祖悉封閉以待項羽，羽併將以東，後不知所在。

〔一一〕師古曰：苛，細也，音何。

〔一二〕應劭曰：秦法禁民聚語。耦，對也。師古曰：族謂誅及其族也。棄市者，取刑人於市，與衆棄之。

〔一三〕【補注】何焯曰：此「約法」與上「苛法」對。因紀末有「初順民心，作三章之約」，改約字爲讀，始厚齋王氏。然文紀中宋昌有約法令之語，刑法志言約法三章者非一，當仍舊也。

〔一四〕服虔曰：隨輕重制法也。李奇曰：傷人有曲直，盜臧有多少，罪名不可豫定，故凡言抵罪，未知抵何罪也。師古曰：抵，至也，當也。服、李二説，意竝得之，自外諸家，皆妄解釋，故不取也。抵音丁禮反。【補注】先謙曰：史集解「李奇」作「李斐」，「臧」作「賊」，非。

〔一五〕應劭曰：按，按次第。堵，牆堵也。師古曰：言不遷動也。堵音覩。【補注】先謙曰：史集解引應説「按，按次第」，不重「按」字，是。

〔一六〕師古曰：要亦約。【補注】先謙曰：史記作「約」。

〔一七〕師古曰：軍中遣人與秦吏相隨，徧至諸縣鄉邑而告諭也。

或說沛公曰：「秦富十倍天下，地形彊。今聞章邯降項羽，羽號曰雍王，王關中。即來，沛公恐不得有此。可急使守函谷關，〔一〕毋内諸侯軍，〔二〕稍徵關中兵以自益，距之。」沛公然其計，從之。十二月，項羽果帥諸侯兵欲西入關，關門閉。聞沛公已定關中，羽大怒，使黥布等攻破函谷關，〔三〕遂至戲下。〔四〕沛公左司馬曹毋傷聞羽怒欲攻沛公，使人言羽曰：「沛公欲王關中，令子嬰相，珍寶盡有之。」〔五〕欲以求封。亞父范增說羽曰：〔六〕「沛公居山東時，貪財好色，今聞其入關，珍物無所取，婦女無所幸，此其志不小。〔七〕吾使人望其氣，皆爲龍，成五色，此天子氣。急擊之，勿失。」於是饗士，旦日合戰。〔八〕是時，羽兵四十萬，號百萬。沛公兵十萬，號二十萬，〔九〕力不敵。會羽季父左尹項伯素善張良，〔一〇〕夜馳見張良，具告其實，欲與俱去，毋特俱死。〔一一〕良曰：「臣爲韓王送沛公，不可不告，亡去不義。」乃與項伯俱見沛公。沛公與伯約爲婚姻，曰：「吾入關，秋豪無所敢取，〔一二〕籍吏民，封府庫，待將軍。〔一三〕所以守關者，備他盜也。日夜望將軍到，豈敢反邪！願伯明言不敢背德。」項伯許諾，即夜復去。戒沛公曰：「旦日不可不早自來謝。」項伯還，具以沛公言告羽，因曰：「沛公不先破關中兵，公巨能入乎？〔一四〕且人有大功，擊之不祥，不如因善之。」羽許諾。

〔一〕文穎曰：是時關在弘農縣衡嶺，今移東，在河南穀城縣。師古曰：今桃林縣南有洪溜澗水，即古所謂函谷也。其水北流入河，夾河之岸尚有舊關餘跡焉。穀城即新安。【補注】宋祁曰：南本「使」字下有「兵」字。先謙曰：史記「使」下亦有「兵」字，南本是。正義引顏注「夾河之岸」「之」作「西」，是。漢新安屬弘農，穀城屬河南，二縣接界，唐併新安入穀城，故云穀城即新安。

〔二〕【補注】錢大昭曰：內讀若納。

〔三〕【補注】周壽昌曰：藝文類聚引楚漢春秋曰：「沛公西入武關，居於灞。解先生說上遣將軍守函谷關，無內項王。大將亞父至關，不得入，怒曰：『沛公欲反耶！』即令家發薪一束，欲燒關門，關門乃開。」案：此即張良傳沛公所稱鯫生也。

〔四〕【補注】宋祁曰：南本無「下」字。陽夏公云，案前言「陳涉之將周章西入關至戲」，此不合有「下」字。政以下文「諸侯罷戲下」，故於此誤衍。此戲，水名。下文注「戲，旌麾也」。王先慎曰：宋說非也，戲下謂戲水之下。上云軍霸上與此云至戲下，文相對；此云至戲下與下兵罷戲下，文正同。下文戲亦水名，說詳彼。

〔五〕【補注】先謙曰：官本「盡」作「書」。

〔六〕如淳曰：亞，次也。尊敬之次父，猶管仲爲仲父。【補注】劉攽曰：管仲自字仲父耳，亞父亦甫音也，言敬之次父，是妄說。全祖望曰：然則呂不韋稱仲父何也？劉偶未之思耳。

〔七〕【補注】宋祁曰：南本作「此其志大」。

〔八〕師古曰：饗謂飲食也。旦日，明旦也。

〔九〕師古曰：兵家之法，不言實數，皆增之。

〔一〇〕師古曰：伯者，其字也，名纏。【補注】錢大昭曰：左尹，官名。

〔一一〕文穎曰：特，獨也。無爲獨與沛公俱死。蘇林曰：特，但也。師古曰：蘇説是也。但，空也，空死而無成名。【補注】朱子文曰：「夜馳見張良」句中，宜去二「張」字，考項羽傳中語意同，亦無「張」字。

〔一二〕文穎曰：豪，秋乃成好，舉盛而言也。師古曰：豪成之時，端極纖細，適足諭小，非言其盛。

〔一三〕師古曰：籍謂爲簿籍。

〔一四〕服虔曰：巨音渠，猶未應得入也。師古曰：服説非也。巨讀曰詎，詎猶豈也。【補注】沈欽韓曰：服説乃古義也。荀子修身篇「渠渠然」，注「渠讀爲遽」。渠、遽古字通。史記張儀傳「蘇君在儀寧渠能乎」，注「渠音詎」。列子黄帝篇「范氏之黨以爲偶然，未詎怪也」。楚策「臣以爲王鉅速忘矣」。是渠、詎、鉅、巨字通，顔説謬。

沛公旦日從百餘騎見羽鴻門，〔一〕謝曰：「臣與將軍戮力攻秦，〔二〕將軍戰河北，臣戰河南，不自意先入關，能破秦，與將軍復相見。〔三〕今者有小人言，令將軍與臣有隙。」〔四〕羽曰：「此沛公左司馬曹毋傷言之，不然，籍何以生此？」〔五〕羽因留沛公飲。范增數目羽擊沛公，〔六〕羽不應。范增起，出謂項莊曰：「君王爲人不忍，〔七〕汝入以劍舞，因擊沛公，殺之。不者，汝屬且爲所虜。」莊入爲壽。〔八〕壽畢，曰：「軍中無以爲樂，請以劍舞。」因拔劍舞。項伯亦起舞，〔九〕常以身翼蔽沛公。樊噲聞事急，直入，怒甚。羽壯之，賜以酒。噲因譙讓羽。〔一〇〕有頃，沛公起如廁，招樊噲出，置車官屬，〔一一〕獨騎，與樊噲、靳彊、滕公、紀成步，從間道走軍，〔一二〕使張良留謝羽。羽問：「沛公安在？」〔一三〕曰：「聞將軍有意督過之，〔一四〕脱身去，間

至軍，〔一五〕故使臣獻璧。」羽受之。又獻玉斗范增。增怒，撞其斗，起曰：「吾屬今爲沛公虜矣！」〔一六〕

〔一〕孟康曰：在新豐東十七里，舊大道北下阪口名。【補注】先謙曰：鴻門詳地理志「京兆新豐」下。

〔二〕師古曰：戮力，并力也，音力竹反，又力周反。【補注】錢大昭曰：閩本「戮」作「勠」，注同。説文「勠，并力也」，「戮，殺也」，其義迥別。書湯誥「聿求元聖，與之勠力」，左昭二十五年石經「勠力壹心」，戰國策「勠力同憂」，高注「勠力，勉力也」，其字皆從力。惟成十三年左傳有「戮力同心」，然唐石經及宋本皆作「勠」。

〔三〕師古曰：意不自謂得然。【補注】周壽昌曰：不自意，言非意所期，此不注自明。顔注轉晦。吴王濞傳「條侯至雒陽，喜曰：七國反，吾乘傳至此，不自意全」，語意與此同。

〔四〕師古曰：隙謂間隙，言乖離不合。

〔五〕【補注】錢大昭曰：「生」，南監本、閩本皆作「至」。王念孫曰：「生」當爲「至」字之誤也。史記項羽紀、高祖紀竝作「至」，通鑑、漢紀同。周壽昌曰：宋景祐本、乾道本、明汪本俱作「生」。生、至字近而譌。

〔六〕師古曰：動目以諭之。

〔七〕師古曰：莊，項羽從弟。

〔八〕師古曰：凡言爲壽，謂進爵於尊者，而獻無疆之壽。

〔九〕【補注】王念孫曰：下句言「亦起舞」，則上句「舞」上亦當有「起」字，而今本脱之。舊本北堂書鈔樂部三、明陳禹謨本改引史記。御覽兵部七十三、所引御覽乃鈔本，非刻本。文選西征賦注引此竝作「拔劍起舞」，史記項羽紀「項莊拔劍起舞，項伯亦拔劍起舞」，皆其證。

〔一〇〕師古曰：譙讓，以辭相責也。譙音才笑反。【補注】錢大昭曰：方言「譙，讓也。齊、楚、宋、衛、荆、陳之間曰譙；

自關而西，秦、晉之間，凡言相責讓曰誰讓」。

〔一一〕師古曰：置，留也，不以自隨。

〔一二〕晉灼曰：紀成，紀通父也。服虔曰：走音奏。師古曰：間，空也，投空隙而行，不公顯也。走謂趣向也，服音是矣。凡此之類，音義皆同。【補注】錢大昭曰：滕公，夏侯嬰也。紀成，索隱云「漢書作紀通。通，紀成之子」，與今本不同。

〔一三〕師古曰：安在，何在也。他皆類此。

〔一四〕師古曰：督謂視責也。【補注】先謙曰：說文「督，視也」。廣雅釋詁「過，責也」。督過即謂督責。顏釋「督」，不釋「過」，文義未晰。

〔一五〕師古曰：脱，免也，不敢謁辭，苟自免而去，間行以至軍也。脱音他活反。

〔一六〕師古曰：撞音丈江反。

沛公歸數日，羽引兵西屠咸陽，殺秦降王子嬰，燒秦宫室，所過無不殘滅。秦民大失望。羽使人還報懷王，懷王曰：「如約。」〔一〕羽怨懷王不肯令與沛公俱西入關，而北救趙，後天下約。乃曰：「懷王者，吾家所立耳，非有功伐，何以得專主約？〔二〕本定天下，諸將與籍也。」

春正月，〔三〕陽尊懷王爲義帝，實不用其命。〔四〕

〔一〕師古曰：謂令沛公王關中。

〔二〕師古曰：積功曰伐。春秋左氏傳曰「大夫稱伐」。

〔三〕如淳曰：以十月爲歲首，而正月更爲三時之月。服虔曰：漢正月也。師古曰：凡此諸月號，皆太初正曆之後，記事者追改之，非當時本稱也。以十月爲歲首，即謂十月爲正月。今此真正月，當時謂之四月耳。他皆類此。【補

注】王引之曰：如說「三時之月」，「月」當爲「首」。歲有四時。自歲首冬十月至十二月已歷一時矣，而春夏秋三時，更以春正月爲首，故曰十月爲歲首，正月爲三時之首。各本下「首」字誤作「月」，文義遂不可通。金榜禮箋不能釐正，而曰三時之月謂三正月，非也。三時凡九月，三正月纔三月耳，不得謂之三時。且正月謂人正建寅之月，不兼天正、地正言之，何得以爲三正？服云「漢正月也」者，上下文皆言項羽事，中間言春正月，恐人不知爲何代之正月，故注表之曰「漢正月也」，謂事在漢高帝元年之正月也。金氏不達注意，而强解之曰「謂漢太初改正之月，與前襲秦正者不同」，其説亦非。上文秦二世二年及此元年，皆先言十月，次十一月，次十二月，次正月，俱謂建寅之月爲正月也。秦曆以十月爲歲首，漢太初曆以正月爲歲首，歲首雖異，而以建寅之月爲正月則同。太初元年正曆但改歲首耳，未嘗改月號也。顔云「以十月爲歲首，即謂十月爲正月」。上文「秦三年十月」，文注秦謂十月爲正月，誤説秦之月號，顔説本之，非也。古者三正迭用，夏以寅月爲歲首，商以丑月爲歲首，周以子月爲歲首，而皆謂之正月。正者，長也，十二月之長也。獨秦自謂獲水德之瑞，於是詔改年始，朝賀自十月朔。史記曆書謂之正以十月，又謂之秦正朔。漢初襲用之，孝文紀所謂今水德始，明正十月也。然當時以十月爲歲首，究未嘗以爲四時之首。四時之首惟春耳。萬物孳萌於子，紐芽於丑，引達於寅，故夏之寅月，商之丑月，周之子月，皆謂之春。若亥月則天地閉塞，不可謂之春矣。秦始皇紀「維二十九年，時在中春，陽和方起」。云陽和方起，則爲建卯之月可知。然則孟春在建寅之月，而建亥之月不謂之春矣。不可謂之春，則不可以爲正月，故史記秦始皇紀、漢高惠高后文景紀、秦楚之際月表及本書武帝紀，元封六年以前凡歲首皆稱十月，無以爲正月者。其所謂正月，則在建寅之月。蓋當時曆用顓頊，見史記張蒼傳贊及本書律曆志。建寅之月，顓頊曆之正月也。大衍曆議引洪範傳云：「曆記始於顓頊上元太始閼蒙即閼逢攝提格之歲，畢陬之月朔日己巳立春，七曜俱在營室五度。」見唐書曆志。案爾雅月在甲曰畢，正月爲陬，畢陬之月，正月，月在甲也。蔡邕明堂月令論引顓頊曆術亦曰天元正月己巳朔旦立春，日月俱起於天廟營室五度。其以建寅之月爲正月明矣。秦及漢初皆用顓頊曆，正月安得不建寅乎！曆譜最重建元，又安得於曆元所起之寅月不謂之正

月，而以非曆元所起之亥月爲正月乎！請更以十七證明之。月令：「季秋之月，合諸侯，制百縣，爲來歲受朔日。」鄭注：「秦以建亥之月爲歲首，於是歲終使諸侯及鄉遂之官受此法焉。」案，秦雖以建亥之月爲歲首，然月令謂之孟冬。若建寅之月，爲秦第四月矣，而月令謂之孟春，且以冠十二月之首，則秦所謂正月者，仍是建寅之月。證一。史記秦紀，昭襄王「四十八年十月，韓獻垣雍。秦軍分爲三軍。武安君歸。王齕將伐趙武安皮牢，拔之。司馬梗北定太原，盡有韓上黨。正月，兵罷，復守上黨」。案，先言十月，後言正月，則十月爲歲首建亥之月，正月爲建寅之月。證二。始皇紀，三十七年十月癸丑，始皇出游。七月丙寅，始皇崩於沙丘平臺。九月，葬始皇酈山。六國表，秦二世元年十月戊寅，大赦罪人。十一月爲兔園。十二月就阿房宮。其九月，郡縣皆反。案，自十月至九月同在一年之内，則十月爲歲首，九月爲歲終，而十月後之第三月爲正月明矣。證三。秦楚之際月表，二世元年，先十月，次十一月，次十二月，次端月。索隱：「二世二年正月也。秦諱正，故曰端月。」案，月表始十月，而端月在其後第三月，則建亥之月爲歲首十月，而建寅之月爲正月矣。若當時謂建亥之月爲正月，則端月之名當在十月，豈得在十月後之第三月乎！證四。史記高祖紀：「十年十月，淮南王黥布、梁王彭越、燕王盧綰、荆王劉賈、楚王劉交、齊王劉肥、長沙王吴芮皆來朝長樂宮。春夏無事。七月，太上皇崩櫟陽宮。」案，春夏無事，謂自正月至六月皆無事也。若當時謂十月爲正月，則正月爲孟夏四月，六月爲季秋九月，紀當言夏秋無事，不得言春夏矣。證五。此紀下文曰，十一年二月，詔曰：「令諸侯王、通侯皆以十月朝獻。」案，詔云十月朝獻，則爲歲首可知。若當時謂十月爲正月，則何以不云正月朝獻，而云十月乎？證六。文紀，二年十一月癸卯晦，日有食之。詔曰：「乃十一月晦，日有食之，適見於天，災孰大焉！」史記孝文紀同。案，當時若謂十月爲正月，則十一月爲二月，詔當云二月晦，不得云十一月矣。證七。文紀又云十五年春，黄龍見於成紀，上乃下詔議郊祀。夏四月上幸雍，始郊見五帝。若當時謂十月爲正月，則夏四月當爲秋七月矣。然史記云：「有司禮官皆曰『古者天子夏躬親禮祀上帝於郊』。於是天子始幸雍，郊見五帝，以孟夏四月荅禮焉。」則當時之四月，實爲孟夏建巳之月，上推正月則孟春建寅之月矣。證八。文紀又云元年三月，詔曰：「方春和時，草木羣生之物皆有以自樂。」案，詔云方春和時，則三月爲建辰之月可知。三月爲建辰之月，則上推正月爲建寅之月。若云當時謂正月爲四月，則三月當爲六月，可謂之夏，不可謂之春矣，詔何以云春和乎？證九。賈誼傳「單閼之歲，四月孟夏，庚子日斜，服集余舍」。案，單閼之歲，文帝六年丁卯歲也。據文紀「三年冬十月丁酉晦，日有食之，十一月丁卯晦，日有食之」，下推至五年後九月，據文紀及百官公卿表，高后八年有後九月，爲閏法一章之第三閏，至文帝二年爲第四閏，五年爲第五閏。晦日當在己卯。再推至六年三月，晦日當在丙子。然則四月二十四日當在庚子也。若云當時之四月爲今之正月，則六年正月有庚戌、庚申、庚午，而無庚子，於義不可通矣。證十。淮南天文篇：「天一元始，正月建寅，日月俱入營室五度。天一以始建七十六歲，日月復以正月入營室五度，無餘分，名曰一紀。」案，淮南王安以元狩元年誅，在太初曆未作以前，當時猶用顓頊曆，而其書所謂正月者，在日月俱入營室之月，正月令所謂孟春月在營室也，非建寅之月而何？證十一。秦及漢初以十月爲歲首，九月爲歲終，而歸餘於終，故閏月謂之後九月。史記吕后紀、秦楚之際表、高祖功臣侯表、建元以來侯表、王子侯表、將相名臣表及本書高紀、異姓諸侯王表、王子侯表、百官公卿表皆言後九月，是也。若當時謂十月爲正月，則九月爲十二月，閏月當爲後十二月矣。何以紀、表皆言後九月乎？證十二。本書武紀元光四年冬，魏其侯竇嬰有罪棄市。春三月乙卯，丞相蚡薨。而史記魏其武安侯傳曰，魏其以十二月晦論棄市渭城。其春，武安侯病死。案十二月謂之冬，建丑之月也；三月謂之春，建辰之月也。先冬後春，同在一年，故有其春之文。若當時以建亥之月爲正月，則建丑之月爲三月，建辰之月爲六月，可云其夏，不可云其春矣。證十三。武紀元封元年詔曰：「其以十月爲元封元年。」案，是年下距太初元年凡六年，曆猶未改也。若當時謂歲首十月爲正月，則詔當云以正月爲元封元年，必不稱十月矣。證十四。武紀又曰，太初元年夏五月「正曆，以正月爲歲首」。師古注謂以建寅之月爲正也，未正曆之前謂建亥之月爲正。今此言以正月爲歲首者，史追正其月名。何焯讀書記云：「既曰正曆以正月爲歲首，明前此不改月固以建寅之月爲正月矣。若前此果謂建亥之月爲正，則當云以建寅之月爲正也。」案，何説是也。史記將相名臣表同。蓋建寅之月，前此本謂之正月，而不以爲歲首，直至是時，始以正月爲歲首也。故武紀太初元年以前，歲首皆書冬十月，而春正月在其後。二年以後，歲首皆書春正月，而冬十月在其後。此改歲首而不改月之明證。若謂漢初以建亥之月爲正月，建寅之月爲四月，則史表、漢紀當云太初元年以四月爲歲首，或云以四月爲正月，其義始明，何得但云以正月爲歲首，而無以别於建亥之正月乎？證十五。史記秦楚之際表，漢元年正月，項羽分關中爲漢。二月，漢王始，故沛公。三月，都南鄭。將相名臣表，高皇帝元年春，沛公爲漢王，之南鄭。蓋事在正月、二月、三月，故統謂之春也。若謂當時以正月爲四月，二月爲五月，三月爲六月，則是夏而非春矣。將相名臣表何以云春乎？證十六。史記律書説十二律始於十月，律中應鐘；終於九月，律中無射。正義「漢初，依秦以十月爲歲首，故起應鐘」。案，律書雖依秦法以十月爲首，然但謂之十月，不謂之正月。其所謂正月，乃在律中泰蔟之月。然則建寅之月爲正月，建亥之月爲十月矣。證十七。合考諸書，則知亥月爲十月，寅月爲正月，乃當時本稱如是，非太初以後記事者所追改也。史記叔孫通傳「諸侯羣臣皆朝十月」。索隱案：「小顔云『漢以十月爲正，故行朝歲之禮，史家追書十月也』。見本書叔孫通傳注。案諸書云十月爲歲首，不言以十月爲正月。古今注亦云『羣臣始朝十月也』。」以上索隱。然則師古追改之説，小司馬固已非之矣。蓋師古但知正以十月之文，以爲秦及漢初之正月必在此月，及其不合，則以爲後人追改。不知所謂正以十月者，謂歲首以十月，非謂改十月之號爲正月也。當時所用顓頊曆術惟以建寅之月爲正月，若以亥月爲正月，則顓頊曆無此法，故當時不能謂十月爲正月也。顓頊曆術湮廢已久，後世鮮有習之者，宜乎昧於秦人月號之所由來，而妄生臆説矣。且秦及漢初之月號若與太初有異，記事者正當存之，以表沿革，何以改爲？子長、孟堅身爲漢臣，何敢擅改武帝以前之月號乎？本書所載高帝、文帝詔書及武帝太初以前之詔，所稱月號，悉與太初曆合。詳見前。孟堅縱欲遵太初曆法，亦安敢舉先帝詔書而改之乎？然則追改之説其不足信亦明矣！或曰：賈山傳「願少衰射獵，以夏歲二月定明堂、造太學，脩先王之道」，師古注「時以十月爲歲首，則謂夏正之二月爲五月。今欲定制度，循於古法，故特云用夏歲二月也」。然則漢初謂建卯之月爲五月，與夏時之稱二月者不同，上推歲首建亥之月當爲正月矣，何以必謂當時之正月爲建寅乎？曰：夏與漢之二月皆建卯之月也。因脩先王之道，故以三代言之而稱夏歲二月，欲明所用之二月合於古耳，非謂漢之二月在子月不在卯月也。漢紀文帝紀載此文正作「歲二月」，無「夏」字。蓋漢初之二月與夏同，故或言夏歲二月，或言歲二月，義得兩通。若漢初以夏之二月爲五月，則漢月之名與夏絶殊，荀悦不得省「夏」字矣。未可據此以證亥月之爲正月而伸追改之説也。近世秦蕙田五禮通考、金榜禮箋皆惑於顔氏追改之説，故具論之。先謙曰：張蒼傳「緒正律曆，以高祖十月始至霸上，故因秦時本十月爲歲首不革」，此紀云「令諸王通侯常以十月朝獻」，叔孫通傳亦云「諸侯羣臣朝十月」，是漢十月即秦十月。詳考諸書，並無改爲正月之文。後漢禮儀志「每月朔歲首爲大朝受賀」及「百官賀正月」云云，可證西漢未正曆以前則朝歲首之十月，既正曆以迄東漢則朝歲首之正月。續志又云「其每朔唯十月旦從故事者，高祖定秦之月，元年歲首也」。據此，東漢雖以正月朝賀，仍於高祖定秦之十月從朝賀故事。尤可證二漢十月之名，自開刱至中興，前後脗合，並無改十月爲歲首，即謂十月爲正月之事。王説精詳極矣。其引文紀三月春和，魏其冬盡棄市，尤確然無疑。酷吏傳載王温舒爲河内太守，盡十二月，郡中無犬吠之盜，其頗不得，失之旁郡，追求，會春。温舒頓足嘆曰：「嗟乎！令冬月益展一月，足吾事矣！」上以爲能，遷爲中尉。據百官表，元狩四年河内太守王温舒爲中尉，在太初正曆前十有五年。温舒謂十二月爲冬月，不謂之春月也，亦其明證矣。師古彼注「立春之後，不復行刑，故云然」，而於此昧昧何也？顔謂漢改十月爲正月，亦將謂漢移立春節於十月乎？自宋至今，儒者惑焉不加詳究，或更據封禪書「高祖十年春，有司請令縣常以春三月及時臘祠社稷以羊彘」，謂漢臘在春三月，爲改時改月之證。案史記「三」字誤文，郊祀志作「春二月」。此以仲春及臘月祠社稷，即漢舊儀所謂大社、大稷，一歲各再祠，非謂臘在春月也。斷句取義，誤會史文，特舉正之。

〔四〕【補注】先謙曰：陽與佯同，史記作「佯」。

二月，羽自立爲西楚霸王，〔一〕王梁、楚地九郡，〔二〕都彭城。背約，更立沛公爲漢王，王巴、蜀、漢中四十一縣，〔三〕都南鄭。〔四〕三分關中，立秦三將：章邯爲雍王，都廢丘；〔五〕司馬欣爲塞王，〔六〕都櫟陽；〔七〕董翳爲翟王，〔八〕都高奴。〔九〕楚將瑕丘申陽爲河南王，都洛陽。〔一〇〕趙將司馬卬爲殷王，都朝歌。〔一一〕當陽君英布爲九江王，都六。〔一二〕懷王柱國共敖爲臨江王，〔一三〕都江陵。〔一四〕番君吴芮爲衡山王，都邾。〔一五〕故齊王建孫田安爲濟北王，〔一六〕徙魏王豹爲西魏王，都平陽。〔一七〕徙燕王韓廣爲遼東王。〔一八〕燕將臧荼爲燕王，〔一九〕都薊。〔二〇〕徙齊王田市爲膠東王。〔二一〕齊將田都爲齊王，都臨菑。〔二二〕徙趙王歇爲代王。〔二三〕趙相張耳爲常山王。〔二四〕漢王怨羽之背約，欲攻之，丞相蕭何諫，乃止。〔二五〕

〔一〕文穎曰：史記貨殖傳曰淮以北沛、陳、汝南、南郡爲西楚，彭城以東東海、吴、廣陵爲東楚，衡山、九江、江南、豫章、長沙爲南楚。羽欲都彭城，故自稱西楚。孟康曰：舊名江陵爲南楚，吴爲東楚，彭城爲西楚。師古曰：孟説是也。

【補注】先謙曰：官本無「二月」二字。考證云「句上監本衍『二月』二字，從宋本删去」。

〔二〕【補注】先謙曰：九郡，全祖望以爲東海、泗水、會稽、南陽、黔中、東郡、碭郡、楚郡、薛郡。錢大昕以爲泗水、東陽、東海、會稽、碭郡、薛郡、鄣郡、吴郡、東郡。劉文淇以爲會稽、東陽、泗水、潁川、鄣郡、郯郡、薛郡、碭郡、東郡。姚鼐以爲泗水、東海、東陽、會稽、碭郡、陳郡、東郡、鄣郡、薛郡。先謙案：秦無陳郡，姚據陳涉世家「陳守令」一語，以爲陳係郡名，自是誤證。劉數潁川、郯郡：郯即東海；潁川韓地。此時韓王成尚在，史表列於十八王，羽不遣之國而疆域固在。成未殺以前，潁川非羽有，且亦非梁、楚地也。羽殺成後，封鄭昌爲韓王，尤羽不得潁川之確證。鄣、吴、東陽，楚漢間分置，錢以實羽初立九郡之數。又謂羽於秦三十六郡中，實得泗水、會稽、碭、薛四郡，而史稱九郡，據當時分置郡名數之，説俱未安。所謂梁、楚地九郡，應以秦置郡名爲定，全説得之，未加剖析。今更考實其地：楚郡

一、秦滅楚爲楚郡，見楚世家。其地廣遠，故後又分九江、長沙、東海、泗水、薛五郡。羽都彭城，楚郡地也。地理志爲楚國。又志淮陽國地，亦屬楚郡。泗水郡二、志沛郡。薛郡三、志魯國。東海郡四、見志，即郯郡。又志臨淮郡，乃東海、泗水屬地。又廣陵國亦東海屬地。楚漢間東陽郡也。黔中郡五、秦取楚巫郡及江南爲黔中郡，見秦紀、楚世家。志武陵郡也。長沙一郡，時羽徙義帝都郴，尚名奉之，故不在自王之數。及弑義帝後，則長沙亦屬羽。史文不具，推測可知。會稽郡六、見志。又志丹陽郡亦會稽屬地，楚、漢間分置鄣郡、吴郡。南陽郡七、見志。郡介韓、梁、楚之交。宛、葉、隨、鄧皆故楚地。韓王信傳云信王潁川，南迫宛、葉，明南陽非韓封域，亦羽地也。又志汝南郡亦南陽、潁川屬地。碭郡八、志梁國。又志濟陰、陳留、山陽三郡亦碭郡屬地。東郡九，秦拔魏二十城以爲東郡，見魏世家。是東郡故梁地，當在九郡内。以上九郡，皆秦立郡名，又梁、楚故地，較諸說爲得其實。

〔三〕【補注】先謙曰：巴、蜀、漢中三郡皆秦置。

〔四〕師古曰：即今之梁州南鄭縣。【補注】先謙曰：南鄭，漢中縣，在今漢中府南鄭縣東。

〔五〕孟康曰：縣名，今槐里是。韋昭曰：即周時犬丘，懿王所都，秦欲廢之，更名廢丘。【補注】先謙曰：槐里，扶風縣，在今西安府興平縣東南十里。

〔六〕韋昭曰：在長安東，名桃林塞。師古曰：取河、華之固爲阸塞耳，非桃林也。塞音先代反。

〔七〕蘇林曰：櫟音藥。師古曰：即今之櫟陽縣是其地。【補注】先謙曰：櫟陽，馮翊縣，在今西安府臨潼縣東北七十里。

〔八〕文穎曰：本上郡，秦所置，項羽以董翳爲王，更名爲翟。

〔九〕師古曰：今在鄜州界。【補注】先謙曰：高奴，上郡縣，在今延安府膚施縣東，唐鄜州，今鄜州治。顏說非。

〔一〇〕【補注】先謙曰：史記月表韓分爲河南。

〔一一〕師古曰：即今之朝歌縣也。【補注】先謙曰：月表魏分爲殷。朝歌，河内縣，在今衛輝府淇縣東北。

〔一二〕師古曰：六者，縣名，本古國，皋陶之後。【補注】先謙曰：六，六安縣，在今六安州北十二里。月表分楚爲四：

西楚、衡山、臨江、九江也。

〔一三〕應劭曰：柱國，上卿官也，若相國矣。共敖，其姓名也。孟康曰：本南郡，改爲臨江國。師古曰：共音龔。

〔一四〕師古曰：即今之荆州江陵縣。【補注】先謙曰：江陵，南郡縣，今荆州府江陵縣治。

〔一五〕文穎曰：邾音朱，縣名，屬江夏。【補注】先謙曰：邾即今黄州府黄岡縣治。

〔一六〕【補注】先謙曰：濟北、遼東、膠東、代、常山都闕。月表分齊爲三，濟北王都博陽，即泰山博縣，在今泰安府泰安縣東南，非汝南博陽。

〔一七〕【補注】先謙曰：平陽，河東縣，在今平陽府臨汾縣西南。

〔一八〕【補注】先謙曰：月表燕分爲遼東，都無終。案：右北平縣也，今順天府薊州治。

〔一九〕鄭氏曰：荼音荼毒之荼。如淳曰：音舒。師古曰：鄭音是也，音大胡反。

〔二〇〕師古曰：薊即幽州薊縣。【補注】先謙曰：薊，廣陽縣，在今順天府大興縣西南。

〔二一〕【補注】先謙曰：月表都即墨。案：膠東縣也，在今萊州府平度州東南。

〔二二〕師古曰：在今青州。【補注】先謙曰：臨菑，齊郡縣，今青州府臨菑縣治。

〔二三〕【補注】先謙曰：月表分趙爲代，都代。案：代郡縣也，在今宣化府蔚州東二十里。

〔二四〕【補注】先謙曰：月表都襄國。案：趙國縣也，在今順德府邢臺縣西南。

〔二五〕服虔曰：稱丞相者，録事追言之。

夏四月，諸侯罷戲下，各就國。〔一〕羽使卒三萬人從漢王，楚子、諸侯人之慕從者數萬人，〔二〕從杜南入蝕中。〔三〕張良辭歸韓，漢王送至褒中，〔四〕因説漢王燒絶棧道，〔五〕以備諸侯盜兵，亦視項羽無東意。〔六〕

〔一〕師古曰：戲謂軍之旌麾也，音許宜反，亦讀曰麾。先是，諸侯從項羽入關者，各帥其軍，聽命於羽，今既受封爵，各使就國，故總言罷戲下也。一説云，時從項羽在戲水之上，故言罷戲下，此説非也。項羽見高祖於鴻門，已過戲矣。又入秦，燒秦宮室，不復在戲也。漢書通以戲爲麾字，義見竇田灌韓傳。【補注】顧炎武曰：注引一説云，時從項羽在戲水之上，此説爲是。蓋羽入咸陽，而諸侯自留軍戲下耳。他處固有以戲爲麾者，但云罷麾下似不成文。王先慎曰：史記作「兵罷戲下」，項羽紀索隱云「戲，音羲，水名也。言下者，如許下、洛下然也」。案上云羽入至戲西鴻門，是則軍戲水下。今諸侯各受封訖，自戲下各就國，何須假借文字以爲旌麾之下乎？顔説非。

〔二〕文穎曰：楚子，猶言楚人也。諸侯人，猶諸侯國人。【補注】王念孫曰：訓楚子爲楚人，於義未安。「子」當爲「予」字之誤也。予即與字。與共之與通作予，猶賜予之予通作與。大雅皇矣篇「此維與宅」，漢書郊祀志、谷永傳竝作「予」。論語顔淵篇「君孰與足」，漢書谷永傳作「予」。史記衛將軍驃騎傳「與壯士爲剽姚校尉」、儒林傳「與博士弟子崇鄉里之化」，漢書竝作「予」。言楚國與諸國之人皆慕從漢王也。史記作「楚與諸侯之慕從者數萬人」，是其明證矣。先謙曰：史記作「與」，此自作「子」，改文就義，王説亦未安，仍以訓楚人爲是。詳下卷「諸侯子」下。

〔三〕李奇曰：蝕，音力，在杜南。如淳曰：蝕，入漢中道川谷名。【補注】先謙曰：官本考證云：「程大昌雍録云，以地望求之，關中南面背礙南山，其有微徑可達漢中者惟子午谷，在長安正南。其次，向西則駱谷。此蝕中若非駱谷即是子午谷。」先謙案，索隱云「孟康音食」。王劭按，説文作「鍾」，器名也。地形似器，故名之。方輿紀要「子午谷或曰即古蝕中」。先謙案：秦紀，武公縣杜，漢爲杜陵縣，此時但稱杜，在今西安府咸寧縣東南。

〔四〕師古曰：即今梁州之褒縣也。舊曰褒中，言居褒谷之中。隋室諱忠，改爲褒内。【補注】先謙曰：褒中，漢中縣，在今漢中府褒城縣東南十里。

〔五〕師古曰：棧即閣也，今謂之閣道。

〔六〕如淳曰：視音示。師古曰：言令羽知漢王更無東出之意也。漢書多以「視」爲「示」，古通用字。

漢王既至南鄭，諸將及士卒皆歌謳思東歸，〔一〕多道亡還者。〔二〕韓信爲治粟都尉，亦亡去，蕭何追還之，因薦於漢王，曰：「必欲爭天下，非信無可與計事者。」於是漢王齊戒設壇場，〔三〕拜信爲大將軍，問以計策。信對曰：「項羽背約而王君王於南鄭，〔四〕是遷也。〔五〕吏卒皆山東之人，日夜企而望歸，〔六〕及其鋒而用之，可以有大功。天下已定，民皆自寧，不可復用。〔七〕不如決策東向。」因陳羽可圖、〔八〕三秦易并之計。〔九〕漢王大説，〔一〇〕遂聽信策，部署諸將。〔一一〕留蕭何收巴蜀租，給軍食。〔一二〕

〔一〕師古曰：謳，齊歌也，謂齊聲而歌，或曰齊地之歌。謳音一侯反。【補注】先謙曰：宋書樂志載漢鐃歌十八曲，其一巫山高云：「巫山高，高以大；淮水深，難以逝。我欲東歸，害梁不爲。我集無高，曳水何梁。湯湯回回，臨水遠望。泣下沾衣，遠道之人心思歸。謂之何？」此歌蓋將士所作。曰淮水深者，其家在淮上耳。

〔二〕師古曰：未至南鄭，在道即亡歸。

〔三〕師古曰：齊讀曰齋。築土而高曰壇，除地爲場。

〔四〕師古曰：上王音于放反。【補注】劉攽曰：予謂王作如字何害？齊召南曰：此段語，史記但曰韓信，與韓王信傳一字不易，其上亦無拜大將軍明文，似此策本出於韓王信也。漢書韓王信傳直用史記，而高紀以爲淮陰語，自相矛盾矣。

〔五〕如淳曰：秦法，有罪遷徙之於蜀、漢。

〔六〕師古曰：企謂舉足而竦身。

〔七〕師古曰：寧，安也，各安其處。

〔八〕師古曰：圖謂謀而取之。

〔九〕應劭曰：章邯爲雍王，司馬欣爲塞王，董翳爲翟王，分王秦地，故曰三秦。

〔一〇〕師古曰：説讀曰悦。

〔一一〕師古曰：分部而署置。

〔一二〕【補注】錢大昭曰：「軍」下南監本、閩本俱有「糧」字。先謙曰：官本有「糧」字。

五月，〔一〕漢王引兵從故道〔二〕出，襲雍。雍王邯迎擊漢陳倉。〔三〕雍兵敗，還走；戰好時，〔四〕又大敗，走廢丘。漢王遂定雍地。東如咸陽，引兵圍雍王廢丘，而遣諸將略地。〔五〕

〔一〕【補注】先謙曰：史記作「八月」，非。此所謂及其鋒而用之也。

〔二〕孟康曰：縣名，屬武都。【補注】先謙曰：在今階州成縣西八十里。

〔三〕【補注】先謙曰：陳倉，扶風縣，在今鳳翔府寶雞縣東二十里。

〔四〕孟康曰：時音止，神靈之所止也。好時，縣名，屬右扶風。師古曰：即今雍州好時縣。【補注】宋祁曰：「雍兵敗」舊本作「雍州兵敗」。先謙曰：好時城，今乾州東十里好時村。

〔五〕【補注】先謙曰：史記作「略定隴西、北地二郡」。

田榮聞羽徙齊王市於膠東而立田都爲齊王，大怒，以齊兵迎擊田都。都走降楚。〔一〕六月，田榮殺田市，自立爲齊王。時彭越在鉅野，〔二〕衆萬餘人，無所屬。榮與越將軍印，因令反梁地。越擊殺濟北王安，榮遂并三齊之地。〔三〕燕王韓廣亦不肯徙遼東。秋八月，臧荼殺韓廣，并其地。塞王欣、翟王翳皆降漢。〔四〕

〔一〕【補注】先謙曰：史記云「殺田都」。案項羽、田儋傳並云「都走楚」，月表亦云「都降楚」。書「殺」誤也，此班氏改正之。

〔二〕師古曰：鉅野，澤名，因以爲縣，今屬鄆州。【補注】先謙曰：鉅野，山陽縣，在今曹州府鉅野縣南。

〔三〕服虔曰：齊與濟北、膠東。

〔四〕【補注】吴仁傑曰：漢所爲不即以兩王地爲郡者，以三秦同功一體之人，雍未下，而翟、塞降，故使之王故地以誘雍耳。太史公乃於二年始書翟、塞降，便書以其地置郡，殊失當時廢置先後之意。班氏所書，於義爲長。先謙曰：吴謂使王故地，史無其事。據史記月表置郡在九月，本書異姓諸侯王表亦在八月，則班書於二年，乃統詞，非事實也。

初，項梁立韓後公子成爲韓王，張良爲韓司徒。羽以良從漢王，韓王成又無功，故不遣就國，與俱至彭城，殺之。及聞漢王并關中，而齊、梁畔之，羽大怒，乃以故吴令鄭昌爲韓王，距漢。令蕭公角擊彭越，〔一〕越敗角兵。時張良徇韓地，〔二〕遺羽書曰：「漢欲得關中，如約即止，不敢復東。」羽以故無西意，而北擊齊。

〔一〕蘇林曰：蕭公，官號也。孟康曰：蕭令也，時令皆稱公。師古曰：孟説是也。

〔二〕蘇林曰：徇音巡，撫其民人也。孟康曰：徇，略也。師古曰：孟説是。音辭峻反。【補注】先謙曰：官本「是」下有「也」字。

九月，漢王遣將軍薛歐、王吸出武關，〔一〕因王陵兵，〔二〕從南陽迎太公、吕后於沛。羽聞之，發兵距之陽夏，〔三〕不得前。

〔一〕師古曰：歐音烏垢反。吸音翕。【補注】先謙曰：歐、吸後皆封侯，見表。
〔二〕如淳曰：王陵亦聚黨數千人，居南陽。
〔三〕鄭氏曰：音假借之假。師古曰：即今亳州陽夏縣。【補注】先謙曰：陽夏，淮陽縣，今陳州府太康縣治。

二年冬十月，項羽使九江王布殺義帝於郴。〔一〕陳餘亦怨羽獨不王己，從田榮藉助兵，〔二〕以擊常山王張耳。耳敗走降漢，漢王厚遇之。陳餘迎代王歇還趙，歇立餘爲代王。張良自韓間行歸漢，漢王以爲成信侯。

〔一〕文穎曰：郴，縣名，屬桂陽。如淳曰：郴音綝。師古曰：説者或以爲史記本紀及漢注云衡山、臨江王殺之江中，謂漢書言黥布殺之爲錯。然今據史記黥布傳四月陰令九江王等行擊義帝，其八月布使將追殺之郴，又與漢書項羽、英布傳相合。是則衡山、臨江與布同受羽命，而殺之者布也，非班氏之錯。郴、綝二字並音丑林反。【補注】先謙曰：郴，桂陽縣，今郴州治。
〔二〕師古曰：藉，借也。

漢王如陝，〔一〕鎮撫關外父老。〔二〕河南王申陽降，置河南郡。〔三〕使韓太尉韓信擊韓，韓王鄭昌降。十一月，立韓太尉信爲韓王。漢王還歸，都櫟陽，使諸將略地，拔隴西。〔四〕以萬人若一郡降者，封萬户。〔五〕繕治河上塞。〔六〕故秦苑囿園池，令民得田之。〔七〕

〔一〕師古曰：陝，今陝州陝縣也，音式冉反。【補注】先謙曰：陝，弘農縣，今陝州治。
〔二〕師古曰：鎮，安也，撫慰也。

〔三〕【補注】先謙曰：月表在十一月。

〔四〕【補注】先謙曰：時隴西屬雍國。

〔五〕師古曰：若者，豫及之辭，言以萬人或以一郡降者，皆封萬户。

〔六〕晉灼曰：鼂錯傳秦北攻胡，築河上塞。師古曰：繕，補也。【補注】宋祁曰：史義云，塞，先代反，北河靈夏州地也。秦時繕治。齊召南曰：河上塞即河上郡之北境，與匈奴邊界處，非秦時蒙恬所取河南地因河爲塞者也。蓋自諸侯叛秦，匈奴復稍度河，南與中國界於故塞，匈奴傳可證也。河上郡後爲馮翊，前即塞王國，此時初得其地，即復繕治障塞耳。晉灼注以遠在朔方五原者解之，非也。

〔七〕師古曰：養鳥獸曰苑，苑有垣曰囿，所以種植謂之園。田謂耕作也。囿音宥。【補注】何焯曰：既反暴政，且益足關中食。

春正月，羽擊田榮城陽，榮敗走平原，平原民殺之。齊皆降楚，楚焚其城郭，齊人復畔之。諸將拔北地，虜雍王弟章平。赦罪人。二月癸未，令民除秦社稷，立漢社稷。施恩德，賜民爵。〔一〕蜀漢民給軍事勞苦，復勿租税二歲。〔二〕關中卒從軍者，復家一歲。舉民年五十以上，有脩行，能帥衆爲善，置以爲三老，鄉一人。〔三〕擇鄉三老一人爲縣三老，與縣令丞尉以事相教，復勿繇戍。〔四〕以十月賜酒肉。

〔一〕臣瓚曰：爵者，禄位。民賜爵，有罪得以減也。

〔二〕師古曰：復者，除其賦役也。音方目反。其下竝同。

〔三〕【補注】沈欽韓曰：續志河南尹注「循行二百三十」。脩、循字易淆，隸釋北海相景君碑陰亦作「循行」。蓋如孝廉、茂才，本察舉人材之目，而後遂專名，此脩行亦類彼也。

〔四〕師古曰：繇讀曰傜。【補注】宋祁曰：百官表云「十里一亭，亭有長，十亭一鄉，鄉有三老。三老掌教化，秦制也」。沈欽韓曰：倉頡碑陰「衙縣三老上官鳳，衙鄉三老時勤」，此有縣三老、鄉三老之證。又有郡三老，見後書，王景父閎爲之。

三月，漢王自臨晉渡河，〔一〕魏王豹降，將兵從。下河内，虜殷王卬，置河内郡。至脩武，〔二〕陳平亡楚來降。漢王與語，説之，〔三〕使參乘，監諸將。南渡平陰津，〔四〕至洛陽，新城三老董公〔五〕遮説漢王曰：「臣聞『順德者昌，逆德者亡』，『兵出無名，事故不成』。〔六〕故曰：『明其爲賊，敵乃可服。』〔七〕項羽爲無道，放殺其主，〔八〕天下之賊也。夫仁不以勇，義不以力，〔九〕三軍之衆爲之素服，以告之諸侯，爲此東伐，〔一〇〕四海之内莫不仰德。此三王之舉也。」〔一一〕漢王曰：「善，非夫子無所聞。」於是漢王爲義帝發喪，袒而大哭，〔一二〕哀臨三日，〔一三〕發使告諸侯曰：「天下共立義帝，北面事之。今項羽放殺義帝江南，大逆無道。寡人親爲發喪，兵皆縞素。〔一四〕悉發關中兵，收三河士，〔一五〕南浮江漢以下，〔一六〕願從諸侯王〔一七〕擊楚之殺義帝者。」

〔一〕師古曰：舊縣名，其地居河之西濱，東臨晉境，本列國時秦所名也，即今之同州朝邑縣界也。【補注】先謙曰：臨晉，馮翊縣，今同州府大荔縣治。

〔二〕【補注】先謙曰：脩武，河内縣，今衛輝府獲嘉縣治。

〔三〕師古曰：説讀曰悦。

〔四〕蘇林曰：在河陰。【補注】先謙曰：平陰，河南縣，今河南府孟津縣東。

〔五〕【補注】錢大昭曰：此與武五子傳壺關三老茂皆縣三老也。先謙曰：史正義引楚漢春秋云董公八十二遂封爲成侯。新城，河南縣，本志作「新成」，續志作「新城」，在今河南府洛陽縣南。

〔六〕蘇林曰：名者，伐有罪。

〔七〕應劭曰：爲音無爲之爲。布告天下，言項羽殺義帝，明其爲賊亂，舉兵征之，乃可服也。鄭氏曰：爲音人相爲之爲。師古曰：應説是也。

〔八〕師古曰：殺讀曰弑。諸弑君者，其例皆同。

〔九〕李奇曰：彼有仁，我不能以勇服；彼有義，我不能以力服。文穎曰：以，用也。己有仁，天下歸之，可不用勇而天下自服；己有義，天下奉之，可不用力而天下自定。師古曰：爲義帝發喪，此爲行仁義，不用勇力，文説是也。

〔一〇〕師古曰：爲並音于僞反。【補注】劉攽曰：「以告之」，「之」字衍。

〔一一〕師古曰：三王，夏、殷、周也。言以德義取天下，則可比蹤於三王。

〔一二〕如淳曰：袒亦如禮袒踊也。師古曰：袒謂脱衣之袖也，音徒旱反。

〔一三〕師古曰：衆哭曰臨，音力禁反。

〔一四〕師古曰：縞，白素也，音工老反。

〔一五〕韋昭曰：河南、河東、河内也。

〔一六〕【補注】全祖望曰：此文史記注不得其説。顔氏略之。胡三省以爲一軍由三河以攻其北，一軍浮江漢以攻其南，是矣。然本紀不載南下之軍。水經注云，高祖二年，置長沙、黔中郡，是蓋南下之軍自漢中出，先定二郡而有之。長沙乃義帝都，黔中則項王南境，乘虚取之，所謂南浮江漢也。江漢之地，過此二郡，共敖守南郡，漢兵尚未得至其境。是足以補遺。

〔一七〕服虔曰：漢名王爲諸侯王。師古曰：服説非也。當時漢未有此稱號，直言諸侯及王耳。自謙言隨諸侯王之後也。

夏四月，田榮弟横收得數萬人，立榮子廣爲齊王。羽雖聞漢東，既擊齊，欲遂破之而後擊漢，漢王以故得劫五諸侯兵，〔一〕東伐楚。到外黄，〔二〕彭越將三萬人歸漢。漢王拜越爲魏相國，令定梁地。漢王遂入彭城，收羽美人貨賂，置酒高會。〔三〕羽聞之，令其將擊齊，而自以精兵三萬人從魯出胡陵，〔四〕至蕭，晨擊漢軍，大戰彭城靈壁東〔五〕睢水上，〔六〕大破漢軍，多殺士卒，睢水爲之不流。〔七〕圍漢王三帀。大風從西北起，折木發屋，揚砂石，晝晦，〔八〕楚軍大亂，而漢王得與數十騎遁去。過沛，使人求室家，室家亦已亡，不相得。漢王道逢孝惠、魯元，載行。楚騎追漢王，漢王急，推墮二子。滕公下收載，遂得脱。〔九〕審食其從太公、吕后間行，反遇楚軍，〔一〇〕羽常置軍中以爲質。諸侯見漢敗，皆亡去。塞王欣、翟王翳降楚，殷王卬死。

〔一〕應劭曰：雍、翟、塞、殷、韓也。如淳曰：塞、翟、魏、殷、河南也。韋昭曰：塞、翟、韓、殷、魏也。雍時已敗。師古曰：諸家之説皆非也。張良遺羽書云：「漢欲得關中，如約即止，不敢復東。」東謂出關之東。今羽聞漢東之時，漢固已得三秦矣。五諸侯者，謂常山、河南、韓、魏、殷也。此年十月，常山王張耳降，河南王申陽降，韓王鄭昌降；二月，魏王豹降，虜殷王卬，皆在漢東之後，故知謂此爲五諸侯。時雖未得常山之地，據功臣表云張耳棄國，與大臣歸漢，則亦有士卒也。又叔孫通傳云二年漢王從五諸侯入彭城。爾時雍王猶在廢丘被圍，即非五諸侯之數也。尋此紀文昭然可曉，前賢注釋，竝失指趣。【補注】劉攽曰：張耳奉頭鼠竄，安得有兵？五諸侯者，陳餘其一也。事見餘傳。吴仁傑曰：諸侯歸漢者七。申陽降，即以其國爲河南郡；鄭昌降，即以其國封韓王信；而司馬卬被虜，其地自爲河内郡。此三人皆以國除，不得與諸侯並。張耳與大臣歸漢，不言與兵俱。惟塞、翟、魏有國如故，而韓王信常將韓兵從，並趙相陳餘所遣兵，是爲五諸侯。董教增曰：顔氏牽引諸王以足五數，於義亦非。蓋此處五諸侯有河南、韓、魏、殷等，而項籍傳贊云「遂將五諸侯滅秦」又係何人？尋其條貫，當據故七國，以其地言，不以其王言也。漢定三秦，即故秦地。項羽王楚，即故楚地。其餘韓、趙、魏、齊、燕爲五諸侯，劫五諸侯兵猶後言引天下兵耳，故漢伐楚可言五諸侯，楚滅秦亦可言五諸侯也。全祖望曰：吴氏以史記雖云元年八月降塞、翟二王，置二郡，而漢書云二年六月雍亡後始置河上、渭南、中地、隴西、上郡，則前此塞、翟必如未亡，以是爲史記之誤。塞、翟未亡，足充五諸侯之列。不知史記於元年書置二郡者，漢滅二國定其疆；漢書於二年書置五郡者，漢盡定三秦，通正其地界。故漢書異姓王表亦云元年八月置二郡，與史記同。且功臣表云棘丘侯襄以上郡守擊西魏事在二年三月，敬市侯閻澤赤以河上守遷殷相，擊項籍，事在二年四月，則翟、塞之不得有其國可見矣。蓋五諸侯者，魏王從軍見其傳，韓王從軍見異姓王表，陳餘以兵從亦見其傳，而合齊擊楚則見淮陰傳，蓋齊人亦以兵從，合殷爲五諸侯也。或謂時漢置河内郡，殷不在諸侯之列。不知此高紀誤也。功臣表閻澤赤遷殷相擊項籍，殷尚有相，則卬尚有國。蓋殷已降漢，故漢爲之命相，而以兵來從，卬死，始置郡耳。合史漢陳平傳敍殷王事觀之，知殷時尚未亡，史、漢二本紀及表並誤。又曰五諸侯當爲燕、趙、韓、魏、衡山。燕、趙不奉楚令，恐楚既平齊而討之，故助漢。衡山，楚之所貶，亦怨楚助漢也。周壽昌曰：項羽傳亦云「劫」，史記作「部」，王益之西漢年紀從之。荀紀止云「漢王率諸侯之師凡五十六萬人」，無「五諸侯」三字，蓋以其難確指。通鑑云「漢王以故得率諸侯兵凡五十六萬人」，從荀紀，不從漢書。先謙曰：董以五諸侯爲即天下兵，古籍既無是義，此與項籍傳五諸侯亦不同。雍、塞、翟、常山、河南不在諸侯之列，諸説允矣。全説前後兩歧，而臧荼聽命在韓信破趙之後，吴芮在軍，並無確證，據理考實，前説爲近。劫有制持之義，如項羽爲上將軍，諸將黥布皆屬，而下文漢王數羽罪云擅劫諸侯兵入關，意與此同。注「二月」，官本作「三月」，是。

〔二〕【補注】先謙曰：外黄，陳留縣，在今開封府杞縣東六十里。

〔三〕服虔曰：大會也。

〔四〕【補注】先謙曰：魯，魯國縣，今兖州府曲阜縣治。

〔五〕孟康曰：故小縣，在彭城南。【補注】沈欽韓曰：通鑑作「楚又追擊至靈壁東」爲是。一統志靈壁城在宿州西北。元和志靈壁故城在宿州符離縣東北九十里。晉書豫州刺史劉喬遣其子祐拒東海王越於蕭縣之靈壁。楚漢大戰當在蕭縣界，不得與彭城相連矣。先謙曰：注「小縣」汪本作「蕭縣」，是。官本考證云「『大戰』，監本譌『大敗』」，從宋本改正」。項羽傳：「羽從蕭晨擊漢軍而東，至彭城，大破漢軍。漢軍皆走，迫之穀、泗水。漢軍皆南走山，楚又追擊至靈壁東睢水上。」敘次甚明。宜依史記「彭城」下加一「及」字，則不累於詞。

〔六〕師古曰：睢音雖。

〔七〕師古曰：殺人既多，填於睢水。

〔八〕師古曰：晦，暗也。

〔九〕鄭氏曰：滕公，夏侯嬰也。師古曰：脱音他活反。【補注】朱子文曰：於文多「室家」二字。當(日)〔曰〕「過沛，使人求室家，亦已亡」。於「不相得」句下多「漢王」二字，況下文云「漢王急，推墮二子」，足可證前逢孝惠、魯元載行爲漢王也。

〔一〇〕師古曰：此審食其及武帝時趙食其讀皆與酈食其同，音異基。而近代學者，酈則爲異基，審則爲食基，趙則食其，非也。同是人名，更無別義，就中舛駮，何所據依？且荀悦漢紀三者竝爲「異基」字，斷可知矣。太公、呂后本避楚軍，乃反與之相遇，而見拘執。

呂后兄周呂侯〔一〕將兵居下邑，〔二〕漢王往從之。〔三〕稍收士卒，軍碭。

〔一〕蘇林曰：以姓名侯也。晉灼曰：外戚表周呂令武侯澤也。呂，縣名，封於呂以爲國。師古曰：周呂，封名；令武，其謚也。蘇云以姓名侯，非也。
〔二〕師古曰：縣名也。
〔三〕【補注】王念孫曰：「往」字後人所加，景祐本無，史記高祖紀亦無。

漢王西過梁地，至虞，〔一〕謂謁者隨何曰：「公能説九江王布使舉兵畔楚，項王必留擊之。得留數月，吾取天下必矣。」隨何往説布，果使畔楚。〔二〕

〔一〕師古曰：即今宋州虞城縣。【補注】先謙曰：虞，梁國縣，在今歸德府虞城縣西南三里。
〔二〕【補注】朱子文曰：此數語中有兩「使」字，皆不必用，用之覺文理不順，況既已曰「説九江王」，説則使在其中矣。前當曰「公能説九江王布舉兵畔楚」，後當曰「隨何往説布，果畔楚」，文義俱顯耳。

五月，漢王屯滎陽，蕭何發關中老弱未傅者悉詣軍。〔一〕韓信亦收兵與漢王會，兵復大振。與楚戰滎陽南京、索間，破之。〔二〕築甬道，屬河，〔三〕以取敖倉粟。〔四〕魏王豹謁歸視親疾。〔五〕至則絶河津，反爲楚。〔六〕

〔一〕服虔曰：傅音附。孟康曰：古者二十而傅，三年耕有一年儲，故二十三而後役之。如淳曰：律，年二十三傅之疇官，各從其父疇學之，高不滿六尺二寸以下爲罷癃。漢儀注云民年二十三爲正，一歲爲衞士，一歲爲材官、騎士，習射御騎馳戰陳。又曰年五十六衰老，乃得免爲庶民，就田里。今老弱未嘗傅者皆發之。未二十三爲弱，過五十六爲老。師古曰：傅，著也。言著名籍，給公家繇役也。服音是。
〔二〕應劭曰：京，縣名。今有大索、小索亭。晉灼曰：音册。師古曰：音求索之索。【補注】何焯曰：史記書此戰在

「六月立太子」下，此爲得之。先謙曰：京，河南縣，解詳地理志，在今滎陽縣東南。
〔三〕應劭曰：恐敵鈔輜重，故築垣牆如街巷也。鄭氏曰：甬音踊。師古曰：屬，聯也，音之欲反。
〔四〕孟康曰：敖，地名，在滎陽西北，山上臨河有大倉。【補注】先謙曰：敖倉詳本志河南郡下。
〔五〕師古曰：謁，請也。親謂母也。
〔六〕師古曰：斷其津濟以距漢軍。爲音于僞反。

六月，漢王還櫟陽。壬午，立太子，赦罪人。令諸侯子在關中者皆集櫟陽爲衞。〔一〕引水灌廢丘，廢丘降，章邯自殺。雍州定，八十餘縣，置河上、渭南、中地、隴西、上郡。〔二〕令祠官祀天地、四方、上帝、山川，以時祠之。興關中卒乘邊塞。〔三〕關中大飢，米斛萬錢，〔四〕人相食。令民就食蜀漢。

〔一〕【補注】劉攽曰：諸侯子謂諸侯國人，若上言楚子矣。先謙曰：劉說是，詳下卷。
〔二〕服虔曰：河上即左馮翊也。渭南，京兆也。中地，右扶風也。師古曰：凡新置五郡。【補注】齊召南曰：史記置郡即在二年歲首，蓋不待章邯自殺，地已入漢。紀敘於六月，蓋因廢丘降，總言之。先謙曰：「州」誤，當爲「地」。官本「右」作「在」，引宋祁曰，注文「在扶風」刊誤改「在」字作「右」。
〔三〕李奇曰：乘，守也。師古曰：乘，登也。登而守之，義與上乘城同。
〔四〕師古曰：一斛直萬錢。

秋八月，漢王如滎陽，謂酈食其曰：「緩頰往說魏王豹，〔一〕能下之，以魏地萬户封生。」〔二〕食其往，豹不聽。漢王以韓信爲左丞相，〔三〕與曹參、灌嬰俱擊魏。食其還，漢王問：

「魏大將誰也？」對曰：「柏直。」王曰：「是口尚乳臭，不能當韓信。〔四〕騎將誰也？」曰：「馮敬。」曰：「是秦將馮無擇子也，雖賢，不能當灌嬰。步卒將誰也？」曰：「項它。」〔五〕曰：「是不能當曹參。吾無患矣。」九月，信等虜豹，傳詣滎陽。定魏地，置河東、太原、上黨郡。信使人請兵三萬人，願以北舉燕、趙，東擊齊，南絶楚糧道，漢王與之。

〔一〕張晏曰：緩頰，徐言引譬喻也。
〔二〕師古曰：生猶言先生。他皆類此。【補注】先謙曰：上於謀士輩優禮稱之，陳平傳稱平先生亦其證。本書先生或稱先，或稱生，此類甚多。
〔三〕【補注】李賡芸曰：曹參以假左丞相定魏、齊，右丞相侯。酈商遷右丞相，賜爵列侯，後復以右丞相擊陳豨。樊噲亦嘗遷左丞相。皆係空名，不居其職，故公卿表不載。
〔四〕師古曰：乳臭言其幼少。
〔五〕師古曰：它字與他同，竝音徒何反。【補注】先謙曰：官本注「何」作「河」。

三年冬十月，韓信、張耳東下井陘擊趙，〔一〕斬陳餘，獲趙王歇。置常山、代郡。甲戌晦，日有食之。〔二〕十一月癸卯晦，日有食之。〔三〕

〔一〕服虔曰：井陘，山名，在常山，今爲縣。師古曰：陘音形。
〔二〕【補注】先謙曰：在斗二十度。
〔三〕【補注】蘇輿曰：兩月再蝕，與文三年同。史記文紀但書十月日食。春秋如襄二十一年、襄二十四年竝頻月朔日蝕。曆家以爲前月在交初一度日食，則至後月之朔日猶在交之末度，未出食竟，月行天既帀，來及於日，或可更食。

案：古時推步未精，故有此異。天道轉運，古今一理，案驗後來，寔無此事。又唐以前不知定朔，故日食或不在朔。春秋時，日食有在晦者，亦有先晦一日者，差而前也；有在朔之二日者，差而後也。周衰，官失，置朔無準。漢用平朔，而史志所書有差而前，無差而後者。東漢則前後並差。唐以後有時差，無日差。元以來則有刻差，無時差矣。先謙曰：在虛三度。

隨何既説黥布，布起兵攻楚。楚使項聲、龍且攻布，〔一〕布戰不勝。十二月，布與隨何間行歸漢。漢王分之兵，與俱收兵至成皋。〔二〕

〔一〕韋昭曰：且音子閭反。

〔二〕【補注】先謙曰：成皋，河南縣，在今開封府汜水縣西北。

項羽數侵奪漢甬道，漢軍乏食，與酈食其謀橈楚權。〔一〕食其欲立六國後以樹黨，〔二〕漢王刻印，將遣食其立之。以問張良，良發八難。〔三〕漢王輟飯吐哺，〔四〕曰：「豎儒〔五〕幾敗乃公事！」〔六〕令趣銷印。〔七〕又問陳平，乃從其計，與平黄金四萬斤，以間疏楚君臣。〔八〕

〔一〕服虔曰：橈，弱也。師古曰：音女教而，其字從木。【補注】先謙曰：官本「而」作「反」，是。

〔二〕師古曰：樹，立也。

〔三〕【補注】錢大昭曰：八難見良本傳。

〔四〕師古曰：輟，止也。哺，口中所含食也。飯音扶晚反。哺音步。

〔五〕師古曰：言其賤劣無智，若童豎也。

〔六〕師古曰：幾，近也。乃，汝也。公，漢王自謂也。幾音鉅依反。

〔七〕師古曰：趨讀曰促。促，速也。他皆類此。

〔八〕師古曰：間音居莧反。次下「反間」，其音亦同。

夏四月，項羽圍漢滎陽，〔一〕漢王請和，割滎陽以西者爲漢。亞父勸項羽急攻滎陽，漢王患之。陳平反間既行，羽果疑亞父。亞父大怒而去，發病死。

〔一〕【補注】王念孫曰：「漢」下脱「王」字則文義不明，文選幽通賦注引此無「王」字，亦後人以誤本漢書删之。其漢高祖功臣頌注引此正作「項羽圍漢王滎陽」，漢紀、通鑑竝作「楚圍漢王於滎陽」。

五月，將軍紀信曰：「事急矣！臣請誑楚，可以間出。」〔一〕於是陳平夜出女子東門二千餘人，〔二〕楚因四面擊之。紀信乃乘王車，黄屋左纛，〔三〕曰：「食盡，漢王降楚。」楚皆呼萬歲，之城東觀，以故漢王得與數十騎出西門遁。令御史大夫周苛、魏豹、樅公守滎陽。〔四〕羽見紀信，問：「漢王安在？」曰：「已出去矣。」羽燒殺信。而周苛、樅公相謂曰：「反國之王，難與守城。」〔五〕因殺魏豹。漢王出滎陽，至成皋。自成皋入關，收兵欲復東。轅生説漢王〔六〕曰：「漢與楚相距滎陽數歲，漢常困。願君王出武關，項王必引兵南走，〔七〕王深壁，令滎陽成皋間且得休息。使韓信等得輯河北趙地，〔八〕連燕齊，君王乃復走滎陽。如此，則楚所備者多，力分。漢得休息，復與之戰，破之必矣。」漢王從其計，出軍宛葉間，〔九〕與黥布行收兵。

〔一〕師古曰：間出，投間隙私出，若言間行、微行耳。紀信詐爲漢王，而王出西門遁，是私出也。【補注】周壽昌曰：間，隙也。乘隙而出。顔注已足，乃繁稱多語，復添「私出」二字，文義轉隔。兵交之際，多術者勝，此爲私出，豈尚有公出者乎！

〔二〕【補注】王先慎曰：史記有「被甲」二字，是也。下文「楚因四面擊之」正因其被甲，疑爲軍士，故擊之耳。班氏删之，失其指矣。

〔三〕李斐曰：天子車以黄繒爲蓋裏。纛，毛羽幢也，在乘輿車衡左方上注之。蔡邕曰：以犛牛尾爲之，如斗，或在騑頭，或在衡。應劭曰：雉尾爲之，在左驂，當鑣上。師古曰：纛音毒，又徒到反。應説非也。

〔四〕應劭曰：樅公者，不知其名，故曰公。蘇林曰：音樅木之樅。師古曰：音千容反。

〔五〕師古曰：謂豹先已經畔漢。

〔六〕文穎曰：轅，姓。生謂諸生。【補注】錢大昭曰：漢國三老袁良碑云：「厥先舜苗，世爲封君。周之興，虞閼父典陶正，嗣滿爲陳侯。至玄孫濤塗，初氏父字，立姓曰袁，魯僖公四年爲大夫。哀十四年，頗作司徒。其末或適齊楚，而袁生獨留陳。當秦之亂，隱居河洛，高祖破項，實從其策。」案：今本左氏傳及石經皆作「轅」，陸氏釋文本作「袁」，穀梁傳注言並作「袁」，不從車旁。唐宰相世系表袁生玄孫幹，幹八世孫良，則良即袁生之後裔也。

〔七〕師古曰：走亦謂趨，嚮也，音奏。次後亦同。

〔八〕師古曰：輯與集同，謂和合也。詩序曰「勞來還定安集之」。春秋左氏傳曰「羣臣輯睦」。他皆類此。

〔九〕師古曰：葉，縣名，古葉公之國，音式涉反。宛縣葉縣之閒也。【補注】先謙曰：葉，南陽縣，在今南陽府葉縣南三十里。

羽聞漢王在宛，果引兵南，漢王堅壁不與戰。是月，彭越渡睢，〔一〕與項聲、薛公戰下邳，〔二〕破殺薛公。羽使終公守成皋，而自東擊彭越。漢王引兵北，擊破終公，復軍成皋。

六月，羽已破走彭越，〔三〕聞漢復軍成皋，乃引兵西拔滎陽城，生得周苛。羽謂苛：「爲我將，以公爲上將軍，封三萬户。」周苛罵曰：「若不趨降漢，今爲虜矣！〔四〕若非漢王敵也。」羽亨周苛，〔五〕并殺樅公，而虜韓王信，遂圍成皋。漢王跳，〔六〕獨與滕公共車出成皋玉門，〔七〕北渡河，宿小脩武。〔八〕自稱使者，晨馳入張耳、韓信壁，而奪之軍。乃使張耳北收兵趙地。

〔一〕師古曰：過睢水也。睢音雖。

〔二〕【補注】先謙曰：下邳，東海縣，在今徐州府邳州東三里。

〔三〕師古曰：破之而令遁走。

〔四〕師古曰：若，汝也。趨讀曰促。【補注】先謙曰：今，即也。

〔五〕師古曰：亨謂煮而殺之，音普庚反。他皆類此。

〔六〕如淳曰：跳音逃，謂走也。史記作「逃」。晉灼曰：跳，獨出意也。師古曰：晉説是也，音徒彫反。【補注】朱子文曰：傳注之學，無事求奇，辭達而已。漢王跳當從如淳之音，史記之説，其義甚明。唯漢王逃，故下文云「獨與滕公共車出成皋玉門」。何乃迂解爲「獨出意」，徒見費力耳。何若瑶曰：下乃云「獨與滕公共車」，則跳不得遽訓獨出。説文「跳，躍也」，「躍，迅也」，則跳是疾走，與燕王傳「跳距」合，亦不必更音逃。

〔七〕張晏曰：成皋北門。【補注】先謙曰：河水注「河水南對玉門」，言南對，知是北門。史記徐廣注同。或以爲西門者誤。

〔八〕晉灼曰：在大脩武城東。【補注】先謙曰：小修武詳志「河北修武」下。

秋七月，有星孛于大角。〔一〕漢王得韓信軍，復大振。八月，臨河南，鄉〔二〕軍小脩武，欲復戰。郎中鄭忠説止漢王，高壘深塹勿戰。漢王聽其計，使盧綰、劉賈將卒二萬人，騎數百，〔三〕渡白馬津〔四〕入楚地，佐彭越燒楚積聚，〔五〕復擊破楚軍燕郭西，〔六〕攻下睢陽、外黄十七城。〔七〕九月，羽謂海春侯大司馬曹咎曰：「謹守成皋。即漢王欲挑戰，愼勿與戰，〔八〕勿令得東而已。我十五日必定梁地，復從將軍。」〔九〕羽引兵東擊彭越。

〔一〕李奇曰：孛，彗類也，是謂妖星，所以除舊布新也。師古曰：孛音步内反。【補注】先謙曰：官本注「步」作「布」。五行志云旬餘乃入。

〔二〕師古曰：鄉讀曰嚮。【補注】錢大昭曰：鄉當讀爲饗，漢紀作「王饗師河南」。先謙曰：錢説是也。史記亦云「引兵臨河南，饗軍小修武南」。此文「臨河南」句，「鄉軍小修武」句。

〔三〕蘇林曰：綰音以繩綰結物之綰。師古曰：音烏板反。

〔四〕【補注】先謙曰：白馬津詳志「東郡白馬」下。

〔五〕師古曰：所畜軍糧芻稾之屬也。積音子賜反。聚音才喻反。

〔六〕師古曰：燕，縣名，古南燕國。【補注】宋祁曰：越本無「破」字。先謙曰：燕，東郡縣，在今衞輝府延津縣東三十五里。

〔七〕【補注】先謙曰：睢陽，梁國縣，在今歸德府商丘縣南。

〔八〕李奇曰：挑音徒了反。臣瓚曰：挑戰，擿嬈敵求戰也，古謂之致師。師古曰：李音瓚説是。擿音他歷反。嬈音乃了反。

〔九〕師古曰：從，就也。

漢王使酈食其説齊王田廣，罷守兵與漢和。

四年冬十月，韓信用蒯通計，襲破齊。齊王亨酈生，東走高密。項羽聞韓信破齊，且欲擊楚，使龍且救齊。

漢果數挑成皋戰，楚軍不出，使人辱之數日，大司馬咎怒，渡兵氾水。〔一〕士卒半渡，漢擊之，大破楚軍，盡得楚國金玉貨賂。大司馬咎、長史欣皆自剄氾水上。漢王引兵渡河，復取成皋，軍廣武，〔二〕就敖倉食。

〔一〕張晏曰：氾水在濟陰界。如淳曰：氾音祀。左傳曰「鄙在鄭地氾」。臣瓚曰：高祖攻曹咎於成皋，咎渡氾水而戰，今成皋城東氾水是也。師古曰：瓚説得之，此水不在濟陰也，「鄙在鄭地氾」。釋者又云在襄城，則非此也。此水舊讀音凡，今彼鄉人呼之音祀。【補注】沈欽韓曰：左傳有東氾水、南氾水。僖二十四年「王處於氾」，注「南氾也」。三十年「秦軍氾南」，杜注「此東氾也」。東氾即氾水縣，南氾，許州襄城縣。元和志「襄王出居此，因名襄城」。

〔二〕孟康曰：於滎陽築兩城而相對，名爲廣武城，在敖倉西三室山上。【補注】先謙曰：秦紀昭王四十三年，城河上廣武。案：有東、西廣武城，引詳「河南滎陽」下。

羽下梁地十餘城，聞海春侯破，乃引兵還。漢軍方圍鍾離眛於滎陽東，〔一〕聞羽至，盡走險阻。〔二〕羽亦軍廣武，與漢相守。丁壯苦軍旅，老弱罷轉餉。〔三〕漢王、羽相與臨廣武之間而語。〔四〕羽欲與漢王獨身挑戰，漢王數羽曰：〔五〕「吾始與羽俱受命懷王，曰先定關中者王之。

羽負約，王我於蜀漢，罪一也。羽矯殺卿子冠軍，自尊，罪二也。〔六〕羽當以救趙還報，〔七〕而擅劫諸侯兵入關，罪三也。懷王約入秦無暴掠，羽燒秦宮室，掘始皇帝冢，收私其財，罪四也。〔八〕又彊殺秦降王子嬰，罪五也。詐阬秦子弟新安二十萬，王其將，〔九〕罪六也。皆王諸將善地，而徙逐故主，〔一〇〕令臣下爭畔逆，罪七也。出逐義帝彭城，自都之，奪韓王地，并王梁楚，多自與，〔一一〕罪八也。使人陰殺義帝江南，罪九也。夫爲人臣而殺其主，殺其已降，〔一二〕爲政不平，主約不信，天下所不容，大逆無道，罪十也。吾以義兵從諸侯誅殘賊，使刑餘罪人擊公，〔一三〕何苦乃與公挑戰！」羽大怒，伏弩射中漢王。漢王傷胸，乃捫足曰：「虜中吾指！」〔一四〕漢王病創臥，張良彊請漢王起行勞軍，以安士卒，〔一五〕毋令楚乘勝。漢王出行軍，疾甚，因馳入成皋。

〔一〕師古曰：眛音莫葛反。其字從本末之末。【補注】先謙曰：官本「眛」作「昧」。錢大昕云「説文無『昧』字，當從目作『眛』，惟汲古閣本是」。

〔二〕師古曰：走音奏。

〔三〕師古曰：罷讀曰疲。轉，運；餉，饋也，音式向反。

〔四〕【補注】何焯曰：案藝文類聚「間」當作「澗」。周壽昌曰：御覽六十九引本書項籍傳云沛公與項籍臨廣武澗而語，數籍十罪。今亦作「間」，不作「澗」。西征記曰：「有三皇山，或謂三室山。山上有二城，東者曰東廣武，西者曰西廣武，各在山一頭，相去二百餘步，其間隔深澗，漢祖與項籍語處。」據此作「澗」爲勝。

〔五〕師古曰：數，責其罪也，音所具反。

〔六〕如淳曰：卿者，卿大夫之號。子者，子男之爵。冠軍，人之首也。文穎曰：卿子，時人相褒尊之辭，猶言公子也。時上將，故言冠軍。師古曰：矯，託也，託懷王命而殺之也。卿子冠軍，文說是也。

〔七〕李奇曰：前受命於懷王往救趙，當還反報。

〔八〕師古曰：掘而發之，收取其財以私自有也。掘音其勿反。【補注】先謙曰：官本注下「其」作「具」，是。

〔九〕李奇曰：章邯等爲王。

〔一〇〕【補注】宋祁曰：王諸將善地，謂章邯等；徙逐故主，謂田市、趙歇、韓廣之屬。王先慎曰：宋說非也。諸將謂燕將臧荼、齊將田都、趙相張耳之屬。下文云「令臣下爭畔逆」，正指數人徙逐故主，致起爭端。若章邯等爲王，已數入六罪矣。此宋沿索隱之說而誤。

〔一一〕【補注】先謙曰：史記作「予」。

〔一二〕【補注】先謙曰：「已」上「其」字，以文義求之不當有，蓋緣上「其」字誤衍。史記作「殺已降」，無「其」字。

〔一三〕師古曰：言輕賤也。【補注】先謙曰：案上文連稱羽，此輕賤之詞不得忽稱公，下文公則自謂也。史記正作「使刑餘罪人擊殺項羽，何苦乃與公挑戰」。班氏涉筆誤改，而荀紀、通鑑從之，坐未審耳。

〔一四〕師古曰：捫，摸也。傷胸而捫足者，以安衆也。捫音門。中音竹仲反。

〔一五〕師古曰：行音下更反。其下亦同。【補注】朱子文曰：此句中多「漢王」二字，當曰「漢王病創臥，張良彊請起行勞軍」。

十一月，韓信與灌嬰擊破楚軍，殺楚將龍且，追至城陽，虜齊王廣。齊相田横自立爲齊王，奔彭越。漢立張耳爲趙王。

漢王疾瘉，〔一〕西入關，至櫟陽，存問父老，置酒。梟故塞王欣頭櫟陽市。〔二〕留四日，復如

軍，軍廣武。關中兵益出，而彭越、田橫居梁地，往來苦楚兵，絶其糧食。〔三〕

〔一〕師古曰：瘉與愈同。愈，差也。

〔二〕師古曰：梟，縣首於木上。【補注】宋祁曰：欣自剄汜上死矣。今梟於此，以欣舊都，故示之。

〔三〕【補注】全祖望曰：此「田橫」二字當因上牽連而衍。田橫雖於項王有田榮之怨，然是時則項王以橫故喪其大將並二十萬衆於齊，橫仇漢不仇楚矣。使橫果爲漢苦楚，則垓下之師，漢亦必召之以壯聲援，而事定亦不必亡入島中矣。先謙曰：全説是也。史記「當此時，彭越將兵居梁地，往來苦楚兵，絶其糧食」，通鑑亦云「漢王之敗彭城，解而西也，彭越皆亡其所下城，獨將其兵北居河上，常往來爲漢游兵擊楚，絶其後糧」，並不及田橫，是其證。

韓信已破齊，使人言曰：「齊邊楚，〔一〕權輕，不爲假王，恐不能安齊。」漢王怒，欲攻之。張良曰：「不如因而立之，使自爲守。」春二月，遣張良操印立韓信爲齊王。〔二〕秋七月，立黥布爲淮南王。八月，初爲算賦。〔三〕北貉、燕人來致梟騎助漢。〔四〕漢王下令：〔五〕軍士不幸死者，吏爲衣衾棺斂，〔六〕轉送其家。〔七〕四方歸心焉。〔八〕

〔一〕師古曰：邊，共爲邊界。【補注】先謙曰：史集解引文穎云「邊，近也」，較顔説爲優。通鑑注誤引爲顔説。

〔二〕師古曰：操，持也，音千高反。

〔三〕如淳曰：漢儀注，民年十五以上至五十六出賦錢，人百二十爲一算，爲治庫兵車馬。

〔四〕應劭曰：北貉，國也。梟，健也。張晏曰：梟，勇也，若六博之梟也。師古曰：貉在東北方，三韓之屬皆貉類也，音莫客反。

〔五〕師古曰：令，教命也。下音胡嫁反。他皆類此。

〔六〕師古曰：棺音工喚反。斂音力贍反。與作衣衾而斂尸於棺。

〔七〕師古曰：轉，傳送也。

〔八〕師古曰：以仁愛故。

項羽自知少助食盡，韓信又進兵擊楚，〔一〕羽患之。漢遣陸賈説羽，請太公，羽弗聽。漢復使侯公説羽，羽乃與漢約，中分天下，割洪溝以西爲漢，〔二〕以東爲楚。九月，歸太公、呂后，軍皆稱萬歲。乃封侯公爲平國將。〔三〕羽解而東歸。漢王欲西歸，張良、陳平諫曰：「今漢有天下太半，〔四〕而諸侯皆附，楚兵罷食盡，〔五〕此天亡之時，不因其幾而遂取之，〔六〕所謂養虎自遺患也。」漢王從之。

〔一〕【補注】全祖望曰：信蓋自淮北擣其國都，當參觀灌嬰傳。

〔二〕應劭曰：在滎陽東南二十里。文穎曰：於滎陽下引河東南爲鴻溝，以通宋、鄭、陳、蔡、曹、衞，與濟、汝、淮、泗會於楚，即今官渡水也。【補注】錢大昭曰：「洪」當爲「鴻」，注作「鴻」。周壽昌曰：文注引溝洫志而誤讀，故地勢水道多不可通。志本從「會」字斷句，「於楚」屬下文。尤誤在以官渡水爲鴻溝，漫無區别。史索隱云爲二渠，一南經陽武爲官渡水，一東經大梁城即鴻溝，今之汴河是也。明二渠爲一南一東。宋史河渠志云，禹於滎陽下分大河爲陰溝，至大梁浚儀縣西北復分爲二渠，一經陽武縣中牟台下爲官渡水，其一爲鴻溝莨菪渠。語尤詳晰。文混舉官渡、鴻溝而一之。後書郡國志「鴻溝」下劉昭引文語作注，顔復據以注鴻溝，皆失於未考。先謙曰：官本「洪」作「鴻」。考證云：「監本注後有索隱引張華及北征記一段，案此宋本所無而監本自增者也。凡索隱説已見史記，不當附麗於此。今從宋本删之。」

〔三〕師古曰：以其善說能平和邦國。【補注】錢大昭曰：荀紀作「平國君」。沈欽韓曰：文選注四十七引楚漢春秋云，上欲封侯公，匿不肯見。曰此天下之辨士，所居傾國，故號平國君。先謙曰：官本作「君」。

〔四〕韋昭曰：凡數三分有二爲大半，有一分爲少半。【補注】先謙曰：官本注「大」亦作「太」。

〔五〕師古曰：罷讀曰疲。

〔六〕鄭氏曰：幾，微也。師古曰：幾，危也。【補注】周壽昌曰：幾猶會也。後書吳蓋陳臧列傳論云「斯誠雄心尚武之幾」，注訓幾爲會，若今言幾會也。鄭訓本易「幾者動之微」，單訓微，語意不合。顏訓亦隔。

高帝紀第一下

五年冬十月，漢王追項羽至陽夏南〔一〕止軍，與齊王信、魏相國越期會擊楚。至固陵〔二〕不會。楚擊漢軍，大破之。漢王復入壁，深塹而守。〔三〕謂張良曰：「諸侯不從，柰何？」良對曰：「楚兵且破，未有分地，〔四〕其不至固宜。〔五〕君王能與共天下，可立致也。〔六〕齊王信之立，非君王意，信亦不自堅。〔七〕彭越本定梁地，始君王以魏豹故，拜越爲相國。今豹死，越亦望王，而君王不早定。今能取睢陽以北至穀城皆以王彭越，〔八〕從陳以東傅海與齊王信，〔九〕信家在楚，其意欲復得故邑。能出捐此地以許兩人，〔一〇〕使各自爲戰，則楚易敗也。」於是漢王發使使韓信、彭越。至，皆引兵來。

〔一〕師古曰：夏音工雅反，已解於上。

〔二〕晉灼曰：即固始也。師古曰：後改爲固始耳。地理志固始屬淮陽。【補注】劉攽曰：予謂「楚」字句當斷，「至固陵不會」爲句。先謙曰：前漢陽夏、固始爲兩縣，並屬淮陽國。後漢併固始入陽夏，故續志云陽夏有固陵聚。胡三省通鑑注引徐廣云固陵在陽夏也。在今陳州府太康縣西。

〔三〕【補注】錢大昭曰：「塹」，南監本、閩本皆作「塹」。先謙曰：官本作「塹」。
〔四〕李奇曰：信、越等未有益地之分。師古曰：分音扶問反。【補注】王啟原曰：地理志「周地」下云「至襄王以河內賜晉文公，又爲諸侯所侵，故其分地小」，則分地是主畺域言，當如師古此音扶問反也。此紀下言捐地以許兩人，則當如三家分知氏之比，割地以與信、越，「分」當如字。
〔五〕師古曰：理宜然也。
〔六〕師古曰：共有天下之地，割而封之。
〔七〕師古曰：因信自請爲假王，乃立之耳，故曰非君王意。
〔八〕師古曰：睢音雖。
〔九〕師古曰：傅讀曰附。
〔一〇〕師古曰：捐，棄也，音弋全反。

十一月，劉賈入楚地，圍壽春。〔一〕漢亦遣人誘楚大司馬周殷。殷畔楚，以舒屠六，〔二〕舉九江兵迎黥布，竝行屠城父，〔三〕隨劉賈皆會。〔四〕

〔一〕【補注】先謙曰：壽春，九江縣，今鳳陽府壽州治。
〔二〕如淳曰：以舒之衆屠破六縣。師古曰：六者，縣名，即上所謂九江王都六者也，後屬廬江郡。【補注】先謙曰：官本「郡」作「都」。舒，廬江縣，在今廬州府廬江縣西百二十里。
〔三〕如淳曰：竝行，竝擊也。師古曰：城父，縣名。父音甫。【補注】先謙曰：城父，沛郡縣，今潁州府亳州東南七十九里城父村。
〔四〕【補注】錢大昭曰：閩本「隨」下有「何」字。先謙曰：史記作「隨何、劉賈、齊、梁諸侯皆大會垓下」。案隨何無戰功，不當列劉賈之上，疑史「何」字本衍文，但謂殷、布隨劉賈及信、越等來會耳。項籍傳「周殷舉九江兵隨劉賈迎黥布」，與此隨劉賈義同。賈傳：「周殷反楚佐賈舉九江迎英布，兵皆會垓下。」「佐」字與「隨」義亦合，皆其證，「隨」下不當有「何」字明矣。閩本迺因史記妄增。

十二月，圍羽垓下。〔一〕羽夜聞漢軍四面皆楚歌，〔二〕知盡得楚地，羽與數百騎走，是以兵大敗。灌嬰追斬羽東城。〔三〕楚地悉定，獨魯不下。漢王引天下兵欲屠之，爲其守節禮義之國，乃持羽頭示其父兄，魯乃降。初，懷王封羽爲魯公，及死，魯又爲之堅守，故以魯公葬羽於穀城。〔四〕漢王爲發葬，〔五〕哭臨而去。〔六〕封項伯等四人爲列侯，賜姓劉氏。〔七〕諸民略在楚者皆歸之。漢王還至定陶，馳入齊王信壁，奪其軍。初，項羽所立臨江王共敖前死，子尉嗣立爲王，不降。遣盧綰、劉賈擊虜尉。

〔一〕應劭曰：垓音該。李奇曰：沛洨縣聚邑名也。師古曰：洨音衡交反。【補注】先謙曰：續志「洨有垓下聚」。高祖破項羽。在今鳳陽府靈壁縣東南。

〔二〕應劭曰：楚歌者，雞鳴歌也。漢已略得其地，故楚歌者多雞鳴時歌也。師古曰：楚歌者，爲楚人之歌，猶言吴歈越吟耳。若以雞鳴爲歌曲之名，於理則可，不得云雞鳴時也。高祖令戚夫人楚舞，自爲作楚歌，豈亦雞鳴時乎？

〔三〕晉灼曰：九江縣。【補注】先謙曰：在今鳳陽府定遠縣東南。

〔四〕師古曰：即濟北穀城。【補注】先謙曰：「以魯公」三字語意不完，「公」下當有「號」字，而此奪之。史記有「號」字，項羽傳亦云「以魯公號」，皆其證。本志「東郡臨邑」下云「莽曰穀城亭」。續志「穀城」下云「春秋時小穀」，劉注「有項羽冢」。先謙案：據莽名亭之義，是穀城在前漢爲臨邑屬地，在今泰安府東阿縣北。水經濟水注云：「城西北三里，有項王之家，半許毀壞，石碣尚存，題云『項王之墓』。」皇覽云冢去縣十五里，謬也。今彭城穀陽城西南又有項羽冢，非也。

〔五〕【補注】先謙曰：官本作「喪」，是。

〔六〕師古曰：臨音力禁反。

〔七〕師古曰：皆羽之族，先有功於漢者。【補注】錢大昭曰：四人，射陽侯劉纏、平皋侯劉它、桃安侯劉襄也。其一人漢表未聞，史記作元武侯。

春正月，追尊兄伯號曰武哀侯。〔一〕下令曰：「楚地已定，義帝亡後，欲存恤楚衆，以定其主。齊王信習楚風俗，更立爲楚王，〔二〕王淮北，都下邳。魏相國建城侯彭越勤勞魏民，卑下士卒，〔三〕常以少擊衆，數破楚軍，其以魏故地王之，號曰梁王，都定陶。」又曰：「兵不得休八年，萬民與苦甚，〔四〕今天下事畢，其赦天下殊死以下。」〔五〕

〔一〕應劭曰：兄伯早亡，追謚之。

〔二〕師古曰：更，改也。

〔三〕師古曰：言安輯魏地，保其人衆也。下音胡稼反。【補注】先謙曰：建城侯不見於越傳，惟史記高紀四年、五年兩作「建成侯」，成、城同字。

〔四〕如淳曰：與音相干與之與。師古曰：音弋庶反。【補注】劉攽曰：與讀曰歟，助辭。王念孫曰：文紀「朕之不明與嘉之」，如淳注：「與，發聲也。」四字師古刪去，據史記集解引補。案：如解是也。萬民與苦甚，萬民苦甚也。朕之不明與嘉之，朕之不明嘉之也。與皆助句之詞，本無意義，亦不當讀爲歟。詳文紀。

〔五〕如淳曰：死罪之明白也。左傳曰「斬其木而弗殊」。韋昭曰：「殊死，斬刑也。」師古曰：殊，絶也，異也，言其身首離絶而異處也。【補注】劉攽曰：予案説文「漢蠻夷長有罪當殊之」，然則殊自死刑之名也。

於是諸侯上疏曰：「楚王韓信、韓王信、淮南王英布、梁王彭越、故衡山王吳芮、〔一〕趙王張敖、燕王臧荼昧死再拜言，〔二〕大王陛下：〔三〕先時秦爲亡道，天下誅之。大王先得秦王，定關中，於天下功最多。存亡定危，救敗繼絶，以安萬民，功盛德厚。又加惠於諸侯王有功者，使得立社稷。地分已定，而位號比儗，亡上下之分，〔四〕大王功德之著，於後世不宣。〔五〕昧死再拜上皇帝尊號。」漢王曰：「寡人聞帝者賢者有也，〔六〕虚言亡實之名，非所取也。〔七〕今諸侯王皆推高寡人，將何以處之哉？」諸侯王皆曰：「大王起於細微，滅亂秦，威動海內。又以辟陋之地，〔八〕自漢中行威德，誅不義，立有功，平定海內，功臣皆受地食邑，非私之也。大王德施四海，諸侯王不足以道之，〔九〕居帝位甚實宜，願大王以幸天下。」〔一〇〕漢王曰：「諸侯王幸以爲便於天下之民，則可矣。」於是諸侯王及太尉長安侯臣綰等三百人，〔一一〕與博士稷嗣君叔孫通〔一二〕謹擇良日二月甲午，上尊號。漢王即皇帝位于氾水之陽。〔一三〕尊王后曰皇后，〔一四〕太子曰皇太子，追尊先媪曰昭靈夫人。

〔一〕張晏曰：漢元年，項羽立芮爲衡山王，後又奪之地，謂之番君，是以曰故。

〔二〕張晏曰：秦以爲人臣上書當言昧犯死罪而言，漢遂遵之。【補注】周壽昌曰：御覽五百九十四引博物志云：「漢承秦，羣臣上言皆曰『昧死言』。王莽簒位，慕法古，去昧死，改稽首。朝臣曰『稽首輕，宜稽首再拜』。」後書律曆志補注引蔡邕戍邊上章曰「臣邕稽首再拜，上書皇帝陛下」，末云「臣頓首死罪，稽首再拜以聞」。此可徵王莽改制，中興後遂沿之也。

〔三〕應劭曰：陛者，升堂之陛。王者必有執兵陳於階陛之側，羣臣與至尊言不敢指斥，故呼在陛下者而告之，因卑以達尊之意也。若今稱殿下、閣下、侍者、執事皆此類也。【補注】錢大昭曰：閩本「升」作「外」。周壽昌曰：高祖尚未即真，故稱大王；時上皇帝尊號，故稱陛下。

〔四〕師古曰：言大王與臣等竝稱王，是爲比類相儗，無尊卑之差別也。地分音扶問反。

〔五〕師古曰：言位號不殊，則功德之著明者不宣於後世也。

〔六〕師古曰：言賢德之人乃可有帝號。

〔七〕【補注】先謙曰：史記「取」作「守」。

〔八〕師古曰：辟讀曰僻。

〔九〕【補注】先謙曰：言非稱頌所能盡。

〔一〇〕晉灼曰：漢儀注，民臣被其德以爲僥倖也。師古曰：倖者，吉而免凶，可慶幸也，故福喜之事皆稱爲幸，而死謂之不幸。

〔一一〕師古曰：綰，盧綰也。

〔一二〕孟康曰：稷嗣，邑名。

〔一三〕張晏曰：在濟陰界，取其氾愛弘大而潤下也。師古曰：據叔孫通傳曰爲皇帝於定陶，則此水在濟陰是也。音敷劒反。【補注】先謙曰：濟水注「菏水東北，出於定陶縣，北屈，左合氾水。氾水西分濟瀆，東北逕濟陰郡南。爾雅曰濟别爲澭。吕忱曰水决復入爲氾，廣異名也。氾水又東合於菏瀆。昔漢祖既定天下，即帝位於定陶氾水之陽，氾水之名於是乎在矣」。

〔一四〕【補注】周壽昌曰：通鑑「尊」作「更」，西漢年紀從之。案此臣下共尊之，不比繼世後由帝詔立后，不妨作「尊」。

詔曰：〔一〕「故衡山王吳芮與子二人，兄子一人，從百粵之兵，〔二〕以佐諸侯，誅暴秦，有大功，諸侯立以爲王。項羽侵奪之地，謂之番君。〔三〕其以長沙、豫章、象郡、桂林、南海立番君芮爲長沙王。」〔四〕又曰：「故粵王亡諸世奉粵祀，秦侵奪其地，使其社稷不得血食。〔五〕諸侯伐秦，亡諸身帥閩中兵以佐滅秦，〔六〕項羽廢而弗立。今以爲閩粵王，王閩中地，勿使失職。」

〔一〕如淳曰：詔，告也。自秦漢以下，唯天子獨稱之。

〔二〕服虔曰：非一種，若今言百蠻也。

〔三〕師古曰：番音蒲何反。

〔四〕臣瓚曰：茂陵書象郡治臨塵，去長安萬七千五百里。文穎曰：桂林，今鬱林也。師古曰：桂林，今之桂州境界左右皆是其地，非鬱林也。【補注】劉攽曰：長沙封國本無豫章。豫章屬淮南。檢後十二年注文穎所説，疑此「豫章」字傳寫誤加之。先謙曰：豫章屬英布，見布傳。劉説是也。象郡、桂林、南海屬趙佗，虚封芮，下文所謂南方三郡也。桂林，秦郡，元鼎六年入漢，爲鬱林郡，又分蒼梧、合浦二郡，南粵傳可據。顏以爲非鬱林，蓋誤。

〔五〕師古曰：祭者尚血腥，故曰血食也。【補注】先謙曰：亡諸詳閩粵傳。

〔六〕如淳曰：閩音緡。應劭曰：音文飾之文。師古曰：閩越，今泉州建安是其地也。其人本蛇種，故其字從虫。如音是也。虫音許尾反。【補注】錢大昕曰：古人讀文如民。禹貢岷山，史記夏紀作汶山，後漢有汶山郡，亦因岷山得名。

帝乃西都洛陽。〔一〕夏五月，兵皆罷歸家。詔曰：「諸侯子在關中者，復之十二歲，〔二〕其歸者半之。〔三〕民前或相聚保山澤，不書名數，〔四〕今天下已定，令各歸其縣，復故爵田宅，〔五〕吏以文法教訓辨告，勿笞辱。〔六〕民以飢餓自賣爲人奴婢者，〔七〕皆免爲庶人。軍吏卒會赦，其亡罪而亡爵及不滿大夫者，皆賜爵爲大夫。〔八〕故大夫以上賜爵各一級，〔九〕其七大夫以上，皆令食邑，〔一〇〕非七大夫以下，皆復其身及户，勿事。」〔一一〕又曰：「七大夫、公乘以上，皆高爵也。〔一二〕諸侯子及從軍歸者，〔一三〕甚多高爵，吾數詔吏先與田宅，及所當求於吏者，亟與。〔一四〕爵或人君，上所尊禮〔一五〕久立，〔一六〕吏前曾不爲決，〔一七〕甚亡謂也。〔一八〕異日秦民爵公大夫以上，令丞與亢禮。〔一九〕今吾於爵非輕也，吏獨安取此！〔二〇〕且法以有功勞行田宅，〔二一〕今小吏未嘗從軍者多滿，〔二二〕而有功者顧不得，〔二三〕背公立私，守尉長吏教訓甚不善。〔二四〕其令諸吏善遇高爵，稱吾意。〔二五〕且廉問，有不如吾詔者，以重論之。」〔二六〕

〔一〕【補注】王啟原曰：定陶爲濟陰郡治。續志濟陰郡，雒陽東八百里。帝即位定陶，於洛陽爲東也。

〔二〕師古曰：復音方目反。【補注】宋祁曰：諸侯子謂諸侯國人，若楚子之類。先謙曰：諸侯子解見下。

〔三〕師古曰：各已還其本土者，復六歲也。【補注】先謙曰：史記作「其歸者，復之六歲，食之一歲」。

〔四〕師古曰：保，守也，安也。守而安之，以避難也。名數，謂户籍也。

〔五〕師古曰：復，還也，音扶目反。

〔六〕師古曰：辨告者，分別義理以曉喻之。【補注】宋祁曰：南本「辨告」作「辭告」，非是。王念孫曰：辨讀爲班。班告，布告也，謂以文法教訓布告衆民也。王莽傳「辨社諸侯」孟康注「辨，布也」。師古注「辨讀曰班」。又云「非五威將帥所班」，蕭該云「『班』舊作『辨』」。韋昭云，辨，布也，音班」。皆其證。士虞禮記「明日以其班祔」，古文「班」或爲「辨」。襄二十五年左傳「男女以班」，劉炫云哀元年「蔡人男女以辨」與此同。顏望文生訓而非其本旨。

〔七〕【補注】何焯曰：據此則不獨以罪没身始爲官奴婢，今賣身券契必云口食不周，其來遠矣。

〔八〕如淳曰：軍吏卒會赦得免罪，及本無罪而亡爵級者，皆賜爵爲大夫。師古曰：大夫，第五爵也。【補注】劉攽曰：予謂有罪者會赦免罪而已，不得賜爵也，亡罪乃得爲大夫耳。先謙曰：此録軍功，吏卒皆與，有罪會赦亦得賜爵，詳文義如説是，劉説非也。

〔九〕師古曰：就加之也。級，等也。

〔一〇〕臣瓚曰：秦制，列侯乃得食邑，今七大夫以上皆食邑，所以寵之也。師古曰：七大夫，公大夫也，爵第七，故謂之七大夫。

〔一一〕應劭曰：不輸户賦也。如淳曰：事謂役使也。師古曰：復其身及一户之内皆不徭賦也。復音方目反。【補注】先謙曰：官本注「方」作「扶」。

〔一二〕師古曰：公乘，第八爵。【補注】錢大昭曰：賈誼傳「雖有長爵，不輕得復」。張晏云，長爵，高爵也。

〔一三〕【補注】劉攽曰：諸侯子總謂諸侯國人，「及」字後人妄加之。周壽昌曰：案此承宋祁言諸侯子謂諸侯國人若楚子之類。竊謂楚子、諸侯子，楚與各諸侯支屬之從軍者，非泛言國人，故書子以別之。此加「及」字愈可證。觀二年六月漢王還櫟陽，令諸侯子在關中者皆集櫟陽爲衛，若盡爲諸侯國人，當數十萬衆，櫟陽一縣何能容也？功臣表「樊侯蔡兼以韓家子還定北地」。師古云「本六國時韓家之諸子也，後更姓蔡」。此足爲諸侯子、楚子之一證。先謙曰：周説亦通，然不必泥。楚人曰楚子，諸侯人曰諸侯子，猶今漢人曰漢子，回人曰回子，番人曰番子耳。

〔一四〕師古曰：亟，急也，音居力反。

〔一五〕師古曰：爵高有國邑者，則自君其人，故云或人君也。上謂天子。

〔一六〕【補注】先謙曰：謂早立爵者，上屬爲句。

〔一七〕師古曰：有辨説及陳請者，不早爲決斷。【補注】先謙曰：官本注「説」作「訟」，是。

〔一八〕師古曰：亡謂者，失於事宜，不可以訓。

〔一九〕應劭曰：言從公大夫以上，民與令丞亢禮。亢禮者，長揖不拜。師古曰：異日，猶言往日也。亢者，當也，言高下相當無所卑屈，不獨謂揖拜也。

〔二〇〕師古曰：於何得此輕爵之法也。【補注】先謙曰：何取輕爵如此也。顔訓非。

〔二一〕蘇林曰：行音行酒之行，猶付與也。【補注】先謙曰：法謂法令。

〔二二〕如淳曰：多自滿足也。【補注】先謙曰：私取田宅以自盈也。

〔二三〕師古曰：顧猶反也，言若人反顧然。

〔二四〕師古曰：守，郡守也。尉，郡尉也。長吏，謂縣之令長。

〔二五〕師古曰：稱，副也。

〔二六〕師古曰：廉，察也。廉字本作覝，其音同耳。【補注】先謙曰：官本注「覝」作「頰」。

帝置酒雒陽南宮。〔一〕上曰：〔二〕「通侯諸將〔三〕毋敢隱朕，〔四〕皆言其情。吾所以有天下者何？項氏之所以失天下者何？」高起、王陵對曰：〔五〕「陛下嫚而侮人，〔六〕項羽仁而敬人。然陛下使人攻城略地，所降下者，因以與之，與天下同利也。項羽妒賢嫉能，有功者害之，賢者疑之，戰勝而不與人功，得地而不與人利，此其所以失天下也。」上曰：「公知其一，未知其二。夫運籌帷幄之中，〔七〕決勝千里之外，吾不如子房；填國家，撫百姓，給餉餽，不絕糧道，吾不如蕭何；〔八〕連百萬之衆，戰必勝，攻必取，〔九〕吾不如韓信。三者皆人傑，吾能用之，〔一〇〕此吾所以取天下者也。項羽有一范增而不能用，此所以爲我禽也。」羣臣説服。〔一一〕

〔一〕【補注】先謙曰：史正義引括地志云「南宮在雒陽縣東北二十六里洛陽故城中」。輿地志云秦時已有南北宮」。沈欽韓云：「更始自洛陽而西，馬奔觸北宮鐵柱門。光武幸南宮却非殿。蓋秦雖都關中，猶放周東都之制。」

〔二〕如淳曰：蔡邕云上者尊位所在也。但言上不敢言尊號耳。

〔三〕應劭曰：舊曰徹侯，避武帝諱曰通侯。通亦徹也。通者，言其功德通於王室也。張晏曰：後改爲列侯。列者，見序列也。【補注】先謙曰：通鑑作「徹侯」，蓋宋人回改。史記作「列侯」。

〔四〕如淳曰：朕，我也。蔡邕曰：古者上下共之。咎繇與帝舜言稱朕，屈原曰「朕皇考」，至秦獨以爲尊稱，漢遂因之而不改也。

〔五〕張晏曰：詔使高官者起，故陵先對。孟康曰：姓高名起。臣瓚曰：漢帝年紀高帝時有信平侯臣陵、都武侯臣起。魏相、邴吉高帝時奏事有將軍臣陵、臣起。師古曰：張説非也。若言高官者起，則丞相蕭何、太尉盧綰及張良、陳平之屬時皆在陵上，陵不得先對也。【補注】錢大昭曰：漢紀無「高起」二字，張、孟説皆不了，當是衍文。周壽昌曰：漢帝年紀一書不傳。王陵封安國侯，非信平。高祖功臣表無都武侯起其人。惟南鄖侯起，孝文時以信平君侯，則信平屬之起，而高帝時尚未侯也。又云「魏相、邴吉奏高帝時奏事有將軍臣陵、臣起」。考魏相傳，好觀漢故事及便宜章奏，數條漢興以來便宜行事，引高皇所述書有云「相國臣何、御史大夫臣昌謹與將軍臣陵、太子太傅臣通等議」，而無臣起。蓋奏事所輯不止一條，孟注或有據。張云「詔使高官者起」，語爲不經也。先謙曰：此條所當闕疑。「邴吉」下脱「奏」字，官本有。陳浩云監本「魏相邴吉奏」下衍「事」字，蓋涉於下文「奏事」而誤也。今從宋本删之。「邴吉」依本書當作「丙」。

〔六〕師古曰：嫚，易也，讀與慢同。

〔七〕【補注】先謙曰：史記作「運籌策帷帳之中」。

〔八〕師古曰：填與鎮同。鎮，安也。餽亦饋字。

〔九〕【補注】宋祁曰：南本作「戰必取勝攻必取捷」。先謙曰：史記、漢紀、通鑑與此同，南本不足據。

〔一〇〕師古曰：傑言桀然獨出也。

〔一一〕師古曰：説讀曰悦。【補注】宋祁曰：「此所以」，「此」字下疑有「其」字。先謙曰：史記有「其」字。漢紀、通鑑依本書删，無害文義。宋説無謂類如此。

初，田横歸彭越。項羽已滅，横懼誅，與賓客亡入海。上恐其久爲亂，遣使者赦横，曰：「横來，大者王，小者侯；〔一〕不來，且發兵加誅。」横懼，乘傳詣雒陽，〔二〕未至三十里，自殺。上壯其節，爲流涕，發卒二千人以王禮葬焉。

〔一〕師古曰：大者，謂其長率，即横身也。小者，其徒屬也。【補注】先謙曰：官本注「小者」下有「謂」字，「徒」作「從」。

〔二〕如淳曰：律，四馬高足爲置傳，四馬中足爲馳傳，四馬下足爲乘傳，一馬二馬爲軺傳。急者乘一乘傳。師古曰：傳者，若今之驛，古者以車，謂之傳車，其後又單置馬，謂之驛騎。傳音張戀反。

戍卒婁敬求見，説上曰：「陛下取天下與周異，而都雒陽，不便，不如入關，據秦之固。」上以問張良，良因勸上。是日，車駕西都長安。〔一〕拜婁敬爲奉春君，〔二〕賜姓劉氏。六月壬辰，大赦天下。

〔一〕師古曰：凡言車駕者，謂天子乘車而行，不敢指斥也。是日，即其日也。著是日者，言從善之速也。長安本秦之鄉名，高祖作都焉。【補注】齊召南曰：史記作「是日車駕入都關中」，是也。櫟陽、長安俱是關中，是日但決計入關營造長安宫殿，實則仍居櫟陽，故至七年二月書「自櫟陽徙都長安」也。周壽昌曰：荀紀云「於是上即日車駕西入關，治櫟陽宫」，加「治櫟陽宫」四字，則七年本紀「自櫟陽徙都長安」語有根。

〔一〕張晏曰：春，歲之始也，今婁敬發事之始，故號曰奉春君也。

秋七月，燕王臧荼反，〔一〕上自將征之。九月，虜荼。詔諸侯王視有功者立以爲燕王。荆王臣信等十人〔二〕皆曰：「太尉長安侯盧綰功最多，請立以爲燕王。」使丞相噲將兵平代地。〔三〕

〔一〕【補注】何焯曰：荼，項氏所置，又負殺故主之罪，故懼誅，最先反。先謙曰：月表、通鑑與此同。史記高紀譌爲「十月」。荀紀在八月。

〔二〕如淳曰：荆亦楚也。賈逵曰：秦莊襄王名楚，故改諱荆，遂行於世。晉灼曰：詩曰「奮伐荆楚」，自秦之先故以稱荆也。師古曰：晉説是也。左傳又云「荆尸而舉」，亦已久矣。

〔三〕【補注】宋祁曰：噲是時未爲丞相，百官表噲未嘗爲相。周壽昌曰：漢初有丞相虚封，猶後世加銜。噲傳，噲擊陳豨，以將軍遷爲左丞相，後以相國擊盧綰，表均未載。左右丞相之設，在孝惠、高后時，相國之號在高帝十一年，而噲先稱之，皆虚封也。酈商傳，遷右丞相，復以丞相將兵擊黥布。傅寬傳，以相國代丞相。噲擊陳豨，商、寬並未爲相，亦未列表。韓信傳「使爲假左丞相」，有假字益可知。先謙曰：史記云「臧荼反，攻下代地」，本書删之，則平代爲無因。通鑑考異至云時代地無反者，疑噲平代爲誤，固是温公偶有不照，亦本書誤删有以致之也。

利幾反，上自擊破之。利幾者，項羽將。〔一〕羽敗，利幾爲陳令，降，上侯之潁川。上至雒陽，舉通侯籍召之，〔二〕而利幾恐，反。〔三〕

〔一〕【補注】先謙曰：通鑑胡注引風俗通，利，姓也。姓譜，楚公子食采於利，後以爲氏。

〔二〕蘇林曰：都以侯籍召之。

〔三〕師古曰：普召通侯，而利幾自以項羽將故，恐懼而反也。

後九月，徙諸侯子關中。治長樂宮。〔一〕

〔一〕【補注】先謙曰：通鑑注引程大昌雍録云「長樂宮本秦之興樂宮，周回二十里，高祖改修而居之，在長安城東隅」。

六年冬十月，令天下縣邑城。〔一〕

〔一〕張晏曰：皇后、公主所食曰邑。令各自築其城也。師古曰：縣之與邑，皆令築城。【補注】王啟原曰：秦始皇三十二年，壞城郭，故縣邑皆無城，至是復令城之也。漢時皇后、公主食邑雖曰邑，而縣又自有邑，如高帝沛豐邑人，此縣邑則非后、公主食邑之邑。上文七大夫以上皆令食邑，疑邑即指此。

人告楚王信謀反，上問左右，左右爭欲擊之。用陳平計，乃僞游雲夢。〔一〕十二月，會諸侯于陳，楚王信迎謁，因執之。詔曰：「天下既安，豪桀有功者封侯，新立，未能盡圖其功。〔二〕身居軍九年，或未習法令，或以其故犯法，〔三〕大者死刑，吾甚憐之。其赦天下。」〔四〕田肯賀上曰：〔五〕「甚善，陛下得韓信，又治秦中。〔六〕秦，形勝之國也，〔七〕帶河阻山，縣隔千里，〔八〕持戟百萬，秦得百二焉。〔九〕地埶便利，其以下兵於諸侯，譬猶居高屋之上建瓴水也。〔一〇〕夫齊，東有琅邪、即墨之饒，〔一一〕南有泰山之固，西有濁河之限，〔一二〕北有勃海之利，地方二千里，持戟百萬，縣隔千里之外，齊得十二焉。〔一三〕此東西秦也。〔一四〕非親子弟，莫可

使王齊者。」上曰：「善。」賜金五百斤。上還至雒陽，赦韓信，封爲淮陰侯。〔一五〕

〔一〕韋昭曰：在南郡之華容也。師古曰：夢讀如本字，又音莫風反。

〔二〕師古曰：新立，言新即帝位也。圖謂謀而賞之。

〔三〕韋昭曰：言未習知法令而犯之者，有司因以故犯法之罪罪之，故帝愍焉。師古曰：此説非也。言以未習法令之故，不知避罪，遂致犯刑，帝原其本情，故加憐之。

〔四〕【補注】先謙曰：史記「執信」下云「是日大赦天下」，通鑑作「因赦天下」。

〔五〕【補注】王鳴盛曰：田肯，史記同。索隱云「漢紀及漢書作『宵』。劉顯云相傳作『肯』也」。案郭忠恕佩觿云「漢書田肯『肯』本作『肎』，故誤爲『宵』耳」。沈欽韓曰：顔之推家訓書證篇云：「江南本皆作『宵』字。沛國劉臻荅梁元帝曰，臣家藏舊本以雌黃改『宵』字爲『肯』，吾至江北，見本爲『肯』」。

〔六〕師古曰：治謂都之也。秦中謂關中秦地也。

〔七〕張晏曰：得形勢之勝便也。【補注】先謙曰：官本注多「韋昭曰地形險固故能勝人」十一字。

〔八〕鄭氏曰：縣音懸。師古曰：此本古之縣字耳，後人轉用爲州縣字，乃更加心以別之，非當借音。佗皆類此。【補注】先謙曰：注「之」下「縣」字官本作「懸」，是。此誤。

〔九〕應劭曰：言河山之險，與諸侯相縣隔，絶千里也。所以能禽諸侯者，得天下之利百二也。李斐曰：河山之險，由地勢高，順流而下易，故天下於秦縣隔千里也。持戟百萬，秦得百二焉。蘇林曰：百二，得百中之二，二萬人也。秦地險固，二萬人足當諸侯百萬人也。師古曰：縣隔千里，李、應得之。秦得百二，蘇説是也。【補注】先謙曰：言河山之阻，千里而遥，非與諸侯縣隔也，猶張良云關中沃野千里耳。史索隱引虞喜云：「百二者，得百之二。言諸侯持戟百萬，秦地險固，百倍於天下，故云得百二焉，言倍之也，蓋言秦兵當二百萬也。」先謙案：王啟原云，墨子經説「倍爲二也」。論語「二，吾猶不足」，言倍於徹。虞説是。

〔一〇〕如淳曰：瓴，盛水瓶也。居高屋之上而幡瓴水，言其向下之勢易也。建音謇。蘇林曰：瓴讀曰鈴。師古曰：如、蘇音説皆是。建音居偃反。【補注】沈欽韓曰：管子度地篇云「瓴〔三〕〔之〕尺有十分之三里，滿四十九者，水可走也」。案瓴，瓴甋也。詩傳「甓，令適也，屋檐寫水者，或以板爲之」。如説誤。先謙曰：注「謇」官本作「蹇」，史集解引如説亦作「蹇」，則「謇」是誤字。

〔一一〕師古曰：二縣近海，財用之所出。

〔一二〕晉灼曰：齊西有平原，河水東北過高唐。高唐即平原也。孟津號黄河，故曰濁河也。【補注】先謙曰：通鑑胡注「孟津在河内，去平原甚遠。晉説失之拘。蓋河流渾濁，故謂之濁河也」。何焯云孟津不在齊界，字有誤，或是鬲津。地理志平原郡有鬲縣，平當以爲鬲津。

〔一三〕應劭曰：齊得十之二耳，故愍王稱東帝，後復歸之，卒爲秦所滅者，利鈍之勢異也。李斐曰：齊有山河之限，地方二千里，是與天下縣隔也。設有持戟百萬之衆，齊得十中之二焉。百萬十分之二亦二十萬也。但文相避，故言東西秦，其勢敵也。蘇林曰：十二，得十中之二，二十萬人當百萬。言齊雖固，不如秦二萬乃當百萬也。晉灼曰：案文考義，蘇説是也。師古曰：蘇、晉之釋得其意也。秦得百二者，二萬人當諸侯百萬人也。齊得十二者，二十萬人當諸侯百萬也。所以言縣隔千里之外者，除去秦地，而齊乃與諸侯計利便也。【補注】宋祁曰：景德本蘇林注文云「十二得十中之二萬人」，無「二十當百萬」五字。景祐刊誤本據史記注當作「二十萬人當百萬」。又余以爲若蘇説已明，顔安得更於下解云「齊得十二者，二十萬人當諸侯百萬也」。先謙曰：史索隱云「言齊境闊，不啻千里」，故云千里之外。又引虞喜云，齊得十二，亦如秦得百二，「故爲東西秦，言勢相敵，但立文相避，故云十二。言餘諸侯十萬，齊地形勝亦倍於他國，當二十萬人」。先謙案：千里之外，索隱説是。十二，虞説是。

〔一四〕【補注】劉攽曰：案文多「西」字。吴仁傑曰：漢紀作「此亦東秦」，與刊誤之言脗合。通鑑多采漢紀之文，於此乃獨用漢書本語者，案上文敘齊、秦形勝相埒之意，而結之曰「此東西秦也，非親子弟莫可使王齊者」矣。熟復之語意脈血，法當如是，去一「西」字，則不相貫矣。如刊誤之意去「西」字，則下文「齊」字亦所當去，故通鑑仍作「東西秦」。先謙曰：吴説是。胡三省云「言齊地形勝，與秦亢衡也」。荀、劉删「西」字，由讀上文「百二」「十二」之語未晰耳。

〔一五〕【補注】齊召南曰：此文追敘也。據功臣表，曹參等以十二月甲申封，而淮陰侯之封直至四月，則知此文爲追敘矣。

甲申，始剖符封功臣曹參等爲通侯。〔一〕詔曰：「齊，古之建國也，今爲郡縣，〔二〕其復以爲諸侯。〔三〕將軍劉賈數有大功，及擇寬惠脩絜者，王齊、荆地。」春正月丙午，韓王信等奏請以故東陽郡、鄣郡、吴郡五十三縣立劉賈爲荆王，〔四〕以碭郡、薛郡、郯郡三十六縣立弟文信君交爲楚王。〔五〕壬子，以雲中、鴈門、代郡五十三縣立兄宜信侯喜爲代王，以膠東、膠西、臨淄、濟北、博陽、城陽郡七十三縣立子肥爲齊王，〔六〕以太原郡三十一縣爲韓國，徙韓王信都晉陽。〔七〕

〔一〕師古曰：剖，破也，與其合符而分授之也。剖音普口反。

〔二〕【補注】先謙曰：韓信徙王楚，後爲齊郡。

〔三〕師古曰：爲國以封諸侯王。

〔四〕文穎曰：東陽，今下邳也。鄣郡，今丹楊也。吴郡，本會稽也。韋昭曰：鄣郡，今故鄣縣也，後郡徙丹楊，轉以爲縣，故謂之故鄣也。師古曰：鄣音章。【補注】劉攽曰：案地理志東陽、鄣、吴皆非秦郡，後漢順帝時始分會稽爲吴，今此文殊不可曉。齊召南曰：攽所疑是也。但灌嬰傳云「破吴郡長吴下，得吴守，遂定吴、豫章、會稽」，又功臣表博陽侯周聚「布反，定吴郡」，豈項氏嘗分會稽爲吴，及漢定天下復合爲一郡乎？攽并疑鄣非秦郡，非也。漢之丹陽即秦之鄣郡也。何焯曰：文注「吴郡本會稽也」，當以會稽治吴，故亦得稱吴郡。當班氏作書時亦未分也。此正與下郯郡義同。先謙曰：注兩「楊」字官本並作「陽」。東陽、鄣、吳並楚漢間所置郡。東陽兼有廣陵國臨淮郡地。晉志「武帝分沛東陽，置臨淮郡」，故臨淮有東陽縣，而「廣陵國」下亦云「屬荆也」。下邳屬東海，秦爲郯郡地。文説非。「丹楊郡」下云故鄣郡，不云秦鄣郡。自續志以下皆誤爲秦郡，齊説亦非。餘詳地理志。

〔五〕文穎曰：薛郡，今魯國是也。郯郡，今東海郡也。師古曰：郯音談。【補注】劉攽曰：郯亦非秦郡。錢大昕曰：楚元王傳「王薛郡、東海、彭城三十六縣」，紀有碭郡而傳無之。攷地理志，梁國故秦碭郡，高帝五年爲梁國。梁爲彭越所封，楚元不能得之，當從傳爲是。先謙曰：史記云分韓信地爲二國也。地理志「魯國」下云「故秦薛郡」。東海郡治郯，陳勝傳「秦嘉等圍東海守於郯」是也。楚漢間稱郯郡。

〔六〕【補注】劉攽曰：膠東、濟北皆項氏所建國。齊都臨淄，可以齊爲臨淄，膠西則未有國。博陽、城陽亦非秦郡。此文亦殊不可曉。錢大昕曰：秦三十六郡無東陽、鄣、吳、郯及膠東、膠西、臨淄、濟北、博陽、城陽之名，蓋楚漢之際，諸侯分王其地，各自立郡，非秦之舊。膠東、濟北，項羽所立國名，與齊號爲三齊。臨淄即齊都，博陽即濟北王都也。曹參傳：「攻破齊歷下軍，遂取臨淄，還定濟北郡。」蓋田榮並三齊之後，以濟北爲郡。師古以爲史追書之者，非也。英布傳九江、廬江、衡山、豫章郡皆屬焉。秦時止有九江郡，其餘皆楚漢之際所置。謂三十六之外皆非郡者，真契舟求劍之見也。先謙曰：月表項羽分三齊，更名齊爲臨淄。然它處皆稱齊，不稱臨淄也。膠東、濟北二國，羽所立而田榮併之。博陽，濟北王都。蓋榮併三齊，仍名齊國，臨淄、膠東、濟北、博陽皆爲郡，而膠西、城陽二郡亦於此時分立也。

〔七〕【補注】先謙曰：晉陽，太原縣，今太原府太康縣治。

上已封大功臣三十餘人，〔一〕其餘爭功，未得行封。上居南宮，從復道上〔二〕見諸將往往耦語，以問張良。良曰：「陛下與此屬共取天下，今已爲天子，而所封皆故人所愛，所誅皆平生仇怨。今軍吏計功，以天下爲不足用徧封，〔三〕而恐以過失及誅，故相聚謀反耳。」上曰：「爲之奈何？」良曰：「取上素所不快，〔四〕計羣臣所共知最甚者一人，先封以示羣臣。」三月，上置酒，封雍齒，因趣丞相急定功行封。〔五〕罷酒，羣臣皆喜，曰：「雍齒且侯，吾屬亡患矣！」

〔一〕【補注】周壽昌曰：荀紀作「大功臣封者二十餘人」，本書張良傳同。高帝功臣表六年正月以前封二十七人，合韓信二十八人。「三」是「二」之誤。先謙曰：通鑑亦作「二十餘人」。此積畫傳寫之誤。

〔二〕如淳曰：復音複，上下有道，故謂之複。【補注】先謙曰：官本下「複」作「復」，是。

〔三〕師古曰：言有功者多而土地少。

〔四〕師古曰：言有舊嫌者也。

〔五〕師古曰：趣讀曰促。

上歸櫟陽，五日一朝太公。太公家令說太公曰：〔一〕「天亡二日，土亡二王。皇帝雖子，人主也；太公雖父，人臣也。奈何令人主拜人臣！如此，則威重不行。」後上朝，太公擁彗，〔二〕迎門卻行。〔三〕上大驚，下扶太公。太公曰：「帝，人主，奈何以我亂天下法！」於是上心善家令言，〔四〕賜黃金五百斤。夏五月丙午，詔曰：「人之至親，莫親於父子，故父有天下傳歸於子，子有天下尊歸於父，此人道之極也。前日天下大亂，兵革竝起，萬民苦殃，朕親被堅執銳，〔五〕自帥士卒，犯危難，平暴亂，立諸侯，偃兵息民，天下大安，此皆太公之教訓也。

諸王、通侯、將軍、羣卿、大夫已尊朕爲皇帝，而太公未有號。今上尊太公曰太上皇。」〔六〕

〔一〕【補注】沈欽韓曰：據此則太公有湯沐邑，故置家令。漢太子、公主並有家令，列侯有家丞。唐六典：「家丞，凡莊宅田園，必審其頃畝，分其疆界，置於籍書，若租稅隨其良瘠而爲收斂之數，以時入之。」知家令、丞掌食邑也。

〔二〕李奇曰：爲恭也，如今卒持帚也。師古曰：彗者，所以埽也，音似歲反。【補注】沈欽韓曰：史記騶衍如燕，昭王擁彗先驅。管子弟子職振衽埽席。此謂拂席施敬也。先謙曰：官本注「今」作「令」。

〔三〕師古曰：郤，退而行也，音丘略反。

〔四〕師古曰：晉太子庶子劉寶云善其發悟己心，因得尊崇父號，非善其令父敬己。

〔五〕師古曰：被堅謂甲冑也。執鋭謂利兵也。被音皮義反。

〔六〕師古曰：太上，極尊之稱也。皇，君也。天子之父，故號曰皇。不預治國，故不言帝也。【補注】先謙曰：官本考證引蔡邕云：「不言帝，非天子也。又案本紀秦始皇追尊莊襄爲太上皇，已有故事矣。蓋太上者，無上也；皇者，德大於帝。」何焯云：「皇帝本兼採三皇五帝義。三皇，古之盛天子也。顏說蓋據定陶恭皇、孝德皇諸號以後事臆斷。」周壽昌云：「古身爲天子，父爲匹夫。惟舜之瞽瞍，未聞尊號。莊襄爲太上皇是死後追尊。事係創行，因家令一言發之。」

秋九月，匈奴圍韓王信於馬邑，信降匈奴。〔一〕

〔一〕【補注】先謙曰：馬邑，鴈門縣。信以太原郡爲韓國，本都晉陽，自請移治馬邑，則馬邑是時屬韓國。胡三省云「蓋定襄未置郡，故太原之地北被邊兼有雁門之馬邑也」。今朔平府朔州治。

七年冬十月，上自將擊韓王信於銅鞮，〔一〕斬其將。〔二〕信亡走匈奴，與其將曼丘臣、王黃〔三〕共立故趙後趙利爲王，〔四〕收信散兵，與匈奴共距漢。上從晉陽連戰，乘勝逐北，至樓煩，〔五〕會大寒，士卒墮指者什二三。〔六〕遂至平城，〔七〕爲匈奴所圍，七日，用陳平祕計得出。〔八〕使樊噲留定代地。

〔一〕師古曰：縣名也。鞮音丁奚反。【補注】先謙曰：銅鞮，上黨縣，在今沁州西南。

〔二〕【補注】先謙曰：王喜也，見信傳。

〔三〕師古曰：姓曼丘，名臣也。曼丘、毌丘本一姓也，語有緩急耳。曼音萬。【補注】朱子文曰：攷其文理意義，於「信亡走匈奴」句下多一「與」字。既云信與其將共立趙利爲王，如何卻云收信散兵？「信」字不當下矣。又信本傳拘於紀文亦多一「與」字，更無義理。傳云信亡走云云，又曰復收信散兵而與信及冒頓謀攻漢。既云信與其將立趙利爲王，如何又云收信散兵而與信？以此觀之，信既亡走匈奴，兵亂未知所在，其將乃共立趙利爲王，收信散兵，與匈奴共距漢。若去二「與」字，紀、傳皆分明。沈欽韓曰：廣韻「丘」字注漢複姓四十四氏，齊有曼丘不擇，別有魏毌丘儉，非一姓也。先謙曰：史記作「白土、曼丘臣、王黃等立趙利爲王」。通鑑「白土」下加「人」字。此及信傳「與」字並係誤衍，朱說是也。

〔四〕師古曰：故趙，六國時趙也。

〔五〕【補注】先謙曰：樓煩，鴈門縣，在今代州崞縣東北。時御史成諫帝不聽，見主父偃傳。

〔六〕師古曰：十人之中，二三墮指。

〔七〕【補注】先謙曰：平城，鴈門縣，在今大同府大同縣東。

〔八〕應劭曰：陳平使畫工圖美女，間遣人遺閼氏，云漢有美女如此，今皇帝困厄，欲獻之。閼氏畏其奪己寵，因謂單于曰：「漢天子亦有神靈，得其土地，非能有也。」於是匈奴開其一角，得突出。鄭氏曰：以計鄙陋，故祕不傳。師古曰：應氏之説出桓譚新論，蓋譚以意測之，事當然耳，非紀、傳所説也。

十二月，上還過趙，不禮趙王。是月，匈奴攻代，代王喜弃國，自歸雒陽，〔一〕赦爲合陽侯。辛卯，立子如意爲代王。〔二〕

〔一〕【補注】沈欽韓曰：史記在八年，表又誤在九年。

〔二〕【補注】朱一新曰：如意爲代王，本傳及諸侯王表皆不書，蓋以其年幼未之國也。

春，令郎中有罪耐以上，請之。〔一〕民産子，復勿事二歲。〔二〕

〔一〕應劭曰：輕罪不至于髡，完其耏鬢故曰耏。古耐字從彡，髮膚之意也。杜林以爲法度之字皆從寸，後改如是。言耐罪已上，皆當先請也。耐音若能。如淳曰：耐猶任也，任其事也。師古曰：依應氏之説，耏當音而，如氏之解，則音乃代反，其義亦兩通。(而)〔耏〕謂頰旁毛也。彡，毛髮貌也，音所廉反，又先廉反。而功臣侯表宣曲侯通耏爲鬼薪，則應氏之説斯爲長矣。【補注】宋祁曰：師古曰依應氏之説，又云彡，毛髮貌。余以顔氏之説似不審應意，反誤引説文，不了其義，更有兩通之語。且今説文耏無而音，止於乃代一音耳。案古者能字皆作耐字，亦取堪任其事之意，後世以三足之能爲能，故今人書能無有作耐字者。應云耐音若能之能，能、耐自然聲近矣，本不爲而音也。顔云耐謂頰旁毛，據説文自訓「而」字爲頰毛耳，象毛之形，至「耐」字直釋云罪不至髡，則顔謬意而誤説文明矣。

〔二〕師古曰：勿事，不役使也。【補注】何焯曰：大亂之後，户口減半，優之，使生聚日滋。

二月，至長安。蕭何治未央宮，〔一〕立東闕、北闕、前殿、武庫、大倉。〔二〕上見其壯麗，甚怒，謂何曰：「天下匈匈，勞苦數歲，成敗未可知，〔三〕是何治宮室過度也！」何曰：「天下方未定，故可因以就宮室。〔四〕且夫天子以四海爲家，非令壯麗亡以重威，〔五〕且亡令後世有以加也。」上説。〔六〕自櫟陽徙都長安。置宗正官以序九族。〔七〕夏四月，行如雒陽。〔八〕

〔一〕【補注】先謙曰：通鑑胡注：「未央宮在長安城西南隅，周回二十八里。元和志云，東距長樂宮一里，中隔武庫。」

〔二〕師古曰：未央殿雖南嚮，而上書奏事謁見之徒皆詣北闕，公車司馬亦在北焉。是則以北闕爲正門，而又有東門、東闕。至於西南兩面，無門闕矣。蓋蕭何初立未央宮，以厭勝之術，理宜然乎？【補注】錢大昭曰：注「立」閩本作「治」。沈欽韓曰：案黄圖，未央宮四面皆有公車司馬門，王莽曰王路四門。顔謂公車司馬惟在北闕，非也。先謙曰：「大」官本作「太」，史記同。集解引關中記，未央東有蒼龍闕，北有玄武闕。正義引顔注作「（故）〔初〕立未央宮」，「立」字不當作「治」。

〔三〕師古曰：匈匈，喧擾之意。

〔四〕師古曰：就，成也。

〔五〕【補注】先謙曰：「令」字爲贅文，史記、荀紀、通鑑無之。此緣下「令」字而衍。

〔六〕師古曰：説讀曰悦。

〔七〕【補注】錢大昭曰：「宮」當作「官」。宗正本秦官，是時始置。先謙曰：官本「宮」作「官」。

〔八〕師古曰：如，往也。

八年冬，上東擊韓信餘寇於東垣。〔一〕還過趙，趙相貫高等恥上不禮其王，陰謀欲弑上。上欲宿，心動，問：「縣名何？」曰：「柏人。」〔二〕上曰：「柏人者，迫於人也。」去弗宿。

〔一〕孟康曰：真定也。師古曰：垣音轅。【補注】王先慎曰：史記作「韓王信」，本書上下文俱書「韓王信」，明此脱「王」字。先謙曰：東垣，真定縣，後改名真定，在今正定府正定縣南。

〔二〕【補注】先謙曰：柏人，趙國縣，在今順德府唐山縣西。

十一月，令士卒從軍死者爲櫝，〔一〕歸其縣，縣給衣衾棺葬具，〔二〕祠以少牢，長吏視葬。〔三〕

〔一〕服虔曰：櫝音衞。應劭曰：小棺也，今謂之櫝。

〔二〕如淳曰：棺音貫，謂棺斂之服也。臣瓚曰：初以櫝致其尸於家，縣官更給棺衣更斂之也。金布令曰「不幸死，死所爲櫝，傳歸所居縣，賜以衣棺」也。師古曰：初爲櫝櫝，至縣更給衣及棺，備其葬具耳。不勞改讀音爲貫也。金布者，令篇者，若今言倉庫令也。【補注】先謙曰：注「令篇者」「者」當爲「名」，官本不誤。

〔三〕【補注】先謙曰：長吏謂丞、尉也。

十二月，行自東垣至。〔一〕

〔一〕師古曰：至京師。

春三月，行如雒陽。令吏卒從軍至平城及守城邑者〔一〕皆復終身勿事。〔二〕爵非公乘以上毋得冠劉氏冠。〔三〕賈人毋得衣錦繡綺縠絺紵罽，操兵，乘騎馬。〔四〕秋八月，吏有罪未發覺者，赦之。九月，行自雒陽至，淮南王、梁王、趙王、楚王皆從。

〔一〕如淳曰：平城左右諸城能堅守也。【補注】先謙曰：官本「也」作「者」，是。

〔二〕師古曰：復音方目反。

〔三〕文穎曰：即竹皮冠也。

〔四〕師古曰：賈人，坐販賣者也。綺，文繒也，即今之細綾也。絺，細葛也。紵，織紵爲布及疏也。罽，織毛若今毼及氍毹之類也。操，持也。兵，凡兵器也。乘，駕車也。騎，單騎也。賈音古。絺音丑知反。紵音佇。罽音居例反。操音千高反。【補注】錢大昭曰：「罽」當作「𦈡」。説文「罽，魚網」，「𦈡，西胡毳布也」。先謙曰：通鑑胡注：「錦，織文也。繡，刺文而五采備者也。縠，縐紗也。」

九年冬十月，淮南王、梁王、趙王、楚王朝未央宮，置酒前殿。上奉玉巵〔一〕爲太上皇壽，〔二〕曰：「始大人常以臣亡賴，〔三〕不能治産業，不如仲力。〔四〕今某之業所就孰與仲多？」〔五〕殿上羣臣皆稱萬歲，大笑爲樂。

〔一〕應劭曰：飲酒禮器也，古以角作，受四升。古「巵」字作「觗」。晉灼曰：音支。師古曰：巵，飲酒圓器也，今尚有之。【補注】沈欽韓曰：韓非子外儲右云「今有千金之玉巵而無當，不可以盛水」，則巵是注器有當者也。古觶觗皆三升酒器，應説受四升，誤。觗、巵音義各別，而云巵作觗，未之前聞。

〔二〕師古曰：進酒而獻壽也，已解於上。

〔三〕應劭曰：賴者，恃也。晉灼曰：許慎云「賴，利也」，無利入於家也。或曰江淮之間謂小兒多詐狡獪爲亡賴。師古曰：晉説是也。獪音工外反。【補注】周壽昌曰：亡賴，無所恃以資生，如今游手白徒也。張釋之傳「尉亡賴」，張晏注「材無可恃也」。應説是。

〔四〕服虔曰：力，勤力也。

〔五〕師古曰：就，成也。與，亦如也。

十一月，徙齊楚大族昭氏、屈氏、景氏、懷氏、田氏五姓關中，與利田宅。〔一〕十二月，行如雒陽。

〔一〕師古曰：利謂便好也。屈音九勿反。【補注】先謙曰：從婁敬之謀，見敬傳。

貫高等謀逆發覺，逮捕高等，〔一〕并捕趙王敖下獄。詔敢有隨王，罪三族。〔二〕郎中田叔、孟舒等十人自髡鉗爲王家奴，〔三〕從王就獄。王實不知其謀。春正月，廢趙王敖爲宣平侯。徙代王如意爲趙王，王趙國。丙寅，前有罪殊死以下，皆赦之。

〔一〕師古曰：逮捕，謂事相連及者皆捕之也。一曰，在道守禁，相屬不絕，若今之傳送囚耳。【補注】劉攽曰：予謂逮者，其人存，直追取之；捕者，其人亡，當討捕也。故有或但言逮，或但言捕，知異物也。一云，逮，易辭；捕，加力也。逮，徒呼名召之；捕，加束縛矣。

〔二〕張晏曰：父母兄弟妻子也。如淳曰：父族、母族、妻族也。師古曰：如說是也。【補注】何焯曰：刑法志孝文詔明指父母、妻子及同産爲三族，張說爲是。如說不惟禍及舉宗，復妄增母、妻二異姓，一言之誤，其爲不仁甚矣！以今法準之，亦如張說。錢大昭曰：小宗伯「掌三族之别，以辨親疏」，鄭注「三族謂父、子、孫，人屬之正名」。婚禮「請期。辭曰『惟是三族之不虞』」。欲及今三族未有不億度之事而迎婦也。如此所云，三族不當有異姓，異姓其服皆緦麻，不禁嫁女娶妻。惟尚書歐陽家以九族爲父族四，母族三，妻族二，其實非也。釋親，父之親爲「宗族」，母之親爲「母黨」，妻之親爲「妻黨」，是族與黨秩然有辨。若合異姓爲族，則名不正矣。如失之，張亦未爲得也。

〔三〕師古曰：鉗，以鐵束頸也，音其炎反。

二月，行自雒陽至，賢趙臣田叔、孟舒等十人，召見與語，漢廷臣無能出其右者。〔一〕上說，〔二〕盡拜爲郡守、諸侯相。

〔一〕師古曰：古者以右爲尊，言材用無能過之者，故云不出其右也。他皆類此。【補注】劉攽曰：予謂右者，居則貴左，用兵則貴右，貴右似戰國時俗也。吴仁傑曰：用兵貴右，見老子書。古凶事尚右，兵者，凶器，尚右蓋以凶禮處之。禮「乘君之乘車，不敢曠左」，注謂車上貴左。乘車貴左，兵車貴右也。魏公子從車騎，虚左自迎侯生，則戰國有時尚左。禮少儀論乘兵車云軍尚左。左傳「韓厥代御居中」，杜注，自非元帥，御者皆在中，將在左。知兵車之禮，惟君及元帥尚右，其餘軍將亦尚左而已。諸侯王表「作左官律」，顔注：「漢依上古法，朝廷之列以右爲尊，故謂仕諸侯爲左官。」案士薦曰，今分土而官之，是左之也。則左官之言在春秋已如此。全祖望曰：仲虺爲湯左相，伊尹以右相先之；慶封爲齊左相，崔杼以右相先之。不必軍禮也。軍禮止楚人尚左，故王在左廣中。而魯舍中軍，季氏將左師，則似魯又尚左。此皆難强爲之説，大抵位次之間，尚右者多。

〔二〕師古曰：説讀曰悦。

夏六月乙未晦，日有食之。〔一〕

〔一〕【補注】先謙曰：官本「食」作「蝕」。五行志既在張十三度。

十年冬十月，淮南王、燕王、荆王、梁王、楚王、齊王、長沙王來朝。

夏五月，太上皇后崩。〔一〕秋七月癸卯，太上皇崩，葬萬年。〔二〕赦櫟陽囚死罪以下。〔三〕八月，令諸侯王皆立太上皇廟于國都。〔四〕

〔一〕如淳曰：王陵傳，楚取太上皇、吕后爲質。又項羽歸太公、吕后，不見歸媪也。又上五年追尊母媪爲昭靈夫人，高后時乃追尊爲昭靈后耳。漢儀注，高帝母兵起時死小黄北，後於小黄作陵廟。以此二者推之，不得有太上皇后崩也。李奇曰：高祖後母也。晉灼曰：五年，追尊先媪曰昭靈夫人，言追尊則明其已亡。史記十年春夏無事，七月太上皇崩，葬櫟陽宫，明此長「夏五月太上皇后崩」八字也。又漢儀注先媪已葬陳留小黄。師古曰：如、晉二説皆得之，無此太上皇后也。諸家之説更有異端，適爲煩穢，不足采也。【補注】先謙曰：通鑑「五月太上皇崩於櫟陽宫，七月葬太上皇於萬年」。考異云「漢紀五月無『后』字，七月無『崩』字，蓋荀悦時本尚未譌謬故也。今從之」。錢大昭云：「案盧綰傳云十年秋太上皇崩，史記七月太上皇崩櫟陽宫，晉説是也。荀紀雖較漢書明晰，然以盧綰傳、史記證之，晉灼説爲優。」周壽昌云：「趙翼取李説，引史記項羽紀，羽取漢王父母妻子於沛，置之軍中爲質，及鴻溝之約，羽又歸漢王父母妻子。陸機高祖功臣頌『侯公伏軾，皇媪來歸』。又楚元王交傳『交，高祖同父弟』。顔注『言同父而不言同母者，異母弟也』。然案吴王傳，朝錯上言稱高祖庶弟元王，即異母豈爲其後母乎？至羽紀所云父母妻子不過家屬泛詞，連稱及之，陸頌則文人沿説，尤非事實。案高帝紀六年詔尊太公爲太上皇，未及太上皇后。若有之，詔不應闕，若未尊號，史不應書，況書崩不書葬，無此體例。班氏明有一誤。又晉注，宋景祐、乾道本、明汪本同。或改『長』作『無』。案吕覽觀世篇『亂世之所以長也』注『長，多也，直亮切』。音仗，不當改作『無』。」先謙案：官本注作「無此『夏五月太上皇后崩』八字也」。

〔二〕師古曰：三輔黄圖云高祖初居櫟陽，故太上皇因在櫟陽。十年太上皇崩，葬其北原，起萬年邑，置長丞也。【補注】沈欽韓曰：韋玄成傳云太上皇居陵旁立廟，而昭靈后等各有寢園。後書虞延傳，光武東巡過小黄，高帝母昭靈后園陵在焉。則高祖母不同葬萬年明矣。黄圖云「其陵在東者太上皇，西者昭靈后」，不足據也。

〔三〕臣瓚曰：萬年陵在櫟陽縣界，故特赦之。【補注】先謙曰：官本「以」作「已」，引宋祁曰「已」當作「以」。

〔四〕【補注】何焯曰：失禮之始，至韋玄成、貢禹始覺其非。先謙曰：官本有「蔡邕曰皇子封爲王者實古諸侯加號稱王故云諸侯王封爲侯者謂之諸侯」三十字。

九月，代相國陳豨反。〔一〕上曰：「豨嘗爲吾使，甚有信。〔二〕代地吾所急，故封豨爲列侯，以相國守代，今乃與王黄等劫掠代地！吏民非有罪也，能去豨、黄來歸者皆赦之。」〔三〕上自東，至邯鄲。〔四〕上喜曰：「豨不南據邯鄲而阻漳水，〔五〕吾知其亡能爲矣。」趙相周昌奏常山二十五城，〔六〕亡其二十城，請誅守尉。〔七〕上曰：「守尉反乎？」對曰：「不。」上曰：「是力不足，亡罪。」上令周昌選趙壯士可令將者，白見四人。〔八〕上嫚罵曰：〔九〕「豎子能爲將乎！」四人慙，皆伏地上。封各千户，以爲將。左右諫曰：「從入蜀漢，伐楚，賞未徧行，今封此，何功？」上曰：「非汝所知。陳豨反，趙代地皆豨有。吾以羽檄徵天下兵，未有至者，〔一〇〕今計唯獨邯鄲中兵耳。吾何愛四千户，不以慰趙子弟！」皆曰：「善。」又求「樂毅有後乎？」〔一一〕得其孫叔，封之樂鄉，〔一二〕號華成君。問豨將，皆故賈人。〔一三〕上曰：「吾知與之矣。」〔一四〕乃多以金購豨將，〔一五〕豨將多降。

〔一〕鄧展曰：東海人名豬曰豨。師古曰：豨音許豈反。

〔二〕師古曰：爲音于僞反。

〔三〕師古曰：去謂棄離之而來也。【補注】先謙曰：官本「赦」作「舍」。

〔四〕【補注】先謙曰：邯鄲，趙國縣，在今廣平府邯鄲縣西南十里。

〔五〕【補注】宋祁曰：「而」舊本作「北」，刊誤據史記改爲「而」，然據漳水不在北也。

〔六〕【補注】錢大昭曰：地理志，常山郡縣止十八，蓋後又改隸或分析耳。

〔七〕師古曰：守者，郡守；尉者，郡尉也。

〔八〕師古曰：白於天子而召見也。

〔九〕師古曰：嫚者，渫汙也。

〔一〇〕師古曰：檄者，以木簡爲書，長尺二寸，用徵召也。其有急事則加以鳥羽插之，示速疾也。魏武奏事云今邊有警，輒露檄插羽。檄音胡歷反。

〔一一〕師古曰：樂毅，戰國時燕將也。

〔一二〕【補注】先謙曰：樂毅傳集解引徐廣云，在北新城。正義，信都有樂鄉縣。

〔一三〕【補注】先謙曰：史記「問」作「聞」。

〔一四〕師古曰：與，如也，言能如之何也。【補注】劉攽曰：與猶待也。劉敞曰：知與之者，知所以與之之術也。豨將皆故賈人，賈人嗜利，乃多以金購之。宋祁曰：「吾知與之矣」南本「知」字下有「易」字。王念孫曰：顔説甚迂。與，猶敵也，言吾知所以敵之矣。史記作「吾知所以與之」。襄二十五年左傳，閭丘嬰與申鮮虞乘而出，行及弇中，將舍，嬰曰：「崔慶其追我。」鮮虞曰：「一與一，誰能懼我！」與，敵也；懼，病也。出方言。言狹道之中，一以敵一，雖崔慶之衆不能病我也。秦策「以此與天下，天下不足兼而有也」，言以此敵天下也。史記孫子傳「今以君之下駟與彼之上駟，取君上駟與彼中駟，取君中駟與彼下駟」，燕世家「龐煖易與耳」，白起傳「廉頗易與」，淮陰侯傳「吾生平知韓信爲人易與耳」，與皆謂敵也。先謙曰：王説是。

〔一五〕師古曰：購，設賞募也。【補注】先謙曰：官本多「音搆」二字。

十一年冬，上在邯鄲。豨將侯敞將萬餘人游行，〔一〕王黄將騎千餘軍曲逆，〔二〕張春將卒萬餘人度河攻聊城。〔三〕漢將軍郭蒙與齊將擊，大破之。太尉周勃道太原入定代地，〔四〕至馬邑，馬邑不下，攻殘之。〔五〕豨將趙利守東垣，高祖攻之不下。卒罵，上怒。城降，卒罵者斬之。〔六〕諸縣堅守不降反寇者，復租賦三歲。

〔一〕【補注】先謙曰：敞，豨丞相也，後爲灌嬰所斬，見嬰傳。
〔二〕文穎曰：今中山蒲陰是也。【補注】先謙曰：曲逆，中山縣，在今保定府完縣東南。
〔三〕師古曰：即今博州聊城縣。【補注】先謙曰：聊城，東郡縣，在今東昌府聊城縣西北十五里。
〔四〕師古曰：道由太原也。【補注】先謙曰：道即由也，見上卷。
〔五〕師古曰：殘謂多所殺戮也。【補注】宋祁曰：「馬邑」或作「高邑」。
〔六〕【補注】先謙曰：史記作「城降，令出罵者斬之，不罵者原之」，以見城爲賊守，帝雖怒，後不改其寬仁大度。本書删之，文簡而意晦矣。

春正月，淮陰侯韓信謀反長安，夷三族。將軍柴武斬韓王信於參合。〔一〕

〔一〕師古曰：代之縣也。【補注】先謙曰：參合，代郡縣，在今大同府陽高縣東北。

上還雒陽。詔曰：「代地居常山之北，與夷狄邊，趙乃從山南有之，〔一〕遠，數有胡寇，難以爲國。頗取山南太原之地益屬代，〔二〕代之雲中以西爲雲中郡，〔三〕則代受邊寇益少矣。王、相國、通侯、吏二千石擇可立爲代王者。」燕王綰、相國何等三十三人皆曰：「子恒賢知溫良，請立以爲代王，都晉陽。」〔四〕大赦天下。

〔一〕【補注】先謙曰：有之，謂以代爲屬地。前如意爲代王，張敖爲趙王，各自爲國。敖廢後，徙如意王趙，遂兼有代地，而令陳豨以代相國監趙代邊。及豨反，周昌相如意之國，常山亡二十城，趙不能兼顧，故仍分趙、代爲二國也。

〔二〕師古曰：少割以益之，不盡取也。頗音普我反。後皆類此。【補注】先謙曰：韓王信反破後，太原已復爲郡，今頗取以益代，故紀稱太原三十一縣，而志止縣二十一也。

〔三〕【補注】先謙曰：雲中已有郡，前屬代國，見上。今取代邊以西地皆復爲郡，故代受寇益少。

〔四〕如淳曰：文紀言都中都，又文帝過太原，復晉陽、中都二歲，似遷都於中都也。

二月，詔曰：「欲省賦甚。〔一〕今獻未有程，〔二〕吏或多賦以爲獻，而諸侯王尤多，民疾之。〔三〕令諸侯王、通侯常以十月朝獻，〔四〕及郡各以其口數率，〔五〕人歲六十三錢，以給獻費。」〔六〕又曰：「蓋聞王者莫高於周文，伯者莫高於齊桓，〔七〕皆待賢人而成名。今天下賢者智能豈特古之人乎？〔八〕患在人主不交故也，士奚由進！〔九〕今吾以天之靈，賢士大夫定有天下，以爲一家，欲其長久，世世奉宗廟亡絕也。賢人已與我共平之矣，而不與我共安利之，可乎？賢士大夫有肯從我游者，吾能尊顯之。布告天下，使明知朕意。御史大夫昌下相國，〔一〇〕相國酇侯下諸侯王，〔一一〕御史中執法下郡守，〔一二〕其有意稱明德者，必身勸爲之駕，〔一三〕遣詣相國府，〔一四〕署行、義、年。〔一五〕有而弗言，覺，免。〔一六〕年老癃病，勿遣。」〔一七〕

〔一〕師古曰：意甚欲省賦斂也。

〔二〕師古曰：程，法式也。

〔三〕師古曰：諸侯王賦其國中，以爲獻物，又多於郡，故百姓疾苦之。

〔四〕【補注】沈欽韓曰：褚少孫梁世家補云：「諸侯王朝見天子，漢法凡當四見耳。始到，入小見；正月朔旦，奉皮薦璧玉賀正月，法見；案，賀正月爲法見。後三日，爲王置酒，賜金錢財物；後二日，復入小見，辭去。凡留長安不過二十日。小見者，燕見於禁門内，飲於省中，非士人所得入也。」案此制蓋從高帝是年始。

〔五〕師古曰：率，計也。【補注】劉攽曰：「率」當屬下句，大率也。王念孫曰：顔讀是也。文紀云「以户口率置三老孝弟力田常員」，鹽鐵論未通篇云「以口率被墾田而不足」，鄭注周官大宰云「賦口率出錢」也，「率」字皆屬上讀。先謙曰：令郡國皆同之。

〔六〕【補注】沈欽韓曰：案此於一算之外，復歲取六十三錢也。

〔七〕師古曰：伯讀曰霸。

〔八〕師古曰：特，獨也。

〔九〕師古曰：奚，何也。

〔一〇〕臣瓚曰：周昌已爲趙相，御史大夫是趙堯耳。【補注】何焯曰：當時周昌疑以御史大夫行趙相事，趙堯特以御史守御史大夫，故詔書仍言昌也。沈欽韓曰：是時未有尚書，則凡詔令御史起草，付外施行。御史大夫爲長，故徑下相國也。史記三王世家，大司馬霍去病請立皇子爲王，備載其品式，與此正同。先謙曰：「昌」字當是誤文，何説無據。

〔一一〕臣瓚曰：茂陵書，何封國在南陽。酇音贊。師古曰：瓚説是也。而或云何封沛郡酇縣，音才何反，非也。案地理志南陽酇縣云侯國，沛酇縣不云侯國也。又南陽酇者，本是春秋時陰國，所謂遷陰于下陰者也。今爲襄州陰城縣，有酇城，城西見有蕭何廟。彼土又有筑水，筑水之陽古曰筑陽縣，與酇側近連接。據何本傳，何薨之後子禄無嗣，高后封何夫人同爲酇侯，小子延爲筑陽侯。孝文罷同，更封延爲酇侯。是知何封酇國兼得筑陽，此明驗也。但酇字別有𨟚音，是以沛之𨟚縣，史記、漢書皆作酇字，明其音同也。班固泗水亭碑，以蕭何相國所封，與何同韻，於義無爽。然其封邑實在南陽，非沛縣也。且地理志云王莽改沛酇曰贊治，然則沛酇亦有贊音。鄼、酇相亂無所取信也。説者又引江統徂淮賦以爲證，此乃統之疏謬，不可考覈，亦猶潘岳西征以陜之曲沃爲成師所居耳。斯例甚多，不可具載。【補注】錢坫曰：地理志南陽、沛二郡並有酇縣。以説文考之，南陽縣作酇，沛縣作鄼，實不同也。何封在沛，故班固十八侯銘云「文昌四友，漢有蕭何，序功第一，受封於鄼」。應劭謂其字音「嵯」，故與「何」爲韻也。其作泗水亭碑亦然。惟臣瓚據茂陵書以爲何封在南陽，不知封南陽酇者，乃何曾孫慶，非何也。水經注「沔水」下亦謂何封在南陽，蓋又因臣瓚而誤。沈欽韓曰：時諸侯王國皆自置二千石，非漢官，故直使諸侯王知之。先謙曰：注「鄌」當作「鄼」。鄌音喜，在魯地，非沛之鄼也。

〔一二〕晉灼曰：中執法，中丞也。

〔一三〕文穎曰：有賢者，郡守身自往勸勉，令至京師，駕車遣之。【補注】吳仁傑曰：文選王融曲水詩序李注引漢書作「懿稱」。錢大昕曰：懿稱，美稱也，與明德對文，則懿義爲長。古文懿與意通。書金縢「噫公命」馬融本「噫」作「懿」，云懿猶噫也。詩大雅抑篇，國語作「懿戒」。小雅「抑此皇父」，箋「抑之言噫」。論語「抑與之與」，蔡邕石經「抑」作「意」。是懿、抑、意、噫四文可通用也。小顔於「意稱」闕而不解，由於未識古音。

〔一四〕【補注】沈欽韓曰：古文苑董仲舒詣公孫弘記室書云「願君侯大開蕭相國求賢之路，廣選舉之門」，則此詔實蕭相贊成之。選賢授能，相國事也，故進士皆詣相國。公孫弘爲丞相，開東閤以延賢人，薛宣語朱雲且留東閤，以觀四方奇士。後此上計秀孝皆集丞相府，東京猶集司徒府，皆其故事。

〔一五〕蘇林曰：行狀年紀也。【補注】劉攽曰：義讀曰儀，儀謂儀容，其年若曰團貌矣。吳仁傑曰：曲水詩序云「興廉舉孝，歲時於外府書行、議、年，日夕於中甸」，李注引此詔文爲釋，亦作「議」。刊誤讀作「儀」，與「心儀霍將軍女」同意。儀，擬也。詔云「年老癃病，勿遣」，若年雖老而非癃病，不害其爲可用，故須擬議其年。要之儀、議皆通，融所云殆據別本之文。先謙曰：署，署書也，此與今親供正同。署行，若云本身並無違礙過犯；署儀，若云身中、面白、有無鬚；署年，若干歲也。蘇説當而失之簡；劉讀是，「其年」二字蓋衍；吴訓儀爲擬則謬矣。

〔一六〕【補注】先謙曰：免郡守官。

〔一七〕師古曰：癃，疲病也，音隆。

三月，梁王彭越謀反，夷三族。〔一〕詔曰：「擇可以爲梁王、淮陽王者。」燕王綰、相國何等請立子恢爲梁王，子友爲淮陽王。罷東郡，頗益梁；罷潁川郡，頗益淮陽。〔二〕

〔一〕師古曰：夷，平也，謂盡誅除之。

〔二〕【補注】錢大昕曰：謂分東郡、潁川之支縣以益二國，非廢此二郡也。

夏四月，行自雒陽至。令豐人徙關中者皆復終身。〔一〕

〔一〕應劭曰：太上皇思上欲歸豐，高祖乃更築城寺市里如豐縣，號曰新豐。徙豐民以充實之。師古曰：徙豐人所居，即今之新豐古城是其處。復音方目反。【補注】先謙曰：注「思上」官本作「思土」，是。

五月，詔曰：「粵人之俗，好相攻擊，前時秦徙中縣之民南方三郡，〔一〕使與百粵雜處。〔二〕會天下誅秦，南海尉它居南方長治之，〔三〕甚有文理，〔四〕中縣人以故不耗減，〔五〕粵人相攻擊之俗益止，俱賴其力。今立它爲南粵王。」使陸賈即授璽綬。〔六〕它稽首稱臣。

〔一〕如淳曰：中縣之民，中國縣民也。秦始皇略取彊梁地以爲桂林、象郡、南海郡，故曰三郡。【補注】齊召南曰：「彊梁地」當作「陸梁地」。史記秦始皇紀三十一年「略取陸梁地爲桂林、象郡、南海」是也。宋本亦誤，存説於此。

〔二〕李奇曰：欲以介其間，使不相攻擊也。

〔三〕晉灼曰：長音長吏之長。師古曰：它，古佗字也，書本亦作他，竝音徒何反。它者南海尉之名也，姓趙。長治，謂爲之長治而治理之也。【補注】先謙曰：注「長」下「治」字官本作「帥」，是。此誤。考證云「帥」字譌「師」，「理」字譌「李」，今改正。

〔四〕【補注】周壽昌曰：文理猶條理也。禮書，貴本之謂文，親用之謂理。

〔五〕師古曰：耗，損也，音火到反。

〔六〕師古曰：即，就也，就其所居而立之。

六月，令士卒從入蜀、漢、關中者皆復終身。〔一〕

〔一〕師古曰：復音方目反。

秋七月，淮南王布反。上問諸將，滕公言故楚令尹薛公有籌策。上見公，〔一〕薛公言布形埶，上善之，封薛公千户。詔王、相國擇可立爲淮南王者，羣臣請立子長爲王。上乃發上郡、北地、隴西車騎，巴蜀材官及中尉卒三萬人〔二〕爲皇太子衞，軍霸上。布果如薛公言，東擊殺荆王劉賈，劫其兵，度淮擊楚，楚王交走入薛。上赦天下死罪以下，皆令從軍；徵諸侯兵，上自將以擊布。

〔一〕【補注】錢大昭曰：南監本、閩本竝作「上召見」。先謙曰：官本亦作「上召見」。

〔二〕應劭曰：材官，有材力者。張晏曰：材官、騎士習射御騎馳戰陳，常以八月，太守、都尉、令、長、丞會都試，課殿最。水處則習船，邊郡將萬騎行障塞。光武時省。韋昭曰：中尉即執金吾也。

十二年冬十月，上破布軍于會缶，〔一〕布走，令別將追之。

〔一〕孟康曰：音儈保，邑名，屬沛國蘄縣。蘇林曰：缶音䍋。晉灼曰：蘄縣鄉名也。師古曰：會音工外反。缶音丈瑞反。蘇音是也。此字本作䍋，而轉寫者誤爲缶字耳。音保，非也。黥布傳則正作䍋字，此足明其不作缶也。【補注】先謙曰：荀紀作「䍋」，史記作「甀」，集解音直僞反。地理志沛縣蘄下云䍋鄉，高祖破黥布。顏注䍋音直恚反。字作缶、甀皆非。直僞、直恚、丈瑞三音並同。

上還過沛，留，置酒沛宮，悉召故人父老子弟佐酒。〔一〕發沛中兒得百二十人，教之歌。酒酣，〔二〕上擊筑，〔三〕自歌曰：「大風起兮雲飛揚，威加海内兮歸故鄉，安得猛士兮守四方！」令兒皆和習之。〔四〕上乃起舞，忼慨傷懷，〔五〕泣數行下。〔六〕謂沛父兄曰：「游子悲故鄉。〔七〕吾雖都關中，萬歲之後吾魂魄猶思樂沛。〔八〕且朕自沛公以誅暴逆，遂有天下，其以沛爲朕湯沐邑，〔九〕復其民，世世無有所與。」〔一〇〕沛父老諸母故人日樂飲極歡，道舊故爲笑樂。〔一一〕十餘日，上欲去，沛父兄固請。〔一二〕上曰：「吾人衆多，父兄不能給。」乃去。沛中空縣，皆之邑西獻。〔一三〕上留止，張飲三日。〔一四〕沛父兄皆頓首曰：「沛幸得復，豐未得，唯陛下哀矜。」上曰：「豐者，吾所生長，極不忘耳。〔一五〕吾特以其爲雍齒故反我爲魏。」沛父兄固請之，乃并復豐，比沛。

〔一〕應劭曰：助行酒。【補注】先謙曰：史記作「縱酒」，通鑑從漢書作「佐」。

〔二〕師古曰：酣，洽也，音胡甘反。

〔三〕鄧展曰：筑音竹。應劭曰：狀似琴而大，頭安弦，以竹擊之，故名曰筑。師古曰：今筑形似瑟而細頸也。【補注】

先謙曰：史正義引應説「琴」作「瑟」，是也。此字誤。又引顏説作「形似瑟而小，細項」，謂身小於瑟，「小」字不可删，頸、項一也。

〔四〕師古曰：和音胡臥反。

〔五〕師古曰：忼音口朗反。慨音口代反。

〔六〕師古曰：泣，目中淚也。

〔七〕師古曰：游子，行客也。悲謂顧念也。

〔八〕【補注】先謙曰：官本「樂」作「家」，引宋祁曰「『家』或作『樂』」。案史記作「樂思沛」。

〔九〕師古曰：凡言湯沐邑者，謂以其賦稅供湯沐之具也。【補注】先謙曰：史集解引風俗通義曰：「漢書注，沛人語初發聲皆言『其』。其者，楚言也。高祖始登帝位，教令言『其』，後以爲常爾。」

〔一〇〕師古曰：復音方目反。與讀曰豫。

〔一一〕師古曰：言日日樂飲也。樂竝音來各反。【補注】先謙曰：史記「父老」作「父兄」。

〔一二〕【補注】先謙曰：史記「請」下有「留高祖」(二)〔三〕字，「留」字似不可去。

〔一三〕如淳曰：獻牛酒也。師古曰：之，往也。皆往邑西競有所獻，故縣中空無人。

〔一四〕張晏曰：張，帷帳也。師古曰：張音竹亮反。

〔一五〕師古曰：極，至也。至念之不忘也。

漢別將擊布軍洮水南北，〔一〕皆大破之，追斬布番陽。〔二〕

〔一〕蘇林曰：洮音兆。【補注】齊召南曰：案胡三省謂洮水當在江南，甚是，但即以零陵郡之洮陽當之。零陵去淮南太遠，與下文所云追斬布鄱陽者不合也。全祖望曰：是蓋九江之沘水，沘與洮相似而譌。布敗於蘄，反走其國，又敗於沘，方思投長沙，未至而死於番陽也。沘水見水經零陵，洮水在長沙國境南，何容布得走之與漢兵鬬，復任其出境重入淮南國中之番陽也！顧祖禹欲以震澤之洮湖當之，則在吳王濞國内，益謬。先謙曰：余謂顧説近之，此時吳王濞未封，地屬荆王劉賈，布東并荆地，則洮湖在其域中，及戰敗，乃走番陽耳。

〔三〕師古曰：番音蒲何反。【補注】先謙曰：豫章縣也，今饒州府鄱陽縣治。

周勃定代，斬陳豨於當城。〔一〕

〔一〕韋昭曰：代郡縣也。【補注】先謙曰：在今宣化府蔚縣東。

詔曰：「吳，古之建國也，日者荆王兼有其地，〔一〕今死亡後。朕欲復立吳王，其議可者。」長沙王臣等言：〔二〕「沛侯濞重厚，〔三〕請立爲吳王。」已拜，上召謂濞曰：「汝狀有反相。」因拊其背，曰：「漢後五十年東南有亂，豈汝耶？〔四〕然天下同姓一家，汝慎毋反。」濞頓首曰：「不敢。」

〔一〕師古曰：日者，猶往日也。

〔二〕師古曰：臣者，長沙王之名，吳芮之子也。今書本或「臣」下有「芮」字者，流俗妄加也。

〔三〕服虔曰：濞音滂濞。師古曰：音普懿反。

〔四〕應劭曰：高祖有聰略，反相徑可知。至於東南有亂，克期五十，占者所知也。若秦始皇東巡以厭氣，後劉、項起東南，疑當如此耳。如淳曰：度其貯積足用爲難，又吳楚世不賓服。師古曰：應説是也。拊謂摩循之。

十一月，行自淮南還。過魯，以大牢祠孔子。

十二月，詔曰：「秦皇帝、楚隱王、〔一〕魏安釐王、〔二〕齊愍王、〔三〕趙悼襄王〔四〕皆絶亡後。其與秦始皇帝守冢二十家，楚、魏、齊各十家，趙及魏公子亡忌各五家，〔五〕令視其冢，復亡與它事。」〔六〕

〔一〕師古曰：陳勝也。
〔二〕師古曰：昭王之子也。釐讀曰僖。漢書僖謚及福禧字，例多爲釐。
〔三〕師古曰：宣王之子，爲淖齒所殺。
〔四〕師古曰：孝成王之子。
〔五〕師古曰：亡忌即信陵君也。
〔六〕師古曰：復音方目反。與讀曰豫。

陳豨降將言豨反時，燕王盧綰使人之豨所陰謀。〔一〕上使辟陽侯審食其迎綰，〔二〕綰稱疾。食其言綰反有端。春二月，使樊噲、周勃將兵擊綰。〔三〕詔曰：「燕王綰與吾有故，愛之如子，聞與陳豨有謀，吾以爲亡有，故使人迎綰。綰稱疾不來，謀反明矣。燕吏民非有罪也，賜其吏六百石以上爵各一級。與綰居，去來歸者，赦之，〔四〕加爵亦一級。」詔諸侯王議可立爲燕王者，長沙王臣等請立子建爲燕王。

〔一〕師古曰：之，往也。
〔二〕師古曰：辟音必亦反。食其音異基。

〔三〕【補注】先謙曰：史記同。官本作「三月」。

〔四〕師古曰：先與綰居，今能去之來歸漢者，赦其罪。

詔曰：「南武侯織亦粤之世也，立以爲南海王。」〔一〕

〔一〕文穎曰：高祖五年，以象郡、桂林、南海、長沙立吳芮爲長沙王。象郡、桂林、南海屬尉佗，佗未降，遥虚奪以封芮耳。後佗降漢，十一年更立佗爲南越王，自此王三郡。芮唯得長沙、桂林、零陵耳。今復封織爲南海王，復遥奪佗一郡，織未得王之。【補注】劉攽曰：零陵，武帝始立郡，文説誤矣。且始敘高帝封吳芮，無零陵之文，疑亦傳寫妄加之。全祖望曰：王隱晉書地道記以爲織封於交阯之贏𨻻。交阯在桂林南，尉佗所屬役，織安得王之？要之，無諸之族必其種落，東接閩越，西接尉佗，其所據南武之地，蓋在南海境中，犬牙交錯，故以南海爲國而王之。文穎以爲虚封，不知文帝時明有南海王反，見淮南王安傳。傳云前此南海王反，先臣使將軍間忌擊之，以其軍降，處之上淦，後復反，則非虚封也。淮南王長傳亦曰南海王織以璧帛獻皇帝，是未滅時。又曰南海民處廬江界中反，則既遷後也。蓋其地在今汀、潮、贛之間：以其爲無諸之族，知其近於汀；以其所封爲南海，知其近於潮；以其遷於廬江之上淦，知其近於贛。文、王二説皆失之。

三月，詔曰：「吾立爲天子，帝有天下，十二年于今矣。與天下之豪士賢大夫共定天下，同安輯之。〔一〕其有功者上致之王，〔二〕次爲列侯，下乃食邑。〔三〕而重臣之親，或爲列侯，皆令自置吏，得賦斂，女子公主。〔四〕爲列侯食邑者，皆佩之印，賜大第室。〔五〕吏二千石，徙之長安，受小第室。入蜀漢定三秦者，皆世世復。〔六〕吾於天下賢士功臣，可謂亡負矣。其有不義背天子擅起兵者，與天下共伐誅之。〔七〕布告天下，使明知朕意。」

〔一〕師古曰：輯與集同。

〔二〕【補注】周壽昌曰：致猶置也。置、致通用字。

〔三〕師古曰：謂非列侯而特賜食邑者。

〔四〕如淳曰：公羊傳曰「天子嫁女於諸侯，必使諸侯同姓者主之」，故謂之公主。百官表「列侯所食曰國，皇后、公主所食曰邑」。帝姊妹曰長公主，諸王女曰翁主。師古曰：如說得之。天子不親主婚，故謂之公主。諸王即自主婚，故其女曰翁主。翁者，父也，言父主其婚也。亦曰王主，言王自主其婚也。高祖荅項羽曰「吾翁即若翁也」，揚雄方言云「周、晉、秦、隴謂父曰翁」。而臣瓚、王楙或云公者比於上爵，或云主者婦人尊稱，皆失之。【補注】劉攽曰：予謂公主之稱，本出秦舊，男爲公子，女爲公主。古者大夫妻稱主，故以公配之。若謂同姓主之，故謂之公主，則周之事，秦不知用也。古之嫁女當如周。使大夫爲主，何不謂之夫主乎？然則謂之王主者，猶言王子也；謂之翁主者，緣公而生耳。沈欽韓曰：吴起傳，公叔爲相，尚魏公主。李斯傳，諸男皆尚秦公主。劉云出秦舊，是也。晉語「優施謂里克妻曰主孟」，韋昭注，大夫之妻稱主。案公即君，稱帝女食邑即是封君，故稱公主。先謙曰：此承上文，專就王國言之，下迺言列侯食邑者也。重臣即謂有功爲王者，其親爲列侯，若吴、鄖以長沙、杜國侯之類是也。「女子」下「公主」上當有「爲」字，疑誤倒在下文。漢初，王國之制皆如漢朝，至景帝中五年，始天子爲置吏，詳百官表。

〔五〕孟康曰：有甲乙次第，故曰第也。

〔六〕師古曰：復音方目反。

〔七〕師古曰：擅，專也，音上戰反。他皆類此。

上擊布時，爲流矢所中，〔一〕行道疾。疾甚，吕后迎良醫。醫入見，上問醫。曰：「疾可治不？」醫曰：「可治。」〔二〕於是上嫚罵之，曰：〔三〕「吾以布衣提三尺取天下，〔四〕此非天命乎？命乃在天，雖扁鵲何益！」〔五〕遂不使治疾，賜黃金五十斤，罷之。呂后問曰：「陛下百歲後，蕭相國既死，誰令代之？」上曰：「曹參可。」問其次，曰：「王陵可，然少戇，〔六〕陳平可以助之。陳平知有餘，然難獨任。周勃重厚少文，然安劉氏者必勃也，可令爲太尉。」呂后復問其次，上曰：「此後亦非乃所知也。」〔七〕

〔一〕【補注】周壽昌曰：史集解引三輔故事云，高祖被大創十二，矢石中通者四，卒征英布中流矢崩。

〔二〕【補注】宋祁曰：舊本及越本並無「不醫曰可治」五字。王念孫曰：景祐本作「上問醫句。曰疾可治句」，無「不醫曰可治」五字，是也。上問醫者，問疾之可治否也。曰疾可治者，醫言可治也。史記作「高祖問醫醫曰病可治」是其證。後人誤以「上問醫曰」連讀，則下文義不可通，故增此五字耳。

〔三〕【補注】朱子文曰：於文「醫曰可治」句下正不須「於是」二字，宜去之。

〔四〕師古曰：三尺，劍也。下韓安國傳所云三尺亦同，而流俗書本或云提三尺劍，劍字後人所加耳。【補注】先謙曰：史記元有「劍」字，班氏刪之，荀紀、通鑑俱用漢書，無「劍」字。

〔五〕韋昭曰：泰山盧人也。名越人，魏桓侯時醫也。臣瓚曰：史記云齊勃海人也，魏無桓侯。師古曰：瓚說是也。扁音步典反。

〔六〕師古曰：戇，愚也，古音下紺反，今則竹巷反。

〔七〕師古曰：乃，汝也。言自此之後，汝亦終矣，不復知之。【補注】沈欽韓曰：雜記，祝稱卜葬虞，夫曰乃。乃，本夫對妻之詞。先謙曰：乃者，昵近之詞，音轉爲爾。

盧綰與數千人居塞下候伺，幸上疾愈，自入謝。〔一〕夏四月甲辰，帝崩于長樂宮。〔二〕盧綰聞之，遂亡入匈奴。

〔一〕師古曰：冀得上疾愈，自入謝以爲己身之幸也。

〔二〕臣瓚曰：帝年四十二即位，即位十二年，壽五十三。【補注】沈欽韓曰：史記注引皇甫謐曰：「高祖以秦昭王五十一年生，至漢十二年，年六十三。」通典引漢舊儀曰：「高帝崩三日小斂室中。牖下作栗木主，長八寸，前方後圓，圍一尺，置牖中望外。內張綿絮以鄣，外以皓木大如指長三尺四枚，纏以皓皮案皓木、皓皮不詳。四方，置牖中，主居其中央。七日大斂棺，以黍飯羊舌祭之牖中。已葬，收主爲木函，藏廟太室中西牆壁埳中。」杭世駿曰：高祖生年乙巳，至是年丙午，當是六十二。先謙曰：官本注「十二年」作「十三年」。

呂后與審食其謀曰：「諸將故與帝爲編户民，〔一〕北面爲臣，心常鞅鞅，〔二〕今乃事少主，非盡族是，天下不安。」〔三〕以故不發喪。人或聞，以語酈商。酈商見審食其曰：「聞帝已崩，四日不發喪，欲誅諸將。誠如此，天下危矣。陳平、灌嬰將十萬守滎陽，〔四〕樊噲、周勃將二十萬定燕代，此聞帝崩，〔五〕諸將皆誅，必連兵還鄉，以攻關中。〔六〕大臣內畔，諸將外反，亡可蹻足待也。」〔七〕審食其入言之，乃以丁未發喪，大赦天下。

〔一〕師古曰：編户者，言列次名籍也。編音鞭。

〔二〕師古曰：鞅鞅，不滿足也，音於亮反。他皆類此。

〔三〕師古曰：族謂族誅之。是亦此也。

〔四〕【補注】宋祁曰：「滎」舊本作「熒」。吴仁傑曰：惠紀七年，發車騎、材官詣滎陽，太尉灌嬰將。高后紀八年，產、禄等遣潁陰侯灌嬰將兵至滎陽。仁傑案，史記本傳，嬰自擊英布歸，以列侯事孝惠、呂后。其後呂禄聞齊王舉兵，乃遣嬰爲大將往擊之。嬰行至滎陽，乃謀屯兵。傳中所載止此一事，乃知嬰屯兵滎陽實以呂后八年，史記、漢書於高惠紀各書之，蓋重出也。文紀詔曰「前産、禄擅遣將軍灌嬰擊齊」，則嬰此時未爲太尉，太尉自是周勃。孝文立勃爲丞相，乃以嬰爲勃代，而惠紀乃書嬰爲太尉，又誤也。通鑑於高帝十二年及孝惠七年皆書嬰屯滎陽，二事恐當删。王念孫曰：案作「熒」者是也。凡史記、漢書中熒陽字作「滎」者，皆後人所改，唯此及高后紀景德本二條作「熒」，乃舊本之僅存者，而子京未能訂正也。段玉裁古文尚書撰異云，攷熒澤字古從火，不從水。周官經「其川熒雒」，逸周書同。詩定之方中，鄭箋「及狄人戰於熒澤」。左傳閔公二年「及狄人戰於熒澤」，宣十二年「及熒澤」，杜預後序云「即左傳所謂熒澤也」，爾雅注「圃田在熒陽」。釋文凡六「熒」字，皆從火。隱元年注，虢國今熒陽縣。釋文云本或作「滎」，非。尤爲此字起例。玉篇焱部「熒」字下云「亦熒陽縣」，漢韓勑後碑「河南熒陽」，劉寬碑陰「河南熒陽」，鄭烈碑「熒陽將封人也」，字皆從火。而唐盧藏用撰書紀信碑「嘗以百萬之兵困高祖於熒陽」，字正從火，至今明畫。隋書王劭傳，上表言符命曰：「龍鬭於熒陽者『熒』字三火，明火德之盛也。」然則熒澤、熒陽古無從水者。尚書禹貢「熒波既豬」，唐石經及諸本從水，釋文亦同者，崇文總目云，宋開寶中，詔以德明所釋乃古文尚書，與唐明皇所定今文駮異，令太子中舍陳鄂删定其文，改從隸書，蓋今文自曉者多，故音切彌省。然則衞包庸妄，改「熒」作「滎」，而陳鄂和之，所當訂正者也。至於經典、史記、漢書、水經注「熒」字多作「滎」，蓋天寶以前，確知熒陽、熒澤不當從水，而其後淺人以爲水名不當從火，遂爾紛紛改竄，然善本亦時有存者。又曰，説文水部「滎」字下曰「滎濘，絶小水也，從水，熒省聲」。戶扃切。「濘」字下曰「滎濘也，從水，甯聲」。奴泠切，此依文選七命李善注所引訂正。閻若璩潛丘劄記以「絶小水」爲爾雅「正絶流曰亂」之「絶」，與禹貢「沛泆爲滎」相發明，其穿鑿傅會由不知禹貢字本作「熒」故爾。中斷曰絶，絶者窮也，故引伸爲極至之用。絶小水者，極小水也。絶小水者，最小水也。絶、最聲相近，最之爲絶，猶緜蕝之爲緜蕞矣。餘見唐韻正「絶」字下。正絶流曰亂者，中斷之意也，字同而義别矣。至熒澤則非小水之名，與此言絶小水者無涉。

〔五〕【補注】錢大昭曰：閩本「此」作「比」。先謙曰：此謂陳平等也。史記亦作「此」，荀紀作「此四人」，語意皆顯，閩本誤。

〔六〕師古曰：鄉讀曰嚮。還嚮猶言反嚮、内嚮也。

〔七〕文穎曰：蹻猶翹也。如淳曰：蹻音如今作樂蹻行之蹻。晉灼曰：許慎云「蹻，舉足小高也」，音矯。師古曰：晉說是也。【補注】先謙曰：「蹻」史記作「翹」。官本注「矯」作「僑」。案此文本史記，荀紀同，通鑑删之。考異云：「呂后雖暴戾，亦安敢一旦盡誅大臣？又時陳平不在滎陽，樊噲不在代，此恐妄說，今不取。」先謙案：考異之言與上吳說相發。

五月丙寅，葬長陵。〔一〕已下，〔二〕皇太子羣臣皆反至太上皇廟。羣臣曰：「帝起細微，撥亂世反之正，〔三〕平定天下，爲漢太祖，功最高。」上尊號曰高皇帝。〔四〕

〔一〕臣瓚曰：自崩至葬凡二十三日。長陵在長安北四十里。【補注】沈欽韓曰：宋文鑑唐意高廟碑陰記云，以曆推之，以法除之，算外，至高帝十二年，得五月朔己酉，十七日乙丑，則丙寅葬日乃十八日也。黄圖，長陵北去長安城三十五里。長陵山東西廣一百二十步，高十三丈。長陵城周七里百八十步，因爲殿垣，門四出，及便殿掖庭諸官寺在中。

〔二〕蘇林曰：下音下書之下。鄭氏曰：已下棺也。師古曰：蘇音鄭說是也。下音胡亞反。

〔三〕師古曰：反，還也，還之於正道。

〔四〕師古曰：尊號，謚也。

初，高祖不脩文學，而性明達，好謀，能聽，自監門戍卒，見之如舊。初順民心作三章之約。天下既定，命蕭何次律令，〔一〕韓信申軍法，〔二〕張蒼定章程，〔三〕叔孫通制禮儀，〔四〕陸賈造新語。〔五〕又與功臣剖符作誓，〔六〕丹書鐵契，金匱石室，〔七〕藏之宗廟。雖日不暇給，規摹弘遠矣。〔八〕

〔一〕【補注】先謙曰：刑法志：「何攈摭秦法，取其宜於時者，作律九章。」

〔二〕【補注】先謙曰：藝文志，兵權謀家「韓信三篇」。又云：「漢興，張良、韓信序次兵法，凡百八十二家，删取要用，定著三十五家。」

〔三〕如淳曰：章，曆數之章術也。程者，權衡丈尺斗斛之平法也。師古曰：程，法式也。【補注】先謙曰：蒼傳云：「比定律令。若百工，天下作程品。至爲丞相，卒就之。」

〔四〕【補注】先謙曰：通傳：「定宗廟儀法，及稍定漢諸儀法，皆通所論著。」

〔五〕【補注】先謙曰：賈傳凡著十二篇。每奏一篇，帝未嘗不稱善，稱其書曰新語。

〔六〕如淳曰：謂功臣表誓「使河如帶，泰山若厲，國乃滅絶」。【補注】先謙曰：官本「泰」作「太」。

〔七〕如淳曰：金匱，猶金縢也。師古曰：以金爲匱，以石爲室，重緘封之，保慎之義。【補注】先謙曰：通鑑胡注：「以鐵爲契，以丹書之，謂以丹書盟誓之言於鐵券。」

〔八〕鄧展曰：若畫工規模物之摹。韋昭曰：正員之器曰規。摹者，如畫工未施采事摹之矣。師古曰：取喻規摹，謂立制垂範也。給，足也。日不暇足，言衆事繁多，常汲汲也。【補注】先謙曰：通鑑引韋注「采事」作「朱土」。胡注「日不暇給，蓋言項羽既平，諸侯又叛也」。

贊曰：春秋晉史蔡墨有言，陶唐氏既衰，〔一〕其後有劉累，學擾龍，事孔甲，〔二〕范氏其後也。〔三〕而大夫范宣子亦曰：「祖自虞以上爲陶唐氏，〔四〕在夏爲御龍氏，〔五〕在商爲豕韋氏，〔六〕在周爲唐杜氏，〔七〕晉主夏盟爲范氏。」范氏爲晉士師，〔八〕魯文公世奔秦。〔九〕後歸于晉，其處者爲劉氏。〔一〇〕劉向云戰國時劉氏自秦獲於魏。〔一一〕秦滅魏，遷大梁，〔一二〕都于豐，〔一三〕故周市説雍齒曰「豐，故梁徙也」。〔一四〕是以頌高祖云：「漢帝本系，出自唐帝。降及于周，在秦作劉。涉魏而東，遂爲豐公。」〔一五〕豐公，蓋太上皇父。其遷日淺，墳墓在豐鮮焉。〔一六〕及高祖即位，置祠祀官，則有秦、晉、梁、荆之巫，〔一七〕世祠天地，綴之以祀，豈不信哉！〔一八〕由是推之，漢承堯運，德祚已盛，斷蛇著符，旗幟上赤，協于火德，自然之應，得天統矣。〔一九〕

〔一〕荀悦曰：唐者，帝堯有天下號。陶，發聲也。韋昭曰：陶唐皆國名，猶湯稱殷商矣。臣瓚曰：堯初居於唐，後居陶，故曰陶唐也。師古曰：三家之説皆非也。許慎説文解字云：「陶，丘再成也，在濟陰。夏書曰，東至陶丘。陶丘有堯城，堯嘗居之，後居於唐，故堯號陶唐氏」。斯得之矣。

〔二〕應劭曰：擾，馴也，能順養得其嗜欲也。孔甲，夏天子也。師古曰：擾音繞，又音饒。

〔三〕師古曰：晉司空士蔿之孫士會爲晉大夫，食采於范，因號范氏。

〔四〕師古曰：范宣子即士會之孫士匄也。

〔五〕師古曰：即劉累也。

〔六〕師古曰：豕韋，國名，在東郡白馬縣東南。

〔七〕師古曰：唐、杜二國名也。殷末豕韋徙國於唐，周成王滅唐，遷之於杜，爲杜伯。杜伯之子隰叔奔晉。士會即隰叔之玄孫也。唐，太原晉陽縣也。杜，京兆杜縣也。

〔八〕師古曰：言晉爲霸，主諸夏之盟，而范氏爲晉正卿。

〔九〕師古曰：文公六年，晉襄公卒，士會與先蔑如秦逆公子雍，欲以爲嗣。七年，以秦師納雍，而趙宣子立靈公，與秦師戰，敗之于令狐首。先蔑奔秦，士會從之。

〔一〇〕師古曰：文十三年，晉人使魏壽餘僞以魏畔，誘士會而納之。秦人歸其帑，其別族留在秦者既無官邑，而乃復劉累之姓也。【補注】齊召南曰：孔穎達左傳疏云：「士會之帑，在秦不顯，於會之身復無所辟，傳説處秦爲劉氏，未知何意。討尋上下，其文不類，深疑此句或非本旨。蓋以爲漢室初興，捐棄古學，左氏不顯於世，先儒無以自申。劉氏從秦從魏，其源本出劉累，插注此辭，將以媚於世。明帝時，賈逵上疏曰：五經皆無證圖讖明劉氏爲堯後者，而左氏獨有明文，竊謂前世藉此以求道通，故後引之以爲證耳。」召南案，孔疏所見甚卓。但加此文於左傳，實不始於賈逵，且並不始於哀平之世。據昭帝元鳳三年，符節令眭弘上書言漢家承堯之後，則彼時左傳已有此文。至劉向頌高祖曰出自唐帝，王莽稱漢爲堯後，有傳國之運，班彪王命論曰帝堯之苗裔，皆在其後者也。

〔一一〕文穎曰：六國時，秦伐魏，劉氏隨軍爲魏所獲，故得復居魏也。師古曰：春秋之後，周室卑微，諸侯彊盛，交相攻伐，故總謂之戰國。

〔一二〕師古曰：秦昭王伐魏，魏惠王棄安邑，東徙大梁，更號曰梁，非始皇滅六國之時。【補注】劉敞曰：當讀云「遷大梁都于豐」，則與下文合。顔解誤矣。

〔一三〕【補注】沈欽韓曰：此謂劉之先徙也。穀梁僖十六年傳「民所聚曰都」。

〔一四〕【補注】先謙曰：見上卷。

〔一五〕晉灼曰：涉，猶入也。

〔一六〕師古曰：鮮，少也，音先淺反。

〔一七〕應劭曰：先人所在之國，悉致祠巫祝，博求神靈之意也。文穎曰：巫，掌神之位次者也。范氏世仕於晉，故祠祀有晉巫。范會支庶，留秦爲劉氏，故有秦巫。劉氏隨魏都大梁，故有梁巫。後徙豐，豐屬荆，故有荆巫也。

〔一八〕師古曰：綴，言不絶也。

〔一九〕孟康曰：十一月天統，物萌色赤，故云得天統也。臣瓚曰：漢承堯緒，爲火德。秦承周後，以火代木，得天之統序，故曰得天統。漢初因秦正，至太初元年始用夏正，不用十一月爲正也。師古曰：瓚説得之。

惠帝紀第二〔一〕

〔一〕【補注】齊召南曰：史記於高祖本紀後，孝文本紀前，止作呂后本紀，以惠帝事附入，殊非體制。班氏列惠帝紀於高后紀之前，義理甚正。

孝惠皇帝，〔一〕高祖太子也。母曰呂皇后。帝年五歲，高祖初爲漢王。二年，立爲太子。十二年四月，高祖崩。五月丙寅，太子即皇帝位，尊皇后曰皇太后。賜民爵一級。〔二〕中郎、郎中滿六歲爵三級，四歲二級。〔三〕外郎滿六歲二級。〔四〕中郎不滿一歲一級。外郎不滿二歲賜錢萬。〔五〕宦官、尚食比郎中。〔六〕謁者、執楯、執戟、武士、騶比外郎。〔七〕太子御、驂乘賜爵五大夫，舍人滿五歲二級。〔八〕賜給喪事者，二千石錢二萬，六百石以上萬，五百石、二百石以下至佐史五千。〔九〕視作斥上者，將軍四十金，〔一〇〕二千石二十金，六百石以上六金，五百石以下至佐史二金。減田租，復十五稅一。〔一一〕爵五大夫、吏六百石以上及宦皇帝而知名者有罪當盜械者，皆頌繫。〔一二〕上造以上及内外公孫耳孫有罪當刑及當爲城旦舂者，皆耐爲鬼薪白粲。〔一三〕民年七十以上若不滿十歲有罪當刑者，皆完之。〔一四〕又曰：「吏所以治民也，能盡其治則民賴之，故重其禄，所以爲民也。〔一五〕今吏六百石以上父母妻子與同居，及故吏嘗佩將軍、都尉印將兵及佩二千石官印者，家唯給軍賦，他無有所與。」〔一六〕

〔一〕荀悦曰：諱盈之字曰滿。應劭曰：禮，謚法「柔質慈民曰惠」。師古曰：孝子善述父之志，故漢家之謚，自惠帝以下皆稱孝也。臣下以滿字代盈者，則知帝諱盈也。他皆類此。

〔二〕師古曰：帝初即位，爲恩惠也。【補注】沈欽韓曰：此賜民爵之始。趙策「趙勝受地，諸吏皆益爵三級，民能相集者，賜家六金」，是古但賜民金也。先謙曰：官本注「即」作「嗣」。

〔三〕蘇林曰：中郎，省中郎也。

〔四〕蘇林曰：外郎，散郎也。【補注】何焯曰：外郎，宜對在中者而言，非員外之散郎也。後世散郎稱外郎者，乃借用舊名。姚鼐曰：此中郎，乃天子禁中親近之人，其所任，乃景、武以後侍中、中常侍之職。其言郎中者，言郎侍於中，非以郎中爲官名也。外郎者，外廷郎也，其所任乃景、武以後三署中郎、侍郎、郎中之職。後之所云中郎者，乃在司馬門中，其周廬之外爲外也。漢初所云中者，宮禁之中。而殿署在司馬門中，皆爲外矣。先謙曰：姚解「郎中」未安。案，百官表「郎中令，秦官，屬官有大夫、郎、謁者，皆秦官」。又云「郎掌守門户，出充車騎，有議郎、中郎、侍郎、郎中，皆無員，多至千人。議郎、中郎，秩比六百石；侍郎比四百石；郎中比三百石」。今以郎中爲名，若中大夫令、中書謁者令之比，是秦世即有郎中。叔孫通傳「殿下郎中俠陛，陛數百人」，尤漢初有郎中之明證。爰盎、馮唐皆爲郎中，枚乘爲吳王濞郎中。議郎無所見。汲黯傳「臣得爲中郎，出入禁闥，補過拾遺，臣之願也」，吾丘壽王傳「遷侍中中郎」，東方朔傳「上以爲常侍郎，遂得愛幸」，合諸傳參之，中郎、侍郎，親近天子之官。郎中較疏。郎中即呼爲郎，別無外郎之名也。此云中郎郎中者，蓋漢初之郎中爲中郎官之長，故其長官謂之郎中令，官署謂之郎中署，見馮唐傳。亦曰郎中府。見高后紀。蘇説中郎爲省中郎，其義是矣。所謂外郎，即散郎，則叔孫通傳「高帝悉以通弟子儒生爲郎」，此類是也。其後於郎中上增議郎、中郎、侍郎諸官，比漢初之中郎，而郎中反退居末秩，等於漢初之外郎耳。

〔五〕張晏曰：不滿一歲，謂不滿四歲之一歲，作郎三歲也。不滿二歲，謂不滿六歲之二歲，作郎四歲也。師古曰：此説非也。直謂作郎未經一歲二歲耳。【補注】劉攽曰：此賜爵之差。中郎二歲乃當一級，今不滿一歲亦一級，恩優之也。又散郎三歲當賜一級，今斷不滿二歲賜錢萬，則滿二歲亦賜一級矣。姚鼐曰：此合十九等之爵，遞加而上，故一級貴於萬錢，與元年民贖罪責爵之級不同。

〔六〕應劭曰：宦官，閹寺也。尚，主也。舊有五尚。尚冠、尚帳、尚衣、尚席亦是。如淳曰：主天子物曰尚，主文書曰尚書，又有尚符璽郎也。漢儀注：省中有五尚，而内官婦人有諸尚也。【補注】沈欽韓曰：漢舊儀「太官尚食，用黄金釦器」。案，尚食亦宦官也。蘇輿曰：「郎中」，疑文誤倒。

〔七〕應劭曰：執楯、執戟，親近陛衞也。武士，力士也，高祖使武士縛韓信是也。騶，騶騎也。師古曰：騶本廐之馭者，後又令爲騎，因謂騶騎耳。【補注】沈欽韓曰：執楯、執戟二者，亦郎也。滑稽傳：優旃呼陛楯郎，東方朔曰「位不過執戟」。

〔八〕師古曰：武士、騶以上皆舊侍從天子之人也。舍人以上，太子之官屬。

〔九〕如淳曰：律有斗食佐史。韋昭曰：若今曹史書佐也。師古曰：自五百石以下至於佐史皆賜五千。今又言二百石者，審備其等也。

〔一〇〕服虔曰：斥上，壙上也。如淳曰：斥，開也。開土地爲冢壙，故以開斥言之。鄭氏曰：四十金，四十斤金也。晉灼曰：近上二千石賜錢二萬，此言四十金，實金也。下凡言黄金，真金也。不言黄，謂錢也。食貨志：黄金一斤直萬錢。師古曰：諸賜言黄金者，皆與之金。不言黄者，一金與萬錢也。【補注】劉攽曰：予謂諸書言若干金，則一金萬錢，至於賜金若干斤，則盡金也。先謙曰：官本改「上」作「土」。張照云：「監本、宋本俱作『斥上』。今以服、如注意詳之，定爲『斥土』。服注『斥上，壙上也』，二『上』字亦並正。」周壽昌云：「斥上，蓋當時自有此稱。若訓壙，更不必加稱壙土。此如穿中之類，名之曰穿，不必曰穿壙中也。趙廣漢傳『護作平陵方上』，孟康云『壙藏上也』。方上與斥上，事皆一類，見張湯傳注，不聞作方土也。」「直萬錢」，官本作「直錢萬」。

〔一一〕鄧展曰：漢家初十五税一，儉於周十税一也。中間廢，今復之也。如淳曰：秦作阿房之宮，收太半之賦，遂行，至此乃復十五而税一。師古曰：鄧説是也。復音房目反。【補注】宋祁曰：注文「今復之也」當作「今復復之也」。周壽昌曰：鄧云「中間廢，今復之也」。復與廢對舉，不必更加「復」字。宋因匡衡傳「所更或不可行，而復復之也」之語，故云然。

〔一二〕文穎曰：言皇帝者，以別仕諸王國也。張晏曰：時諸侯治民，新承六國之後，咸慕鄉邑，或貪逸豫，樂仕諸侯。今特爲京師作優裕法也。如淳曰：知名，謂宦人教帝書學，亦可表異者也。盜者逃也，恐其逃亡，故著械也。頌者容也，言見寬容，但處曹吏舍，不入陛牢也。師古曰：諸家之説皆非也。宦皇帝而知名者，謂雖非五大夫爵、六百石吏，而早事惠帝，特爲所知，故亦優之，所以云「及」耳，非謂凡在京師異於諸王國，亦不必在於宦人教書學也。左官之律起自武帝，此時未有。禮記曰「宦學事師」，謂凡仕宦，非閹寺也。盜械者，凡以罪著械皆得稱焉，不必逃亡也。據山海經，貳負之臣、相柳之尸皆云盜械，其義是也。古者頌與容同。五大夫，第九爵也。【補注】沈欽韓曰：此頌繫，即唐律之散禁，非謂不入狴牢也。先謙曰：官本注「陛」作「狴」，是。荀紀「盜械」作「刑械」，「頌繫」作「容繫」。容、頌古通。顔、沈説是。

〔一三〕應劭曰：上造，爵滿十六者也。內外公孫，謂王侯內外孫也。耳孫者，玄孫之子也，言去其曾、高益遠，但耳聞之也。今以上造有功勞，內外孫有骨血屬婕，施德布惠，故事從其輕也。城旦者，旦起行治城；舂者，婦人不豫外徭，但舂作米，皆四歲刑也。今皆就鬼薪白粲。取薪給宗廟爲鬼薪，坐擇米使正白爲白粲，皆三歲刑也。李斐曰：耳孫，曾孫也。張晏曰：公孫，宗室侯王之孫也。晉灼曰：耳孫，玄孫之曾孫也，諸侯王表在八世。師古曰：上造，第二爵名也。內外公孫，國家宗室及外戚之孫也。耳孫，諸說不同。據平紀及諸侯王表說「梁孝王玄孫之〔子〕耳孫〔音〕」。耳音仍。又匈奴傳說握衍朐鞮單于，云「烏維單于耳孫」。以此參之，李云曾孫是也。然漢書諸處又皆云曾孫非一，不應雜兩稱而言。據爾雅「曾孫之子爲玄孫，玄孫之子爲來孫，來孫之子爲昆孫，昆孫之子爲仍孫」，從己而數，是爲八葉，則與晉說相同。仍、耳聲相近，蓋一號也。但班氏唯存古名，而計其葉數則錯也。[女連]音連。【補注】沈欽韓曰：城旦、舂，本當髡鉗，今皆完。男，鬼薪；女，白粲也。漢舊儀「凡有罪，男髡鉗爲城旦，女爲舂，戚夫人髡鉗令舂，是女當舂者髡鉗也，猶宋配牢城必黥。皆作五歲。完四歲。此謂不髡鉗者作四歲。鬼薪〔二〕〔三〕歲：男鬼薪，女白粲，皆作三歲。罪爲司寇，司寇：男備守，女爲作，如司寇，皆作二歲。男爲戍罰作，女爲復作，皆一歲」。此五歲刑至一歲刑之次也。司圜「掌收教罷民，任之以事」。鄭云「若今罰作」。後周世改爲五等徒，自一年至五年。唐因隋制，徒刑五，有一年、一年半、二年、二年半、三年。

〔一四〕孟康曰：不加肉刑髡鬄也。師古曰：若，預及之言也。謂七十以上及不滿十歲以下，皆完之也。鬄音他計反。【補注】先謙曰：完謂免也。荀紀作「免之」。

〔一五〕師古曰：爲音于僞反。

〔一六〕師古曰：同居，謂父母妻子之外若兄弟及兄弟之子等見與同居業者，若今言同籍及同財也。無有所與，與讀曰豫。【補注】先謙曰：荀紀作「吏六百石以上及故二千石，家唯給軍賦，役無有所預」。

令郡、諸侯王立高廟。〔一〕

〔一〕師古曰：諸郡及諸侯王國皆立廟也。今書本「郡」下或有「國」字者，流俗不曉妄加之。

元年冬十二月，趙隱王如意薨。〔一〕民有罪，得買爵三十級以免死罪。〔二〕賜民爵，戶一級。

〔一〕【補注】錢大昕曰：案班史本紀之例，諸侯王薨，書名不書謚。惠六年齊王肥、呂后二年恒山王不疑、七年燕王建之類是也。而惠元年趙隱王如意、文元年楚元王交，則兼其謚書之。景帝中六年梁王薨，則又失書其名矣。又諸侯王，生不稱謚，高帝紀淮南王、梁王、趙王、楚王朝未央宮是也。而惠二年，齊悼惠王來朝，則生而謚之矣。丞相、相國薨，不書姓，惠二年相國何、五年相國參、景二年丞相嘉、武帝太初二年丞相慶是也。而文二年丞相陳平、四年丞相灌嬰、成帝綏和二年丞相翟方進，又并其姓書之。皆義例之不一也。

〔二〕應劭曰：一級直錢二千，凡爲六萬，若今贖罪入三十疋縑矣。師古曰：令出買爵之錢以贖罪。【補注】王念孫曰：「民有罪」上當有「令」字。高紀「令郎中有罪耐以上，請之」，是其例也，故師古云「令出買爵之錢以贖罪」。今本脱「令」字，則文義不明。御覽封建部一引此已脱「令」字。舊本北堂書鈔封爵部下引此，有「令」字。陳禹謨本刪去。周壽昌曰：成帝鴻嘉三年「令民得買爵，賈級千錢」，蓋視惠帝時，每級又減去千錢矣。

春正月，城長安。〔一〕

〔一〕【補注】齊召南曰：胡三省云：「漢都長安，蕭何雖治宮室，未暇築城。帝始築之，至五年始成。」召南案：功臣表：城及宮殿皆少府陽城延所作。何焯曰：高帝六年，令天下縣邑城。至惠帝元年，乃城長安。先使百姓有所保聚，而後規拓京師，後世所不及也。先謙曰：通鑑云「始作長安城西北方」。

二年冬十月，齊悼惠王來朝，獻城陽郡以益魯元公主邑，尊公主爲太后。〔一〕

〔一〕如淳曰：張敖子偃爲魯王，故公主得爲太后。師古曰：此説非也。蓋齊王憂不得脱，故從内史之言，請尊公主爲齊太后，以母禮事之，用悦媚呂太后耳。若魯元以子爲魯王，自合稱太后，何待齊王尊之乎？據張耳傳「高后元年，魯元太后薨，後六年，宣平侯敖薨，吕太后立敖子偃爲王，以母爲太后故也」，是則偃因母爲齊王太后而得王，非母因偃乃爲太后也。【補注】劉攽曰：顔説非也。悼惠，公主兄弟耳，雖欲諂吕后，而以母事之，於理安乎？蓋齊内史本諂吕后，欲尊公主，以漸王張氏，故勸王割郡就益魯邑，而更號魯元公主爲魯元太后也。太后之號雖更，魯元之稱不除，豈關爲齊王母乎？又張偃以母爲太后，故封魯王，太后非齊益明也。先謙曰：太后無虚尊之理。魯元子偃未王，此太后不繫之齊，義將何屬？齊王尊魯元爲太后，特一時權計，以圖免禍，豈必除魯元之稱而後得爲齊太后乎？劉説悼惠公主兄弟，固是正理，然此時惠帝乃公主親弟，尚將爲其壻，何有於齊王之虚尊，顔説未可駁也。城陽，楚漢間郡，秦琅邪郡屬地也。本志爲城陽國，今沂州府莒州。

春正月癸酉，有兩龍見蘭陵家人井中，〔一〕乙亥夕而不見。隴西地震。〔二〕

〔一〕師古曰：家人，言庶人之家。【補注】錢大昭曰：家人，漢紀作「人家」。五行志作「有兩龍見於蘭陵廷東里温陵井中」，則作「人家」者是。先謙曰：蘭陵，東海縣，在今兖州府嶧縣東五十里。

〔二〕【補注】先謙曰：五行志「厭四百餘人」。

夏旱。郃陽侯仲薨。〔一〕秋七月辛未，相國何薨。〔二〕

〔一〕師古曰：高帝之兄，吴王濞父也。【補注】齊召南曰：案高紀及吴王濞傳並作「合陽」，則屬平原。此紀作「郃陽」，則屬左馮翊。以王子侯表作「合陽」證之，此「郃」字譌也。然水經注已謂是「郃陽」矣。錢大昭曰：侯薨不書，此何以書？以高帝親兄，且故代王也。先謙曰：作「郃陽」是，説見地理志。

〔二〕師古曰：蕭何也。

三年〔一〕春，發長安六百里内男女十四萬六千人城長安，三十日罷。〔二〕

〔一〕【補注】先謙曰：五行志：是年隕石緜諸，一。

〔二〕鄭氏曰：城一面，故速罷。

以宗室女爲公主，嫁匈奴單于。

夏五月，立閩越君摇爲東海王。〔一〕

〔一〕應劭曰：摇，越王句踐之苗裔也，帥百越之兵助高祖，故封。東海，在吴郡東南濱海云。師古曰：即今泉州是其地。【補注】齊召南曰：顔説非也。閩越王無諸都冶，則泉州地屬閩越矣。東海王摇都東甌，亦號東甌王，即温州永嘉地，非泉州地也。錢大昭曰：摇，漢紀作「繇」，字同，漢書徭役字皆作「繇」。周壽昌曰：越世家：句踐後七世至閩君摇，佐諸侯平秦，漢高祖復以摇爲越王以奉越後。東越、閩君皆其後也。

六月，發諸侯王、列侯徒隸二萬人城長安。〔一〕

〔一〕【補注】何焯曰：諸侯王遠近地異，故豫以六月發之，使各及期而至，其築城仍在春正月。

秋七月，都廄災。〔一〕南越王趙佗稱臣奉貢。〔二〕

〔一〕【補注】沈欽韓曰：黄圖：都廄，天子車馬所在。

〔二〕師古曰：佗音徒何反。

四年冬十月壬寅，立皇后張氏。〔一〕

〔一〕師古曰：張敖之女也。史記及漢書無名字，皇甫謐作帝王世紀皆爲惠帝張后及孝文薄后以下別制名焉，至於薄父之徒亦立名字，何從而得之乎？雖欲示博聞，不知陷於穿鑿。【補注】先謙曰：官本注無「欲」字，引宋祁曰，注文，一本「示」字上有「欲」字。

春正月，舉民孝弟力田者復其身。〔一〕

〔一〕師古曰：弟者，言能以順道事其兄也。弟音徒計反。復音方目反。

三月甲子，皇帝冠，〔一〕赦天下。省法令妨吏民者，除挾書律。〔二〕長樂宮鴻臺災。〔三〕宜陽雨血。〔四〕

〔一〕【補注】王鳴盛曰：惠帝時年二十。景帝後三年，皇太子冠，即武帝也，時年十六。昭紀：元鳳四年，帝加元服，時年十八。哀紀：成帝爲加元服，時年十七。平紀：帝崩，年十四，始加元服以斂。案，古者天子諸侯皆年十二而冠，冠而生子。漢初經典殘闕，天子冠禮，無明文，故無定期。

〔二〕應劭曰：挾，藏也。張晏曰：秦律：敢有挾書者族。

〔三〕【補注】先謙曰：通鑑注引黄圖「鴻臺，秦始皇二十七年築，高四十丈，上起觀宇，帝嘗射飛鴻於臺上，故號鴻臺」。

〔四〕【補注】先謙曰：五行志在二年。宜陽，弘農縣，在今河南府宜陽縣西五十里。

秋七月乙亥，未央宮凌室災。〔一〕丙子，織室災。〔二〕

〔一〕師古曰：凌室，藏冰之室也。豳詩七月之篇曰「納于凌陰」。【補注】先謙曰：説詳五行志，作「十月」，漢紀作「三月」。

〔二〕師古曰：主織作繒帛之處。【補注】沈欽韓曰：織室在未央宮，又有東西織室，織作文繡郊廟之服。

五年冬十月，靁。桃李華，棗實。〔一〕

〔一〕【補注】先謙曰：五行志以爲草妖，又以爲常奥之罰。

春正月，復發長安六百里内男女十四萬五千人城長安，三十日罷。

夏，大旱。〔一〕

〔一〕【補注】先謙曰：五行志「江河水少，谿谷水絶」。

秋八月己丑，相國參薨。〔一〕

〔一〕師古曰：曹參也。

九月，長安城成。〔一〕賜民爵，户一級。〔二〕

〔一〕【補注】沈欽韓曰：黄圖「城高三丈五尺，下闊一丈五尺，雉高三坂，當爲版。周回六十五里。城南爲南斗形，北爲北斗形，至今人呼漢京城爲斗城。漢舊儀『長安城中，經緯各長三十二里十八步，地九百七十二頃。八街、九陌、三宮、九府、三廟、十二門、九市、十六橋，地皆黑壤，今赤如火，堅如石。父老相傳云，盡鑿龍首山土爲城，水泉深三十餘丈。（地）〔池〕周繞廣三丈，深二丈，石橋各六丈，與街相直』」。先謙曰：史記：三年乃築長安城，四年就半，五年、六年城就。索隱引漢宮闕疏「四年築東面，五年築北面」。

〔三〕師古曰：家長受也。

六年〔一〕冬十月辛丑，齊王肥薨。

〔一〕【補注】先謙曰：公卿表：是年置左右丞相。

令民得賣爵。〔一〕女子年十五以上至三十不嫁，五算。〔二〕

〔一〕【補注】先謙曰：官本「賣」作「買」。

〔二〕應劭曰：國語：越王句踐令國中女子年十七不嫁者父母有罪，欲人民繁息也。漢律人出一算，算百二十錢，唯賈人與奴婢倍算。今使五算，罪謫之也。孟康曰：或云復之也。師古曰：應說是。【補注】劉攽曰：予謂女子五算，亦不頓謫之。自十五至三十爲五等，每等加一算也。

夏六月，舞陽侯噲薨。〔一〕

〔一〕師古曰：樊噲也。【補注】先謙曰：通侯薨不書，因噲妻呂后女弟，黨於呂氏，特書之，爲劉氏得安幸也。

起長安西市，〔一〕修敖倉。

〔一〕【補注】沈欽韓曰：文選西都賦注，漢宮闕疏曰「長安立九市，其六市在道西，三市在道東」。黄圖云「西市在醴泉坊」。

七年冬十月，發車騎、材官詣滎陽，〔一〕太尉灌嬰將。〔二〕

〔一〕師古曰：車，常擬軍興者，若近代之戍車也。騎，常所養馬，并其人使行充騎，若今武馬及所養者主也。材官，解在高紀。

〔二〕【補注】朱一新曰：公卿表及嬰傳，嬰爲太尉在孝文時，此時未爲太尉，紀追書之。

春正月辛丑朔，日有蝕之。〔一〕夏五月丁卯，日有蝕之，既。〔二〕

〔一〕【補注】先謙曰：五行志：在危十三度。

〔二〕師古曰：既，盡也。【補注】沈欽韓曰：西京雜記「惠帝七年夏，雷震南山，大木數千株皆火然，未至其下數十畝地，草皆焦黃。其後百許日，人家就其間得龍骨一具，鮫骨二具」。先謙曰：五行志：先晦一日，在七星初。

秋八月戊寅，帝崩于未央宮。〔一〕九月辛丑，葬安陵。〔二〕

〔一〕臣瓚曰：帝年十七即位，即位七年，壽二十四。【補注】先謙曰：史集解引皇甫謐曰「帝以秦始皇三十七年生，崩時年二十三」。先謙案，帝十七即位，自是年爲始，得年二十三，瓚説誤也。

〔二〕臣瓚曰：自崩至葬凡二十四日。安陵在長安北三十五里。師古曰：三輔黃圖云去長陵十里。【補注】沈欽韓曰：御覽四百五十七引楚漢春秋曰：「惠帝崩，呂太后欲爲高墳，使從未央宮而見之。諸將諫，不許。東陽侯垂泣曰：『陛下見惠帝冢，流涕無已，是傷生也，臣竊哀之。』太后乃已。」先謙曰：官本注「十」作「五」，引宋祁曰：「長陵『五里』一作『十里』。」安陵爲縣，志屬扶風。

贊曰：孝惠内修親親，外禮宰相，優寵齊悼、趙隱，恩敬篤矣。〔一〕聞叔孫通之諫則懼然，〔二〕納曹相國之對而心説，〔三〕可謂寛仁之主。遭吕太后虧損至德，〔四〕悲夫！

〔一〕師古曰：篤，厚也。

〔二〕蘇林曰：諫復道乘衣冠道也。師古曰：懼讀曰瞿。瞿然，失守貌，音居具反。【補注】王念孫曰：懼然，驚懼皃也，叔孫諫築復道事，帝懼曰「急壞之」是也。又吳王濞傳「膠西王瞿然駭」。師古注「瞿然，無守之皃」。案，瞿然即駭皃也，訓爲無守皃，轉失之迂。又鄒陽傳「長君懼然曰：『將爲之奈何？』」師古注「懼讀曰瞿。瞿然，無守之皃」。東方朔傳「於是吳王懼然易容」。師古注「懼然，失守之皃」。案，懼然皆驚皃也。師古訓爲失守皃、無守皃者，齊風東方未明篇「狂夫瞿瞿」，毛傳云「瞿瞿，無守之皃」，此師古注所本。不知傳以下文言「不能辰夜，不夙則莫」，故以瞿瞿爲無守皃，與此言瞿然者不同也。莊子徐无鬼篇李頤注「瞿然，驚皃」。檀弓「曾子聞之，瞿然曰呼」，又曰「公瞿然失席」。雜記「見似目瞿，聞名心瞿」，皆謂驚皃也。莊子庚桑楚篇「南榮趎懼然顧其後」，史記孟子傳「王公大人初見其術，懼然顧化」，義竝與瞿然同。説文本作「界」云，舉目驚界然也。

〔三〕蘇林曰：對修高帝制度、蕭何法也。師古曰：説讀曰悦。

〔四〕師古曰：謂殺趙王，戮戚夫人，因以憂疾不聽政而崩。

高后紀第三

高皇后呂氏，〔一〕生惠帝。佐高祖定天下，父兄及高祖而侯者三人。〔二〕惠帝即位，尊呂后爲太后。〔三〕太后立帝姊魯元公主女爲皇后，無子，取後宮美人子名之以爲太子。〔四〕惠帝崩，太子立爲皇帝，〔五〕年幼，太后臨朝稱制，〔六〕大赦天下。乃立兄子呂台、産、禄、台子通四人爲王，〔七〕封諸呂六人爲列侯。語在外戚傳。〔八〕

〔一〕荀悦曰：諱雉之字曰野雞。應劭曰：禮，婦人從夫謚，故稱高也。師古曰：呂后名雉，字娥姁，故臣下諱雉也。姁音許于反。【補注】吴仁傑曰：古者男子稱氏、稱名，婦人稱姓。舜之姓姚，四岳稱「有鰥在下曰虞舜」，至虞思之女歸於夏，傳則曰二姚。齊之姓姜，書稱「俾爰齊侯呂伋」，至太公之女歸於周，傳則曰邑姜。春秋所書，無一不然。於卿大夫書爵、書氏、書名、書字，宰渠伯糾、公子益師之類是也。於内女、外女，則必書姓，或系以字，或系以謚，或系以父國，或系以夫氏，如叔姬、成風、紀季姜、蕩伯姬之類是也。陸淳云：古者一字不成文辭，皆以氏字配之，姜氏、子氏、姒氏配姓也。高后紀書氏而不書姓，以春秋之法繩之，其失昭矣。政和中嘗用議臣之請，改公主、郡縣主爲帝姬、宗姬、族姬，蓋誤認王姬之稱，不知春秋之書王姬，猶紀季姜系以父國云爾。徐氏卻埽編載議者之言，謂國家趙氏，當曰帝趙，不得曰帝姬，是誤以氏爲姓也。左傳有葛嬴、懷嬴，要當易姬爲嬴，乃與古合。今命婦疏封止稱父氏，而不以姓挈氏，亦沿襲之久，莫悟其非。先謙曰：錢大昕養新録云：戰國氏族之學久廢。秦改封建，雖公族無議貴之律，民知有氏不知有姓。高帝起布衣，太公以上名字且無考，何知族姓所出。故項伯、婁敬賜姓劉氏，以氏爲姓，遂爲一代之制。史記書姓劉氏，此漢制異於三代者。後人謂漢堯後，本祁姓，譏史公昧於姓氏之别，斯爲誕矣。漢爲堯後，説本向、歆，史公時本無此議。即云曾見左傳，而劉夏、劉卷亦載春秋，安知漢劉必爲祁姓，非姬姓。蓋三代以前姓與氏分，漢魏以後姓與氏合。終漢之世，未嘗自言姓祁，載筆之臣安得輕議國姓。帝姬之議，出於蔡京，京固不學，而後來議者乃謂趙本嬴姓，當稱帝嬴，尤爲迂誕。

〔二〕師古曰：父謂臨泗侯吕公也。兄謂周吕侯澤、建成侯釋之。

〔三〕【補注】朱子文曰：「吕后」二字可去，當曰「惠帝即位尊爲太后」。

〔四〕【補注】何焯曰：名之，名爲皇后所産子也。是少帝非劉氏，乃大臣既誅諸吕，從而爲之辭耳。以其能匡漢祚，立太宗，功既大，故後世不之求備。周壽昌曰：外戚傳：美人視二千石，比少上造。五行志云：皇后亡子，後宫美人有男，太后使皇后名之，而殺其母。惠帝崩，嗣子立，有怨言。太后廢之，更立吕氏子弘爲少帝。案志明曰有男，曰嗣子，下又云更立吕氏子弘，可證太子爲孝惠所生也。燕靈王傳云：有美人子，太后殺之，絶後，正言燕王美人子即王子也，此可例推。

〔五〕【補注】錢大昭曰：他紀皆云某日太子即皇帝位，此處書法不同。蓋吕后臨朝稱制，與自立無異，且太子是後宫美人之子，不旋踵而爲吕后幽廢，與恒山王無異，故變文書之。

〔六〕師古曰：天子之言，一曰制書，二曰詔書。制書者，謂爲制度之命也，非皇后所得稱。今吕太后臨朝行天子事，斷決萬機，故稱制詔。

〔七〕蘇林曰：台音胞胎。【補注】錢大昭曰：四王：台，吕王；産，梁王；禄，趙王；通，燕王。封年不同，此總敘之。

〔八〕【補注】先謙曰：據史記，元年封吕平扶柳侯，吕種沛侯，四年封吕他俞侯，吕更始贅其侯，吕忿吕城侯，八年封吕莊東平侯。此言六人爲列侯，亦總敘之。呂祿爲胡陵侯，續建成侯釋之後。呂嬃爲臨光侯，乃婦人，不在六人之數。

元年春正月，詔曰：「前日孝惠皇帝言欲除三族辠、妖言令，〔一〕議未決而崩，今除之。」二月，賜民爵，户一級。初置孝弟力田二千石者一人。〔二〕夏五月丙申，趙王宮叢臺災。〔三〕立孝惠後宮子强爲淮陽王，〔四〕不疑爲恒山王，〔五〕弘爲襄城侯，〔六〕朝爲軹侯，〔七〕武爲壺關侯。〔八〕秋，桃李華。

〔一〕師古曰：罪之重者戮及三族，過誤之語以爲妖言，今謂重酷，皆除之。

〔二〕師古曰：特置孝弟力田官而尊其秩，欲以勸厲天下，令各敦行務本。【補注】錢大昭曰：二千石，謂郡國守相也。案其文義，當是二千石各一人，言令各舉一人也。若即以二千石秩加之，必不能如此之優，顔説非。

〔三〕師古曰：連聚非一，故名叢臺，蓋本六國時趙王故臺也，在邯鄲城中。【補注】先謙曰：五行志以爲趙王幽殺之應。

〔四〕如淳曰：外戚恩澤侯表曰，皆呂氏子也，以孝惠子侯。晉灼曰：漢注名長。韋昭曰：今陳留郡。【補注】周壽昌曰：如引侯表語，今表無之。又此注宜在「壺關侯」下。强與不疑徑封王，未爲侯，與「以孝惠子侯」語尤不合也。不疑於二年死，强於五年死，故皆未列表。惟弘、朝、武三人在恩澤表，表稱襄城侯義，後立爲帝，仍改名弘。

〔五〕如淳曰：今常山也，因避文帝諱改曰常。

〔六〕【補注】先謙曰：史記：先名山。

〔七〕師古曰：軹音只。

〔八〕【補注】全祖望曰：據恩澤侯表尚有平昌侯大。史記云後嗣呂王，明爲呂氏之子，故本書亦見之異姓王表。而封侯之年，據恩澤表在五侯之後，故史漢本紀並失之。

二年春，〔一〕詔曰：「高皇帝匡飭天下，〔二〕諸有功者皆受分地爲列侯，〔三〕萬民大安，莫不受休德。〔四〕朕思念至於久遠而功名不著，亡以尊大誼，施後世。今欲差次列侯功以定朝位，〔五〕臧于高廟，世世勿絕，嗣子各襲其功位。其與列侯議定奏之。」丞相臣平言：〔六〕「謹與絳侯臣勃、〔七〕曲周侯臣商、〔八〕潁陰侯臣嬰、〔九〕安國侯臣陵等議，〔一〇〕列侯幸得賜餐錢奉邑，〔一一〕陛下加惠，以功次定朝位，〔一二〕臣請臧高廟。」奏可。春正月乙卯，地震，羌道、〔一三〕武都道山崩。〔一四〕夏六月丙戌晦，日有蝕之。〔一五〕秋七月，恒山王不疑薨。〔一六〕行八銖錢。〔一七〕

〔一〕【補注】蘇輿曰：案下云「春正月」，則此「春」當作「冬」。功臣表載此事，亦但云「高后二年」，無「春」字。

〔二〕師古曰：匡，正也。飭，整也。飭讀與敕同，其字從力。

〔三〕師古曰：分音扶問反。

〔四〕師古曰：休，美也，音虛虯反。他皆類此。

〔五〕師古曰：以功之高下爲先後之次。【補注】王先慎曰：高祖已前作元功蕭曹等十八人位次，此復詔盡差列侯之功，録第下竟，欲以恩結列侯。

〔六〕師古曰：陳平。

〔七〕師古曰：周勃。

〔八〕師古曰：酈商。

〔九〕師古曰：灌嬰。

〔一〇〕師古曰：王陵。

〔一一〕應劭曰：餐與飡同。諸侯四時皆得賜餐錢。文穎曰：飡，邑中更名算錢，如今長吏食奉，自復膢錢，即租奉也。韋昭曰：孰食曰飡，酒肴曰錢，粟米曰奉。稅租奉禄，正所食也。四時得閒賜，是爲飡錢。飡，小食也。師古曰：餐、飡同一字耳，音于安反。飡，所謂吞食物也。餐錢，賜厨膳錢也。奉邑，本所食邑也。奉音扶用反。【補注】宋祁曰：江南本文穎注文「邑中」字上有「所食」字。算錢，「算」故作「筭」，景祐刊誤謂筭非租稅，當改爲算錢。又韋昭注文「稅租」字上有「或曰」字。沈欽韓曰：唐於月俸之外，諸司各有食料錢，蓋肇於漢也。先謙曰：官本注「于」作「千」，是也。

〔一二〕如淳曰：功大者位在上。功臣侯表有第一、第二之次。

〔一三〕服虔曰：縣有夷蠻曰道。師古曰：羌道屬隴西郡。【補注】先謙曰：在今階州西北百六十里。

〔一四〕師古曰：武都道屬武都郡。【補注】先謙曰：「道」字衍，前漢爲武都縣，後漢加「道」耳，在今階州成縣西八十里。五行志作「武都山崩」，而無「羌道」。

〔一五〕【補注】先謙曰：五行志同。

〔一六〕【補注】沈欽韓曰：史記「立其弟襄城侯山爲常山王，更名義」，荀紀同，此傳寫譌落也。

〔一七〕應劭曰：本秦錢，質如周錢，文曰「半兩」，重如其文，即八銖也。漢以其太重，更鑄莢錢，今民間名榆莢錢是也。民患其太輕，至此復行八銖錢。【補注】宋祁曰：注文「莢」字一本作「鋏」，非是。

三年夏，江水溢，流民四千餘家。〔一〕秋，星晝見。

〔一〕師古曰：水所漂没也。【補注】錢大昭曰：「江水」下脱「漢水」，南監本、閩本有，漢紀亦作「江水、漢水溢流」。周壽昌曰：何焯校小板宋本「江水」下有「漢水」二字。案五行志，高后三年夏，漢中、南郡大水，水出，流四千餘家，則應有「漢水」二字。志八年夏，漢中、南郡水復出，流四千餘家。紀八年，亦書「夏，江水、漢水溢」。志云復出者，承三年水出而言。紀於八年江、漢二水并書，則此亦不容漏矣。先謙曰：汪本、官本有「漢水」二字。

四年夏，少帝自知非皇后子，出怨言，皇太后幽之永巷。〔一〕詔曰：「凡有天下治萬民者，蓋之如天，容之如地。上有驩心以使百姓，百姓欣然以事其上，驩欣交通而天下治。今皇帝疾久不已，乃失惑昏亂，不能繼嗣奉宗廟，守祭祀，不可屬天下。〔二〕其議代之。」羣臣皆曰：「皇太后爲天下計，所以安宗廟社稷甚深，頓首奉詔。」五月丙辰，立恒山王弘爲皇帝。〔三〕

〔一〕如淳曰：列女傳周宣姜后脱簪珥，待罪永巷，後改爲掖庭。師古曰：永，長也。本謂宮中之長巷也。【補注】先謙曰：史記云，太后幽殺之。

〔二〕師古曰：屬，委也，音之欲反。【補注】先謙曰：官本考證云，監本「也」字下衍「也」字，今去。

〔三〕晉灼曰：史記：惠帝元年，子不疑爲常山王，子山爲襄城侯。二年，常山王薨，即不疑也。以弟襄城侯山爲常山王，更名義。丙辰，立常山王義爲帝。義更名弘。漢書一之，書「弘」以爲正也。師古曰：即元年所立弘爲襄城侯者，晉説是也。【補注】先謙曰：外戚傳及異姓王表仍作「義」。五行志「秋，河南大水」。

五年春，南粵王尉佗自稱南武帝。〔一〕秋八月，淮陽王彊薨。九月，發河東上黨騎屯北地。

〔一〕韋昭曰：生以武爲號，不稽古也。師古曰：此説非也。成湯曰「吾武甚」，因自號武王。佗言武帝亦猶是耳，何謂其不稽古乎？【補注】劉攽曰：顔雖引成湯之言，然未知湯果自號武王乎！聖人者，人與之名耳。詩謂湯爲武王，則亦猶書謂文王爲寧王耳，豈自稱之哉！史記之言，未可信也。全祖望曰：或謂佗改南海爲南武，引南武侯織以證之，非也。據史記，佗未受漢封時，自稱南粤武王，及僭號，自稱南粤武帝。此是脱文，漏去「粤」字。或謂佗改南海爲南武，其説無據，蓋南海境中有地名南武，當在今潮州、汀州之交，故織以閩粤之族侯於其地，而並非尉佗之臣，豈肯取尉佗所改地名以署其國。是時織與佗已並爲王，則佗欲爲帝，又不肯取織封侯之小縣以自名也，審矣。蓋南海之有南武，猶東海之有東武，並非佗改南海之名而名之也。觀東粤王之反亦自稱爲武帝，則知或説非矣。先謙曰：荀紀、通鑑皆作「南越武帝」，全云本書脱文是也。古帝王多有生號，韋説失之。但亂世草澤之雄，各自爲制，顔氏必以爲稽古，亦太泥矣。

六年春，星晝見。夏四月，赦天下。秩長陵令二千石。〔一〕六月，城長陵。〔二〕匈奴寇狄道，攻阿陽。〔三〕行五分錢。〔四〕

〔一〕應劭曰：長陵，高祖陵，尊之，故增其令秩也。【補注】先謙曰：官本考證云，劭，監本譌作「邵」，今改正。

〔二〕張晏曰：起縣邑，故築城也。師古曰：此説非也。黄圖云，長陵城周七里百八十步，因爲殿垣，門四出，及便殿掖庭諸官寺皆在中。是即就陵爲城，非止謂邑居也。

〔三〕師古曰：狄道屬隴西。阿陽，天水之縣也。今流俗書本或作河陽者，非也。【補注】先謙曰：官本考證云，「狄」譌「地」，今改正。狄道，今蘭州府狄道州治。阿陽，在今平涼府靜甯州南。

〔四〕應劭曰：所謂莢錢者。【補注】宋祁曰：「分」字，别本作「銖」，非是。武帝時始造五銖錢。錢大昭曰：「者」，南監本、閩本俱作「也」。

七年冬十二月，匈奴寇狄道，略二千餘人。春正月丁丑，趙王友幽死于邸。己丑晦，日有蝕之，既。〔一〕以梁王吕産爲相國，趙王禄爲上將軍。立營陵侯劉澤爲琅邪王。〔二〕夏五月辛未，詔曰：「昭靈夫人，太上皇妃也。武哀侯、〔三〕宣夫人，高皇帝兄、姊也。〔四〕號謚不稱，其議尊號。」丞相臣平等請尊昭靈夫人曰昭靈后，武哀侯曰武哀王，宣夫人曰昭哀后。六月，趙王恢自殺。秋九月，燕王建薨。〔五〕南越侵盜長沙，遣隆慮侯竈將兵擊之。〔六〕

〔一〕【補注】先謙曰：五行志在營室九度。

〔二〕【補注】劉攽曰：吕后外戚傳：惠帝崩，吕后泣不下。陳平用張辟彊計，請以吕禄、吕産爲將，將兵居南北軍。又云復殺高祖子趙幽王、共王、燕王，遂立諸吕爲王。又云病困，以禄爲上將軍居北軍，梁王産爲相國居南軍。又劉澤傳，澤王與吕氏同時，而此紀，太后臨朝便封王諸吕，七年但記禄、産將南北軍，參校前後，知此之誤也。先謙曰：禄、産將南北軍，係后病困事，見史記，至外戚傳惠帝崩云云，及太后臨朝便封王諸吕，皆總敘之詞，非誤也。

〔三〕張晏曰：高帝兄伯也。

〔四〕如淳曰：皆追謚。

〔五〕【補注】錢大昭曰：九月，荀紀作「八月」。蘇輿曰：史記、通鑑作「九月」，荀紀誤。

〔六〕應劭曰：竈姓周，高祖功臣也。隆慮，今林慮也，後避殤帝諱，故改之。師古曰：慮音廬。

八年春，封中謁者張釋卿爲列侯。〔一〕諸中官、宦者令丞皆賜爵關内侯，食邑。〔二〕夏，江

水、漢水溢，流萬餘家。〔三〕

〔一〕孟康曰：宦官也。如淳曰：百官表，謁者掌賓贊受事。灌嬰爲中謁者，後常以閹人爲之。諸官加中者，多閹人也。【補注】齊召南曰：案張釋卿，恩澤侯表作「張釋」無「卿」字。燕王劉澤傳作「張卿」，無「釋」字。錢大昭曰：恩澤侯自張釋卿始，張卿、張釋，傳表互見。史記表及後漢書襄楷傳作「張澤」，此又作「張釋卿」。先謙曰：匈奴傳作「張澤」，史記作「中大謁者張釋」。古釋、澤同字，釋其名也，卿蓋美稱，若言某甫矣。

〔二〕如淳曰：列侯出關就國，關內侯但爵耳。其有加恩者，與之關內之邑，食其租稅。宣紀曰「德、武食邑」是也。師古曰：諸中官，凡閹人給事於中者皆是也。宦者令丞，宦者署之令丞。【補注】錢大昭曰：注「愚」，閩本作「異」。先謙曰：官本作「異」，是。

〔三〕【補注】先謙曰：五行志作「漢中、南郡水復出，流六千餘家。南陽沔水流萬餘家」。

秋七月辛巳，皇太后崩于未央宮。遺詔賜諸侯王各千金，將相列侯下至郎吏各有差。大赦天下。

上將軍禄、相國產顓兵秉政，〔一〕自知背高皇帝約，〔二〕恐爲大臣諸侯王所誅，因謀作亂。〔三〕時齊悼惠王子朱虛侯章在京師，以禄女爲婦，知其謀，乃使人告兄齊王，令發兵西。章欲與太尉勃、丞相平爲內應，以誅諸呂。齊王遂發兵，又詐琅邪王澤發其國兵，并將而西。產、禄等遣大將軍灌嬰將兵擊之。嬰至滎陽，〔四〕使人諭齊王與連和，待呂氏變而共誅之。〔五〕

〔一〕師古曰：顓讀與專同。【補注】先謙曰：史記「高后病甚，乃令趙王呂禄爲上將軍，居北軍；呂王產居南軍」，爲下文「南北軍」張本。

〔二〕師古曰：非劉氏而王，非有功而侯。

〔三〕【補注】宋祁曰：案蔡邕云，皇子封爲王者，實古諸侯，加號稱王，故云諸侯王。封爲侯者，謂之諸侯。

〔四〕【補注】宋祁曰：景德本「滎」作「熒」。先謙曰：作「熒」是也，詳見惠紀。

〔五〕師古曰：變謂發動也。

太尉勃與丞相平謀，以曲周侯酈商子寄與祿善，使人劫商令寄紿説祿〔一〕曰：「高帝與呂后共定天下，劉氏所立九王，呂氏所立三王，皆大臣之議。事（以）〔已〕布告諸侯王，諸侯王以爲宜。今太后崩，帝少，足下不急之國守藩，〔二〕乃爲上將將兵留此，爲大臣諸侯所疑。何不速歸將軍印，以兵屬太尉，〔三〕請梁王亦歸相國印，與大臣盟而之國？齊兵必罷，大臣得安，足下高枕而王千里，此萬世之利也。」祿然其計，使人報産及諸呂老人。或以爲不便，計猶豫〔四〕未有所決。祿信寄，與俱出遊，〔五〕過其姑呂嬃。〔六〕嬃怒曰：「汝爲將而棄軍，呂氏今無處矣！」〔七〕乃悉出珠玉寶器散堂下，曰：「無爲它人守也！」

〔一〕師古曰：紿，誑也。

〔二〕師古曰：之，往也。

〔三〕師古曰：屬音之欲反。

〔四〕師古曰：猶，獸名也。爾雅曰「猶如麐，善登木」。此獸性多疑慮，常居山中，忽聞有聲，即恐有人且來害之，每豫上樹，久之無人，然後敢下，須臾又上。如此非一，故不決者稱猶豫焉。一曰隴西俗謂犬子爲猶，犬隨人行，每豫在前，待人不得，又來迎候，故云猶豫也。麐音几。【補注】王念孫曰：案，「猶豫」雙聲字，猶楚詞之言「夷猶」耳，非謂獸畏人而豫上樹，亦非謂犬子豫在人前。師古之説皆襲顔氏家訓而誤，説見廣雅。

〔五〕【補注】先謙曰：史記「遊」下有「獵」字。荀紀從漢書，通鑑從史記。

〔六〕張晏曰：嬃音須。師古曰：呂后妹。【補注】宋祁曰：呂嬃，樊噲妻，封臨光侯。錢大昭曰：説文「嬃，女字也。賈侍中説楚人謂姊爲嬃」。離騷「女嬃之嬋娟」。王逸注「屈原姊也」。詩正義引鄭注周易「歸妹以須」亦云屈原之姊名女須。是須與嬃古字通，呂嬃爲呂后姊也。王鳴盛曰：陳平傳「高帝命平斬噲，道中計曰，噲，呂后女弟（女）〔呂〕須夫」，則其爲呂后妹甚明，嬃蓋姊妹通稱。

〔七〕師古曰：言見誅滅，無處所也。處字或作類，言無種類也。

八月庚申，〔一〕平陽侯窋行御史大夫事，〔二〕見相國產計事。郎中令賈壽使從齊來，〔三〕因數產〔四〕曰：「王不早之國，今雖欲行，尚可得邪？」具以灌嬰與齊楚合從狀告產。〔五〕平陽侯窋聞其語，馳告丞相平、太尉勃。〔六〕勃欲入北軍，不得入。襄平侯紀通尚符節，〔七〕乃令持節矯內勃北軍。〔八〕勃復令酈寄、典客劉揭説祿〔九〕曰：「帝使太尉守北軍，欲令足下之國，急歸將軍印辭去。〔一〇〕不然，禍且起。」祿遂解印屬典客，〔一一〕而以兵授太尉勃。勃入軍門，行令軍中曰：「爲呂氏右袒，爲劉氏左袒。」〔一二〕軍皆左袒。勃遂將北軍。然尚有南軍，〔一三〕丞相平召朱虛侯章佐勃。勃令章監軍門，令平陽侯告衞尉，毋內相國產殿門。產不知祿已去北軍，入未央宮欲爲亂。殿門弗內，徘徊往來。〔一四〕平陽侯馳語太尉勃，勃尚恐不勝，未敢誦言誅之，〔一五〕乃謂朱虛侯章曰：「急入宮衞帝。」章從勃請卒千人，入未央宮掖門，〔一六〕見產廷中。日晡時，遂擊產。〔一七〕產走。天大風，從官亂，莫敢鬭者。逐產，殺之郎中府吏舍廁中。〔一八〕

〔一〕【補注】先謙曰：通鑑考異云「八月」當作「九月」。

〔二〕師古曰：窋，曹參子也，音竹出反。【補注】劉攽曰：案表及周昌傳，高后四年，窋爲御史大夫，誅諸呂後免，則非行也，疑此紀誤。先謙曰：史記、通鑑亦作行事。公卿表：高后八年，淮南丞相張蒼爲御史大夫。蓋窋前雖真爲御史大夫，高后已詔張蒼代之，蒼未任事以前，窋尚在官，故僅謂之行事。參觀紀、表，可得其實。任敖傳云窋誅諸呂後坐事免。劉言周昌傳，誤。案，文紀勸進，已書御史大夫臣蒼，知所謂坐事免者，仍指高后時。言窋雖有誅諸呂功，已不預迎立文帝之事矣。

〔三〕【補注】先謙曰：百官表郎中令無賈壽，蓋闕。

〔四〕師古曰：數，責之也，(因)〔音〕數具反。

〔五〕師古曰：齊楚俱在山東，連兵西向，欲誅諸呂，亦猶六國爲從以敵秦，故言合從也。從音子容反。【補注】先謙曰：史記云「乃趣產急入宮」。

〔六〕【補注】宋祁曰：「馳」，邵本作「以」。

〔七〕張晏曰：紀通，信子也。尚，主也，今符節令也。晉灼曰：紀信焚死，不見其後。功臣表云紀通，紀成之子，以成死事，故封侯。師古曰：晉説是也。【補注】劉攽曰：高祖以善用人得天下，豈宜忘紀信之功，疑成者即信之一名。齊召南曰：紀信與紀成自是兩人，後儒以信死節最烈，沒未得封，故疑紀成即信耳。不知紀成名字早著於鴻門間道走軍之日，其後戰死好畤，則功臣表有明文，非死於滎陽也。高祖於功臣，以父死節封其子者三人：一紀通，以父成戰死好畤；一高景侯周成，以父苛守滎陽罵項王死事；一高梁侯酈疥，以父食其説齊王死事。紀信、樅公宜有封爵，而侯表無之，必是其人並無子孫可封，晉灼及師古説確有證據，攽説非也。

〔八〕師古曰：矯，詐也，詐以天子之命也。【補注】錢大昭曰：内讀爲納，下「毋内相國產殿門」、「殿門弗内」並同。

〔九〕應劭曰：典客，今大鴻臚也。師古曰：揭音竭。

〔一〇〕【補注】宋祁曰：南本作「歸印綬去」。

〔一一〕師古曰：屬音之欲反。

〔一二〕師古曰：袒，脱衣袖而肉袒也。左右者，偏脱其一耳。袒音徒旱反。

〔一三〕【補注】吴仁傑曰：刑法志「京師有南北軍之屯」。漢南北軍雖號爲兩軍，相表裏，其實南軍非北軍比也。高帝發中尉卒三萬人，王温舒爲中尉，請覆脱卒，得數萬人，北軍尺籍亦云盛矣。至若蓋寬饒爲衛司馬，衛卒之數不過數千人而已。故漢之兵制，常以北軍爲重，周勃一入北軍，而吕産輩束手就戮。戾太子不得北軍之助，卒敗於丞相之兵。兩軍之勢，大略可覩。先謙曰：通鑑胡注「班表，中壘校尉掌北軍壘門。外又有中尉掌徼循京師，屬官有中壘、寺互等令、丞。至後漢始置北軍中候，掌監五營。劉注『舊有中壘校尉，領北軍營壘之事。中興省中壘，但置中候以監五營』。又據班表，中壘以下八校尉，皆武帝初置。意者武帝以前，北軍屬中尉，故領中壘令、丞等官。南軍蓋衛尉所統。班表，衛尉掌宫門衛屯兵。周勃入北軍，尚有南軍。乃先使曹窋告衛尉毋内吕産殿門，然後使朱虚侯逐産，殺之未央宫郎中府吏廁中，以此知南軍屬衛尉也」。

〔一四〕師古曰：徘徊猶傍偟，不進之意也。徘音裴。

〔一五〕鄧展曰：誦言，公言也。【補注】錢大昕曰：史記「誦」作「訟」，韋昭云，訟猶公也。

〔一六〕師古曰：非正門而在兩旁，若人之臂掖也。

〔一七〕【補注】宋祁曰：越本、邵本竝無「曰」字。

〔一八〕如淳曰：百官表，郎中令掌宫殿門户，故其府在宫中，後轉爲光禄勳。【補注】先謙曰：馮唐傳「爲郎中署長」。郎中府即郎中署也。

章已殺産，帝令謁者持節勞章。〔一〕章欲奪節，謁者不肯，章乃從與載，因節信馳斬長樂衛尉吕更始。〔二〕還入北軍，復報太尉勃。勃起拜賀章，曰：「所患獨産，今已誅，天下定矣。」

辛酉，殺吕禄，〔三〕笞殺吕嬃。分部悉捕諸吕男女，無少長皆斬之。〔四〕

〔一〕師古曰：慰問之。

〔二〕師古曰：因謁者所持之節，用爲信也。章與謁者同車，故爲門者所信，得入長樂宫。

〔三〕【補注】先謙曰：官本「殺」作「斬」。

〔四〕師古曰：分音扶問反。

大臣相與陰謀，以爲少帝及三弟爲王者皆非孝惠子，〔一〕復共誅之，尊立文帝。語在周勃、高五王傳。

〔一〕【補注】周壽昌曰：案，前後有兩少帝。前之少帝，即後宫美人子，於高后四年幽死。後之少帝，爲恒山王弘也。亦明前幽死之少帝，實爲孝惠子也。先謙曰：軹侯朝爲恒山王，壺關侯武爲淮陽王，昌平侯太爲吕王，更名吕曰濟川，所謂三弟爲王者也。史記作「少帝及梁、淮陽、常山王」，「梁」是「吕」之誤，時梁王乃吕産也。

贊曰：孝惠、高后之時，海内得離戰國之苦，君臣俱欲無爲，故惠帝拱己，〔一〕高后女主制政，不出房闥，〔二〕而天下晏然，刑罰罕用，民務稼穡，衣食滋殖。〔三〕

〔一〕師古曰：垂拱而治。

〔二〕師古曰：闥，宫中小門，音他曷反。

〔三〕師古曰：滋，益也。殖，生也。

文帝紀第四

孝文皇帝，〔一〕高祖中子也，母曰薄姬。〔二〕高祖十一年，誅陳豨，定代地，立爲代王，〔三〕都中都。〔四〕十七年秋，高后崩，〔五〕諸吕謀爲亂，欲危劉氏。丞相陳平、太尉周勃、朱虚侯劉章等共誅之，謀立代王。語在高后紀、高五王傳。

〔一〕荀悦曰：諱恒之字曰常。應劭曰：謚法「慈惠愛民曰文」。【補注】宋祁曰：景德本「民」作「人」。周壽昌曰：案「民」作「人」，承唐時舊本，非有異也。唐諱世作代，民作人，治作理，兩漢書注多如此。

〔二〕如淳曰：姬音怡，衆妾之總稱。漢官儀曰姬妾數百，外戚傳亦曰幸姬戚夫人。臣瓚曰：漢秩禄令及茂陵書，姬竝内官也，秩比二千石，位次婕妤下，在八子上。師古曰：姬者，本周之姓，貴於衆國之女，所以婦人美號皆稱姬焉。故左氏傳曰「雖有姬、姜，無棄蕉萃」。姜亦大國女也，後因總謂衆妾爲姬。史記云「高祖居山東時好美姬」是也。若姬是官號，不應云幸姬戚夫人，且外戚傳備列后妃諸官，無姬職也。如云衆妾總稱，則近之。不當音怡，宜依字讀耳。瓚説謬也。【補注】錢大昭曰：六朝人稱妾母爲姨，即此意，但不知姬有怡音，因變文爲姨，此俗間之謬耳。釋親「妻之姊妹同出爲姨」，豈可以稱衆妾，顔謂姬不當音怡，失之。李慈銘曰：姬妾是一義，姬、姜是一義，二義異音，瓚説本當時官書，豈容臆造。若云因周姓貴而爲婦人美稱，何以無稱「姜」者乎？

〔三〕【補注】宋祁曰：越本「立」字下有「子恒」二字。齊召南曰：監本作「立子恒爲代王」非也，帝紀中例不書名。宋本作「立爲代王」，下注「宋祁曰：越本『立』字下有『子恒』二字」。今從宋本。

〔四〕【補注】先謙曰：中都，太原縣，在今汾州府平遥縣西北。先都晉陽，見高紀，此徙都也。

〔五〕張晏曰：代王之十七年也。

大臣遂使人迎代王。郎中令張武等議，〔一〕皆曰：「漢大臣皆故高帝時將，習兵事，多謀詐，其屬意非止此也，〔二〕特畏高帝、吕太后威耳。今已誅諸吕，新喋血京師，〔三〕以迎大王爲名，實不可信。願稱疾無往，以觀其變。」中尉宋昌進曰：〔四〕「羣臣之議皆非也。夫秦失其政，豪傑竝起，人人自以爲得之者以萬數，然卒踐天子位者，劉氏也，〔五〕天下絶望，一矣。高帝王子弟，地犬牙相制，所謂盤石之宗也，〔六〕天下服其彊，二矣。漢興，除秦煩苛，約法令，施德惠，〔七〕人人自安，難動摇，三矣。夫以吕太后之嚴，立諸吕爲三王，擅權專制，然而太尉以一節入北軍，一呼，〔八〕士皆袒左，爲劉氏，畔諸吕，卒以滅之。此乃天授，非人力也。今大臣雖欲爲變，百姓弗爲使，〔九〕其黨寧能專一邪？内有朱虚、東牟之親，外畏吴、楚、淮南、琅邪、齊、代之彊。方今高帝子獨淮南王與大王，大王又長，賢聖仁孝，聞於天下，故大臣因天下之心而欲迎立大王，大王勿疑也。」代王報太后，計猶豫未定。卜之，兆得大横。〔一〇〕占曰：「大横庚庚，余爲天王，夏啟以光。」〔一一〕代王曰：「寡人固已爲王，又何王乎？」卜人曰：「所謂天王者，乃天子也。」於是代王乃遣太后弟薄昭見太尉勃，勃等具言所以迎立王者。〔一二〕昭還報曰：「信矣，無可疑者。」代王笑謂宋昌曰：「果如公言。」乃令宋昌驂乘，〔一三〕張武等六人乘六乘傳〔一四〕詣長安。至高陵止，〔一五〕而使宋昌先之長安觀變。

〔一〕【補注】先謙曰：漢初，諸王國羣卿大夫如漢朝，此代國之郎中令也。下文云，張武爲郎中令，則漢朝之郎中令，故百官公卿表於孝文元年書「郎中令張武」。

〔二〕師古曰：言常有異志也。屬意，猶言注意也。屬音之欲反。

〔三〕服虔曰：喋音蹀，屣履之蹀。如淳曰：殺人流血滂沱爲喋血。師古曰：喋音大頰反，本字當作蹀。蹀謂履涉之耳。【補注】周壽昌曰：案，喋自爲唼喋之喋。司馬相如傳「唼喋荇藻」，注「唼喋，鳥食之聲也」，正借作唼血，訓若口唼之也。史記魏豹彭越傳「唼血乘勝」，集解引徐廣「喋一作唼」，足證唼、喋二字本通。至蹀字，從足，淮南許注「蹈也」，不能以蹀作喋。先謙曰：史記作「啑」，啑、唼同字，周説是也。

〔四〕【補注】先謙曰：史索隱引東觀漢記宋楊傳「宋義後有宋昌」。又會稽典録「昌，宋義孫也」。

〔五〕師古曰：卒，終也。

〔六〕師古曰：犬牙，言地形如犬之牙交相入也。【補注】先謙曰：史索隱云「言其國如盤石。此語見太公六韜」。

〔七〕師古曰：約，省也。

〔八〕師古曰：呼，叫也，音火故反。他皆類此。

〔九〕師古曰：爲音于僞反。

〔一〇〕應劭曰：龜曰兆，筮曰卦。卜以荆灼龜，文正横也。

〔一一〕服虔曰：庚庚，横貌也。李奇曰：庚庚，其繇文也。占謂其繇也。張晏曰：先是五帝官天下，老則禪賢，至夏啟始傳嗣，能光先君之業。文帝亦襲父迹，言似啟也。師古曰：繇音丈救反，本作籀。籀，書也，謂讀卜詞。【補注】

宋祁曰：江南本注文「張晏曰」下有「横謂無思不服庚更也更更言去諸侯而即帝位也」二十字。先謙曰：史集解引張説有此二十字。

〔一二〕師古曰：説所以迎代王之意也。【補注】王先慎曰：「者」字，文義不順，當依史記作「意」，字之誤也。顔云「説所以迎代王之意」，是唐時所見本尚作「意」，不作「者」。

〔一三〕師古曰：乘車之法，尊者居左，御者居中，又有一人處車之右，以備傾側。是以戎事則稱車右，其餘則曰驂乘。驂者，三也，蓋取三人爲名義耳。

〔一四〕張晏曰：傳車六乘也。師古曰：傳音張戀反。

〔一五〕【補注】先謙曰：高陵，馮翊縣，在今西安府高陵縣西南一里。

昌至渭橋，〔一〕丞相以下皆迎。昌還報，代王乃進至渭橋。羣臣拜謁稱臣，代王下拜。太尉勃進曰：「願請間。」〔二〕宋昌曰：「所言公，公言之；所言私，王者無私。」太尉勃乃跪上天子璽。〔三〕代王謝曰：「至邸而議之。」〔四〕

〔一〕蘇林曰：在長安北三里。【補注】先謙曰：史索隱引三輔故事「咸陽宫在渭北，興樂宫在渭南，秦昭王通兩宫之間，作渭橋，長三百八十步」。又關中記云，石柱以北屬扶風，石柱以南屬京兆也。

〔二〕師古曰：間，容也，猶今言中間也。請容暇之頃，當有所陳，不欲於衆顯論也。他皆類此。

〔三〕【補注】先謙曰：史記「璽」下有「符」字，通鑑同。下文亦言「璽符」，則「符」字當有。

〔四〕師古曰：郡國朝宿之舍，在京師者率名邸。邸，至也，言所歸至也，音丁禮反。他皆類此。

閏月己酉，入代邸。〔一〕羣臣從至，上議曰：「丞相臣平、太尉臣勃、大將軍臣武、〔二〕御史大夫臣蒼、〔三〕宗正臣郢、〔四〕朱虚侯臣章、東牟侯臣興居、典客臣揭〔五〕再拜言大王足下：子弘等皆非孝惠皇帝子，〔六〕不當奉宗廟。臣謹請陰安侯、〔七〕頃王后、〔八〕琅邪王、〔九〕列侯、吏二千石議，大王高皇帝子，宜爲嗣。願大王即天子位。」代王曰：「奉高帝宗廟，重事也。寡人不佞，〔一〇〕不足以稱。〔一一〕願請楚王計宜者，〔一二〕寡人弗敢當。」羣臣皆伏，固請。代王西鄉讓者三，南鄉讓者再。〔一三〕丞相平等皆曰：「臣伏計之，大王奉高祖宗廟最宜稱，雖天下諸侯萬民皆以爲宜。臣等爲宗廟社稷計，不敢忽。〔一四〕願大王幸聽臣等。臣謹奉天子璽符再拜上。」代王曰：「宗室、將相、王、列侯以爲其宜寡人，〔一五〕寡人不敢辭。」遂即天子位。羣臣以次侍。〔一六〕使太僕嬰、東牟侯興居先清宮，〔一七〕奉天子法駕迎代邸。〔一八〕皇帝即日夕入未央宮。夜拜宋昌爲衞將軍，領南北軍，〔一九〕張武爲郎中令，行殿中。〔二〇〕還坐前殿，下詔曰：

「制詔丞相、太尉、御史大夫：間者諸呂用事擅權，〔二一〕謀爲大逆，欲危劉氏宗廟，賴將相、列侯、宗室、大臣誅之，皆伏其辜。朕初即位，其赦天下，賜民爵一級，女子百户牛酒，〔二二〕酺五日。」〔二三〕

〔一〕【補注】劉攽曰：己酉去誅諸呂三十七日矣。

〔二〕服虔曰：柴武。【補注】錢大昭曰：服説非也。若柴武爲大將軍，位在御史大夫之上，公卿表不應失書。攷高五王傳，漢聞齊王舉兵，相國呂産等遣大將軍潁陰侯灌嬰將兵擊之。嬰至滎陽，使人諭齊王及諸侯與連和。灌嬰傳，呂祿等以嬰爲大將軍，嬰至滎陽，乃與絳侯等謀，風齊王以兵誅諸呂，齊兵不前。絳侯既誅諸呂，嬰自滎陽還，與絳侯、陳平共立文帝，於是益封嬰三千户爲太尉。觀本紀元年詔書益封户邑者，止有太尉勃、丞相平、將軍嬰，而無名武之大將軍，則其爲灌嬰何疑？嬰之大將軍是吕禄等所置，故公卿表不載。至棘蒲侯柴武爲大將軍，其事在三年，因濟北王反，遣武擊之，事已即罷，故表亦不載。服氏謂文帝即位之初，即有大將軍柴武，失之遠矣。先謙曰：錢説是也。史記亦誤作「陳武」。

〔三〕文穎曰：張蒼。

〔四〕文穎曰：劉郢。【補注】王念孫曰：此及儒林傳「郢」下皆脱「客」字，史記同。諸侯王表、王子侯表、百官公卿表、楚元王傳及史記惠景間侯者表皆作「郢客」。

〔五〕蘇林曰：劉揭也。師古曰：揭音竭。

〔六〕師古曰：不詳其有爵位，故總謂之子。【補注】宋祁曰：注文「不詳」，南本作「不許」爲長。若云「不詳其有爵位」，則高后元年已封三王二侯，而弘又爲帝，非不詳也。

〔七〕蘇林曰：高帝兄伯妻，羹頡侯母，丘嫂也。晉灼曰：若蕭何夫人封爲酇侯也。【補注】先謙曰：陰安，魏郡縣，在今大名府清豐縣北二十里。

〔八〕蘇林曰：高帝兄仲妻也。仲名喜，爲代王，後廢爲郃陽侯。子濞爲吴王，故追謚爲頃王。如淳曰：王子侯表曰，合陽侯喜以子濞爲王，追謚爲頃王。頃王后封陰安侯，時吕嬃爲林光侯，蕭何夫人亦爲酇侯。又宗室侯表此時無陰安侯，知其爲頃王后也。案漢祠令，陰安侯，高帝嫂也。師古曰：諸謚爲「傾」者，漢書例作「頃」字，讀皆曰傾。【補注】齊召南曰：「林光」當作「臨光」，樊噲傳可證。先謙曰：史記「頃王后」上有「列侯」二字。索隱，頃王后是代頃王后，文帝之伯母。代王降爲郃陽侯，故云「列侯頃王后」。又云，蘇林、徐廣、韋昭以陰安侯、頃王后爲二人封號，而樂彦、如淳以頃王后别封陰安侯，與漢祠令相會。先謙案：羹頡侯母亦高帝嫂也，非與祠令舛。據史記加「列侯」二字，則爲二人明矣。官本注「合」作「郃」，「知」上有「安」字，是。

〔九〕文穎曰：劉澤也。

〔一〇〕師古曰：不佞，不材也。

〔一一〕師古曰：稱，副也，音尺孕反。其下皆同。

〔一二〕蘇林曰：楚王名交，高帝弟也。【補注】何焯曰：陰安侯、頃王后皆婦人，琅邪王疏屬，帝言請楚王計宜，斯識體矣。

〔一三〕如淳曰：讓羣臣也。或曰賓主位東西面，君臣位南北面，故西鄉坐三讓不受，羣臣猶稱宜，乃更南鄉坐，示變即君位之漸也。師古曰：鄉讀曰嚮。【補注】先謙曰：通鑑胡注：「如説非代王所以再讓之意。蓋王入代邸而漢廷羣臣繼至，王以賓主禮接之，故西鄉。羣臣勸進，王凡三讓，羣臣遂扶王正南面之位，王又讓者再。則南鄉非王之得已，羣臣扶之使南鄉耳。遽以爲南鄉坐，可乎！」

〔一四〕師古曰：忽，怠忘也。【補注】劉攽曰：忽，言輕易也。先謙曰：劉説是。

〔一五〕【補注】王念孫曰：「其」字文義不順，當依史記作「莫」，字之誤也。漢武都太守李翕析里橋郙閣頌「雖昔魯班，亦莫儗象」，「莫」字作「萁」。莫宜寡人，言無若寡人之宜者也。上文「丞相平等曰，大王奉高祖宗廟最宜稱，雖天下諸侯萬民皆以爲宜」，故曰「宗室將相王列侯以爲莫宜寡人」。

〔一六〕師古曰：各依職位。

〔一七〕應劭曰：舊典，天子行幸所至，必遣靜室令先案行清淨殿中，以虞非常。【補注】王先慎曰：東牟侯自請與太僕俱入清宮，見高五王傳。先謙曰：嬰，夏侯嬰也。史集解引「靜室」作「靜宮」。胡三省云，時羣臣雖奉帝即位，而少帝猶居禁中，有所屏除也。

〔一八〕如淳曰：法駕者，侍中驂乘，奉車郎御，屬車三十六乘。

〔一九〕【補注】先謙曰：史記作「鎮撫南北軍」。

〔二〇〕師古曰：行，謂案行也，音下更反。

〔二一〕師古曰：間者，猶言中間之時也。他皆倣此。【補注】宋祁曰：景德本無「制詔」二字。先謙曰：官本注「倣」作「類」。

〔二二〕蘇林曰：男賜爵，女子賜牛酒。師古曰：賜爵者，謂一家之長得之也。女子謂賜爵者之妻也。率百户共得牛若干頭，酒若干石，無定數也。【補注】何焯曰：後書注：姚察云「女子，謂賜爵者之妻」。封禪書「百户牛一頭，酒十石」。臣賢案，此女子百户，若是户頭之妻，不得更稱爲户；此謂女户頭，即今之女户也。恩當普洽，所以男户賜爵，女户賜牛酒。案，此説近之。又案，昭紀，始元元年「賜民百户牛酒」，元紀，初元元年「賜吏民五十户牛酒」，而別無女子百户、五十户之文，或者吏民但賜牛酒而不賜爵，則其妻不別沾賜，非女户也。惟章帝元和二年詔書，獨繫以經曰「無侮鰥寡，惠此煢獨」，加賜河南女子百户牛酒，或當如章懷之説。詔書曰河南，則止於河南户所屬，不普洽天下，與前書中事不同。沈欽韓曰：顔説襲姚，然長男得爵，妻得牛酒，(兩)〔而〕次丁與妻並不及，非普洽之惠也。章懷知其不可通，以爲此是女户頭。唐律疏議「户内並無男夫，直以女人爲户，其終則爲絶户」。但女户甚少，百户共賜亦難分布，予以爲止就鄉亭中百户率得牛一頭，酒十石，不限有爵無爵之妻也。

〔二三〕服虔曰：酺音蒲。文穎曰：音步。漢律，三人以上無故羣飲酒，罰金四兩，今詔橫賜得令會聚飲食五日也。師古曰：酺之爲言布也，王德布於天下而合聚飲食爲酺。服音是也。字或作「脯」，音義同。【補注】宋祁曰：「酺」，南本、浙本並作「餔」。沈欽韓曰：説文「酺，王者布德，大飲酒也」。周禮族師「春秋祭酺」。案，古者無事不飲酒。酒誥曰「祀茲酒」，故假祭名以飲酒，因謂賜民飲酒爲酺。禮器注「合錢飲酒爲醵」。王居明堂之禮，仲秋乃命國醵」。賈公彦云：「州長、黨正飲酒禮，皆得官物爲之。族師卑，不得官物爲禮。鄭據禮器明堂禮皆有醵法，以不得官酒，故須合錢耳。」然則賜酺，即是合錢醵飲也。先謙曰：史素隱「出錢爲醵，出食爲酺。又案，趙武靈王滅中山，酺五日，是其所起遠也」。

元年冬十月辛亥，皇帝見于高廟。遣車騎將軍薄昭迎皇太后于代。詔曰：「前呂產自置爲相國，呂祿爲上將軍，擅遣將軍灌嬰將兵擊齊，欲代劉氏。嬰留滎陽，與諸侯合謀以誅呂氏。呂產欲爲不善，〔一〕丞相平與太尉勃等謀奪產等軍。朱虛侯章首先捕斬產。太尉勃身率襄平侯通持節承詔入北軍。典客揭奪呂祿印。〔二〕其益封太尉勃邑萬户，賜金五千斤。丞相平、將軍嬰邑各三千户，金二千斤。朱虛侯章、襄平侯通〔三〕邑各二千户，金千斤。封典客揭爲陽信侯，賜金千斤。」

〔一〕【補注】宋祁曰：「呂產」，南本、浙本無「呂」字。

〔二〕【補注】宋祁曰：「呂祿」，南本、浙本無「呂」字。

〔三〕【補注】王先慎曰：東牟侯同時受封賜，見傳。先謙曰：史記有「東牟侯劉興居」六字。

十二月，立趙幽王子遂爲趙王，徙琅邪王澤爲燕王。呂氏所奪齊、楚地皆歸之。〔一〕盡除收帑相坐律令。〔二〕

〔一〕【補注】王啟原曰：劉澤王琅邪，係奪齊一郡。呂台爲呂王，以彭城爲國，係奪自楚者。今諸呂誅，呂國廢，澤又徙封，故仍以其地還齊、楚。

〔二〕應劭曰：帑，子也。秦法，一人有罪，並其室家。今除此律。師古曰：帑讀與奴同，假借字也。【補注】先謙曰：史記並載詔議，本書以入刑法志，又云「後，新垣平謀逆，復行三族之誅」。

正月，有司請蚤建太子，〔一〕所以尊宗廟也。詔曰：「朕既不德，上帝神明未歆饗也，〔二〕

天下人民未有慊志。〔三〕今縱不能博求天下賢聖有德之人而嬗天下焉，〔四〕而曰豫建太子，是重吾不德也。〔五〕謂天下何？」〔六〕其安之。」〔七〕有司曰：「豫建太子，所以重宗廟社稷，不忘天下也。」上曰：「楚王，季父也，春秋高，閱天下之義理多矣，〔八〕明於國家之體。吳王於朕，兄也。淮南王，弟也。皆秉德以陪朕，〔九〕豈爲不豫哉！諸侯王宗室昆弟有功臣，多賢及有德義者，若舉有德以陪朕之不能終，是社稷之靈，天下之福也。今不選舉焉，而曰必子，〔一〇〕人其以朕爲忘賢有德者而專於子，〔一一〕非所以憂天下也。朕甚不取。」〔一二〕有司固請曰：「古者殷周有國，治安皆且千歲，〔一三〕有天下者莫長焉，〔一四〕用此道也。〔一五〕立嗣必子，所從來遠矣。高帝始平天下，建諸侯，爲帝者太祖。諸侯王、列侯始受國者亦皆爲其國祖。子孫繼嗣，世世不絕，天下之大義也。故高帝設之以撫海内。〔一六〕今釋宜建〔一七〕而更選於諸侯宗室，非高帝之志也。更議不宜。〔一八〕子啟最長，〔一九〕敦厚慈仁，〔二〇〕請建以爲太子。」上乃許之。因賜天下民當爲父後者爵一級。〔二一〕封將軍薄昭爲軹侯。〔二二〕

〔一〕師古曰：蚤，古以爲早晚字也。【補注】先謙曰：説文「早，晨也，从日在甲上」。「蝨，齧人跳蟲」。蚤、蝨或體字，此假借通用，以爲古字則謬矣。

〔二〕【補注】宋祁曰：南本、浙本無「也」字。先謙曰：無「也」字，是也，史記亦無。

〔三〕應劭曰：慊音篋。慊，滿也。師古曰：慊，快也。【補注】錢大昭曰：史記「慊」作「嗛」。荀子榮辱篇「臭之而無嗛於鼻」，楊倞注「嗛當爲慊」。蓋義與慊同。

〔四〕晉灼曰：嬗，古禪字。

〔五〕師古曰：重謂增益也，音直用反。他皆類此。

〔六〕師古曰：猶言何以稱天下之望。

〔七〕師古曰：安猶徐也，言不宜汲汲耳。

〔八〕如淳曰：閱猶更歷也。

〔九〕文穎曰：陪，輔也。【補注】先謙曰：史記「兄也」下有「惠仁以好德」五字，無「秉」上「皆」字。

〔一〇〕師古曰：必將傳位於子。

〔一一〕【補注】宋祁曰：越本「專」作「傳」。先謙曰：史記亦作「專」，越本誤。

〔一二〕師古曰：不取，猶言不用此爲善也。

〔一三〕師古曰：治安，言治理而且安寧也。治音丈吏反。

〔一四〕師古曰：言上古以來，國祚長久，無及殷周者也。

〔一五〕師古曰：所以能爾者，以承嗣相傳故也。

〔一六〕師古曰：設，置立也，謂立此法也。

〔一七〕師古曰：釋，捨也。宜建，謂適嗣。

〔一八〕師古曰：不當更議。

〔一九〕文穎曰：景帝名。【補注】蘇輿曰：史記避諱作「子某」，此紀直書「子啟」，蓋親盡不諱也。下文「匄以啟告朕」，史記亦刪「啟」字。

〔二〇〕【補注】先謙曰：史記、通鑑皆作「純厚」。荀紀作「敦厚」，從漢書。

〔二一〕師古曰：雖非己生正嫡，但爲後者即得賜爵。【補注】何焯曰：當爲父後，正謂嫡長耳，顏注非。其曰「非己生」，尤乖於理。

〔二二〕師古曰：軹音只。

三月，有司請立皇后。皇太后曰：「立太子母竇氏爲皇后。」〔一〕

〔一〕【補注】何焯曰：先建太子，後立皇后者，時代王王后先卒，竇姬乃以子貴也。立皇后稱皇太后命，得著代之意。「立太子母」上，史記有「諸侯皆同姓」五字。蓋周之天子逆后於媯、姜之國，今諸侯皆同姓，則不可拘以舊制，必貴姓也。然自此，景立王，武立衞，安於立賤矣。此等皆漢事與三代始判分處，況此時固亦有長沙王在乎！

詔曰：「方春和時，草木羣生之物皆有以自樂，而吾百姓鰥寡孤獨窮困之人或阽於死亡，〔一〕而莫之省憂。〔二〕爲民父母將何如？其議所以振貸之。」〔三〕又曰：「老者非帛不煖，非肉不飽。〔四〕今歲首，不時使人存問長老，〔五〕又無布帛酒肉之賜，將何以佐天下子孫孝養其親？今聞吏稟當受鬻者，或以陳粟，〔六〕豈稱養老之意哉！具爲令。」〔七〕有司請令縣道，〔八〕年八十以上，賜米人月一石，肉二十斤，酒五斗。其九十以上，又賜帛人二疋，絮三斤。〔九〕賜物及當稟鬻米者，長吏閱視，丞若尉致。〔一〇〕不滿九十，嗇夫、令史致。〔一一〕二千石遣都吏循行，〔一二〕不稱者督之。〔一三〕刑者及有罪耐以上，不用此令。〔一四〕

〔一〕服虔曰：阽音反坫之坫。孟康曰：阽音屋檐之檐。如淳曰：阽，近邊欲墮之意。師古曰：服、孟二音並通。【補注】錢大昭曰：說文「阽，壁危也」。

〔二〕師古曰：省，視也。

〔三〕師古曰：振，起也，爲給貸之，令其存立也。諸振救、振贍，其義皆同。今流俗作字從貝者非也，自別有訓。貸音吐戴反。

〔四〕師古曰：煖，温也，音乃短反。

〔五〕師古曰：存，省視也。

〔六〕師古曰：稟，給也。鬻，淖糜也。給米使爲糜鬻也。陳，久舊也。小雅甫田之詩曰「我取其陳」。鬻音之六反。淖，弱也，音女教反。【補注】先謙曰：官本注「弱」作「溺」，張照云，案宋本無「溺也」二字，以溺訓淖，理不可通，「溺」字當爲「泥」字之譌。

〔七〕師古曰：使其備爲條制。【補注】先謙曰：官本注「條」作「修」。

〔八〕師古曰：或縣或道，皆用此制也。有蠻夷曰道。

〔九〕師古曰：絮，緜也。

〔一〇〕師古曰：長吏，縣之令長也。若者，豫及之詞。致者，送至也。或丞或尉，自致之也。【補注】先謙曰：百官表：縣皆有丞、尉，秩四百石至二百石，令長、丞、尉是爲長吏。顔以長吏專屬縣令長，非。

〔一一〕【補注】先謙曰：百官志：縣十里一亭，十亭一鄉。鄉有嗇夫，職聽訟，收賦税。又云，百石以下有斗食、佐史之秩，是爲少吏。通鑑胡注引漢官云，斗食佐史，即斗食令史。

〔一二〕蘇林曰：取其都吏有德也。如淳曰：律説，都吏今督郵是也。閑惠曉事，即爲文無害都吏。師古曰：如説是也。行音下孟反。【補注】周壽昌曰：行讀如本字，顔音非。

〔一三〕師古曰：循行有不如詔意者，二千石察視責罰之。【補注】吴仁傑曰：督有兩義。西域傳「督察烏孫、康居諸外國」，此用督察爲義。晉令云「應受杖而體有瘡者督之」，此蓋決罰之名。顔注丙吉傳但云「察視」，非也。於文紀亦知其爲責罰，復兼察視爲言。隋志載梁杖督之制云，督罰，大罪無過五十、三十，小者二十。宇文周定五刑曰杖、鞭、徒、流、死。徒、流之制，鞭笞並用。笞者，笞其臀。鞭者，鞭其背。魏明帝改罰金之令，婦人加笞者從督例，以其露形體也。隋去鞭刑，罰鞭之爲用，殘剝膚體。前世鞭笞之刑蓋如此，而杖督在鞭笞之外，比之爲輕。笞用竹，鞭用生熟革，而杖則用荆而已。鞭至殘肌膚，笞至露形體，杖督則不至此，殆書所謂扑刑，宋子罕親執以抶築者邪？然則督爲決罰之名，由漢以來用之，梁、陳猶爾。唐因隋舊，督責鞭罰之制，併廢不用，顔不及知，故言督以察視爲義而已。説文：督、豰同篤音。督，察也。豰，擊物也。蓋古字少，故即以督爲豰。先謙曰：督、豰亦假借通用，凡此類，言古字少者皆謬。

〔一四〕蘇林曰：一歲爲罰作，二歲刑以上爲耐。耐，能任其罪也。師古曰：刑謂先被刑也。有罪，在吏未決者也。言八十、九十之人雖合加賜，其中有被刑罪者，不在此賜物令條中也。【補注】先謙曰：官本注「謂」作「爲」，古「謂」「爲」同字。又據史記，孤兒九歲以下亦得賜。

楚元王交薨。

四月，齊楚地震，二十九山同日崩，大水潰出。〔一〕

〔一〕師古曰：旁決曰潰，上湧曰出。【補注】先謙曰：「二十九山」，五行志作「山二十九所」。

六月，令郡國無來獻。施惠天下，諸侯四夷遠近驩洽。乃脩代來功。〔一〕詔曰：「方大臣誅諸吕迎朕，朕狐疑，皆止朕，〔二〕唯中尉宋昌勸朕，朕已得保宗廟。〔三〕已尊昌爲衛將軍，〔四〕其封昌爲壯武侯。諸從朕六人，官皆至九卿。」〔五〕又曰：「列侯從高帝入蜀漢者六十八人益邑各三百户。吏二千石以上從高帝潁川守尊等十人食邑六百户，淮陽守申屠嘉等十人五百户，衛尉足等十人四百户。〔六〕封淮南王舅趙兼爲周陽侯，齊王舅駟鈞爲靖郭侯，〔七〕故常山丞

相蔡兼爲樊侯。」〔八〕

〔一〕師古曰：自代來時有功者。【補注】先謙曰：官本注末有「也」字。史記作「乃循從代來功臣」，循、脩因形似而誤。

〔二〕師古曰：狐之爲獸，其性多疑，每渡冰河，且聽且渡。故言疑者，而稱狐疑。

〔三〕【補注】蘇輿曰：史記「已」作「以」，以、已字通，然依本書例作「㠯」爲合。

〔四〕師古曰：尊，高也，高其官秩。

〔五〕師古曰：張武等。【補注】先謙曰：「官皆至九卿」非詔文，詔應云「諸從朕六人，進秩有差」，而修史者終言之耳。

〔六〕【補注】先謙曰：公卿表孝文二年書「衛尉足」。史記作「定」，誤也。

〔七〕如淳曰：邑名也，六國時齊有靖郭君。靖音靜。師古曰：外戚恩澤侯表云鄔侯駟鈞以齊王舅侯，今此云靖郭，豈初封靖郭後改爲鄔乎？鄔音一户反，又音於度反。【補注】先謙曰：官本注「度」作「庶」，是。史記作「清郭侯」，集解引如注「清音靜」。

〔八〕【補注】錢大昕曰：「丞」字衍。周壽昌曰：「丞」字非衍也。此故常山王之丞相也。百官表：諸侯王國，景帝中五年始改丞相曰相，此在文帝初，宜仍故稱。表下書淮南丞相張蒼爲御史大夫，即其例。功臣表作常山相，無「丞」字，蓋省文。先謙曰：周説是，史記亦有「丞」字。

二年冬十月，丞相陳平薨。〔一〕詔曰：「朕聞古者諸侯建國千餘，〔二〕各守其地，以時入貢，民不勞苦，上下驩欣，靡有違德。今列侯多居長安，邑遠，〔三〕吏卒給輸費苦，而列侯亦無繇教訓其民。〔四〕其令列侯之國，爲吏及詔所止者，遣太子。」〔五〕

〔一〕【補注】錢大昭曰：丞相薨，例書日，不書姓。惟陳平、灌嬰書姓，不書日；申屠嘉不書日；翟方進書姓，仍書日。

〔二〕【補注】先謙曰：史記有「歲」字，義異。

〔三〕師古曰：所食之邑去長安遠。【補注】王啟原曰：三輔不以封列侯。列侯食邑，近者距長安數百里，遠者且千里、數千里。惟關内侯則食邑關中，比於周之圻内諸侯，而降列侯一等，此列侯乃徹侯，故云邑遠。

〔四〕師古曰：繇讀與由同。

〔五〕李奇曰：爲吏，謂爲卿大夫者。詔所止，特以恩愛見留者。【補注】周壽昌曰：漢制，王及列侯長子皆稱太子，王母稱太后，不必天子也。下文詔云「已立其子太子遂爲趙王」皆是。先謙曰：官本注末無「者」字。史集解引「李奇」作「張晏」，語微異。

十一月癸卯晦，日有食之。〔一〕詔曰：「朕聞之，天生民，爲之置君以養治之。人主不德，布政不均，則天示之災以戒不治。〔二〕乃十一月晦，日有食之，適見于天，〔三〕災孰大焉！〔四〕朕獲保宗廟，以微眇之身託于士民君王之上，〔五〕天下治亂，在予一人，唯二三執政猶吾股肱也。朕下不能治育羣生，上以累三光之明，〔六〕其不德大矣。令至，其悉思朕之過失，〔七〕及知見之所不及，匄以啟告朕。〔八〕及舉賢良方正能直言極諫者，以匡朕之不逮。〔九〕因各敕以職任，務省繇費以便民。〔一〇〕朕既不能遠德，故憪然念外人之有非，〔一一〕是以設備未息。今縱不能罷邊屯戍，又飭兵厚衞，〔一二〕其罷衞將軍軍。〔一三〕太僕見馬遺財足，〔一四〕餘皆以給傳置。」〔一五〕

〔一〕【補注】先謙曰：五行志：在婺女一度。

〔二〕師古曰：治音直吏反。

〔三〕師古曰：適讀曰謫，責也，音張革反。見音胡電反。

〔四〕師古曰：災莫大於此。【補注】何焯曰：自秦以來，不畏于天，至文帝始聞此言。

〔五〕【補注】先謙曰：史記「十」作「兆」。

〔六〕師古曰：三光，日、月、星也。累音力瑞反。

〔七〕師古曰：令，謂此詔書。

〔八〕師古曰：匄音蓋。匄亦乞也。啟，開也。言以過失開告朕躬，是則於朕爲恩惠也。商書說命曰「啟乃心，沃朕心」。

〔九〕師古曰：匡，正也。逮，及也。不逮者，意慮所不及。

〔一〇〕師古曰：省，減也，音所領反。繇讀曰徭。【補注】先謙曰：官本「繇讀曰徭」作「繇音徭」。

〔一一〕蘇林曰：憪，寢視不安貌也。孟康曰：憪猶介然也。非，姦非也。師古曰：孟說是也。憪音下板反。【補注】宋祁曰：蘇林注文「憪」字下當有「然」字。先謙曰：官本注「貌」下無「也」字。遠德，謂德及遠。外人，胡、越之屬。史集解引漢書音義「憪」下有「然」字。索隱云蘇說蓋近其意，餘說皆疏。

〔一二〕師古曰：飭，整也，讀與敕同。【補注】先謙曰：官本注末四字作「音勅」。案此謂京師兵衛。

〔一三〕【補注】先謙曰：宋昌所領也。

〔一四〕師古曰：遺，留也。財與纔同。纔，少也。太僕見在之馬今當減，留纔足充事而已。

〔一五〕師古曰：傳音張戀反。置者，置傳驛之所，因名置也。他皆類此。【補注】宋祁曰：傳，傳舍。置，廐置。案廣雅云「置，驛也」。

春正月丁亥，〔一〕詔曰：「夫農，天下之本也，其開藉田，〔二〕朕親率耕，以給宗廟粢盛。〔三〕民讁作縣官及貸種食未入、入未備者，皆赦之。」〔四〕

〔一〕【補注】沈欽韓曰：通典吉禮六「齊武帝永平中，耕藉田，用丁亥。王儉以爲亥日，經籍無文。助教周山文議曰，蔡邕月令章句解元辰云『甲，幹也。辰，支也。有事於天用甲，有事於地用辰』。何佟之云，漢文用此日耕藉，祠先農，後王相承用之，非有別義」。

〔二〕應劭曰：古者天子耕藉田(十)〔千〕畝，爲天下先。藉者，帝王典藉之常也。韋昭曰：藉，借也。借民力以治之，以奉宗廟，且以勸率天下，使務農也。臣瓚曰：景帝詔曰「朕親耕，后親桑，爲天下先」，本以躬親爲義，不得以假借爲稱也。藉謂蹈藉也。師古曰：瓚說是也。國語曰「宣王即位，不藉千畝，虢文公諫」。斯則藉非假借明矣。【補注】王啟原曰：東方朔傳「顧成廟遠無宿宮，又有萩竹藉田」。本紀四年，服虔注，顧成廟在長安城南。此漢藉田定所也。孝武耕於上林，孝昭耕於鉤盾弄田，紀故別著之。食貨志云「上感賈誼言，始開藉田」。先謙曰：官本「藉」作「籍」，注並同。藉、籍古書假借通用，故藉或爲籍。據注，應本作「籍」，韋本作「藉」。當正作「耤」，說文「耤」下云：「帝耤千畝也。古者使民如借，故謂之耤，从耒，昔聲。」「藉」下云：「祭藉也。一曰草不編狼藉。」「籍」下云：「簿書也。」

〔三〕師古曰：黍稷曰粢，在器曰盛。粢音咨。

〔四〕師古曰：種者，五穀之種也。食者，所以爲糧食也。貸音吐戴反。種音之勇反。【補注】先謙曰：官本「適」作「謫」。

三月，有司請立皇子爲諸侯王。詔曰：「前趙幽王幽死，朕甚憐之，已立其太子遂爲趙王。遂弟辟彊〔一〕及齊悼惠王子朱虛侯章、東牟侯興居有功，可王。」乃遂立辟彊爲河間王，〔二〕章爲城陽王，興居爲濟北王。因立皇子武爲代王，參爲太原王，揖爲梁王。〔三〕

〔一〕師古曰：辟彊，言辟禦彊梁者，亦猶辟兵、辟非耳。辟音必亦反。彊音其良反。一說辟讀曰闢，彊讀曰疆。闢疆，言開土地也。賈誼書曰：「衞侯朝於周，周行人問其名，衞侯曰辟彊。行人還之曰『啟彊、辟彊，天子之號也，諸侯弗得用』。更其名曰燬。」則其義兩説竝通。他皆類此。【補注】王先慎曰：衞侯事，見韓非子外儲説右下，賈誼本之，顔偶有不照。周時尚不許衞侯名辟彊，漢初不得取名，明矣，前説是。

〔二〕【補注】先謙曰：「遂」字涉上文而衍。

〔三〕【補注】朱一新曰：諸侯王表，代王等均以二月乙卯立，與紀差一月。

五月，詔曰：「古之治天下，朝有進善之旌，〔一〕誹謗之木，〔二〕所以通治道而來諫者也。今法有誹謗訞言之罪，〔三〕是使衆臣不敢盡情，而上無由聞過失也。將何以來遠方之賢良？其除之。民或祝詛上，以相約而後相謾，〔四〕吏以爲大逆，其有他言，吏又以爲誹謗。此細民之愚，無知抵死，〔五〕朕甚不取。自今以來，有犯此者勿聽治。」

〔一〕應劭曰：旌，幡也，堯設之五達之道，令民進善也。如淳曰：欲有進者，立於旌下言之。【補注】沈欽韓曰：管子桓公問篇「舜有告善之旌，而主不蔽也」。文苑英華盧碩畫諫自注「兩漢故事，文帝三年，于永明殿畫屈軼草、進善旌、誹謗木、敢諫鼓、獬豸，凡五物」。

〔二〕服虔曰：堯作之，橋梁交午柱頭也。應劭曰：橋梁邊板，所以書政治之愆失也。至秦去之，今乃復施也。師古曰：應説是也。【補注】沈欽韓曰：崔豹古今注「程雅問曰：『堯設誹謗之木，何也？』荅曰：『今之華表。以横木交柱頭，狀如華，形似桔槔，大路交衢悉施焉。或謂之表木，以表王者納諫，亦以表識衢路。秦乃除之，漢始設焉，今西京謂之交午柱。』」淮南主術訓「舜立誹謗之木」，高注「書其善否於華表木也」。

〔三〕師古曰：高后元年詔除妖言之令，今此又有妖言之罪，是則中間曾重復設此條也。訞與妖同。

〔四〕師古曰：謾，欺也。初爲要約，共行祝詛，後相欺誑，中道而止，無實事也。謾音慢，又音莫連反。【補注】劉攽曰：

祝詛上以相約，漢俗如此，猶後漢傳云「不直者，不敢祝少賓」也，故吏得以爲大逆。先謙曰：以與已同。劉誤讀。史記「約」下有「結」字，集解引漢書音義云「民相結共祝詛上也。謾者，後謾而止之，不畢祝詛也」。顏説本韋昭，見索隱引。

〔五〕師古曰：抵，觸也，亦至也。

九月，初與郡守爲銅虎符、竹使符。〔一〕

〔一〕應劭曰：銅虎符第一至第五，國家當發兵遣使者，至郡合符，符合乃聽受之。竹使符皆以竹箭五枚，長五寸，鐫刻篆書，第一至第五。張晏曰：符以代古之圭璋，從簡易也。師古曰：與郡守爲符者，謂各分其半，右留京師，左以與之。使音所吏反。【補注】錢大昭曰：説文「琥，發兵瑞玉。爲虎文」。用兵取其威武，故玉銅皆用虎。先謙曰：郡守，史記作「郡國守相」。索隱引古今注云「銅虎符，銀錯書之」。張晏云「銅取其同心也」。

詔曰：「農，天下之大本也，民所恃以生也，而民或不務本而事末，故生不遂。〔一〕朕憂其然，故今茲親率羣臣農以勸之。其賜天下民今年田租之半。」〔二〕

〔一〕師古曰：衣食之絶，致有天喪，故不遂其生。【補注】先謙曰：官本注「之」作「乏」，是。

〔二〕師古曰：免不收之。

三年冬十月丁酉晦，日有食之。十一月丁卯晦，日有蝕之。〔一〕

〔一〕【補注】先謙曰：五行志：十月在斗二十三度，十一月在虛八度。

詔曰：「前日詔遣列侯之國，辭未行。丞相，朕之所重，其爲遂率列侯之國。」〔一〕遂免丞相勃，遣就國。十二月，太尉潁陰侯灌嬰爲丞相。〔二〕罷太尉官，屬丞相。

〔一〕【補注】錢大昭曰：「遂」，南監本、閩本作「朕」。先謙曰：官本作「朕」，史記亦作「朕」。

〔二〕【補注】錢大昕曰：丞相、三公除授，紀皆不書。文三年，太尉潁陰侯灌嬰爲丞相，以罷太尉書也。成帝綏和元年，以大司馬票騎大將軍「大」字衍。根監本無「根」字。爲大司馬，以罷將軍書也。哀帝元壽二年，大司馬衞將軍董賢爲大司馬，丞相孔光爲大司徒，御史大夫彭宣爲大司空，以正三公官書也。成帝初即位，以元舅侍中衞尉陽平侯王鳳爲大司馬大將軍，領尚書事，特書於本紀者，著王氏篡國之漸也。將相罷免，例不書，惟建元二年，丞相嬰、太尉蚡免，元壽二年大司馬驃騎將軍丁明免獨書。

夏四月，城陽王章薨。淮南王長殺辟陽侯審食其。〔一〕

〔一〕師古曰：殺之於其家。【補注】先謙曰：詳長傳。

五月，匈奴入居北地河南爲寇。〔一〕上幸甘泉，〔二〕遣丞相灌嬰擊匈奴，〔三〕匈奴去。發中尉材官屬衞將軍，軍長安。

〔一〕師古曰：北地郡之北，黄河之南，即白羊所居。【補注】先謙曰：史記作「入北地，居河南爲寇」是也，此誤倒。白羊，匈奴王也。通鑑胡注「此地在北河之南，蒙恬所收，衞青所奪，皆是地也」。

〔二〕如淳曰：蔡邕云天子車駕所至，民臣以爲僥幸，故曰幸。見令長三老官屬，親臨軒作樂，賜以酒食帛葛越巾佩帶之屬，民爵有級數，或賜田租之半，故因謂之幸也。師古曰：甘泉在雲陽，本秦林光宮。【補注】宋祁曰：注文「賜以酒食帛葛」，越本無「酒」「葛」二字。先謙曰：雲陽，馮翊縣也。

〔三〕【補注】先謙曰：匈奴傳「發邊吏車騎八萬詣高奴」。五行志云「發車騎士八萬五千人」。

上自甘泉之高奴，〔一〕因幸太原，見故羣臣，皆賜之。舉功行賞，諸民里賜牛酒。〔二〕復晉陽、中都民三歲租。〔三〕留游太原十餘日。

〔一〕師古曰：之，往也。高奴，上郡之縣。【補注】先謙曰：高奴在今延安府膚施縣東。

〔二〕師古曰：里別率賜之。

〔三〕師古曰：復音方目反。【補注】先謙曰：皆爲代王時都。

濟北王興居聞帝之代，欲自擊匈奴，乃反，發兵欲襲滎陽。於是詔罷丞相兵，以棘蒲侯柴武爲大將軍，〔一〕將四將軍〔二〕十萬衆擊之。祁侯繒賀爲將軍，軍滎陽。秋七月，〔三〕上自太原至長安。詔曰：「濟北王背德反上，詿誤吏民，〔四〕爲大逆。濟北吏民兵未至先自定及以軍城邑降者，皆赦之，復官爵。〔五〕與王興居去來者亦赦之。」〔六〕八月，虜濟北王興居，自殺。〔七〕赦諸與興居反者。

〔一〕臣瓚曰：漢帝年紀爲「陳武」，此云「柴武」，爲有二姓。【補注】先謙曰：高紀、功臣表俱作「陳武」，史記同。

〔二〕【補注】齊召南曰：四將軍，昌侯盧卿、共侯盧罷師、甯侯魏遬、深澤侯趙將夜，見史記將相名臣表。

〔三〕【補注】先謙曰：五行志「是秋，天下旱」。

〔四〕師古曰：詿亦誤也，音卦。【補注】錢大昭曰：「詿誤」本史記張儀傳。周壽昌曰：顏訓本説文，特「誤誤」於文不辭。廣雅「註，欺也」。王莽傳「臣莽爲受註上誤朝之罪」，注亦訓欺。

〔五〕師古曰：復音扶目反。

〔六〕師古曰：雖始與興居共反，今棄之去而來降者，亦赦。【補注】劉攽曰：高帝詔曰「與綰居去來歸者，赦之」，今此文亦當云「與王興居居去來者，赦之」，蓋脱一「居」字也。先謙曰：「居」字不加，文意自明，非脱也。史記亦作「與王興居去來」。去謂叛去，來謂來降，集解引徐廣云「乍去乍來也」。顏云「棄之去而來降」，則「與」字意不了，信當如劉説添「居」字矣。

〔七〕【補注】沈欽韓曰：西京雜記「興居始舉兵，大風直東來，直吹其旌旗，上天入雲，而墜城西井中。馬皆悲鳴不進。左右李廓等諫，不聽，後遂自殺」。

四年冬十二月，丞相灌嬰薨。

夏五月，復諸劉有屬籍，家無所與。〔一〕賜諸侯王子邑各二千戶。〔二〕

〔一〕師古曰：復音方目反。與讀曰豫。【補注】先謙曰：官本「讀曰」二字作「音」字。

〔二〕【補注】先謙曰：五行志「六月，大雨雪」。

秋九月，封齊悼惠王子七人爲列侯。〔一〕

〔一〕【補注】錢大昭曰：王子侯表，悼惠王子十人皆以五月甲寅封，此作「七人」，又作「九月」，皆誤。王鳴盛曰：荀紀同。表是，紀誤。先謙曰：高五王傳亦誤作「七人」。

絳侯周勃有罪，逮詣廷尉詔獄。〔一〕

〔二〕【補注】先謙曰：坐持兵自衛，人告劾反。

作顧成廟。〔一〕

〔一〕服虔曰：廟在長安城南，文帝作。還顧見城，故名之。應劭曰：文帝自爲廟，制度卑狹，若顧望而成，猶文王靈臺不日成之，故曰「顧成」。賈誼曰「因顧成之廟，爲天下太宗，與漢無極」。如淳曰：身存而爲廟，若尚書之顧命也。景帝廟號德陽，武帝廟號龍淵，昭帝廟號徘徊，宣帝廟號樂游，元帝廟號長壽，成帝廟號陽池。師古曰：以還顧見城，因即爲名，於義無取。又書本不作城郭字，應説近之。【補注】先謙曰：官本考證云「因即爲名」，監本脱「名」字，今補。

五年春二月，地震。

夏四月，除盜鑄錢令。〔一〕更造四銖錢。〔二〕

〔一〕應劭曰：聽民放鑄也。【補注】先謙曰：官本注「民放」倒。

〔二〕應劭曰：文帝以五分錢太輕小，更作四銖錢，文亦曰「半兩」，今民間半兩錢最輕小者是也。【補注】先謙曰：賈誼、賈山皆諫，詳食貨志及山傳。

六年冬十月，桃李華。

十一月，淮南王長謀反，廢遷蜀嚴道，死雍。〔一〕

〔一〕師古曰：遷於蜀郡之嚴道，行至扶風雍縣，在道而死也。【補注】王念孫曰：案「死雍」上，當更有一「道」字，而今本脱之。師古云「行至扶風雍縣，在道而死」，此正釋「道死雍」三字也。五行志云「淮南王遷於蜀，道死廱」，史記將相名臣表云「廢淮南王，遷嚴道，道死雍」，皆其證。先謙曰：官本脱正文「雍」字。嚴道，今雅州府榮經縣治。雍在今鳳翔府鳳翔縣南。

七年冬十月，令列侯太夫人、夫人、諸侯王子及吏二千石無得擅徵捕。〔一〕

〔一〕如淳曰：列侯之妻稱夫人。列侯死，子復爲列侯，乃得稱太夫人，子不爲列侯不得稱也。

夏四月，赦天下。

六月癸酉，未央宮東闕罘罳災。〔一〕

〔一〕如淳曰：東闕與其兩旁罘罳皆災也。晉灼曰：東闕之罘罳獨災也。師古曰：罘罳，謂連闕曲閣也，以覆重刻垣墉之處，其形罘罳然，一曰屏也。罘音浮。【補注】宋祁曰：江南本「罳」作「思」。王念孫曰：江南本是也。説文無「罳」字。漢書作「罘思」，考工記匠人注作「浮思」，明堂位注作「桴思」，皆古字假借。他書或作「罘罳」者，皆因「罘」字而誤加「网」也。且顔注「罘」字有音，而「罳」字無音，則本作「思」明矣。先謙曰：五行志作「罘思」。通鑑胡注「古今注云『罘罳，屏也』。又云『罘者，復也；罳者，思也。臣朝君至屏外，復思所奏之事於其下』。孔穎達云『屏謂之樹，今浮思也』，釋宮文。漢時謂屏爲浮思，解者以爲天子外屏，人臣至屏，俯伏思念其事。按匠人，城隅謂角浮思也。漢時東闕浮思災。以此諸文參之，則浮思小樓也，故城隅、闕上皆有之。然則屏上亦爲屋以覆屏牆，故稱屏曰浮思』。蘇鶚演義云『罘者，浮也；罳者，思也。謂織絲之文輕疏虚浮之貌，蓋宫殿門闕有此物也』。余謂蘇鶚之説有見於唐禁中之罘罳。唐太和甘露之變，宦者奉乘輿、決罘罳北出也。此罘罳當以舊注爲正」。

八年夏，封淮南厲王長子四人爲列侯。〔一〕

〔一〕【補注】先謙曰：賈誼諫，見誼傳。

有長星出于東方。〔一〕

〔一〕文穎曰：孛、彗、長三星，其占略同，然其形象小異。孛星光芒短，其光四出蓬蓬孛孛也。彗星光芒長，參參如埽彗。長星光芒有一直指，或竟天，或十丈，或三丈，或二丈，無常也。大法，孛、彗星多爲除舊布新，火災，長星多爲兵革事。

九年春，大旱。

十年冬，行幸甘泉。

將軍薄昭死。〔一〕

〔一〕鄭氏曰：昭殺漢使者，文帝不忍加誅，使公卿從之飲酒，欲令自引分。昭不肯，使羣臣喪服往哭之，乃自殺。有罪，故言死。如淳曰：一説昭與文帝博不勝，當飲酒，侍郎酌，爲昭少，一侍郎譴呵之。時此郎下沐，昭使人殺之，是以文帝使自殺。師古曰：外戚恩澤侯表云坐殺漢使者自殺。鄭説是也。【補注】宋祁曰：師古注文，越本無「自殺」二字。

十一年冬十一月，行幸代。春正月，上自代還。

夏六月，梁王揖薨。

匈奴寇狄道。〔一〕

〔一〕【補注】先謙曰：狄道，隴西縣，今蘭州府狄道州治。

十二年冬十二月，河決東郡。〔一〕

〔一〕【補注】先謙曰：詳溝洫志。

春正月，賜諸侯王女邑各二千户。

二月，出孝惠皇帝後宮美人，令得嫁。

三月，除關無用傳。〔一〕

〔一〕張晏曰：傳，信也，若今過所也。如淳曰：兩行書繒帛，分持其一，出入關，合之乃得過，謂之傳也。李奇曰：傳，棨也。師古曰：張說是也。古者或用棨，或用繒帛。棨者，刻木爲合符也。傳音張戀反。棨音啟。【補注】沈欽韓曰：周官司關注「傳如今移過所文書」。釋名「示，示也，過所至關津以示之也」。如云「兩行書繒帛」者，乃小宰「質劑」，鄭注所云「兩書一札，同而別之，今之券書」。釋名「莂，別也，大書札中破別之也」。此又同周官之傳，別以帛書，故終軍傳謂之繻，今謂之路引。

詔曰：「道民之路，在於務本。朕親率天下農，十年于今，而野不加辟，〔一〕歲一不登，民有飢色，〔二〕是從事焉尚寡，而吏未加務也。〔三〕吾詔書數下，歲勸民種樹，〔四〕而功未興，是吏奉吾詔不勤，而勸民不明也。且吾農民甚苦，而吏莫之省，〔五〕將何以勸焉？其賜農民今年租稅之半。」

〔一〕師古曰：辟讀曰闢。闢，開也。【補注】先謙曰：官本注少一「闢」字。

〔二〕師古曰：登，成也。言五穀一歲不成則衆庶飢餒，是無蓄積故也。

〔三〕師古曰：從事，從農事也。

〔四〕師古曰：樹，謂蓺殖也。

〔五〕師古曰：省，視也。

又曰：「孝悌，天下之大順也。力田，爲生之本也。三老，衆民之師也。廉吏，民之表也。朕甚嘉此二三大夫之行。今萬家之縣，云無應令，〔一〕豈實人情？是吏舉賢之道未備也。其遣謁者勞賜三老、孝者帛人五匹，悌者、力田二匹，廉吏二百石以上率百石者三匹。〔二〕及問民所不便安，而以户口率置三老孝悌力田常員，〔三〕令各率其意以道民焉。」〔四〕

〔一〕師古曰：無孝悌力田之人可應察舉之令。

〔二〕師古曰：自二百石以上，每百石加三匹。【補注】先謙曰：官本有「也」字。

〔三〕師古曰：計户口之數以率之，增置其員，廣教化也。

〔四〕師古曰：道讀曰導。

十三年春二月甲寅，詔曰：「朕親率天下農耕以供粢盛，皇后親桑以奉祭服，其具禮儀。」〔一〕

〔一〕師古曰：令立耕桑之禮制也。

夏，除祕祝，〔一〕語在郊祀志。五月，除肉刑法，語在刑法志。

〔一〕應劭曰：祕祝之官，移過于下，國家諱之，故曰祕也。【補注】洪亮吉曰：此蓋周禮甸師代王受災眚遺意。

六月，詔曰：「農，天下之本，務莫大焉。今廑身從事，〔一〕而有租稅之賦，是謂本末者無以異也，〔二〕其於勸農之道未備。其除田之租稅。賜天下孤寡布帛絮各有數。」

〔一〕晉灼曰：廑，古勤字。【補注】先謙曰：史記作「勤」。

〔二〕李奇曰：本，農也。末，賈也。言農與賈俱出租，無異也，故除田租。【補注】劉攽曰：「謂」疑當作「爲」字。先謙曰：史記作「爲」。古「謂」「爲」同字，劉說非。

十四年冬，匈奴寇邊，殺北地都尉卬。〔一〕遣三將軍軍隴西、北地、上郡，〔二〕中尉周舍爲衛將軍，郎中令張武爲車騎將軍，軍渭北，車千乘，騎卒十萬人。上親勞軍，勒兵，申教令，〔三〕

賜吏卒。自欲征匈奴，羣臣諫，不聽。皇太后固要上，乃止。〔四〕於是以東陽侯張相如爲大將軍，建成侯董赫、内史欒布皆爲將軍，〔五〕擊匈奴，匈奴走。

〔一〕師古曰：功臣表云缾侯孫單以父北地都尉卬力戰死事，文帝十四年封。與此正合。然則卬姓孫，而徐廣乃云姓段，説者因曰段會宗即卬之玄孫，無所據也。會宗，漢書有傳，班固不云是卬後，何從而知之乎？【補注】先謙曰：通鑑胡注亦云「徐廣曰卬姓段」，而史集解引徐説，略與顔同，蓋顔、胡採他人説而誤以爲徐也。匈奴傳云「十四萬騎入朝那蕭關，至彭陽。騎兵入燒回中宮，候騎至雍甘泉」。

〔二〕【補注】齊召南曰：上郡將軍，昌侯盧卿也。北地將軍，甯侯魏遬也。隴西將軍，隆慮侯周竈也，見匈奴傳。

〔三〕師古曰：申謂約束之。【補注】周壽昌曰：顔注約束教令，於義複。申者，重也。

〔四〕文穎曰：要，却也，哀痛祝誓之言。【補注】朱一新曰：監本「却」作「劫」。先謙曰：官本作「劫」。胡三省云「力止也」，較文説爲合。

〔五〕【補注】齊召南曰：案功臣表，董赫是董渫之子，封成侯，非建成侯。史記「成侯赤爲内史，欒布爲將軍」是也。公卿表於是年書「内史董赤」，即依史記。欒布傳未嘗爲内史，故公卿表不書。此文建成侯既衍「建」字，以内史連欒布爲句，亦非事實。先謙曰：齊説固當，但董赤爲内史與軍事無涉，敘入不倫。疑史記誤文，故班氏於匈奴傳但書「成侯董赤爲將軍」，而删欒布。然布傳明云孝文時至將軍，删布亦未是也。匈奴傳無「建」字，與本表及史記合，明此「建」字傳寫誤衍。

春，詔曰：「朕獲執犧牲珪幣以事上帝宗廟，十四年于今。歷日彌長，以不敏不明〔一〕而久撫臨天下，朕甚自媿。〔二〕其廣增諸祀壇場珪幣。〔三〕昔先王遠施不求其報，望祀不祈其福，右賢左戚，先民後己，〔四〕至明之極也。今吾聞祠官祝釐，〔五〕皆歸福於朕躬，不爲百姓，朕甚媿之。夫以朕之不德，而專鄉獨美其福，〔六〕百姓不與焉，〔七〕是重吾不德也。〔八〕其令祠官致敬，無有所祈。」

〔一〕師古曰：敏，材識捷疾。
〔二〕師古曰：媿，古愧字。
〔三〕師古曰：築土爲壇，除地爲場。幣，祭神之帛。【補注】先謙曰：史記「壇」作「墠」。
〔四〕師古曰：以賢爲上，然後及親也。【補注】先謙曰：顏注當在「左戚」下。
〔五〕如淳曰：釐，福也。賈誼傳「受釐坐宣室」是也。師古曰：釐，本字作禧，假借用耳，同音僖。
〔六〕【補注】周壽昌曰：鄉音享。祭義「饗者，鄉也」。燕禮注「主國君饗時」。釋文「饗，本作鄉」。後書光武紀三年詔有曰：「斯皆祖宗之靈，士人之力，朕曷足以享斯哉！」與此意同。先謙曰：周説是也。史記作「躬享」。通鑑作「專饗」。
〔七〕師古曰：與讀曰預。
〔八〕師古曰：重音直用反。

十五年春，黄龍見於成紀。〔一〕上乃下詔議郊祀。公孫臣明服色，新垣平設五廟。〔二〕語在郊祀志。夏四月，上幸雍，始郊見五帝，赦天下，修名山大川嘗祀而絶者，有司以歲時致禮。

〔一〕師古曰：成紀，隴西縣。【補注】沈欽韓曰：册府元龜又云「日中有王字」。玉海一百九十五引望氣經同。先謙曰：成紀在今秦州秦安縣北三十里。

〔二〕文穎曰：公孫臣，魯人也。應劭曰：新垣平，趙人也。師古曰：五廟，即下渭陽五帝之廟也。【補注】先謙曰：文、應説本史記。

九月，詔諸侯王公卿郡守舉賢良能直言極諫者，上親策之，〔一〕傅納以言。〔二〕語在鼂錯傳。〔三〕

〔一〕【補注】周壽昌曰：此漢廷策士之始。前此，即位二年詔舉賢良方正能直言極諫者，未聞舉何人。至是，始以三道策士，而鼂錯以高第由太子家令遷中大夫。

〔二〕師古曰：傅讀曰敷。敷陳其言而納用之。

〔三〕師古曰：錯音千故反。

十六年夏四月，上郊祀五帝于渭陽。〔一〕

〔一〕韋昭曰：在渭城。師古曰：郊祀志云在長安東北，非渭城也，韋説謬矣。

五月，立齊悼惠王子六人、淮南厲王子三人皆爲王。

秋九月，得玉杯，〔一〕刻曰「人主延壽」。令天下大酺，明年改元。

〔一〕應劭曰：新垣平詐令人獻之。

後元年〔一〕冬十月，新垣平詐覺，謀反，〔二〕夷三族。

〔一〕張晏曰：新垣平候日再中，以爲吉祥，故改元年，以求延年之祚也。【補注】宋祁曰：案紀年通譜云，史記文紀十七年書「得玉杯曰人主延壽，於是天子更始爲元年」，而不著「後」字，至班固則於此題「後元年」。然則當時玉杯册中之異，但稱元耳，史家追書「後」字，以别初元。先謙曰：史索隱云：「秦本紀惠文王十四年更爲元年。又汲冢竹書魏惠王亦有後元，當取法於此。」

〔二〕師古曰：以詐事發覺，自恐被誅，因謀反也。

春三月，孝惠皇后張氏薨。〔一〕

〔一〕張晏曰：后黨於呂氏，廢處北宫，故不曰崩。【補注】何焯曰：不以后禮喪葬，故不曰崩。書曰「皇后」，則但退處，未嘗廢也。張説仍外戚傳。周壽昌曰：廢后死不書，景帝薄后、成帝許后書廢，不書死，此史例也。孝惠后雖廢置别宫，究無明詔廢之，故仍書薨。

詔曰：「間者數年比不登，〔一〕又有水旱疾疫之災，朕甚憂之。愚而不明，未達其咎。意者朕之政有所失而行有過與？〔二〕乃天道有不順，地利或不得，人事多失和，鬼神廢不享與？何以致此？將百官之奉養或費，無用之事或多與？何其民食之寡乏也！夫度田非益寡，而計民未加益，〔三〕以口量地，其於古猶有餘，而食之甚不足者，其咎安在？無乃百姓之從事於末以害農者蕃，〔四〕爲酒醪以靡穀者多，〔五〕六畜之食焉者衆與？細大之義，吾未能得其中。〔六〕其與丞相列侯吏二千石博士議之，有可以佐百姓者，率意遠思，〔七〕無有所隱。」〔八〕

〔一〕師古曰：比猶頻也。

〔二〕師古曰：與讀曰歟，音弋於反。下皆類此。

〔三〕師古曰：度謂量計之，音徒各反。

〔四〕師古曰：末謂工商之業也。蕃亦多也，音扶元反。

〔五〕師古曰：醪，汁滓酒也。靡，散也。醪音來高反。靡音糜。

〔六〕師古曰：中音竹仲反。

〔七〕【補注】蘇輿曰：率意猶言極意，前詔令三老等率其意以道民，亦謂極其意之所至也。先謙曰：率無極義，元、成紀多言悉意，是也。悉、率雙聲，故字變爲率耳。

〔八〕【補注】宋祁曰：「隱」字下，一有「也」字。錢大昭曰：閩本「隱」下有「也」字。

二年夏，行幸雍棫陽宮。〔一〕

〔一〕蘇林曰：棫音域。張晏曰：秦昭王所作也。晉灼曰：黄圖在扶風。

六月，代王參薨。匈奴和親。〔一〕詔曰：「朕既不明，不能遠德，使方外之國或不寧息。夫四荒之外不安其生，〔二〕封圻之内勤勞不處，〔三〕二者之咎，皆自於朕之德薄而不能達遠也。〔四〕閒者累年，匈奴並暴邊境，多殺吏民，邊臣兵吏又不能諭其内志，以重吾不德。〔五〕夫久結難連兵，中外之國將何以自寧？今朕夙興夜寐，勤勞天下，憂苦萬民，爲之惻怛不安，〔六〕未嘗一日忘於心，故遣使者冠蓋相望，結徹於道，〔七〕以諭朕志於單于。〔八〕今單于反古之道，〔九〕計社稷之安，便萬民之利，新與朕俱棄細過，偕之大道，〔一〇〕結兄弟之義，以全天下元元之民。〔一一〕和親以定，始于今年。」

〔一〕【補注】先謙曰：匈奴傳云：「歲入邊，殺略甚衆，雲中、遼東最甚，帝患之，乃使使遺書和親。」
〔二〕師古曰：戎狄荒服，故曰四荒，言其荒忽去來無常也。爾雅曰「孤竹、北户、西王母、日下謂之四荒」。
〔三〕師古曰：圻亦畿字。王畿千里。不處者，不獲安居。
〔四〕【補注】先謙曰：史記「達遠」作「遠達」。
〔五〕師古曰：諭，曉告也。重音直用反。【補注】先謙曰：官本「入」作「又」，是。史記作「又」，「其」作「吾」。
〔六〕師古曰：惻，痛也。怛，恨也。怛音丁曷反。【補注】先謙曰：史記「惻怛」作「怛惕」。
〔七〕韋昭曰：使車往還，故徹如結也。【補注】錢大昭曰：徹，古轍字，南監本、閩本作「轍」。先謙曰：官本正文、注並作「轍」，史記作「結軼」。
〔八〕師古曰：單于，匈奴天子之號也。單音蟬。【補注】周壽昌曰：顔注「天子」二字失檢，匈奴傳解甚明，此説爲贅。
〔九〕師古曰：（返）〔反〕，還也。
〔一〇〕師古曰：偕亦俱也。之，往也，趣也。
〔一一〕師古曰：元元，善意也。

三年春二月，行幸代。〔一〕

〔一〕【補注】先謙曰：五行志「秋，大雨爲災」。

四年夏四月丙寅晦，日有蝕之。〔一〕五月，赦天下。免官奴婢爲庶人。行幸雍。

〔一〕【補注】先謙曰：五行志作「丙辰，在東井十三度」。

五年春正月，行幸隴西。三月，行幸雍。秋七月，行幸代。

六年冬，匈奴三萬騎入上郡，三萬騎入雲中。以中大夫令免爲車騎將軍屯飛狐，〔一〕故楚相蘇意爲將軍屯句注，〔二〕將軍張武屯北地，河内太守周亞夫爲將軍〔三〕次細柳，〔四〕宗正劉禮爲將軍次霸上，祝茲侯徐厲爲將軍〔五〕次棘門，〔六〕以備胡。

〔一〕如淳曰：在代郡。師古曰：中大夫，官名，其人姓令名免耳。此諸將軍下至徐厲，皆書姓，而徐廣以爲中大夫令是官名，此説非也。據百官表，景帝初改衛尉爲中大夫令，文帝時無此官。而中大夫是郎中令屬官，秩比二千石。【補注】何焯曰：後書郡國志：上曲陽故屬常山，恒山在西北。注引晉地道記云「自縣北行四百二十五里，恒多山坂，名飛狐口」。案此，則飛狐口即代郡之常山關，與上曲陽相接者也。句注則雁門關。沈欽韓曰：史集解引蘇林「飛狐「在上黨」者誤。元和志「自蔚州飛狐縣北入嬀州懷戎縣界，即古飛狐口」。劉琨自代出飛狐口，奔于安次，亦謂此道」。明志「飛狐峪在山西蔚州廣昌縣北，今爲黑石嶺堡」。蔚州志「飛狐口在州南三十里」。周壽昌曰：百官表：惠帝七年奉常免。師古云，免，名也。此蓋即其人，史失姓耳。顔云「下書姓」，此亦應是令姓。案七年，中尉亞夫爲車騎將軍，屬國悍爲將屯將軍，郎中令張武爲復土將軍。張武書姓，亞夫、悍俱未書姓。謂景帝改衛尉爲中大夫令，文帝時尚不能稱，則英布爲九江王時已稱淮南王。景帝大農令，武帝太初元年更名大司農，而食貨志於衛青擊胡，即稱大司農，武帝以後尚稱大農。武帝始設三輔，而景帝後五年詔已稱三輔，蓋補稱或追稱。此等處，班史無定例也，似徐說爲正。

〔二〕應劭曰：山險名也，在鴈門陰館。師古曰：句音章句之句。【補注】錢大昭曰：漢紀「意」作「隱」。意、隱古通，春秋季孫意如，公羊傳作隱如。沈欽韓曰：歐陽忞輿地廣記「代州鴈門縣有句注山，一名西陘山」。方輿紀要：在代州西北二十五里，一名句注陘。先謙曰：匈奴傳云，代屯句注，趙屯飛狐口。

〔三〕【補注】錢大昕曰：景帝中二年始改郡守曰太守，此「太」字衍，本傳無「太」字。先謙曰：史記亦無「太」字。

〔四〕服虔曰：在長安西北。如淳曰：長安細柳倉在渭北，近石徼。張揖曰：在昆明池南，今有柳市是也。臣瓚曰：一宿曰宿，再宿曰信，過信爲次。師古曰：匈奴傳云「置三將軍，軍長安西細柳，渭北棘門，霸上」。此則細柳不在渭北，揖說是也。【補注】宋祁曰：如淳注文「長安」字下，一有「圖」字。何焯曰：屯與次異，屯有分地，次備調發也。沈欽韓曰：御覽百九十引三輔故事曰：「周亞夫軍於細柳，今石激是也。石激西有細柳倉。」元和志「細柳倉在咸陽西南二十里，周亞夫軍細柳，此是。又細柳原在長安縣西南三十二里，別是一細柳」。案，張說在昆明池南者，是長安之細柳原，非此細柳也。

〔五〕【補注】蘇輿曰：祝茲侯，史記不書名。「祝茲」，史表作「松茲」。徐廣云，一作「祝」。本書功臣表：厲以呂后四年封，十二年薨。孝文七年，康侯悼嗣。史表同。據紀，是年厲爲將軍，則表載薨年誤。厲薨當在六年春後，或在明年。悼嗣封，後爲將屯將軍，見下。金革無辟，禮宜然也。自呂后四年至孝文後七年，表當云二十七年薨。「七年」上亦奪「後」字。史記絳侯世家及本書周勃傳竝云是年徐厲屯棘門，知非紀誤。

〔六〕孟康曰：在長安北，秦時宮門也。如淳曰：三輔黄圖棘門在横門外也。

夏四月，大旱，蝗。〔一〕令諸侯無入貢。弛山澤。〔二〕減諸服御。損郎吏員。發倉庾〔三〕以振民。民得賣爵。〔四〕

〔一〕師古曰：蝗即螽也，食苗爲災，今俗呼爲簸蝩。蝗音胡光反。蝩音鍾。【補注】先謙曰：官本注「蝩」作「蟑」。五行志作「春，天下大旱」。

〔二〕師古曰：弛，解也，解而不禁，與衆庶同其利。

〔三〕應劭曰：水漕倉曰庾。胡公曰：「在邑曰倉，在野曰庾。」

〔四〕【補注】先謙曰：史索隱引崔浩云：「富人欲爵，貧人欲錢，故聽買賣。」

七年〔一〕夏六月己亥，帝崩于未央宮。〔二〕遺詔曰：「朕聞之，蓋天下萬物之萌生，靡不有死。〔三〕死者天地之理，物之自然，奚可甚哀！〔四〕當今之世，咸嘉生而惡死，厚葬以破業，重服以傷生，吾甚不取。且朕既不德，無以佐百姓；今崩，又使重服久臨，〔五〕以罹寒暑之數，〔六〕哀人父子，傷長老之志，損其飲食，絶鬼神之祭祀，以重吾不德，〔七〕謂天下何！朕獲保宗廟，以眇眇之身託于天下君王之上，〔八〕二十有餘年矣。賴天之靈，〔九〕社稷之福，方内安寧，〔一〇〕靡有兵革。〔一一〕朕既不敏，常畏過行，以羞先帝之遺德；〔一二〕惟年之久長，懼于不終。今乃幸以天年得復供養于高廟，朕之不明與嘉之，其奚哀念之有！〔一三〕其令天下吏民，令到出臨三日，皆釋服。〔一四〕無禁取婦嫁女祠祀飲酒食肉。自當給喪事服臨者，皆無踐。〔一五〕絰帶無過三寸。〔一六〕無布車及兵器。〔一七〕無發民哭臨宮殿中。殿中當臨者，皆以旦夕各十五舉音，〔一八〕禮畢罷。非旦夕臨時，禁無得擅哭臨。〔一九〕以下，〔二〇〕服大紅十五日，小紅十四日，纖七日，釋服。〔二一〕它不在令中者，皆以此令比類從事。〔二二〕布告天下，使明知朕意。霸陵山川因其故，無有所改。〔二三〕歸夫人以下至少使。」〔二四〕令中尉亞夫爲車騎將軍，屬國悍爲將屯將軍，〔二五〕郎中令張武爲復土將軍，〔二六〕發近縣卒萬六千人，發内史卒萬五千人，〔二七〕臧郭穿復土屬將軍武。〔二八〕賜諸侯王以下至孝悌力田金錢帛各有數。乙巳，葬霸陵。〔二九〕

〔一〕【補注】先謙曰：五行志「正月辛未朔，日有食之」。

〔二〕臣瓚曰：帝年二十三即位，即位二十三年，壽四十六也。【補注】先謙曰：官本注上「三」字作「二」。

〔三〕師古曰：始生者曰萌。

〔四〕師古曰：奚，何也。

〔五〕師古曰：臨，哭也，音力禁反。下云服臨、當臨者，音並同也。

〔六〕師古曰：罹音離，遭也。

〔七〕師古曰：重音直用反。

〔八〕師古曰：眇眇，猶言細末也。

〔九〕【補注】王先慎曰：「天」下當有「地」字。「天地之靈」與下「社稷之福」，文正相對，此脱「地」字耳。史記作「賴天地之靈」，是其證。

〔一〇〕臣瓚曰：方，四方也。内，中也。猶云中外。師古曰：此説非也，直謂四方之内耳。【補注】先謙曰：官本注「四方之内」無「四」字，通鑑注引作「四方之内」。

〔一一〕師古曰：靡，無也。

〔一二〕師古曰：過行，行有過失也。羞謂忝辱也。行音下更反。

〔一三〕如淳曰：得卒天年，已善矣。晉灼曰：若以朕不明，當嘉善朕之儉約，何哀念之有也。師古曰：如、晉之説非也。

與讀曰歟，音弋於反。帝自言或者豈朕見之不明乎，以不可嘉爲嘉耳。然朕自謂得終天年，供養高廟，爲可嘉之事，無所哀念也。今俗語猶然，其意可曉矣。【補注】劉攽曰：與讀曰歟。言得以天年供養於高廟，我之不明而蒙此歟，是可嘉也。其奚哀念乎！劉敞同。王念孫曰：「天年」下脱「終」字，當據如、顔注及史記、漢紀補。史集解引如注「曰」下有「與發聲也」四字，顔删之，非也。此與高紀「萬民與苦甚」之「與」皆助句之詞。左僖二十三年傳「其人能靖者與有幾」，言能靖者有幾也。「與有幾」三字連文，釋文與音餘，絶句，亦誤。襄二十九年傳「是盟也，其與幾何」，言其幾何也。周語「若壅其口，其與能幾何」，言能幾何也。晉語「諸臣之委室而徒退者，將與幾人」，言將幾人也。韋注竝曰與，辭也。又左昭十七年傳「其與不然乎」，言其不然乎也。周語「何辭之與有」，言何辭之有也。晉語「亡人何國之與有」，言何國之有也。越語「如寡人者，安與知恥」，言安知恥也。「與」字皆爲語助。

〔一四〕師古曰：令謂此詔文也。

〔一五〕伏儼曰：踐，翦也，謂無斬衰也。孟康曰：踐，跣也。晉灼曰：漢語作跣。跣，徒跣也。師古曰：孟、晉二説是也。【補注】沈欽韓曰：書序「成王踐奄」，鄭讀「踐」爲「翦」。釋名「三年之縗曰斬，不緝其末，直翦斬而已」，此漢人古義，伏説是。王先慎曰：此及下「絰帶無過三寸」皆指給喪事者言之。後漢禮儀志「佐史以下布衣冠幘，絰帶無過三寸，臨庭中。武吏布幘大冠」，足爲此文無斬衰之確證，伏説是。既曰衣冠，其無跣足，不待言也。先謙曰：史集解引伏儼作服虔。索隱云：「漢語，荀爽所作。」又案荀紀「皆無踐」作「皆無跣足」，通鑑亦作「跣」，皆主孟説，然不如伏義之長。

〔一六〕【補注】錢大昭曰：「姪」當爲「絰」，南監本、閩本及漢紀竝作「絰」。先謙曰：官本作「絰」，史記同。

〔一七〕應劭曰：無以布衣車及兵器也。服虔曰：不施輕車介士也。師古曰：應説是也。【補注】李慈銘曰：服説是也。古之衣車皆有布，喪事素車用白布，不得禁之。此自以陳設車器爲言，若如應説，則及兵器難解，豈有以布蒙兵器者乎？

〔一八〕【補注】王先慎曰：後漢悉沿此制，詳見續志。

〔一九〕【補注】李慈銘曰：史記無下「臨」字，是也。非臨時，禁宮中無得擅哭，「哭」下自不得再有「臨」字，此誤衍。先謙曰：荀紀亦無「臨」字。

〔二〇〕師古曰：爲下棺也。音義與高紀同。【補注】先謙曰：以與已同，下葬也。

〔二一〕服虔曰：皆當言大功、小功布也。纖，細布衣也。應劭曰：紅者，中祥、大祥以紅爲領緣。纖者，禫也。凡三十六日而釋服矣。此以日易月也。晉灼曰：漢書例以紅爲功也。師古曰：紅與功同。服、晉二説是也。此喪制者，文帝自率己意創而爲之，非有取於周禮也，何爲以日易月乎！三年之喪，其實二十七月，豈有三十六月之文！禫又無七月也。應氏既失之於前，而近代學者因循謬説，未之思也。【補注】劉攽曰：文帝制此喪服，斷自已葬之後。其未葬之前，則服斬衰。漢諸帝自崩至葬有百餘日者，未葬則服不除矣。翟方進傳「後母終，既葬三十六日，起視事」，此其證也。説者遂以日易月又不通計葬之日，皆大謬也。攷之文帝意，既葬，除重服，制大紅、小紅，所以漸即吉耳。又此内有注云，傳曰「方進供養後母甚篤，以身備漢相，不敢踰國家之制」。何焯曰：史索隱，以下「謂柩已下於壙」，語尤分明，足明三十六日斷自已葬之後矣。禮服不講，乃有易月之謬説，顏、劉駁正者是。然大紅、小紅，當如應氏之説。閻若璩云，漢文此制，行之三百七十年，魏武帝始令葬畢便除，無所爲三十六日之服者。後又不知何代以三十六日爲除服期，而不論葬與否。唐玄、肅二宗之喪，又降三十六日爲二十七日，則所謂以日易月者於是爲始。案玄、肅二宗之喪爲二十七日，見常袞議中。

〔二二〕師古曰：言此詔中無文者，皆以類比而行事。

〔二三〕應劭曰：因山爲藏，不復起墳，山下川流不遏絶，就其水名以爲陵號。

〔二四〕應劭曰：夫人以下有美人、良人、八子、七子、長使、少使，皆遣歸家，重絶人類。【補注】先謙曰：荀紀作「所幸慎夫人以下至少使得令嫁」，帝殆有鑒於呂、戚之事。

〔二五〕師古曰：典屯軍以備非常。【補注】朱一新曰：案史記將相名臣表作「捍」。索隱云「一作『悍』。徐廣云『姓徐，一名厲，即祝茲侯也』」。據表，尚有詹事戎奴亦爲車騎將軍。蘇輿曰：徐以悍爲祝茲侯不誤，至云一名厲，則誤合兩人爲一。「悍」當爲「悼」形近致誤，即徐厲之子也。厲薨悼嗣，表文可考，不書祝茲侯，從其官號耳。史表稱屬國悍，亦「悼」之誤。

〔二六〕如淳曰：主穿壙窴瘞事也。師古曰：穿壙，出土下棺也。已而窴之，又即以爲墳，故云復土。復，反還也，音扶目反。

〔二七〕【補注】先謙曰：百官表：內史掌理京師之官，景帝更名京兆尹。

〔二八〕師古曰：即張武也。【補注】先謙曰：官本「臧」作「藏」。

〔二九〕師古曰：自崩至葬凡七日也。霸陵在長安東南。

贊曰：孝文皇帝即位二十三年，宮室苑囿車騎服御無所增益。有不便，〔一〕輒弛以利民。〔二〕嘗欲作露臺，召匠計之，直百金。上曰：「百金，中人十家之産也。〔三〕吾奉先帝宮室，常恐羞之，何以臺爲！」〔四〕身衣弋綈，〔五〕所幸慎夫人衣不曳地，帷帳無文繡，以示敦朴，爲天下先。治霸陵，皆瓦器，不得以金銀銅錫爲飾，〔六〕因其山，不起墳。南越尉佗自立爲帝，召貴佗兄弟，以德懷之，佗遂稱臣。與匈奴結和親，後而背約入盜，令邊備守，不發兵深入，恐煩百姓。吳王詐病不朝，賜以几杖。羣臣爰盎等諫說雖切，常假借納用焉。〔七〕張武等受賂金錢，覺，更加賞賜，以媿其心。專務以德化民，是以海內殷富，興於禮義，斷獄數百，幾致刑措。〔八〕嗚呼，仁哉！

〔一〕【補注】宋祁曰：「便」字下疑有「者」字。

〔二〕師古曰：弛，廢弛，音式爾反。

〔三〕師古曰：中謂不富不貧。【補注】李慈銘曰：史記作「中民」，此避唐諱改。蘇輿曰：古者言金以斤計，斤率二十兩，與今以十六兩爲斤者異。齊策高誘注「二十兩爲一金」。趙岐孟子梁惠篇注「二十兩爲鎰」，公孫丑篇注「古以一鎰爲一金」是也。食貨志「黃金重一斤，直錢萬」，公羊隱五年傳何注「百金猶百萬也」。此百金是金百斤，直錢百萬。漢金價賤，故高祖賜家令則五百金，予陳平則四萬金。唐太宗以孔穎達等善諫太子，賜金一斤，見唐書穎達傳。是金至唐價貴矣。

〔四〕師古曰：今新豐縣南驪山之頂有露臺鄉，極爲高顯，猶有文帝所欲作臺之處。

〔五〕如淳曰：弋，皂也。賈誼曰「身衣皂綈」。師古曰：弋，黑色也。綈，厚繒。綈音大奚反。【補注】沈欽韓曰：後書王符傳注引前書音義云「弋，厚也」。集韻「黓，皂也」。廣韻又作「袦」，云黑衣。按，以弋爲皂者，據賈誼言「自衣皂綈」，疑「皁」乃「帛」之誤。說文「綈，厚繒也」，則訓弋厚者是也，何必定以黑色爲衣乎？又古今注云「文帝履不借視朝」。

〔六〕【補注】宋祁曰：「飾」舊作「飭」，當從此本。沈欽韓曰：晉書索綝傳「三秦人盜發漢霸、杜二陵，多獲珍寶。愍帝問綝曰：『漢陵中何乃多耶？』綝對曰：『漢天子即位一年而爲陵，天下貢賦三分之，一供宗廟，一供賓客，一充山陵。漢武帝饗年久長，比崩而茂陵不復容物，其樹皆已可拱。赤眉取陵中物不能減半，於今猶有朽帛委積，珠玉未盡。此二陵是儉者耳。』」案，本紀言如此，則是帝崩後，臣子違其素志也。

〔七〕蘇林曰：假音休假。借音以物借人之借。【補注】沈欽韓曰：風俗通正失篇「孝成帝問劉向曰：『後世皆言文帝治天下，幾至太平，其德比周文王，此語從何生？』對曰：『生於言事。文帝禮言事者，不傷其意。羣臣無大小，至即便從容言，上止輦聽之，其言可者稱善，不可者喜笑而已。言事多褒之，後人見遺文，則以爲然。』」

〔八〕應劭曰：措，置也。民不犯法，無所刑也。師古曰：斷獄數百者，言普天之下死罪人不過數百。幾，近也，音巨衣反。【補注】何焯曰：貢禹言文帝貴廉潔，賤貪汙，吏坐臧者，皆禁錮，賞善罰惡，不阿親戚，罪白者伏其誅。是帝之爲政不專於寬也，特刑不濫耳。張武舊勛，受賂不飭，未至大惡，故加賜以媿之。豈概施諸下，姑息成風，致貪吏放手哉？

景帝紀第五

孝景皇帝，〔一〕文帝太子也。〔二〕母曰竇皇后。後七年六月，文帝崩。丁未，太子即皇帝位，〔三〕尊皇太后薄氏曰太皇太后，皇后曰皇太后。

〔一〕荀悦曰：諱啟之字曰開。應劭曰：禮，謚法「布義行剛曰景」。【補注】先謙曰：史正義引謚法云「繇義而濟曰景」。

〔二〕【補注】先謙曰：史記，孝文之中子也。餘詳外戚傳。

〔三〕【補注】何焯曰：文帝以乙巳葬，既葬，乃即位也。史記云「太子即位於高廟」，此皆典禮所徵，不宜削略。沈欽韓曰：公羊傳「正棺於兩楹之閒，然後即位」，後世柩前即位之制，乃用公羊說，此尚近古。

九月，有星孛于西方。〔一〕

〔一〕【補注】先謙曰：五行志：其本直尾、箕，末指虛、危，長丈餘，及天漢，十六日不見。

元年冬十月，詔曰：「蓋聞古者祖有功而宗有德，〔一〕制禮樂各有由。歌者，所以發德也；舞者，所以明功也。〔二〕高廟酎，〔三〕奏武德、文始、五行之舞。〔四〕孝惠廟酎，奏文始、五行之舞。孝文皇帝臨天下，通關梁，不異遠方；〔五〕除誹謗，去肉刑，賞賜長老，收恤孤獨，以遂羣生；〔六〕減耆欲，不受獻，〔七〕罪人不帑，〔八〕不誅亡罪，不私其利也；〔九〕除宮刑，〔一〇〕出美人，重絶人之世也。朕既不敏，弗能勝識。〔一一〕此皆上世之所不及，而孝文皇帝親行之。〔一二〕德厚侔天地，利澤施四海，〔一三〕靡不獲福。明象乎日月，而廟樂不稱，朕甚懼焉。〔一四〕其爲孝文皇帝廟爲昭德之舞，〔一五〕以明休德。〔一六〕然后祖宗之功德，〔一七〕施于萬世，永永無窮，朕甚嘉之。其與丞相、列侯、中二千石、禮官具禮儀奏。」丞相臣嘉等奏曰：〔一八〕「陛下永思孝道，立昭德之舞以明孝文皇帝之盛德，皆臣嘉等愚所不及。臣謹議：世功莫大於高皇帝，德莫盛於孝文皇帝。高皇帝廟宜爲帝者太祖之廟，孝文皇帝廟宜爲帝者太宗之廟。天子宜世世獻祖宗之廟。郡國諸侯宜各爲孝文皇帝立太宗之廟。諸侯王列侯使者侍祠天子所獻祖宗之廟。〔二〇〕請宣布天下。」制曰：「可。」

〔一〕應劭曰：始取天下者爲祖，高帝稱高祖是也。始治天下者爲宗，文帝稱太宗是也。師古曰：應説非也。祖，始也，始受命也。宗，尊也，有德可尊。【補注】劉攽曰：顏説非也。始受命者稱太祖耳，有功者亦稱祖，商祖甲是也。王啟原曰：祖有功而宗有德，家語廟制篇以爲孔子之言，雖不足據。後漢書光武紀注引其文，而云禮，蓋佚禮之文。

〔二〕【補注】王啟原曰：白虎通云「歌者在上，舞者在下，何？歌者象德，舞者象功，君子上德而下功」。

〔三〕張晏曰：正月旦作酒，八月成，名曰酎。酎之言純也。至武帝時，因八月嘗酎，會諸侯廟中，出金助祭，所謂酎金也。師古曰：酎，三重釀，醇酒也，味厚，故以薦宗廟。酎音直救反。

〔四〕孟康曰：武德，高祖所作也。文始，舜舞也。五行，周舞也。武德者，其舞人執干戚。文始舞執羽籥。五行舞，冠冕衣服法五行色。見禮樂志。【補注】錢大昭曰：鄭司農注春官大胥云：「漢大樂律曰，卑者之子不得舞宗廟之酎，除吏二千石到六百石，及關內侯到五大夫子。先取適子，高七尺以上，年二十到三十，顏色和順，身體修治者，以爲舞人。」先謙曰：史索隱應劭云：「禮樂志：文始舞本舜韶舞，高祖更名文始，示不相襲。五行舞本周武舞，秦始皇更名五行舞。」案，今言奏武德、文始、五行之舞者，其樂總象武王樂，言高祖以武定天下。既示不相襲，其作樂之始，先奏文始，以羽籥衣文繡居先。次即奏五行，五行即武舞，執干戚而衣有五行之色也。」

〔五〕張晏曰：孝文十二年，除關不用傳，令遠近若一。

〔六〕師古曰：遂，成也，達也。

〔七〕師古曰：耆讀曰嗜。

〔八〕蘇林曰：刑不及妻子。師古曰：帑讀與孥同。【補注】錢大昭曰：毛詩、禮記、漢書皆作「帑」。尚書、孟子作「孥」，俗字也，起於呂忱字林，見張參五經文字。

〔九〕【補注】錢大昭曰：案，「不私其利也」五字，當從閩本在「不受獻」之下。先謙曰：錢說是也。史記五字正在「不受獻」下。

〔一〇〕【補注】先謙曰：史記作「除肉刑」，與上復出，自是傳寫誤改。且下云「重絶人世」，知非謂肉刑也。刑法志不言文帝除宮刑，然下文中四年云「死罪欲腐者，聽之」，蓋文帝時實有除腐刑事。

〔一一〕師古曰：敏，材智速疾也。勝識，盡知之。

〔一二〕師古曰：上世，謂古昔之帝王也。

〔一三〕師古曰：侔，等也，音牟。

〔一四〕師古曰：稱，副也，音尺孕反。

〔一五〕師古曰：昭，明也。【補注】先謙曰：詳禮樂志。

〔一六〕師古曰：休，美也。

〔一七〕【補注】先謙曰：史記有「著於竹帛」四字。

〔一八〕師古曰：申屠嘉。

〔一九〕【補注】先謙曰：詳文義，「功」上不當有「世」字，史記、通鑑俱無。史記「議」下有「曰」字，疑「世」乃「曰」字之誤。

〔二〇〕張晏曰：王及列侯歲時遣使詣京師侍祠助祭。如淳曰：若光武廟在章陵，南陽太守稱使者往祭是也。不使侯王祭者，諸侯不得祖天子。凡臨祭宗廟皆爲侍祭。師古曰：張説是也。既云天子所獻祖宗之廟，非謂郡國之廟也。【補注】先謙曰：史記「所」作「歲」，張云「歲時遣使」，正釋「歲」字之義。顔注漢書本自作「所」耳。

春正月，詔曰：「間者歲比不登，民多乏食，夭絶天年，朕甚痛之。郡國或磽陿，無所農桑毄畜；〔一〕或地饒廣，薦草莽，水泉利，而不得徙。〔二〕其議民欲徙寬大地者，聽之。」

〔一〕師古曰：磽，謂磽埆瘠薄也。陿，謂褊隘也。毄，謂食養之。畜，謂牧放也。磽音苦交反。陿音狹。毄，古繫字。【補注】王念孫曰：通典食貨一引「磽陿」上有「地」字，今本脱，當據補。「地磽陿」與下「地饒廣」對文。

〔二〕如淳曰：莊周云麋鹿食曰薦。一曰草稠曰薦，深曰莽。【補注】劉攽曰：注「麋鹿食曰薦」，衍一「曰」字。王念孫曰：如以薦爲草，則「薦草莽」三字詞意重複。余謂薦者聚也。言地饒廣而草莽聚其中也。薦與荐同。襄四年左傳「戎狄荐居」，晉語「戎狄荐處」，韋、杜注竝云「荐，聚也」。漢書翟義傳「薦樹之棘」，師古注「薦讀曰荐。荐，重也，聚也」。「地饒廣」爲句，「薦草莽」爲句，「水泉利」爲句。周壽昌曰：趙充國傳「今虜亡其美地薦草」，唐書契苾何力傳「逐薦草美水以爲生」，此言草莽之薦，水泉之利，古人變文以對舉也。

夏四月，赦天下。賜民爵一級。

遣御史大夫青翟至代下與匈奴和親。〔一〕

〔一〕文穎曰：姓嚴，諱青翟。臣瓚曰：此陶青也。莊青翟乃自武帝時人，此紀誤。師古曰：後人傳習不曉，妄增「翟」字耳，非本作紀之誤。【補注】先謙曰：通鑑作「青」，胡注「青，陶舍子」。青以文後二年爲御史大夫，景二年爲丞相，見百官表。

五月，令田半租。〔一〕

〔一〕【補注】齊召南曰：史記「除田半租」。此文「令田半租」，以文帝十三年盡除田租，至此年始復收其半租也。先謙曰：通鑑云「三十而稅」。

秋七月，詔曰：「吏受所監臨，以飲食免，重；受財物，賤買貴賣，論輕。〔一〕廷尉與丞相更議著令。」〔二〕廷尉信謹與丞相議曰：〔三〕「吏及諸有秩受其官屬所監、所治、所行、所將，〔四〕其與飲食計償費，勿論。〔五〕它物，若買故賤，賣故貴，皆坐臧爲盜，没入臧縣官。〔六〕吏遷徙免罷，受其故官屬所將監治送財物，奪爵爲士伍，免之。〔七〕無爵，罰金二斤，令没入所受。有能捕告，畀其所受臧。」〔八〕

〔一〕師古曰：帝以爲當時律條吏受所監臨賂遺飲食，即坐免官爵，於法太重，而受所監臨財物及賤買貴賣者，論決太輕，故令更議改之。

〔二〕蘇林曰：著音著幘之著。師古曰：蘇音非也。著音著作之著，音竹筋反。

〔三〕師古曰：丞相申屠嘉。【補注】錢大昭曰：信，廷尉名。百官表，孝文後元年有廷尉信。

〔四〕師古曰：行謂按察也，音下更反。【補注】先謙曰：行謂行事，若今署任也，顔說非。

〔五〕師古曰：計其所費，而償其直，勿論罪也。

〔六〕師古曰：它物，謂非飲食者。

〔七〕李奇曰：有爵者奪之，使爲士伍，有位者免官也。師古曰：此說非也。謂奪其爵，令爲士伍，又免其官職，即今律所謂除名也。謂之士伍者，言從士卒之伍也。【補注】沈欽韓曰：此與見爲吏監治受財物者異科，以其遷免徙罷，非威力所劫。但官屬送財，自不應受耳，故惟奪爵而免其坐臧也。顔說誤。漢法，初罪免官，重論奪爵，已奪爵矣，免官何待言乎？

〔八〕師古曰：畀，與也，以所受之臧與捕告者也。畀音必寐反。

二年冬十二月，有星孛于西南。〔一〕

〔一〕【補注】先謙曰：通鑑同。漢紀作「十一月」，誤。

令天下男子年二十始傅。〔一〕

〔一〕師古曰：舊法二十三，今此二十，更爲異制也。傅讀曰附。解在高紀。【補注】沈欽韓曰：本年十五以上，出算錢，今寬之。至二十歲始傅，著於版籍也。先謙曰：史索隱引荀悦云「傅，正卒也」。

春三月，立皇子德爲河間王，閼爲臨江王，〔二〕餘爲淮陽王，非爲汝南王，彭祖爲廣川王，發爲長沙王。

〔一〕師古曰：閼音一曷反。

夏四月壬午，太皇太后崩。〔一〕

〔一〕服虔曰：文帝母薄太后也。

六月，丞相嘉薨。

封故相國蕭何孫係爲列侯。〔一〕

〔一〕師古曰：係音胡計反。【補注】錢大昭曰：功臣表：孝景二年，侯嘉以則弟紹封，二千户。本傳漢紀同，「係」當作「嘉」。

秋，與匈奴和親。

三年冬十二月，詔曰：「襄平侯嘉〔一〕子恢説不孝，謀反，欲以殺嘉，大逆無道。〔二〕其赦嘉爲襄平侯，及妻子當坐者復故爵。〔三〕論恢説及妻子如法。」

〔一〕晉灼曰：紀通子也。功臣表：襄平侯紀通以父功侯，孝景三年，康侯相夫嗣。推其封薨，正與此合，豈更名嘉乎？【補注】先謙曰：晉説誤，詳見表。

〔二〕晉灼曰：恢説言嘉知反情，而實不知也。師古曰：此解非也。恢説有私怨於其父，而自謀反，欲令其父坐死也。説讀曰悦。【補注】沈欽韓曰：恢説謀反，發覺，復扳父爲知情，故云不孝，晉説是。顔謂怨其父而謀反，欲令連坐，豈人情邪？

〔三〕如淳曰：律，大逆不道，父母妻子同産皆棄市。今赦其餘子不與恢説謀者，復其故爵。

春正月，淮陽王宫正殿災。

吴王濞、膠西王卬、楚王戊、趙王遂、濟南王辟光、〔一〕菑川王賢、膠東王雄渠皆舉兵反。大赦天下。遣太尉亞夫、〔二〕大將軍竇嬰將兵擊之。斬御史大夫晁錯以謝七國。〔三〕

〔一〕師古曰：辟音壁，又音闢，其義兩通。【補注】先謙曰：官本注「壁」作「璧」。

〔二〕師古曰：周亞夫。

〔三〕晉灼曰：錯音錯置之錯。師古曰：晁，古朝字。

二月壬子晦，日有食之。〔一〕

〔一〕【補注】先謙曰：官本「食」作「蝕」。五行志作「壬午晦，在胃二度」。漢紀作「辛巳朔」。

諸將破七國，斬首十餘萬級。追斬吴王濞於丹徒。〔一〕膠西王卬、楚王戊、趙王遂、濟南王辟光、菑川王賢、膠東王雄渠皆自殺。夏六月，詔曰：「乃者吴王濞等爲逆，起兵相脅，詿誤吏民，吏民不得已。〔二〕今濞等已滅，吏民當坐濞等及逋逃亡軍者，皆赦之。楚元王子蓺等與濞等爲逆，〔三〕朕不忍加法，除其籍，毋令汙宗室。」立平陸侯劉禮爲楚王，續元王後。〔四〕立皇子端爲膠西王，勝爲中山王。賜民爵一級。

〔二〕【補注】先謙曰：丹徒，會稽縣，今鎮江府丹徒縣東南十八里。
〔三〕師古曰：已，止也，言不得止而從之，非本心也。
〔三〕師古曰：埶音藝。
〔四〕孟康曰：禮，元王子也。

四年春，復置諸關用傳出入。〔一〕

〔一〕應劭曰：文帝十二年除關無用傳，至此復用傳。以七國新反，備非常。【補注】先謙曰：史記在後九月，「諸」作「津」。

夏四月己巳，立皇子榮爲皇太子，徹爲膠東王。

六月，赦天下，賜民爵一級。

秋七月，臨江王閼薨。

十月戊戌晦，日有蝕之。〔一〕

〔一〕【補注】劉攽曰：此年記事，十月在年終，誤。何焯曰：此十月，或九月之誤，史記是年有後九月，然近下中四年亦記十月於年終。周壽昌曰：何説非也。此傳寫誤衍兩日食於兩年耳。五行志載景帝朝日食，前後綦詳，此兩年未載，漢紀同，益知無其事。且紀兩年俱書春夏秋序，獨此無「冬」字，尤其顯證。先謙曰：通鑑承用漢書，胡三省亦糾之。

五年春正月，作陽陵邑。〔一〕夏，募民徙陽陵，賜錢二十萬。

〔一〕張晏曰：景帝作壽陵，起邑。【補注】先謙曰：陽陵爲縣，志屬馮翊。

遣公主嫁匈奴單于。

六年冬十二月，雷，霖雨。

秋九月，皇后薄氏廢。

七年冬十一月庚寅晦，日有蝕之。〔一〕

〔一〕【補注】先謙曰：史記在十二月，五行志在虚九度。

春正月，廢皇太子榮爲臨江王。〔一〕

〔一〕【補注】先謙曰：史記云七年冬。表作十一月己酉，通鑑從之。荀紀從本紀。

二月，罷太尉官。

夏四月乙巳，立皇后王氏。〔一〕

〔一〕【補注】何焯曰：先立皇后，而後立太子，與文帝故事異。

丁巳，立膠東王徹爲皇太子。賜民爲父後者爵一級。

中元年〔一〕夏四月，赦天下，賜民爵一級。封故御史大夫周苛、周昌孫子爲列侯。〔二〕

〔一〕【補注】先謙曰：五行志「十二月甲寅晦，日有食之」。

〔二〕師古曰：封苛之孫及昌之子也。苛、昌皆嘗爲御史大夫而從昆弟也，故總言之。【補注】錢大昭曰：顔説非。功臣表：高景侯周成以父苛功爲侯，孝文時有罪，國除。孝景中元年，侯應以成孫紹封。史記同。則應乃苛之曾孫，不得謂之孫矣。汾陽悼侯周昌再傳至孝文時有罪，國除。孝景中元年，俗本作「中二年」，誤。侯左車以昌孫紹封，爲安陽侯。昌傳亦以左車爲昌孫。則左車乃昌孫非昌子也。「孫子」二字，當有闕誤。王先慎曰：史記作「封苛孫平爲繩侯，昌子左車爲安陽侯」，顔説本此而誤。

二年春二月，令諸侯王薨、列侯初封及之國，大鴻臚奏謚、誄、策。〔一〕列侯薨及諸侯太傅初除之官，大行奏謚、誄、策。〔二〕王薨，遣光禄大夫弔襚祠賵，〔三〕視喪事，因立嗣子。列侯薨，遣大中大夫弔祠，視喪事，因立嗣。其薨葬，國得發民輓喪，穿復土，治墳無過三百人畢事。〔四〕

〔一〕應劭曰：皇帝延諸侯王，賓王諸侯，皆屬大鴻臚。故其薨，奏其行迹，賜與謚及哀策誄文也。臣瓚曰：景帝此年已置大鴻臚，而百官表云武帝太初元年更以大行爲大鴻臚，與此錯。師古曰：誄者，述累德行之文，音力水反。【補注】錢大昕曰：謚、誄，死者所用。策則初封及之國者所用。謂諸侯王薨，大鴻臚主奏謚、誄；列侯初封及之國，大鴻臚主奏策也。應以策爲哀策，非。

〔二〕如淳曰：凡言除者，除故官就新官也。晉灼曰：禮有大行人、小行人，主謚官，故以此名之。臣瓚曰：大行是官名，掌九儀之制以賓諸侯者。師古曰：大鴻臚者，本名典客，後改曰大鴻臚。大行令者，本名行人，即典客之屬官也，後改曰大行令。故事之尊重者遣大鴻臚，而輕賤者遣大行也。據此紀文，則景帝已改典客爲大鴻臚，改行人爲大行矣。而百官公卿表乃云景帝中六年更名典客爲大行令，武帝太初元年更名大行令爲大鴻臚，更名行人爲大行令。當是表誤。【補注】劉攽曰：史記文景事最略，漢書則頗有所録，蓋班氏博采他書成之，故於景帝世謂典客爲大鴻臚，行人爲大行，由它書即武帝時官記景帝世事，班氏失於改革耳。然則改諸官名在武帝世無疑，非表誤也。顔氏所疑，下文光禄大夫，亦景帝所改乎？劉敞曰：案景十三王傳，河間獻王薨，猶云大行令奏謚，則非表誤也。但官名改易未定，故史於此追舉最後官名耳。武帝初，大行王恢、李息即大行令也。

〔三〕應劭曰：衣服曰襚。祠，飲食也。車馬曰賵。師古曰：襚音遂。賵音芳鳳反。【補注】周壽昌曰：百官表：太初元年，更名中大夫爲光禄大夫。此亦史臣所追書。

〔四〕師古曰：輓謂引車也。畢事，畢葬事也。輓音晚。【補注】王念孫曰：案「其薨葬」「薨」字涉上文四「薨」字而衍。諸王侯薨事，已見上文，此文則專指葬事言，故師古云「畢事，畢葬事也」，不當更有「薨」字。漢紀孝景紀無「薨」字。先謙曰：官本「大」作「太」。

匈奴入燕。〔一〕

〔一〕【補注】先謙曰：史記下有「遂不和親」四字。

改磔曰棄市，〔一〕勿復磔。

〔一〕應劭曰：先此諸死刑皆磔於市，今改曰棄市，自非妖逆不復磔也。師古曰：磔謂張其尸也。棄市，殺之於市也。謂之棄市者，取刑人於市，與衆棄之也。磔音竹客反。

三月，臨江王榮坐侵太宗廟地，〔一〕徵詣中尉，自殺。

〔一〕【補注】蘇輿曰：案此郡國諸侯新立之太宗廟。

夏四月，有星孛于西北。

立皇子越爲廣川王，寄爲膠東王。

秋七月，更郡守爲太守，郡尉爲都尉。〔一〕

〔一〕師古曰：更謂改其號。

九月，封故楚、趙傅相内史前死事者四人子〔一〕皆爲列侯。

〔一〕文穎曰：楚相張尚、太傅趙夷吾，趙相建德、内史王悍。此四人各諫其王無使反，不聽，皆殺之，故封其子。【補注】錢大昭曰：功臣表皆云四月丁巳封。先謙曰：史記作「夏」，表是也。「封」下十九字，當在前「膠東王」下，傳寫者誤移於此。

甲戌晦，日有蝕之。〔一〕

〔一〕【補注】先謙曰：五行志同。

三年冬十一月，罷諸侯御史大夫官。〔一〕

〔一〕師古曰：所以抑損其權。

春正月，皇太后崩。〔一〕

〔一〕文穎曰：景帝母竇太后，以帝崩後六年乃亡。凡立五十一年，武帝建元六年崩。今此言皇太后崩，誤耳。孟康曰：此太后崩，史記無也。臣瓚曰：王楙云景帝薄后以此年死，疑是也當言廢后，而言太后，誤也。師古曰：孟説是也。廢后死不書，又不言崩，瓚解爲謬。【補注】錢大昭曰：七字衍，史記、漢紀俱無。先謙曰：官本注「解」作「説」。

夏旱，〔一〕禁酤酒。〔二〕秋九月，蝗。〔三〕有星孛于西北。戊戌晦，日有蝕之。〔四〕

〔一〕【補注】先謙曰：五行志云「秋大旱」，與此異。

〔二〕師古曰：酤謂賣酒也，音工護反。

〔三〕【補注】先謙曰：説見五行志。

〔四〕【補注】先謙曰：五行志「幾盡，在尾九度」。

立皇子乘爲清河王。〔一〕

〔一〕【補注】錢大昭曰：表云「三月丁酉立」。

四年春三月，起德陽宮。〔一〕

〔一〕臣瓚曰：是景帝廟也。帝自作之，諱不言廟，故言宮。西京故事云景帝廟爲德陽。【補注】錢大昭曰：閩本作「陽德宮」，誤。沈欽韓曰：謂廟爲宮，此古義也。春秋經傳、毛詩皆然。以周有文武世室，魯有魯公、武公世室，故爾雅又云宫謂之室，皆謂廟也。瓚云諱廟言宫，文帝何以不諱而賈誼直云顧成廟乎？此不通雅，故而妄説。長安志：景帝廟在咸陽縣東北十五里。

御史大夫綰奏禁馬高五尺九寸以上，齒未平，不得出關。〔一〕

〔一〕服虔曰：綰，衞綰也。馬十歲，齒下平。【補注】蘇輿曰：史記平準書「益造苑馬以廣用」，故綰有此奏。

夏，蝗。

秋，赦徒作陽陵者，死罪欲腐者，許之。〔一〕

〔一〕蘇林曰：宫刑，其創腐臭，故曰腐也。如淳曰：腐，宫刑也。丈夫割勢，不能復生子，如腐木不生實。師古曰：如説是。腐音輔。【補注】何焯曰：以腐贖死，是則異於使無罪幼童輕絶其世，傷天地生物之和者。周壽昌曰：西漢年紀引作「欲腐刑者，許之」。外戚傳：許廣漢有罪當死，有詔募下蠶室。孟康注，死罪囚欲就宫者，聽之。魏志：鍾繇言於明帝曰「宜如孝景之令，其當棄市，欲斬右趾者，許之」，是不獨以腐刑贖死也。

十月戊午，日有蝕之。〔一〕

〔一〕【補注】劉攽曰：此年記事，十月在年終，亦誤。

五年夏，立皇子舜爲常山王。〔一〕六月，赦天下，賜民爵一級。

〔一〕【補注】錢大昭曰：表云「三月丁巳立」。先謙曰：史記、荀紀、通鑑並與紀同，表誤。

秋八月己酉，未央宫東闕災。〔一〕

〔一〕【補注】先謙曰：説詳五行志。

更名諸侯丞相爲相。〔一〕

〔一〕師古曰：亦所以抑黜之，令異於漢朝。

九月，詔曰：「法令度量，所以禁暴止邪也。獄，人之大命，死者不可復生。吏或不奉法令，以貨賂爲市，朋黨比周，〔一〕以苛爲察，以刻爲明，令亡罪者失職，朕甚憐之。〔二〕有罪者不伏罪，姦法爲暴，甚亡謂也。諸獄疑，若雖文致於法而於人心不厭者，輒讞之。」〔三〕

〔一〕師古曰：比音頻寐反。

〔二〕師古曰：職，常也。失其常理也。【補注】周壽昌曰：廣雅釋詁「職，事也，業也」。周禮天官「閒民無常職」，注謂無事業者。言無罪者失其事業，無以爲生。

〔三〕師古曰：厭，服也，音一贍反。讞，平議也，音魚列反。【補注】周壽昌曰：通典刑四雜議上云：「廷尉上囚，防年繼母陳，殺防年父，防年因殺陳。依律殺母以大逆論，帝疑之。武帝時年十二爲太子，在旁，帝遂問之。太子答曰：『夫繼母如母，明不及母；緣父之故，比之於母。今繼母無狀，手殺其父，則下手之日，母恩絶矣。宜與殺人者同，不宜以大逆論。』從之。」正此年事。先謙曰：若猶及也。文致於法者，胡三省云「謂原情定罪，本不至於死，而以律文傅致之」。案，如周説所引是也。

六年冬十月，行幸雍，郊五時。

十二月，改諸官名。〔一〕定鑄錢僞黄金棄市律。〔二〕

〔一〕【補注】先謙曰：詳百官表。

〔二〕應劭曰：文帝五年，聽民放鑄，律尚未除。先時多作僞金，僞金終不可成，而徒損費，轉相誑燿，窮則起爲盜賊，故定其律也。孟康曰：民先時多作僞金，故其語曰「金可作，世可度」。費損甚多而終不成。民亦稍知其意，犯者希，因此定律也。師古曰：應説是。

春三月，雨雪。〔一〕

〔一〕師古曰：雨音于具反。【補注】先謙曰：説見五行志。

夏四月，梁王薨，〔一〕分梁爲五國，立孝王子五人皆爲王。

〔一〕【補注】錢大昭曰：梁王武不書名，疑傳寫者脱之。

五月，詔曰：「夫吏者，民之師也，車駕衣服宜稱。〔一〕吏六百石以上，皆長吏也，〔二〕亡度者或不吏服，出入閭里，與民亡異。令長吏二千石車朱兩轓，〔三〕千石至六百石朱左轓。〔四〕車騎從者不稱其官衣服，下吏出入閭巷亡吏體者，二千石上其官屬，三輔舉不如法令者，〔五〕皆上丞相御史請之。」〔六〕先是吏多軍功，車服尚輕，故爲設禁。又惟酷吏奉憲失中，乃詔有司減笞法，定箠令。語在刑法志。〔七〕

〔一〕師古曰：稱其官也，音尺孕反。

〔二〕張晏曰：長，大也。六百石，位大夫。

〔三〕應劭曰：車耳反出，所以爲之藩屏，翳塵泥也。二千石雙朱，其次乃偏其左。軬以簟爲之，或用革。如淳曰：轓音反，小車兩屏也。師古曰：據許慎、李登說，轓，車之蔽也。左氏傳云「以藩載欒盈」，即是有鄣蔽之車也。言車耳反出，非矣。轓音甫元反。軬音方遠反。【補注】先謙曰：官本考證云，「吏」訛「史」，從宋本改。

〔四〕【補注】沈欽韓曰：續志「景帝中元五年，始詔六百石以上施車轓，得銅五(朱)〔末〕，軛有吉陽筩」。

〔五〕應劭曰：京兆尹、左馮翊、右扶風共治長安城中，是爲三輔。師古曰：時未有京兆、馮翊、扶風之名。此三輔者，謂主爵中尉及左右内史也。應説失之。【補注】劉攽曰：此文參錯不序。又曰武帝時改主爵中尉爲右扶風。主爵中尉初不治民也，自武帝以㝡治民者惟左右内史，此時亦未有三輔，此紀文誤耳。全祖望曰：是時或已分右内史之地以屬中尉，與左右内史並治京師，亦未可定。觀武帝營上林，其時亦尚未定三輔，而詔中尉、左右内史表屬縣草田以償鄠杜之民，則中尉已與左右内史並治京師，隱然分三輔矣，特其後始改定京兆、馮翊、扶風之名耳。先謙曰：全説近之。然三輔之稱，或係史家追改，本書此類頗多。

〔六〕【補注】先謙曰：謂請其罪。

〔七〕師古曰：箠音止縈反。【補注】先謙曰：惟，思也。

六月，匈奴入鴈門，至武泉，入上郡，取苑馬。〔一〕吏卒戰死者二千人。

〔一〕如淳曰：漢儀注：太僕牧師諸苑三十六所，分布北邊、西邊。以郎爲苑監，官奴婢三萬人，養馬三十萬疋。師古曰：武泉，雲中之縣也。養鳥獸者通名爲苑，故謂牧馬處爲苑。【補注】先謙曰：武泉在今朔平府右玉縣西北境。

秋七月辛亥晦，日有蝕之。〔一〕

〔二〕【補注】先謙曰：五行志：在軫七度。

後元年春正月，詔曰：「獄，重事也。人有智愚，官有上下。獄疑者讞有司。有司所不能決，移廷尉。有令讞而後不當，讞者不爲失。〔一〕欲令治獄者務先寬。」三月，赦天下，賜民爵一級，中二千石諸侯相爵右庶長。〔二〕夏，大酺五日，民得酤酒。〔三〕

〔一〕師古曰：假令讞訖，其理不當，所讞之人不爲罪失。

〔二〕如淳曰：雖有尊官未必有高爵，故數有賜爵。師古曰：右庶長，第十一爵也。

〔三〕【補注】先謙曰：中三年，因旱禁之。

五月，地震。

秋七月乙巳晦，日有蝕之。〔一〕

〔一〕【補注】先謙曰：五行志：先晦一日，在翼十七度。

條侯周亞夫下獄死。〔一〕

〔一〕【補注】王先慎曰：史記亞夫死於中三年，是也。亞夫免丞相，公卿表在中三年。本傳：亞夫謝病免相；頃之，上召賜食；居無何，買葬器事起，遂入廷尉，不食死。玩文法，亦不應隔免相後四年。侯表：孝景三年爲太尉，七年，爲丞相有罪，國除。自三年順推至中三年，正合七年之數，明不當在後元年也。此文蓋傳寫誤移之。

二年冬十月，省徹侯之國。〔一〕

〔一〕晉灼曰：文紀遣列侯之國，今省之。師古曰：省音所領反。【補注】周壽昌曰：案高紀已屢書徹侯作通侯，此仍作徹，轉寫偶誤也。

春，匈奴入鴈門，太守馮敬與戰死。發車騎材官屯。〔一〕

〔一〕師古曰：屯鴈門。

春，以歲不登，禁内郡食馬粟，没入之。〔一〕

〔一〕師古曰：食讀曰飤。没入者，没入其馬。【補注】先謙曰：上有「春」字，此不當複出。史記匈奴入雁門在三月，禁食馬粟在正月，皆春月事，明下「春」字爲衍文，荀紀删之是也。通鑑亦緣漢書而誤衍。

夏四月，詔曰：「雕文刻鏤，傷農事者也；錦繡纂組，害女紅者也。〔一〕農事傷則飢之本也，女紅害則寒之原也。夫飢寒並至，而能亡爲非者寡矣。〔二〕朕親耕，后親桑，以奉宗廟粢盛祭服，爲天下先。不受獻，減太官，省繇賦，〔三〕欲天下務農蠶，素有畜積，以備災害。〔四〕彊毋攘弱，衆毋暴寡，〔五〕老耆以壽終，幼孤得遂長。〔六〕今歲或不登，民食頗寡，其咎安在？或詐僞爲吏，〔七〕吏以貨賂爲市，漁奪百姓，侵牟萬民。〔八〕縣丞，長吏也，奸法與盜盜，甚無謂也。〔九〕其令二千石各修其職。不事官職秏亂者，丞相以聞，請其罪。〔一〇〕布告天下，使明知朕意。」

〔一〕應劭曰：纂，今五采屬綷是也。組者，今綬紛絛是也。臣瓚曰：許慎云「纂，赤組也」。師古曰：瓚説是也。綷，會也。會五綵者，今謂之錯綵，非纂也。紅讀曰功。綷音子内反。絛音它牢反。

〔二〕【補注】沈欽韓曰：説苑反質篇：魏文侯問李克曰：「刑罰之源安生？」李克曰：「生於姦邪淫佚之行。」以下語，皆與此詔上文同。

〔三〕師古曰：省音所領反。繇讀曰傜。

〔四〕師古曰：畜讀曰蓄。

〔五〕師古曰：攘，取也，音人羊反。

〔六〕師古曰：遂，成也。

〔七〕張晏曰：以詐僞人爲吏也。臣瓚曰：律所謂矯枉以爲吏者也。師古曰：二説並非也。直謂詐自稱吏耳。【補注】周壽昌曰：張、瓚二説近之，師古説非也。果詐自稱吏，則漢律本罪已重，尚容其侵牟漁奪哉！觀下文云云，重在察吏，並未云治其詐稱吏也。詐僞爲吏數語，即詔所云不事官職耗亂者也。

〔八〕李奇曰：牟，食苗根蟲也。侵牟食民，比之蛑賊也。師古曰：漁言若漁獵之爲也。【補注】周壽昌曰：侵奪無擇曰漁。漁、獵是兩事，顔訓漁爲獵，非。

〔九〕李斐曰：奸法，因法作奸也。文穎曰：與盜，謂盜者當治，而知情反佐與之，是則共盜無異也。師古曰：與盜盜者，共盜爲盜耳。【補注】錢大昭曰：謂，閩本作「異」，誤。

〔一〇〕師古曰：秏，不明也，讀與眊同，音莫報反。

五月，詔曰：「人不患其不知，患其爲詐也；不患其不勇，患其爲暴也；不患其不富，患其亡厭也。其唯廉士，寡欲易足。今訾算十以上乃得宦，〔一〕廉士算不必衆。有市籍不得

宦，無訾又不得宦，朕甚愍之。訾算四得宦，亡令廉士久失職，貪夫長利。」〔一〕

〔一〕服虔曰：訾萬錢，算百二十七也。應劭曰：古者疾吏之貪，衣食足知榮辱，限訾十算乃得爲吏。十算，十萬也。賈人有財不得爲吏，廉士無訾又不得宦，故減訾四算得宦矣。師古曰：訾讀與貲同。它皆類此。【補注】何焯曰：董仲舒所謂「選郎吏以富訾」指此訾算也。司馬相如以訾算爲郎。姚鼐曰：此所云宦，謂郎也。漢初，郎須有衣馬之飾，乃得侍上，故以訾算。張釋之云「久宦減仲之產」，衛將軍青「令舍人具鞍馬、絳衣、玉具、劍」是也。漢之仕進，大抵郎侍及仕州郡及卿府辟召三塗。郎乃宦於皇帝者也，無訾不得宦於皇帝，自可仕郡縣及卿府也。至武帝建學校，舉孝廉後，則郎不必訾算而後登。而入羊、入粟補郎，更甚於昔之訾算，皆景帝前所未有。應謂限訾十算乃得爲吏，不悟此制不通行於凡吏也。先謙曰：官本、監本正文、注「宦」俱作「官」，下並同。

〔二〕師古曰：長利，長獲其利。

秋，大旱。

三年春正月，詔曰：「農，天下之本也。黄金珠玉，飢不可食，寒不可衣，以爲幣用，不識其終始。〔一〕間歲或不登，意爲末者衆，農民寡也。其令郡國務勸農桑，益種樹，可得衣食物。〔二〕吏發民若取庸采黄金珠玉者，坐臧爲盜。〔三〕二千石聽者，與同罪。」

〔一〕師古曰：幣者，所以通有無，易貴賤也。

〔二〕師古曰：樹，植也。

〔三〕韋昭曰：發民，用其民。取庸，用其資以顧庸。

皇太子冠，賜民爲父後者爵一級。

甲子，帝崩于未央宫。〔一〕遺詔賜諸侯王列侯馬二駟，〔二〕吏二千石黄金二斤，吏民户百錢。出宫人歸其家，〔三〕復終身。〔四〕二月癸酉，葬陽陵。〔五〕

〔一〕臣瓚曰：帝年三十二即位，即位十六年，壽四十八。

〔二〕師古曰：八匹也。

〔三〕【補注】王鳴盛曰：文帝崩，歸夫人以下至少使。景帝崩，亦出宫人。至武、昭乃有奉陵之制。平帝崩，王莽復出媵妾皆歸家。

〔四〕師古曰：復音方目反。

〔五〕臣瓚曰：自崩及葬凡十日。陽陵在長安東北四十五里。

贊曰：孔子稱「斯民，三代之所以直道而行也」，〔一〕信哉！周秦之敝，罔密文峻，〔二〕而姦軌不勝。〔三〕漢興，埽除煩苛，與民休息。至于孝文，加之以恭儉，孝景遵業，五六十載之間，至於移風易俗，黎民醇厚。〔四〕周云成康，漢言文景，美矣！

〔一〕師古曰：此論語載孔子之辭也。言此今時之人，亦夏、殷、周之所馭，以政化淳壹，故能直道而行。傷今不然。

〔二〕【補注】錢大昭曰：罔，古網字。

〔三〕師古曰：不可勝。

〔四〕師古曰：黎，衆也。醇，不澆雜。【補注】王先慎曰：「至於」二字涉上文而衍，御覽八十八引無「至於」二字。

武帝紀第六

孝武皇帝，〔一〕景帝中子也，〔二〕母曰王美人。〔三〕年四歲立爲膠東王。七歲爲皇太子，母爲皇后。十六歲，後三年正月，景帝崩。〔四〕甲子，太子即皇帝位，尊皇太后竇氏曰太皇太后，皇后曰皇太后。三月，封皇太后同母弟田蚡、勝皆爲列侯。〔五〕

〔一〕荀悅曰：諱徹之字曰通。應劭曰：禮，謚法「威强叡德曰武」。【補注】先謙曰：史正義引謚法云「克定禍亂曰武」。

〔二〕【補注】先謙曰：史索隱云景十三王傳廣川王以上皆是武帝兄，自河間王德以至廣川凡有八人，則帝第九也。先謙案：子長曰伯，末曰季，居中者皆爲中子，非必次二也。文帝前后有三男，竇后生景帝，而史記景紀云孝文之中子也，亦其證。

〔三〕師古曰：外戚傳，美人比二千石，視少上造。

〔四〕張晏曰：武帝以景帝元年生，七歲爲太子，爲太子十歲而景帝崩，時年十六矣。師古曰：後三年，景帝後三年也。

〔五〕蘇林曰：蚡音鼢鼠之鼢。師古曰：蚡亦鼢鼠字也，音扶粉反。【補注】錢大昭曰：說文「鼢，地行鼠，伯勞所作也。一曰偃鼠」，重文作「蚡」。

建元元年〔一〕冬十月，詔丞相、御史、列侯、中二千石、二千石、諸侯相舉賢良方正直言極諫之士。丞相綰〔二〕奏：「所舉賢良，或治申、商、韓非、蘇秦、張儀之言，〔三〕亂國政，請皆罷。」奏可。

〔一〕師古曰：自古帝王未有年號，始起於此。【補注】劉攽曰：封禪書云「其後三年，有司言元宜以天瑞命，不宜以一二數」。推所謂其後三年者，蓋盡元狩六年，至元鼎三年也。然元鼎四年方得寶鼎，又無緣先三年而稱之。以此而言，自元鼎以前之元皆有司所追命；其實年號之起在元鼎耳，故元封改元則始有詔書矣。吴仁傑曰：通鑑考異云「元鼎年號亦如建元、元光，實後來追改」。案，魏司空王朗云，古者有年數，無年號，漢初猶然。其後乃有中元、後元，元改彌數，中、後之號不足，故更假取美名。蓋文帝凡兩改元，故以前、後別之。景帝凡三改元，故以前、中、後別之。武帝即位以來，大率六年一改元，二十七年之間改元者五，當時但以一元、二元、三元、四元、五元爲別。五元之三年，有司言元宜以天瑞，不宜一二數，蓋爲是也。時雖從有司之議，改一元爲建元，二元爲元光，三元爲元朔，四元爲元狩，至五元則未有以名，帝意將有所待也。明年寶鼎出，遂改五元爲元鼎，而以是年爲元鼎四年。然則謂年號起於元鼎固然；謂元鼎爲後來追改者，亦不誤也。齊召南曰：攽論當矣。然謂元鼎以前之元，皆有司所追命，則恐無臣子妄造元號之理，蓋必有詔命追稱，而今不可考耳。

〔二〕師古曰：衞綰也。

〔三〕應劭曰：申不害，韓昭侯相也。衞公孫鞅爲秦孝公相，封於商，號商君。韓非，韓諸公子，非，名也。蘇秦爲關東從長。張儀爲秦昭王相，爲衡説，以抑諸侯。李奇曰：申不害書執術。商鞅爲法，賞不失卑，刑不諱尊，然深刻無恩德。韓非兼行申、商之術。師古曰：從音子容反。【補注】先謙曰：官本注「商君」作「秦君」，又注在「請皆罷」下。考證云「執術，監本譌『執衞』，宋本無『術』字」。

春二月，赦天下，賜民爵一級。年八十復二算，九十復甲卒。〔一〕行三銖錢。〔二〕

〔一〕張晏曰：二算，復二口之算也。復甲卒，不豫革車之賦也。師古曰：復音方目反。

〔二〕師古曰：新壞四銖錢造此錢也，重如其文。見食貨志。

夏四月己巳，詔曰：「古之立教，鄉里以齒，朝廷以爵，扶世導民，莫善於德。然則於鄉里先耆艾，奉高年，古之道也。〔一〕今天下孝子順孫願自竭盡以承其親，外迫公事，內乏資財，是以孝心闕焉。朕甚哀之。民年九十以上，已有受鬻法，〔二〕爲復子若孫，令得身帥妻妾遂其供養之事。」〔三〕

〔一〕師古曰：六十曰耆，五十曰艾。【補注】王念孫曰：景祐本「然則」作「然即」，古字通以即爲則，今作則者，後人不識古字而改之也。

〔二〕師古曰：給米粟以爲糜鬻。鬻音之六反。

〔三〕師古曰：若者，豫及之辭也。有子即復子，無子即復孫也。遂，中也。復音方目反。【補注】沈欽韓曰：漢最重復除，故民爵不得過公乘，以五大夫當復除也。前此文景雖申養老之典，未有復卒之令，然至九十而復其子孫，則邀恩者尚鮮。至唐而老者給侍之恩稍寬。先謙曰：官本注「中也」作「申也」，是。

五月，詔曰：「河海潤千里，〔一〕其令祠官修山川之祠，爲歲事，〔二〕曲加禮。」〔三〕

〔一〕【補注】沈欽韓曰：語本公羊僖三十一年傳。

〔二〕孟康曰：爲農祈也。於此造之，歲以爲常，故曰爲歲事也。師古曰：歲以爲常是也。總致敬耳，非止祈農。【補

注】劉攽曰：爲音于僞反。謂爲歲事曲加以禮耳。先謙曰：孟、劉説是，當下屬爲句。

〔三〕如淳曰：祭禮有所加益。

赦吴楚七國帑輸在官者。〔一〕

〔一〕應劭曰：吴楚七國反時，其首事者妻子没入爲官奴婢，武帝哀焉，皆赦遣之也。師古曰：帑讀與孥同。

秋七月，詔曰：「衞士轉置送迎二萬人，〔一〕其省萬人。罷苑馬，以賜貧民。」〔二〕

〔一〕鄭氏曰：去故置新，常二萬人。【補注】先謙曰：饗遣故衞士儀，見續漢禮儀志。

〔二〕師古曰：養馬之苑，舊禁百姓不得芻牧采樵，今罷之。【補注】蘇輿曰：孝景造，至是罷。

議立明堂。遣使者安車蒲輪，束帛加璧，徵魯申公。〔一〕

〔一〕師古曰：以蒲裹輪，取其安也。【補注】先謙曰：申公事，詳儒林傳。

二年冬十月，御史大夫趙綰坐請毋奏事太皇太后，及郎中令王臧皆下獄，自殺。〔一〕丞相嬰、太尉蚡免。〔二〕

〔一〕應劭曰：禮，婦人不豫政事，時帝已自躬省萬機。王臧儒者，欲立明堂辟雍。太后素好黄老術，非薄五經。因欲絶奏事太后，太后怒，故殺之。

〔二〕師古曰：竇嬰、田蚡。

春二月丙戌朔，日有蝕之。〔一〕夏四月戊申，有如日夜出。〔二〕

〔一〕【補注】先謙曰：五行志：在奎十四度。

〔二〕【補注】王念孫曰：此言星狀如日而夜出也。「有」下脫「星」字，則文義不明。漢紀孝武紀、通鑑漢紀九竝作「有星如日夜出」。周壽昌曰：案，依此紀爲是。蓋有物如日夜出，既難指爲日，又不得名爲星也。文獻通考日變載此條，無「星」字。會要日變異載此條，亦然。

初置茂陵邑。〔一〕

〔一〕應劭曰：武帝自作陵也。師古曰：本槐里之縣茂鄉，故曰茂陵。【補注】錢大昭曰：注「之縣」二字，南監本、閩本並倒轉。先謙曰：官本作「縣之」，是。

三年春，河水溢于平原，大飢，人相食。〔一〕

〔一〕師古曰：河溢之處損害田畝，故大飢。

賜徙茂陵者戶錢二十萬，田二頃。初作便門橋。〔一〕

〔一〕蘇林曰：去長安四十里。服虔曰：在長安西北，茂陵東。師古曰：便門，長安城北面西頭門，即平門也。古者平便皆同字。於此道作橋，跨渡渭水以趨茂陵，其道易直，即今所謂「便橋」是其處也。便讀如本字。【補注】沈欽韓曰：元和志「便橋在京兆府咸陽縣西南，架渭水上，在長安北茂陵東，去長安二十里。長安城西門曰便門，此橋與門對，因號便橋」。案師古云平便同字，考說文，𥸨，古辨字，與平字篆作𠂢者迥別，古訓便辨通耳，非以平爲便也。

秋七月，有星孛于西北。

濟川王明坐殺太傅、中傅廢遷防陵。〔一〕

〔一〕應劭曰：中傅，宦者也。師古曰：防陵，漢中縣也，今謂之房州。【補注】錢大昭曰：表、傳並作「房陵」。先謙曰：今鄖陽府房縣治。紀作「防」，乃房之形近誤字。胡三省云「漢諸王國有太傅，秩二千石，掌傅王以德義。中傅出入王宫，在王左右，亦主傅教導王。梁王傳作『中尉』」。

閩越圍東甌，〔一〕東甌告急。遣中大夫嚴助持節發會稽兵，浮海救之。未至，閩越走，兵還。

〔一〕應劭曰：高祖五年立無諸爲閩越王。惠帝立搖爲東海王，都東甌，故號東甌。師古曰：甌音一侯反。【補注】周壽昌曰：東甌，地理志不載。續志「會稽郡永甯，永和三年以章安縣東甌鄉爲縣」，今浙江温州府永嘉縣地。

九月丙子晦，日有蝕之。〔一〕

〔一〕【補注】先謙曰：五行志：在尾五度。

四年夏，有風赤如血。六月，旱。秋九月，有星孛于東北。

五年春，〔一〕罷三銖錢，行半兩錢。〔二〕

〔一〕【補注】先謙曰：五行志：正月己巳朔，日有蝕之。

〔二〕師古曰：又新鑄作也。

置五經博士。

夏四月，平原君薨。〔一〕

〔一〕服虔曰：王太后之母，武帝外祖母。【補注】錢大昕曰：婦人薨，例不書，此以外祖母屬尊，特書。先謙曰：官本注「太」作「皇」。

五月，大蝗。

秋八月，廣川王越、清河王乘皆薨。

六年春二月乙未，遼東高廟災。〔一〕夏四月壬子，高園便殿火。〔二〕上素服五日。

〔一〕【補注】先謙曰：五行志作「六月丁酉」，誤。景帝令郡國各立高祖廟，故遼東有高廟。

〔二〕師古曰：凡言便殿、便室、便坐者，皆非正大之處，所以就便安也。園者，於陵上作之，既有正寢以象平生正殿，又立便殿爲休息閑宴之處耳。説者不曉其意，乃解云便殿、便室皆是正名，斯大惑矣。尋石建、韋玄成、孔光等傳，其義可知。便讀如本字。【補注】先謙曰：通鑑胡注「沈約云漢氏諸陵皆有園寢，承秦所爲也。説者以爲古前廟後寢，以象人主前有朝，後有寢也。廟以藏主，四時祭祀。寢有衣冠、象生之具以薦新。秦始出寢，起於墓側，漢因不改」。

五月丁亥，太皇太后崩。〔一〕

〔一〕【補注】先謙曰：文帝竇后也。五行志「六月有星孛于北方」。

秋八月，有星孛于東方，長竟天。〔一〕

〔一〕【補注】先謙曰：五行志「長星出於東方，長終天，三十日去。占曰是爲蚩尤旗」。

閩越王郢攻南越。遣大行王恢將兵出豫章，大司農韓安國出會稽，擊之。〔一〕未至，越人殺郢降，〔二〕兵還。

〔一〕【補注】先謙曰：大行，當作大行令，此省稱之。大司農，當爲大農令，太初元年始更名大司農，百官表可證，此類皆史家追書之。

〔二〕【補注】錢大昭曰：「越」上當有「閩」字。

元光元年〔一〕冬十一月，初令郡國舉孝廉各一人。〔二〕

〔一〕臣瓚曰：以三星見，故爲元光。【補注】錢大昭曰：「三」當作「長」。先謙曰：官本作「長」。

〔二〕師古曰：孝謂善事父母者。廉謂清潔有廉隅者。【補注】俞樾曰：謂孝與廉各一人，非郡國各一人也。漢制有以孝舉者，有以廉舉者，故元朔元年有司議曰不舉孝當以不敬論，不察廉當免。是孝重於廉也。馮唐傳「以孝著爲中郎署長」，乃唐以孝舉之證。淳于長夏承碑「察孝不行」，孔廟置卒史碑「乙君察舉守宅除吏孔子十九世孫麟廉」，並其證。

衞尉李廣爲驍騎將軍屯雲中，中尉程不識爲車騎將軍〔一〕屯鴈門，六月罷。

〔一〕【補注】齊召南曰：案，公卿表中尉無程不識，是時中尉爲張毆。又案李廣傳，廣爲未央衛尉，不識爲長樂衛尉，即灌夫傳田蚡所云程、李俱爲東西宮衛尉者也。此文當云長樂衛尉，譌作中尉。

夏四月，赦天下，賜民長子爵一級。復七國宗室前絶屬者。〔一〕

〔一〕師古曰：此等宗室，前坐七國反，故絶屬。今加恩赦之，更令上屬籍於宗正也。復音扶目反。

五月，詔賢良曰：「朕聞昔在唐虞，畫象而民不犯，〔一〕日月所燭，莫不率俾。〔二〕周之成康，刑錯不用，〔三〕德及鳥獸，教通四海。海外肅昚，〔四〕北發渠搜，〔五〕氐羌徠服。〔六〕星辰不孛，日月不蝕，山陵不崩，川谷不塞。麟鳳在郊藪，河洛出圖書。嗚虖，何施而臻此與！〔七〕今朕獲奉宗廟，夙興以求，夜寐以思，〔八〕若涉淵水，未知所濟。猗與偉與！〔九〕何行而可以章先帝之洪業休德，〔一〇〕上參堯舜，下配三王！〔一一〕朕之不敏，不能遠德，〔一二〕此子大夫之所睹聞也。〔一三〕賢良明於古今王事之體，受策察問，咸以書對，著之於篇，〔一四〕朕親覽焉。」於是董仲舒、公孫弘等出焉。〔一五〕

〔一〕應劭曰：二帝但畫衣冠，異章服，而民不敢犯也。師古曰：白虎通云「畫象者，其衣服象五刑也。犯墨者蒙巾，犯劓者以赭著其衣，犯髕者以墨蒙其髕，象而畫之，犯宮者屝，犯大辟者布衣無領」。墨謂以墨黥其面也。劓，截其鼻也。髕，去膝蓋骨也。宮，割其陰也。屝，草屨也。劓音牛冀反，字或作劓，其音同耳。髕音頻忍反。屝音扶味反。【補注】先謙曰：此語亦見元紀、刑法志。書大傳云「唐虞象刑而民不敢犯，苗民用刑而民興相漸」。孝經援神契云「三皇無文，五帝畫象，三王肉刑」，本尚書「象以典刑」之語，此今文家說。荀子正論篇云「世俗之爲說者，曰治古無肉刑而有象刑」謂此。案白虎通五行篇「髕象」作「髕處」，「屝」上有「履雜」二字，大傳亦作「髕處」，「蒙巾」作「蒙皁巾」，與荀子書及楊倞注所引慎子又各不同。

〔二〕師古曰：燭，照也。率，循也。俾，使也。言皆循其貢職而可使也。【補注】王引之曰：率俾猶率從也，詳見經義述聞尚書。

〔三〕師古曰：錯，置也，音千故反。

〔四〕晉灼曰：東夷傳今挹婁地是也，在夫餘之東北千餘里大海之濱。師古曰：周書序云「成王既伐東夷，肅昚來賀」，即謂此。【補注】錢大昭曰：古文「慎」作「昚」，不从目。

〔五〕服虔曰：地名也。應劭曰：禹貢析支、渠搜屬雍州，在金城河關之西，西戎也。晉灼曰：王恢傳「北發、月支，可得而臣」，似國名也。地理志朔方有渠搜縣。臣瓚曰：孔子三朝記云「北發渠搜，南撫交阯」，此舉北以南爲對也。禹貢渠搜在雍州西北。渠搜在朔方。師古曰：北發，非國名也，言北方即可徵發渠搜而役屬之。瓚說近是。【補注】錢大昕曰：大戴禮少閒篇「海外肅慎、北發、渠搜，氐羌來服」之文凡四見，而「南撫交趾」僅一見，其文又不相屬，則非以南北對舉明矣。孔子三見哀公，爲三朝記七篇，今在大戴記，即千乘、四代、虞戴德、誥志、小辨、用兵、少閒七篇也。瓚何不考而妄爲此說乎？盧辯注大戴以北發爲北狄地名，李善注文選以爲國名，與晉灼說同。師古改爲徵召之義，誤矣。然小顏之誤，亦自有因。公孫弘傳載元光五年制詞有「北發渠搜，南撫交趾」之語，明以南北相對，訓爲徵召，於義似允，然此實制詞之誤。平津對策，略而不言，蓋知其誤，而不欲訟言之耳。渠搜，西域之國，以爲北方，亦未通於地理。新序雜事篇亦云「北發渠搜，南撫交趾」，又承武帝制策之誤。

〔六〕師古曰：徠，古往來之字也。氐音丁奚反。

〔七〕師古曰：虖讀曰呼。嗚呼，歎辭也。臻，至也。

〔八〕師古曰：夙興，早起也。夜寐，夜久方寐也。

〔九〕師古曰：猗，美也。偉，大也。與，辭也。言美而且大也。與讀曰歟，音弋於反。

〔一〇〕師古曰：章，明也。洪，大也。休，美也。

〔一一〕師古曰：三王，夏、殷、周。

〔一二〕師古曰：言德不及遠也。

〔一三〕師古曰：子者，人之嘉稱。大夫，舉官稱也。志在優賢，故謂之子大夫也。睹，古覩字。

〔一四〕師古曰：篇謂竹簡也。

〔一五〕【補注】沈欽韓曰：通鑑考異云「仲舒傳『仲舒對策，推明孔氏，抑黜百家。立學校之官，州縣舉茂才、孝廉，皆自仲舒發之』。今舉孝廉在元光元年十一月，若對策在下五月，不得云自仲舒發之，蓋紀誤也。然仲舒對策，不知果在何時」。惟建元元年見於紀，故著之。洪邁容齋隨筆云「案策問中云『朕親耕籍，勸孝弟，崇有德，使者冠蓋相望』，對策曰『陰陽錯繆，氛氣充塞，羣生寡遂，黎民未濟』，必非即位之始年也」。愚案，本傳仲舒於孝景時爲博士，武帝即位，舉賢良文學，則仲舒對策實在建元元年無可疑者。又建元六年遼東高廟災，高園便殿火。五行志仲舒對曰云云，本傳在廢爲中大夫時居家推説其意，是賢良對策不得反在元光元年也。又案，公孫弘傳武帝初即位，弘年六十，以賢良徵。嚴助傳武帝善助對，擢助爲中大夫，則三人皆同歲舉也。弘後爲博士，免歸，元光元年復徵賢良，俱非元光元年事。

秋七月癸未，日有蝕之。〔一〕

〔一〕【補注】先謙曰：五行志：先晦一日，在翼八度。又云：二月丙辰晦，日有食之。

二年冬十月，行幸雍，祠五畤。〔一〕

〔一〕師古曰：五帝之時也。

春，詔問公卿曰：「朕飾子女以配單于，金幣文繡賂之甚厚，單于待命加嫚，侵盜亡已。〔一〕邊境被害，朕甚閔之。今欲舉兵攻之，何如？」大行王恢建議宜擊。夏六月，御史大夫韓安國爲護軍將軍，衛尉李廣爲驍騎將軍，太僕公孫賀爲輕車將軍，大行王恢爲將屯將軍，大中大夫李息爲材官將軍，〔二〕將三十萬衆屯馬邑谷中，誘致單于，欲襲擊之。單于入塞，覺之，走出。六月，軍罷。將軍王恢坐首謀不進，下獄死。〔三〕

〔一〕師古曰：待命，謂承詔命也。嫚與慢同。

〔二〕【補注】先謙曰：官本「大」作「太」。

〔三〕師古曰：首爲此謀，而反不進擊匈奴輜重。

秋九月，令民大酺五日。

三年春，河水徙，從頓丘東南流入勃海。〔一〕

〔一〕師古曰：頓丘，丘名，因以爲縣，本衛地也。地理志屬東郡，今則在魏州界也。【補注】朱一新曰：閻若璩云當讀「東南」二字截住作句，下「流入勃海」另讀。先謙曰：官本「勃」作「渤」，注「界」下「也」作「焉」。通鑑删「入勃海」三字，考異云「勃海乃在頓丘東，此恐誤，今不取」，故閻氏云然。頓丘在今大名府清豐縣西南二十五里。

夏五月，封高祖功臣五人後爲列侯。〔一〕

〔一〕【補注】周壽昌曰：五人無姓氏，注不詳，表亦未列。考功臣表，是年紹封者，宣平侯張敖後爲廣陵侯，潁陰侯灌嬰孫賢爲臨汝侯，餘三人無考。然皆以列侯紹封，非初封列侯也。「封」上疑脱「紹」字。

河水決濮陽，氾郡十六。〔一〕發卒十萬救決河。〔二〕起龍淵宮〔三〕。

〔一〕師古曰：濮陽，東郡之縣也。水所氾及，凡十六郡界也。氾音敷劍反。【補注】先謙曰：濮陽在今大名府開州南。通鑑考異云「河渠書河決瓠子，東決鉅野。蘇林云在鄄城以南，濮陽以北。然則瓠子即濮陽縣境隄名也」。

〔二〕【補注】沈欽韓曰：西京雜記「瓠子河決，有蛟龍從九子，自決中逆上入河，噴沫流波數十里」。

〔三〕服虔曰：宮在長安西，作銅飛龍，故以冠名也。如淳曰：三輔黄圖云有龍淵宮，今長安城西有其處。溝洫志救河決亦起龍淵宮於其旁。孟康曰：在西平界，其水可用淬刀劍，特堅利。古龍淵之劍取於此水。師古曰：黄圖云龍淵廟在茂陵東，不言宮也。此言救決河，起龍淵宮，則宮不在長安之西矣。又漢章帝賜尚書韓稜龍淵劍。孟説是也。淬音千内反。【補注】劉攽曰：予謂救決河、起龍淵宮各自一事，非因救河且起宮也。顔疑當云龍淵廟，案景帝紀起德陽廟亦云德陽宮，寧可復謂非德陽廟乎？此龍淵宮應如黄圖所説是。沈欽韓曰：此武帝所自作廟，服、如説是也。長安志「漢武帝龍淵廟在興平縣東北十七里」。元和志「漢龍泉廟在興平縣東北二十四里，武帝廟號也」。水經注渭水篇「成國故渠又東逕龍泉北，渠北故阪，北即龍泉廟」，又云「衛縣河南有龍淵宮，蓋武帝起宮於決河之旁，龍淵之側，故曰龍淵宮」，此亦本如説溝洫志云云也。案，溝洫志無龍淵宮，自河決瓠子後二十餘歲，築宣防宮，在元封時，非此年也，如淳誤耳。假若有之，即是武帝崩後，郡國行幸處所作原廟，或襲龍淵故名，非此龍淵宮也。至孟康泛引西平界之龍淵，元和志，蔡州西平縣有龍泉，水可以淬刀劍。與河決東郡處懸隔。師古誤連上文「救決河」爲讀，又信孟康之説，謬矣。先謙曰：官本考證云「章」譌「帝」，今改正。

四年冬，魏其侯竇嬰有罪，棄市。〔一〕

〔一〕師古曰：以黨灌夫也。【補注】何焯曰：坐矯先帝詔，非獨如師古所云黨灌夫也。

春三月乙卯，丞相蚡薨。

夏四月，隕霜殺草。〔一〕五月，地震。赦天下。

〔一〕【補注】先謙曰：五行志作「隕霜殺草木」。案，荀紀、通鑑與此紀同，志「木」字蓋衍。

五年春正月，河間王德薨。

夏，發巴蜀治南夷道，〔一〕又發卒萬人治鴈門阻險。〔二〕

〔一〕【補注】先謙曰：從唐蒙之謀，詳西南夷傳。

〔二〕師古曰：所以爲固，用止匈奴之寇。【補注】劉攽曰：予謂治險阻者，通道令平易，以便伐匈奴耳。王念孫曰：劉說非也。匈奴傳云「因邊山險塹谿谷可繕者繕之」，即此所云「治阻險」。若謂通道以便伐匈奴，則匈奴之入寇亦便矣。未聞欲伐人而先自去其阻險者也。且上句是治道，下句是治阻險，各爲一事，不得以上句例下句也。

秋七月，大風拔木。

乙巳，皇后陳氏廢。捕爲巫蠱者，皆梟首。〔一〕

〔一〕【補注】王先慎曰：外戚傳「女子楚服等坐爲皇后巫蠱祠祭祝詛，大逆無道，相連及誅者三百餘人。楚服梟首於市」，是梟首者止楚服一人，「皆」字當衍。

八月，螟。〔一〕

〔一〕師古曰：食苗心之蟲也，音莫經反。【補注】先謙曰：說見五行志，官本注「蟲」作「蟲」。

徵吏民有明當世之務，習先聖之術者，縣次續食，令與計偕。〔一〕

〔一〕師古曰：計者，上計簿使也，郡國每歲遣詣京師上之。偕者，俱也。令所徵之人與上計者俱來，而縣次給之食。後世謁誤，因承此語，遂總謂上計爲計偕。闞駰不詳，妄爲解說，云秦漢謂諸侯朝使曰計偕。偕，次也。晉代有計偕簿。又改偕爲階，失之彌遠，致誤後學。【補注】宋祁曰：舊本正文「續」作「給」。王念孫曰：舊本是也。據注云「縣次給之食」，則本作「給食」明矣。平紀亦有「縣次給食」之語。若作「續食」，則義不可通。通鑑漢紀十作「續食」，則所見漢書本已誤。御覽治道部九引此正作「給食」，通典選舉一同。先謙曰：官本「世」作「時」。

六年冬，初算商車。〔一〕

〔一〕李奇曰：始稅商賈車船，令出算。【補注】先謙曰：官本「算」作「等」。

春，穿漕渠通渭。〔一〕

〔一〕如淳曰：水轉運曰漕。師古曰：音才到反。【補注】先謙曰：從鄭當時議，詳食貨志。

匈奴入上谷，殺略吏民。遣車騎將軍衞青出上谷，〔一〕騎將軍公孫敖出代，輕車將軍公孫賀出雲中，驍騎將軍李廣出雁門。青至龍城，〔二〕獲首虜七百級。廣、敖失師而還。詔曰：「夷狄無義，所從來久。間者匈奴數寇邊境，故遣將撫師。古者治兵振旅，因遭虜之方入，將吏新會，上下未輯，〔三〕代郡將軍敖、雁門將軍廣所任不肖，〔四〕校尉又背義妄行，棄軍而北，少吏犯禁。〔五〕用兵之法：不勤不教，將率之過也；教令宣明，不能盡力，士卒之罪也。將軍已下廷尉，使理正之，〔六〕而又加法於士卒，二者並行，非仁聖之心。朕閔衆庶陷害，欲刷恥改行，〔七〕復奉正議，厥路亡繇。〔八〕其赦雁門、代郡軍士不循法者。」〔九〕

〔一〕【補注】錢大昕曰：案，是年青自大中大夫爲車騎將軍，元朔五年春，青爲大將軍，公卿表皆不載。車騎之號，其時猶未甚貴。大將軍之失書，則傳寫脱漏也。

〔二〕應劭曰：匈奴單于祭天，大會諸國，名其處爲龍城。【補注】先謙曰：據匈奴傳，師出在秋。

〔三〕晉灼曰：入猶還也。不得已而用兵，言師不踰時也。入或作人，因其習俗土地之宜而教革之也。師古曰：晉説非也。詔言古者出則治兵，入則振旅，素練其衆，不虧戎律。今之出師，因遭寇虜方入爲害，而將吏新會，上下未和，故校尉棄軍而奔北也。輯與集同。

〔四〕師古曰：肖，似也。不肖者，言無所象類，謂不材之人也。【補注】先謙曰：所任不肖，謂不稱其任也，故下廷尉，非但責其任用不肖之人。

〔五〕文穎曰：少吏，小吏也。【補注】何若瑤曰：百官表，秩四百石至二百石爲長吏，百石以下有卒食、佐史之秩，爲少吏。

〔六〕師古曰：下謂以身付廷尉也。理，法也，言以法律處正其罪。下音胡嫁反。他皆類此。
〔七〕師古曰：刷，除也，音所劣反。【補注】錢大昭曰：貨殖傳「刷會稽之恥」，注謂「拭除之」。
〔八〕師古曰：一陷重刑，無因復從正道也。繇讀與由同。【補注】先謙曰：官本「議」作「義」，是。注無「復」字。
〔九〕師古曰：循，從也，由也。

夏，大旱，蝗。〔一〕

〔一〕【補注】先謙曰：五行志並同。

六月，〔一〕行幸雍。

〔一〕【補注】先謙曰：五行志「是月有星孛於北方」。

秋，匈奴盜邊。遣將軍韓安國屯漁陽。

元朔元年〔一〕冬十一月，詔曰：「公卿大夫，所使總方略，壹統類，廣教化，美風俗也。夫本仁祖義，褒德祿賢，勸善刑暴，〔二〕五帝三王所繇昌也。〔三〕朕夙興夜寐，嘉與宇内之士臻於斯路。〔四〕故旅耆老，復孝敬，〔五〕選豪俊，講文學，〔六〕稽參政事，祈進民心，〔七〕深詔執事，興廉舉孝，庶幾成風，紹休聖緒。〔八〕夫十室之邑，必有忠信；三人並行，厥有我師。〔九〕今或至闔郡而不薦一人，〔一〇〕是化不下究，而積行之君子雍于上聞也。〔一一〕二千石官長紀綱人倫，〔一二〕將何以佐朕燭幽隱，勸元元，〔一三〕厲蒸庶，〔一四〕崇鄉黨之訓哉？且進賢受上賞，蔽賢蒙顯戮，古之道也。〔一五〕其與中二千石、禮官、博士議不舉者罪。」有司奏議曰：「古者，諸侯貢士，壹適謂之好德，〔一六〕再適謂之賢賢，三適謂之有功，乃加九錫。〔一七〕不貢士，壹則黜爵，再則黜地，三而黜爵地畢矣。〔一八〕夫附下罔上者死，附上罔下者刑，與聞國政而無益於民者斥，〔一九〕在上位而不能進賢者退，〔二〇〕此所以勸善黜惡也。今詔書昭先帝聖緒，令二千石舉孝廉，所以化元元，移風易俗也。不舉孝，不奉詔，當以不敬論。〔二一〕不察廉，不勝任也，當免。」〔二二〕奏可。

〔一〕應劭曰：朔，蘇也。孟軻曰「后來其蘇」。蘇，息也，言萬民品物大繁息也。師古曰：朔猶始也，言更爲初始也。蘇息之息，非息生義，應說失之。【補注】先謙曰：以置朔方郡故稱元朔，顔說亦非。武帝初改之元，皆有事實，無空言也。

〔二〕師古曰：本仁祖義，謂以仁義爲本始。

〔三〕師古曰：五帝，伏羲、神農、黄帝、堯、舜也。三王，夏、殷、周也。繇讀與由同。

〔四〕師古曰：天地四方爲宇。臻，至也。

〔五〕師古曰：旅耆老者，加惠於耆老之人，若賓旅也。復孝敬者，謂優復孝弟之人也。復音方目反。【補注】王念孫曰：廣雅「旅，養也」。即王制所云「養耆老」。

〔六〕師古曰：講謂和習之。

〔七〕師古曰：祈，求也。

〔八〕師古曰：休，美也。緒，業也。言紹先聖之休緒也。故下言昭先帝聖緒。

〔九〕師古曰：論語稱孔子云「十室之邑，必有忠信如丘者焉」。又曰「三人行，必有我師焉。擇其善者而從之，其不善者而改之」。故詔引焉。

〔一〇〕師古曰：闔，閉也。總郡之中，故云闔郡。【補注】先謙曰：官本注「總」下有「一」字，是。闔與合同義，太玄玄攡「一闢一合」，猶一闢一闔也。合郡謂總一郡。顔訓闔爲閉，轉失之迂。

〔一一〕師古曰：究，竟也。言見壅遏，不得聞雍於天子也。雍讀曰壅。【補注】朱一新曰：監本注「聞」下「雍」作「達」。先謙曰：官本作「達」，是。通鑑注引亦作「達」。

〔一二〕師古曰：謂郡之守尉，縣之令長。

〔一三〕師古曰：燭，照也。元元，善意。【補注】蘇輿曰：秦策高注「元元，善也」，此顔所本。史索隱引陳姚察云「古者謂人云善人也，因善爲元，故云黎元」。據此，則元元亦烝庶通稱，古人自有複語耳。

〔一四〕師古曰：蒸，衆也。

〔一五〕【補注】沈欽韓曰：鶡冠子道端篇「進賢受上賞，則下不相蔽」。黄石公下略「蔽賢者身受其害」。

〔一六〕服虔曰：適，得其人。

〔一七〕應劭曰：一曰車馬，二曰衣服，三曰樂器，四曰朱户，五曰納陛，六曰虎賁百人，七曰鈇鉞，八曰弓矢，九曰秬鬯。此皆天子制度。尊之，故事事錫與，但數少耳。張晏曰：九錫，經本無文，周禮以爲九命，春秋説有之。臣瓚曰：九錫備物，伯者之盛禮，齊桓、晉文猶不能備，今三進賢便受之，似不然也。當受進賢之一錫。尚書大傳云「三適謂之有功，賜以車服弓矢」是也。師古曰：總列九錫，應説是也。進賢一錫，瓚説是也。【補注】沈欽韓曰：應説出韓詩外傳。禮含文嘉亦有之。蘇輿曰：白虎通黜陟篇「能進善者賜納陛。古者人君下賢，降階一等而禮之，賜之納陛以優之也」，與大傳不同，蓋今文異説。

〔一八〕李奇曰：爵地俱削盡。【補注】先謙曰：官本「而」作「則」。
〔一九〕師古曰：與讀曰豫。斥謂棄逐之。
〔二〇〕【補注】沈欽韓曰：説苑臣術篇引太誓與此四語同，此今文太誓也。馬融所致疑者五事，而趙岐云後得者。今僞泰誓悉據馬融所列者補入，乃轉漏此四語。
〔二一〕張晏曰：謂其不勤求士報國。
〔二二〕張晏曰：當率身化下，今親宰牧而無賢人，爲不勝任也。

十二月，江都王非薨。

春三月甲子，立皇后衛氏。詔曰：「朕聞天地不變，不成施化；陰陽不變，物不暢茂。〔一〕易曰『通其變，使民不倦』。〔二〕詩云『九變復貫，知言之選』。〔三〕朕嘉唐虞而樂殷周，據舊以鑒新。〔四〕其赦天下，與民更始。諸逋貸及辭訟在孝景後三年以前，皆勿聽治。」〔五〕

〔一〕師古曰：暢，通也。
〔二〕應劭曰：黄帝、堯、舜祖述伏羲、神農，結網耒耜，以日中爲市。交易之業，因其所利，變而通之，使民知之，不苦倦也。師古曰：此易下繫之辭也。言通物之變，故能樂其器用，不解倦也。【補注】先謙曰：官本注「解」作「懈」。
〔三〕應劭曰：逸詩也。陽數九，人君當陽，言變政復禮，合於先王舊貫。知言之選，選，善也。孟康曰：貫，道也。選，數也。極天之變而不失道者，知言之數也。臣瓚曰：先王創制易教，以救流弊也，是以三王之教有文有質。九，數之多也。師古曰：貫，事也。選，擇也。論語曰「仍舊貫」，此言文質不同，寬猛殊用，循環復舊，擇善而從之。瓚説近之也。【補注】沈欽韓曰：列子天瑞篇「易變而爲一，一變而爲七，七變而爲九。九變者，究也，乃復變而爲一」。又莊子天道篇「古之語大道者，五變而刑名可舉，九變而賞罰可言也」。

〔四〕師古曰：追觀舊跡，以知新政，而爲鑒戒。

〔五〕師古曰：逋，亡也。久負官物亡匿不還者，皆謂之逋。逋音布胡反。

秋，匈奴入遼西，殺太守。入漁陽、雁門，敗都尉，〔一〕殺略三千餘人。遣將軍衛青出雁門，將軍李息出代，獲首虜數千級。

〔一〕【補注】錢大昭曰：「敗」，閩本作「殺」。先謙曰：匈奴傳「敗漁陽太守軍千餘人」，「又入雁門殺略千餘人」，作「敗」者是也。惟都尉、太守又異。

東夷薉君南閭等〔一〕口二十八萬人降，爲蒼海郡。〔二〕

〔一〕服虔曰：穢貊在辰韓之北，高句麗沃沮之南，東窮于大海。晉灼曰：薉，古穢字。師古曰：南閭者，薉君之名。【補注】先謙曰：官本注在「口二十八萬人」下。薉與濊同。魏志夫餘傳「國有故城名濊城，本濊貊之地」，又濊傳「武帝滅朝鮮，置樂浪郡，自單單大嶺以西屬樂浪，自嶺以東七縣，都尉主之，皆以濊爲名，今不耐濊皆其種也」。

〔二〕【補注】先謙曰：食貨志「彭吳開道通薉貊、朝鮮，置滄海郡」，蒼、滄字同。平準書作「彭吳賈」，而其事不詳。

魯王餘、長沙王發皆薨。

二年冬，賜淮南王、菑川王几杖，毋朝。〔一〕

〔一〕師古曰：淮南王安、菑川王志皆武帝諸父列也，故賜几杖焉。【補注】先謙曰：「菑川王」三字誤衍，荀紀不考而從之。通鑑删，考異云「按諸侯王表，菑川王志以元光五年薨，齊悼惠王世家、高五王傳皆同。顏云菑川王志，誤也」。

石韞玉云，志蕘，建嗣。元朔二年，建正新嗣位，何爲有几杖之賜，恐誤，或衍文。

春正月，詔曰：「梁王、城陽王親慈同生，〔一〕願以邑分弟，其許之。諸侯王請與子弟邑者，朕將親覽，使有列位焉。」於是藩國始分，而子弟畢侯矣。〔二〕

〔一〕文穎曰：慈，愛也。

〔二〕【補注】先謙曰：從主父偃策，詳偃傳。

匈奴入上谷、漁陽，殺略吏民千餘人。遣將軍衛青、李息出雲中，至高闕，〔一〕遂西至符離，〔二〕獲首虜數千級。收河南地，置朔方、五原郡。〔三〕

〔一〕師古曰：山名也，一曰塞名也，在朔方之北。

〔二〕師古曰：幕北塞名也。【補注】沈欽韓曰：方輿紀要「符離塞在豐州河西北」。一統志「豐州故城在鄂爾多斯右翼後旗界内」。

〔三〕【補注】沈欽韓曰：一統志，朔方故城在鄂爾多斯右翼旗界内。前漢郡治三封，三封故城在套外黄河西岸。九原故城在吴喇忒旗北，五原郡治九原縣。

三月乙亥晦，日有蝕之。〔一〕

〔一〕【補注】先謙曰：官本「乙」作「巳」。五行志作「二月乙巳晦，在胃三度」。

夏，募民徙朔方十萬口。又徙郡國豪傑及訾三百萬以上于茂陵。〔一〕

〔一〕【補注】先謙曰：此及上立朔方郡皆從主父偃計，詳偃傳。

秋，燕王定國有罪，自殺。

三年春，罷蒼海郡。三月，詔曰：「夫刑罰所以防姦也，内長文所以見愛也。〔一〕以百姓之未洽于教化，朕嘉與士大夫日新厥業，祗而不解。〔二〕其赦天下。」

〔一〕晉灼曰：長音長吏之長。張晏曰：長文，長文德也。師古曰：詔言有文德者，即親内而崇長之，所以見仁愛之道。見謂顯示也，音胡電反。【補注】王念孫曰：困學紀聞云，或云古寫本無注漢書「内長文」三字作「而肆赦」。案，舊注皆牽强，或説「内長文」作「而肆赦」，雖無明據，而於上下文義甚合，下文云「其赦天下」可證也。「而」與「内」，「肆」與「長」，「赦」與「文」皆字形相近而誤。李慈銘曰：宋劉昌詩蘆浦筆記云，章子厚家藏古本漢書，「内長文」乃是「而肆赦」，王應麟所謂古寫本者，蓋即劉氏之説。楊慎從之，以爲於下文尤爲貫串。然晉灼、張晏魏晉時人，皆已從「内長文」之説，章惇所藏古本從何得來，豈又如梁劉之遴所謂葫蘆中物耶？蓋由讀者臆託，妄言古本以欺人耳。

〔二〕師古曰：解讀曰懈。

夏，匈奴入代，殺太守。入雁門，〔一〕殺略千餘人。

〔一〕【補注】先謙曰：太守，共友也。據匈奴傳，入雁門在秋。

六月庚午，皇太后崩。

秋，罷西南夷，〔一〕城朔方城。令民大酺五日。

〔一〕【補注】先謙曰：從公孫弘之請。

四年冬，行幸甘泉。

夏，匈奴入代、定襄、上郡，殺略數千人。

五年春，大旱。〔一〕大將軍衛青將六將軍兵十餘萬人〔二〕出朔方高闕，獲首虜萬五千級。

〔一〕【補注】先謙曰：五行志同。

〔二〕【補注】先謙曰：案衛青傳，青出師時尚爲車騎將軍，立功後始拜大將軍耳。游擊將軍蘇建，彊弩將軍李沮，騎將軍公孫賀，輕車將軍李蔡，將軍李息、張次公，凡六將軍也。

夏六月，詔曰：「蓋聞導民以禮，風之以樂，〔一〕今禮壞樂崩，朕甚閔焉。故詳延天下方聞之士，咸薦諸朝。〔二〕其令禮官勸學，講議洽聞，舉遺興禮，以爲天下先。〔三〕太常其議予博士弟子，崇鄉黨之化，以厲賢材焉。」〔四〕丞相弘請爲博士置弟子員，〔五〕學者益廣。〔六〕

〔一〕師古曰：風，教也。詩序曰「上以風化下」。

〔二〕師古曰：詳，悉也。延，引也。方，道也。聞，博聞也。言悉引有道博聞之士而進於朝也。禮記曰「隆禮由禮，謂之有方之士」，又曰「博聞强識而讓，謂之君子」。一曰，方謂方正也。【補注】王念孫曰：案訓方爲道，或訓方正，皆與聞字義不相屬。方聞之士，即博聞之士也。廣雅「博、方，廣大也」，是方與博同義。上言「禮壞樂崩」，下言「勸學，講議洽聞，舉遺興禮」，是武帝欲舉博聞之士以興禮樂，非舉賢良方正也。若舉賢良方正，則建元元年已有詔矣。儒林傳亦載此詔，齊召南云，史記作「詳延天下方正博聞之士」，義甚明晳，當是漢書寫本脱「正博」二字。念孫案：齊説亦非。史記有「正博」二字者，後人襲取顏注增成意義耳。漢書兩載此詔，皆作「方聞之士」，且皆本史記，則史漢皆無「正博」二字明矣。

〔三〕師古曰：舉遺逸之文而興禮學。

〔四〕師古曰：爲博士置弟子，既得崇化於鄉黨，又以獎厲賢材之人。

〔五〕師古曰：公孫弘。

〔六〕【補注】何焯曰：議發於弘故先著詔書，以章人君興起絶學之美，而仍不没其實。

秋，匈奴入代，殺都尉。〔一〕

〔一〕【補注】先謙曰：朱央也，見匈奴傳。

六年〔一〕春二月，大將軍衛青將六將軍兵十餘萬騎〔二〕出定襄，斬首三千餘級。〔三〕還，休士馬于定襄、雲中、鴈門。赦天下。

〔一〕【補注】先謙曰：五行志「十一月癸丑晦，日有蝕之」，漢紀作「癸酉」。

〔二〕【補注】先謙曰：六將軍：中將軍公孫敖，左將軍公孫賀，前將軍趙信，右將軍蘇建，後將軍李廣，彊弩將軍李沮。

〔三〕【補注】先謙曰：胡三省云「秦法斬首一，賜爵一級，故因謂斬首爲級」。

夏四月，衛青復將六將軍絶幕，〔一〕大克獲。前將軍趙信軍敗，降匈奴。右將軍蘇建亡軍，獨身脱還，贖爲庶人。

〔一〕應劭曰：幕，沙幕，匈奴之南界也。臣瓚曰：沙土曰幕，直度曰絶。師古曰：應、瓚二説皆是也。而説者或云是塞外地名，非矣。幕者，即今之突厥中磧耳。李陵歌曰「徑萬里兮渡沙幕」。【補注】先謙曰：官本「徑萬」作「經千」。

六月，詔曰：「朕聞五帝不相復禮，三代不同法，所繇殊路而建德一也。〔一〕蓋孔子對定公以徠遠，〔二〕哀公以論臣，〔三〕景公以節用，〔四〕非期不同，所急異務也。〔五〕今中國一統而北邊未安，朕甚悼之。日者大將軍巡朔方，征匈奴，斬首虜萬八千級，諸禁錮及有過者，咸蒙厚賞，得免減罪。〔六〕今大將軍仍復克獲，〔七〕斬首虜萬九千級，受爵賞而欲移賣者，無所流貤。〔八〕其議爲令。」有司奏請置武功賞官，以寵戰士。〔九〕

〔一〕師古曰：復，因也，音扶目反。繇讀與由同。

〔二〕臣瓚曰：論語及韓子皆言葉公問政於孔子，孔子答以悦近徠遠。今云定公，與二書異。

〔三〕如淳曰：韓非云「哀公問政，仲尼曰政在選賢」。【補注】王念孫曰：韓子難篇言選賢，此言論臣，論亦選也。齊語「論比協材」，吕氏春秋當染篇「善爲君者，勞於論人」，高、韋注並云「論，擇也」，擇亦選也。字本作「掄」，説文「掄，擇也」。

〔四〕如淳曰：韓非云「齊景公問政，仲尼曰政在節財」。【補注】先謙曰：官本注「財」作「用」。

〔五〕李奇曰：期，要也。非要當必不同，所急異務，不得不然。

〔六〕師古曰：有罪者，或被釋免，或得減輕。

〔七〕師古曰：仍，頻也。

〔八〕應劭曰：貤音移。言軍吏士斬首虜，爵級多無所移與，今爲置武功賞官，爵多者分與父兄子弟及賣與他人也。師古曰：此説非也。許慎説文解字云「貤，物之重次第也」。此詔言欲移賣爵者，無有差次，不得流行，故爲置官級也。貤音弋賜反。今俗猶謂凡物一重爲一貤也。【補注】宋祁曰：貤音難易之易。王念孫曰：案，貤讀與施于中谷之「施」同。敍傳「貤于子孫」，貤即施也。周南葛覃傳「施，移也」，故今人猶謂移封爲貤封。喪服傳「絶族無施服」，鄭注「在旁而及曰施」。大傳「施」作「移」。是施與移通也。此言「流貤」，亦取旁及之義，故應劭讀爲移。若以貤爲重次弟，則「流貤」二字義不相屬。且此詔「貤」字在「流」字之下，若如師古説以爲無有差次不得流行，則當移「貤」字於「流」字之上，仍須加數字以解之，而其義始明，何其謬也！説文以貤爲重次弟物，乃貤字之本訓。此詔借貤爲流移之移，則非重次弟之謂矣。沈欽韓曰：説文「賧，迻予也」，蓋後人通以貤爲賧。

〔九〕【補注】先謙曰：詳見食貨志。

元狩元年〔一〕冬十月，行幸雍，祠五畤。獲白麟，〔二〕作白麟之歌。〔三〕

〔一〕應劭曰：獲白麟，因改元曰元狩也。

〔二〕師古曰：麟，麇身，牛尾，馬足，黄色，圜蹄，一角，角端有肉。【補注】先謙曰：據京房易傳，麟腹下黄耳，云白麟，非黄可知，顔説非也。麇身當作麕身，形近致誤。

〔三〕【補注】先謙曰：歌載郊祀志。

十一月，淮南王安、衡山王賜謀反，誅。〔一〕黨與死者數萬人。

〔一〕【補注】沈欽韓曰：案淮南傳，謀反在元朔六年秋，紀特以與衡山事相繼，故同在是年冬也。

十二月，大雨雪，民凍死。〔一〕

〔一〕師古曰：雨音于具反。【補注】先謙曰：直云民凍死，於文未安。五行志作「民多凍死」，明此奪「多」字。

夏四月，赦天下。

丁卯，立皇太子。〔一〕賜中二千石爵右庶長，〔二〕民爲父後者一級。詔曰：「朕聞咎繇對禹，曰在知人，知人則哲，惟帝難之。〔三〕蓋君者心也，民猶支體，支體傷則心憯怛。〔四〕日者淮南、衡山修文學，流貨賂，兩國接壤，怵於邪說，〔五〕而造篡弒，此朕之不德。詩云：『憂心慘慘，念國之爲虐。』〔六〕已赦天下，滌除與之更始。朕嘉孝弟力田，哀夫老眊孤寡鰥獨，〔七〕或匱於衣食，甚憐愍焉。其遣謁者巡行天下，存問致賜。〔八〕曰『皇帝使謁者〔九〕賜縣三老、孝者帛，人五匹；鄉三老、弟者、力田帛，人三匹；年九十以上及鰥寡孤獨帛，人二匹，絮三斤；八十以上米，人三石。有冤失職，使者以聞。〔一〇〕縣鄉即賜，毋贅聚』。」〔一一〕

〔一〕【補注】何焯曰：因治淮南獄，聞武安之謀，故立太子。

〔二〕師古曰：第十一等爵。

〔三〕師古曰：尚書咎繇謨載咎繇之辭也。帝謂堯也。

〔四〕師古曰：憯，痛也。怛，悼也。憯音千感反。怛音丁曷反。

〔五〕服虔曰：怵音裔。應劭曰：狃怵也。如淳曰：怵音怵惕，見誘怵於邪說也。師古曰：作怵者非。如說云見誘怵，其義是也，而音怵惕，又非也。怵或體訹字耳。訹者，誘也，音如戌亥之「戌」。南越傳曰「不可怵好語入朝」。諸如此例，音義同耳。今俗猶云相謏訹，而説者或改爲鉥導之鉥，蓋穿鑿也。謏音先誘反。鉥音述。【補注】陳景雲曰：「狃伏」二字當乙，應氏本蓋以怵爲伏也。錢大昭曰：怵讀若訹，説文「訹，誘也」。食貨志「善人怵而爲姦邪」，李奇云「怵，誘也，動心於姦邪也」。王念孫曰：服本「怵」作「伏」。案，釋詁釋文云「伏音逝，張揖雜字音曳」。曳與裔同音，故服云「伏音裔」。案，作「伏」者是也。晉語注「狃，伏也」。後漢書馮異傳注「狃伏，猶慣習也」。言淮南、衡山兩國接壤，故習於邪説而謀叛逆也。淮南衡山傳贊云「剸懷邪辟之計，謀爲叛逆，此非獨王也，亦其俗薄，臣下漸靡使然」，漸靡者，習於邪説之謂也。又史記漢興以來諸侯表云「諸侯驕奢，伏邪臣計，謀爲淫亂」，索隱「伏音誓，伏訓習。言習於邪臣之謀」。彼云「伏邪臣計」，此云「伏於邪説」，其義一也。故服、應本皆作「伏」，而訓爲狃伏。至如本始作「怵」，而訓爲誘怵耳。蓋俗書「伏」字作「怵」，今書傳中狃伏字多作「怵」，猶杕杜之「杕」俗作「枤」也。與怵相似而誤。若韓長孺傳之「訹邪臣浮説」，南越傳之「怵好語」，則其字皆從朮而訓爲誘怵，然不可以彼而例此也。

〔六〕師古曰：小雅正月之詩也。慘慘，憂戚之貌。

〔七〕師古曰：眊，古（髦）〔耄〕字。八十曰（髦）〔耄〕。（髦）〔耄〕，老稱也。一曰眊，不明之貌。

〔八〕師古曰：致，送至也。行音下更反。【補注】周壽昌曰：巡行宜讀本音，與前循行同，後放此，顔音非。

〔九〕師古曰：謁者令使者宣詔書之文。

〔一〇〕師古曰：職，常也。失職者，失其常業及常理也。

〔一一〕如淳曰：贅，會也。令勿擅徵召贅聚三老、孝、弟、力田也。師古曰：即，就也。各遣就其所居而賜之，勿會聚也。贅音之鋭反。【補注】沈欽韓曰：公羊隱元年傳「會猶最也」。何休云「最，聚也，若今聚民爲投最」。方言「萃、雜，集也。東齊曰聚」。案，最、贅、萃，聲同一義也。説苑奉使篇「梁王贅其羣臣而議其過」。

五月乙巳晦，日有蝕之。〔一〕

〔一〕【補注】先謙曰：五行志：在柳六度。

匈奴入上谷，殺數百人。

二年冬十月，行幸雍，祠五畤。

春三月戊寅，丞相弘薨。

遣驃騎將軍霍去病出隴西，至臯蘭，〔一〕斬首八千餘級。

〔一〕應劭曰：在隴西白石縣，塞外河名也。孟康曰：山關名也。師古曰：臯蘭，山名也。霍去病傳云「過焉支山千有餘里，合短兵鏖臯蘭下」，則此山也，非河名也。白石縣在金城，又不屬隴西。應説並失之。鏖音烏曹反。

夏，馬生余吾水中。〔一〕南越獻馴象、〔二〕能言鳥。〔三〕

〔一〕應劭曰：在朔方北也。【補注】先謙曰：匈奴傳「匈奴聞公孫敖出，悉遠其累重于余吾水北」，則其水在匈奴北邊。彼水生馬，何關漢事，而史紀之？應説非也。地理志：上黨郡有余吾縣。水經濁漳水注「涑水出發鳩山，東逕余吾縣故城北，又逕屯留縣北，入漳」，所謂余吾水，即此水也。余吾，在今潞安府屯留縣西。

〔二〕應劭曰：馴者，教能拜起周章，從人意也。師古曰：馴音巡，謂擾也。應説是也。

〔三〕師古曰：即鸚鵡也，今隴西及南海並有之。萬震南州異物志云有三種，一種白，一種青，一種五色。交州以南諸國盡有之。白及五色者，其性尤慧解，蓋謂此也。隋開皇十八年，林邑國獻白鸚鵡，時以爲異。是歲貢士咸試賦之。聖皇馭歷，屢有茲獻。上以幽遐勞費，撫慰弗受。【補注】沈欽韓曰：唐書音樂志「嶺南有鳥，似鸜鵒而稍大，乍視之，不相分辨，籠養久，則能言，無不通，南人謂之吉了。開元初，廣州獻之，言音雄重如丈夫，委曲識人情，慧於鸚鵡。武紀：南越獻能言鳥。注漢書者皆謂鳥爲鸚鵡。若是鸚鵡，不得不舉其名，而謂之能言鳥。鸚鵡秦、隴尤多，亦不足重。所謂能言鳥，即吉了也」。

將軍去病、公孫敖出北地二千餘里，過居延，〔一〕斬首虜三萬餘級。

〔一〕師古曰：居延，匈奴中地名也。韋昭以爲張掖縣，失之。張掖所置居延縣者，以安處所獲居延人而置此縣。【補注】周壽昌曰：案，後書明帝紀注「居延本匈奴地名，武帝因以名縣」。案，地理志：張掖郡去北地千里。括地志：居延城在張掖東北一千五百三十里。此云「出北地二千餘里，過居延」，其道里相合。是年置武威、酒泉郡，想即於其時名縣，但未分置張掖郡耳。又案，霍去病傳云「濟居延」，蓋縣有居延澤在西北，故云濟，豈匈奴別有一居延哉？韋説不誤，顔注失之。王啟原曰：北地，六郡之一，秦舊郡。張掖爲河西五郡之一，實在北地之西北。居延，今爲蒙古額濟納旗地。地理志：張掖郡居延，有居延澤在東北，則張掖郡之居延實以居延澤而名，非別有居延地，其人降漢而置縣以處之也。顔監徒見六朝多僑置郡縣，意居延亦如此，周申韋説是也。

匈奴入鴈門，殺略數百人。遣衛尉張騫、郎中令李廣皆出右北平。廣殺匈奴三千餘人，盡亡其軍四千人，獨身脱還，〔一〕及公孫敖、張騫皆後期，當斬，贖爲庶人。

〔一〕【補注】劉攽曰：廣傳無此事，而云廣軍幾没，以自當無賞耳，疑紀誤。

江都王建有罪，自殺。膠東王寄薨。

秋，匈奴昆邪王殺休屠王，〔一〕并將其衆合四萬餘人來降，置五屬國以處之。〔二〕以其地爲

武威、酒泉郡。〔三〕

〔一〕師古曰：昆音下門反。屠音儲。

〔二〕師古曰：凡言屬國者，存其國號而屬漢朝，故曰屬國。【補注】齊召南曰：杜佑通典云，安定、上郡、天水、張掖、五原爲五屬國。以地理志核之，安定屬國都尉治三水，上郡屬國都尉治龜茲，天水屬國都尉治勇士滿福，五原屬國都尉治蒲澤，而張掖屬國都尉，後書郡國志云武帝置，知通典之説甚確。但安定、天水至元鼎三年始置，張掖至元鼎六年始分，則此時豈容先置都尉乎？胡三省注通鑑云五郡，故塞外，以隴西、北地、上郡、朔方、雲中當之，蓋有由也。先謙曰：史正義云：「以來降之民徙置五郡，各依本國之俗而屬於漢，故曰屬國。」

〔三〕師古曰：武威，今涼州也。酒泉，今肅州。【補注】朱一新曰：案地理志，武威，太初四年開，酒泉，太初元年開，與此不合，豈開郡實在太初時，紀繫於此，乃終言之耶。先謙曰：當從紀，説見志。

三年春，有星孛于東方。〔一〕夏〔二〕五月，赦天下。立膠東康王少子慶爲六安王。封故相國蕭何曾孫慶爲列侯。

〔一〕【補注】先謙曰：五行志不載。

〔二〕【補注】先謙曰：五行志云大旱。

秋，匈奴入右北平、定襄，殺略千餘人。

遣謁者勸有水災郡種宿麥。〔一〕舉吏民能假貸貧民者以名聞。〔二〕

〔一〕師古曰：秋冬種之，經歲乃熟，故云宿麥。

〔三〕師古曰：貸音吐戴反。【補注】先謙曰：食貨志「遣使虛郡國倉廩以振貧，猶不足，又募豪富人相假貸」，即此事。

減隴西、北地、上郡戍卒半。〔一〕

〔一〕【補注】先謙曰：因三郡益少胡寇，故減其半，以寬天下之傜。

發謫吏穿昆明池。〔一〕

〔一〕如淳曰：食貨志以舊吏弄法，故謫使穿池，更發有貲者爲吏也。臣瓚曰：西南夷傳有越嶲、昆明國，有滇池，方三百里。漢使求身毒國，而爲昆明所閉。今欲伐之，故作昆明池象之，以習水戰，在長安西南，周回四十里。食貨志又曰時越欲與漢用船戰，遂乃大修昆明池也。師古曰：謫吏，吏有罪者，罰而役之。滇音顛。

四年冬，有司言關東貧民徙隴西、北地、西河、上郡、會稽凡七十二萬五千口，縣官衣食振業，〔一〕用度不足，請收銀錫造白金及皮幣以足用。〔二〕初算緡錢。〔三〕

〔一〕【補注】先謙曰：據食貨志，以貧民尚不能相救，乃徙於關以西及充朔方以南新秦中，衣食皆仰給縣官，數歲貸與産業。會稽自在關東，志未言及，未知紀誤或志漏也。

〔二〕應劭曰：時國用不足，以白鹿皮爲幣，朝覲以薦璧。又造銀錫爲白金。見食貨志。

〔三〕李斐曰：緡，絲也，以貫錢也。一貫千錢，出算二十也。臣瓚曰：茂陵書：諸賈人末作貰貸，置居邑儲積諸物，及商以取利者，雖無市籍，各以其物自占，率緡錢二千而一算。此緡錢是儲錢也。故隨其用所施，施於吏重者，其算亦多也。師古曰：謂有儲積錢者，計其緡貫而稅之。李説爲是。緡音武巾反。【補注】蘇輿曰：説文「鍲」下云「業也。賈人占緡」，即此「鍲」字義。「緡」下云「釣魚繁也」，與鍲義別，此借緡爲鍲，段氏以鍲爲後人增造字，非也。廣雅釋詁：昀，本也。鍲，算也。玉篇：昀，本作「鍲」。案，訓業、訓本，若今商賈成本之謂。算緡錢者，占度貨物成本直錢若干，簿納官税，有不實，則繩以法，詳見食貨志。先謙曰：官本「吏重」作「利重」，是。

春，有星孛于東北。

夏，有長星出于西北。〔一〕

〔一〕【補注】先謙曰：五行志在四月。

大將軍衛青將四將軍出定襄，〔一〕將軍去病出代，各將五萬騎。步兵踵軍後數十萬人。〔二〕青至幕北圍單于，斬首萬九千級，至闐顔山乃還。〔三〕去病與左賢王戰，斬獲首虜七萬餘級，封狼居胥山乃還。〔四〕兩軍士戰死者數萬人。〔五〕前將軍廣、後將軍食其皆後期。廣自殺，食其贖死。〔六〕

〔一〕【補注】先謙曰：四將軍：前將軍李廣、左將軍公孫賀、右將軍趙食其、後將軍曹襄。

〔二〕師古曰：踵，接也，猶言躡其踵。

〔三〕鄧展曰：音填塞之填。

〔四〕師古曰：登山祭天，築土爲封，刻石紀事，以彰漢功。

〔五〕【補注】王念孫曰：「戰」字後人所加，云「死者數萬人」，則戰死可知。景祐本無「戰」字，匈奴傳作「漢士物故者萬數」，亦無「戰」字。先謙曰：官本「士戰」二字倒。

〔六〕如淳曰：李廣傳「引兵與右將軍食其合軍，出東道」，又曰「廣自剄，右將軍下吏當死，贖爲庶人」。霍去病傳亦云趙食其爲右將軍，平陽侯襄爲後將軍。此紀爲誤也。師古曰：傳寫者誤以右爲後。食其音異基。

五年春三月甲午，丞相李蔡有罪，自殺。〔一〕

〔一〕文穎曰：李廣從弟，坐侵陵壖地。

天下馬少，平牡馬匹二十萬。〔一〕

〔一〕如淳曰：貴平牡馬賈，欲使人競畜馬。【補注】先謙曰：時競乘牡馬，見平準書，故平其賈。

罷半兩錢，行五銖錢。〔一〕

〔一〕【補注】先謙曰：通鑑作「罷三銖錢，更鑄五銖錢」。考異云，食貨志「前已銷半兩錢，鑄三銖錢。明年以三銖錢輕，更鑄五銖錢」。此誤。

徙天下姦猾吏民於邊。〔一〕

〔一〕師古曰：猾，狡也，音乎八反。

六年冬十月，賜丞相以下至吏二千石金，千石以下至乘從者帛，〔一〕蠻夷錦各有差。

〔二〕晉灼曰：乘騎諸從者也。師古曰：流俗書本「乘」上或有「公」字，非也，後人妄加之。【補注】先謙曰：官本「金」上有「百」字，引宋祁曰：「百金」，新本無「百」字。案，監本「金」上亦有「百」字，非。注「者」下，官本無「也」字。

雨水亡冰。〔一〕

〔一〕師古曰：雨音于具反。【補注】先謙曰：說見五行志。

夏四月乙巳，廟立皇子閎爲齊王，旦爲燕王，胥爲廣陵王。〔一〕初作誥。〔二〕

〔一〕師古曰：於廟中策命之。

〔二〕服虔曰：誥敕王，如尚書諸誥也。李斐曰：今敕封拜諸侯王策文亦是也，見武五子傳。

六月，詔曰：「日者有司以幣輕多姦，〔一〕農傷而末衆，〔二〕又禁以并之塗，〔三〕故改幣以約之。〔四〕稽諸往古，制宜於今。〔五〕廢期有月，〔六〕而山澤之民未諭。〔七〕夫仁行而從善，義立則俗易，意奉憲者所以導之未明與？〔八〕將百姓所安殊路，而撟虔吏因乘埶以侵蒸庶邪？〔九〕何紛然其擾也！〔一〇〕今遣博士大等六人分循行天下，〔一一〕存問鰥寡廢疾，無以自振業者貸與之。〔一二〕諭三老孝弟以爲民師，〔一三〕舉獨行之君子，徵詣行在所。〔一四〕朕嘉賢者，樂知其人。廣宣厥道，士有特招，使者之任也。〔一五〕詳問隱處亡位，及冤失職，〔一六〕姦猾爲害，野荒治苛者，舉奏。〔一七〕郡國有所以爲便者，上丞相、御史以聞。」

〔一〕李奇曰：幣，錢也。輕者，若一馬直二十萬，是爲幣輕而物重也。重難得，則用不足而姦生。【補注】先謙曰：食貨志「時鑄三銖錢，盜鑄者不可勝數，有司言三銖錢輕，輕錢易作姦」，即此所謂幣輕多姦也。馬匹直二十萬，自上平之，何預幣輕，李説謬。

〔二〕師古曰：末謂工商也。

〔三〕李奇曰：謂大家兼役小民，富者兼役貧民，欲平之也。文穎曰：兼并者，食禄之家不得治産，兼取小民之利。商人雖富，不得復兼畜田宅，作客耕農也。師古曰：李説是。【補注】先謙曰：官本「以」作「兼」，是。

〔四〕李奇曰：更去半兩錢，行五銖錢、皮幣，以檢約姦邪。【補注】先謙曰：改幣者，改三銖，鑄五銖，非去半兩也。五年紀誤，李据爲説，未檢志文。

〔五〕師古曰：稽，考也，音工奚反。

〔六〕應劭曰：禁半兩錢及餘幣物，禁之有期月而民未悉從也。如淳曰：期音朞。自往年三月至今年四月，朞有餘月矣。師古曰：如説是。

〔七〕師古曰：未諭者，未曉告示之意。

〔八〕師古曰：與讀曰歟。

〔九〕孟康曰：虔，固也。矯稱上命以貨賄用爲固。尚書曰「敓攘矯虔」。韋昭曰：凡稱詐爲矯，强取爲虔。左傳曰「虔劉我邊垂」。師古曰：撟與矯同，其字從手。矯，託也。虔，固也。妄託上命而堅固爲邪惡者也。蒸，衆也。【補注】王念孫曰：案，諸説分「撟虔」爲二義，皆非也。吕刑「敓攘矯虔」，周官司刑疏引鄭注曰「矯虔謂撓擾，春秋傳曰『虔劉我邊垂』，謂刼奪人物以相撓擾也」。如鄭君説，是矯虔爲撓擾之義，故與敓攘連文，此詔於「撟虔吏」下即云「乘埶以侵蒸庶」，又云「紛然其擾」，則撟虔之爲撓擾益明矣。

〔一〇〕師古曰：擾，煩也。

〔一一〕師古曰：褚大也。行音下更反。【補注】先謙曰：食貨志：褚大、徐偃等，其四人無考。大，又見儒林傳。

〔一二〕師古曰：貸音土戴反。

〔一三〕【補注】王念孫曰：「諭」當爲「論」字之誤也。論，選也。謂選三老孝弟以爲民師也。下云「舉獨行之君子」，舉與論義相近，故古書或以「論舉」連文。荀子成相篇云「天乙湯，論舉當」，論舉即選舉也。若云諭三老孝弟，則與「以爲民師」四字義不相屬矣。

〔一四〕如淳曰：蔡雍云，天子以天下爲家，自謂所居爲行在所，言今雖在京師，行所在至耳。師古曰：此說非也。天子或在京師，或出巡狩，不可豫定，故言行在所耳。不得亦謂京師爲行在也。【補注】周壽昌曰：帝時方行幸，故有徵詣行在所之詔。

〔一五〕李奇曰：設士有殊才異行當特招者，任在使者分別之。

〔一六〕師古曰：無位，不被任用也。寃，屈也。失職，失其常業也。

〔一七〕師古曰：野荒，言田畝不闢也。治苛，爲政尚細刻。【補注】先謙曰：食貨志云「舉并兼之徒、守相爲利者」，此姦猾爲害即并兼之徒。上文「矯虔吏」即守相爲利者也。

秋九月，大司馬驃騎將軍去病薨。

元鼎元年〔一〕夏五月，赦天下，大酺五日。

〔一〕應劭曰：得寶鼎故，因是改元。

得鼎汾水上。〔一〕

〔一〕【補注】先謙曰：「得鼎汾水上」五字誤文，通鑑刪之，考異云「漢紀亦云『六月得寶鼎於河東汾水上』」。案，封禪書：

欒大封樂通侯之歲，其夏六月汾陰巫錦爲民祠魏脽后土營旁，得鼎，詔曰，間者巡祭后土云云。武紀：元鼎四年十月幸汾陰，十一月立后土祠於汾陰脽上，六月得寶鼎后土祠旁。恩澤侯表：元鼎四年四月乙巳，欒大封侯。然則得鼎應在四年。蓋武紀因今年改元而誤增此得鼎一事耳，非兩得鼎於汾水上也」。

濟東王彭離有罪，廢徙上庸。〔一〕

〔一〕應劭曰：春秋時庸國。【補注】先謙曰：上庸，漢中縣，在今鄖陽府竹山縣東南。

二年冬十一月，御史大夫張湯有罪，自殺。十二月，丞相青翟下獄死。〔一〕

〔一〕師古曰：莊青翟。

春，起柏梁臺。〔一〕

〔一〕服虔曰：用百頭梁作臺，因名焉。師古曰：三輔舊事云，以香柏爲之，今書字皆作「柏」，服説非。【補注】先謙曰：官本注末有「也」字。

三月，大雨雪。〔一〕夏，大水，關東餓死者以千數。〔二〕

〔一〕師古曰：雨音于具反。【補注】先謙曰：五行志「雪平地厚五尺」。

〔二〕【補注】錢大昭曰：據魏相傳，是時平原、勃海、太山、東郡溥被災害。

秋九月，詔曰：「仁不異遠，義不辭難。〔一〕今京師雖未爲豐年，山林池澤之饒與民共之。

今水潦移於江南，迫隆冬至，朕懼其飢寒不活。江南之地，火耕水耨，〔二〕方下巴蜀之粟致之江陵，遣博士中等分循行，〔三〕諭告所抵，無令重困。〔四〕吏民有振救飢民免其戹者，具舉以聞。」

〔一〕師古曰：遠近如一，是爲仁也。不憚艱難，是爲義也。

〔二〕應劭曰：燒草下水種稻。草與稻并生，高七八寸，因悉芟去，復下水灌之，草死，獨稻長，所謂火耕水耨。【補注】沈欽韓曰：火耕者，刈稻了，燒其稾以肥土，然後耜之。稻人職，「夏以水殄草而芟夷之」。

〔三〕師古曰：行音下更反。

〔四〕師古曰：抵，至也。重音直用反。

三年冬，徙函谷關於新安。〔一〕以故關爲弘農縣。〔二〕

〔一〕應劭曰：時樓船將軍楊僕數有大功，恥爲關外民，上書乞徙東關，以家財給其用度。武帝意亦好廣闊，於是徙關於新安，去弘農三百里。【補注】何焯曰：五年，南越反，楊僕始拜樓船將軍，事在徙關之後。以武帝之雄，豈展拓都畿費出臣下之家財乎？應注出於流傳，非實事也。

〔二〕【補注】先謙曰：弘農隸弘農郡，今陝州靈寶縣南四十里。

十一月，令民告緡者以其半與之。〔一〕

〔一〕孟康曰：有不輸稅，令民得告言，以半與之。

正月戊子，陽陵園火。夏四月，雨雹，〔一〕關東郡國十餘飢，人相食。

〔一〕師古曰：雨音于具反。【補注】先謙曰：五行志：三月水冰，是月雨雪，關東十餘郡人相食。與此作「雨雹」異。案，聽傳言恒寒之罰，雪霜雹三者分敘，此事載「雪」下，不載「雹」下，是「雪」爲正字，而「雹」爲誤文。荀紀、通鑑作「雹」，並承紀誤。

常山王舜薨。子勃嗣立，有罪，廢徙房陵。

四年〔一〕冬十月，行幸雍，祠五畤。賜民爵一級，女子百户牛酒。行自夏陽，東幸汾陰。〔二〕十一月甲子，立后土祠于汾陰脽上。〔三〕禮畢，行幸滎陽。還至洛陽，詔曰：〔四〕「祭地冀州，〔五〕瞻望河洛，巡省豫州，觀于周室，邈而無祀。〔六〕詢問耆老，乃得孽子嘉。〔七〕其封嘉爲周子南君，〔八〕以奉周祀。」

〔一〕【補注】先謙曰：是歲置弘農郡。

〔二〕師古曰：夏陽，馮翊之縣也。汾陰屬河東。汾音扶云反。【補注】先謙曰：夏陽在今同州府韓城縣南二十里。汾陰在今蒲州府榮河縣北。

〔三〕蘇林曰：脽音誰。如淳曰：脽者，河之東岸特堆掘，長四五里，廣一里餘，高十餘丈。汾陰縣治脽之上。后土祠在縣西。汾在脽之北，西流與河合。師古曰：二説皆是也。脽者，以其形高起如人(尻)〔尻〕脽，故以名云。一説，此臨汾水之上，地本名鄈，音與葵同，彼鄉人呼葵音如誰，故轉而爲脽字耳，故漢舊儀云葵上。【補注】錢大昭曰：説文「鄈，河東臨汾地，即漢之所祭后土處，从邑、癸聲」。鄈，正字。脽，借用字。漢舊儀又作「葵」。司馬貞云，蓋河東呼誰與葵同耳。酈道元分郟丘與脽爲二，失之。先謙曰：官本「一里」作「二里」。

〔四〕【補注】周壽昌曰：史記封禪書云「過雒陽，下詔曰，三代邈絶，遠矣難存，其以三十里地封周後爲周子南君，以奉其先祀焉」。詔語簡略，不如此文周摯，是班述元文，史從删録，亦一證也。

〔五〕服虔曰：后土祠在汾陰。汾陰本冀州地也，周時乃分爲并州。爾雅曰「兩河間曰冀州」。【補注】先謙曰：官本注「并」作「荆」。

〔六〕師古曰：邈，遠絶之意。

〔七〕【補注】宋祁曰：景德本無「子」字。

〔八〕臣瓚曰：汲冢古文謂衞將軍文子爲子南彌牟。其後有子南固、子南勁。紀年：勁朝于魏，後惠成王如衞，命子南爲侯。秦并六國，衞最後亡。疑嘉是衞後，故氏子南而稱君也。初元五年爲周承休侯，元始四年爲鄭公，建武十三年此于觀爲衞公。師古曰：子南，其封邑之號，以爲周後，故總言周子南君，瓚説非也。例不先言姓而後稱君，且自嘉已下皆姓姬氏，著在史傳。【補注】宋祁曰：注本舊文作「元始三年」，「建武三年」，此本乃刊誤據平紀改正。錢大昭曰：此於觀爲衞公，閩本「此」作「封」。建武十三年，封姬常爲衞公。郡國志：衞，公國，本觀。沈欽韓曰：鹽鐵論誅秦篇「大夫曰，先帝大惠，紹興其後，封嘉潁川，號周子南君」。南與男通。左昭十三年傳「子産曰鄭，伯男也」。周語「富辰曰鄭，伯南也」。書禹貢「二百里男邦」，孔傳「男，任也」。白虎通「南之爲言任也」。公羊傳云：「小國稱伯子男」。又云「春秋，伯子男，一也」。董子三代改制篇「商合伯子男爲一等，周爵五等，春秋三等」。何休云，春秋改周之文，從殷之質，合伯子男爲一。又云「杞稱子，又稱伯，何？見殊之小國也」。案，武帝時，春秋惟公羊，故周子南君之號用公羊杞子伯義，直以子男并爵，不取甸男服名也。戰國時，周之别封稱東周君、西周君，衞元君亦自侯降號爲君。漢制，未爲通侯而食邑者，皆稱君。王啟原曰：沈説子南義爲子男是也。殷子男國地五十里，王制、孟子所言是其制。周本紀言天子至河南求周苗裔，封其後嘉三十里地，號曰周子南君，則以地言，尚不成子南，雖君三十里，而使同於子男而稱君也。元帝時，進周承休侯。平帝時進鄭公。在後漢改衞公之前，知非衞子南之後，誠以衞後而進衞公，西京不應先封鄭公矣。先謙曰：官本注「此」作「封」，是。注文在下「以奉周祀」下。

春二月，中山王勝薨。

夏，封方士欒大爲樂通侯，位上將軍。

六月，得寶鼎后土祠旁。秋，馬生渥洼水中。〔一〕作寶鼎、天馬之歌。〔二〕

〔一〕李斐曰：南陽新野有暴利長，當武帝時遭刑，屯田敦煌界，數於此水旁見羣野馬中有奇異者，與凡馬來飲此水。利長先作土人，持勒靽於水旁。後馬玩習，久之，代土人持勒靽，收得其馬，獻之。欲神異此馬，云從水中出。蘇林曰：洼音窐曲之窐。師古曰：渥音握。洼音於佳反。【補注】沈欽韓曰：説文「洼，深池也」。蓋在今嘉峪關西。方輿紀要云，沙州境有渥洼水。先謙曰：官本注「與凡馬」下多「異」字。

〔二〕【補注】先謙曰：二歌並見禮樂志。

立常山憲王子商爲泗水王。〔一〕

〔一〕【補注】先謙曰：通鑑胡注「泗水統淩、泗陽、于三縣，本屬東海郡，帝分爲王國」。先謙案：傳：常山王勃，王數月，廢，國除。月餘，詔立憲王子平爲真定王，商爲泗水王。是此紀不能獨書立商爲泗水王，「商」上明奪「平爲真定王」五字。据表，王勃之廢，平、商之封，並在元鼎三年，與傳云「勃國除，月餘」合，此「立」下十字當在三年「廢徙房陵」下無疑，此乃史表誤班氏也。

五年冬十月，行幸雍，祠五畤。遂踰隴，〔一〕登空同，〔二〕西臨祖厲河而還。〔三〕

〔一〕應劭曰：隴，隴阺坂也。師古曰：即今之隴山。阺音丁禮反。【補注】先謙曰：通鑑胡注「在天水郡隴縣。三秦記云，其坂九曲，上隴者，七日乃越」。先謙案：隴縣在今秦州清水縣北。

〔二〕應劭曰：山名也。【補注】先謙曰：郊祀志作「空桐」，史記同。通鑑作「崆峒」，胡注「唐地理志：崆峒在岷州溢樂縣西，漢臨洮之地」。先謙案：溢樂，即今鞏昌府岷州治。

〔三〕李斐曰：音嗟賴。【補注】錢大昕曰：古書，厲與賴通，祖、嗟聲亦相近。沈欽韓曰：玉篇「祖，子邪切，縣名」。字从衣，不从示。河水注「河水東北流，逕安定祖厲縣城西。祖厲川水出祖厲南山，西北流，注於河」。明志「靖虜衞西南今寧夏府地。有祖厲河，東北有亥刺河，皆注於大河」。一統志「祖厲河在鞏昌府會寧縣南，本名庲坌河，亦名南河。又西北逕靖遠縣界爲祖厲河，下流，入黄河」。

十一月辛巳朔旦，冬至。〔一〕立泰畤于甘泉。天子親郊見，〔二〕朝日夕月。〔三〕詔曰：「朕以眇身託于王侯之上，〔四〕德未能綏民，〔五〕民或飢寒，故巡祭后土以祈豐年。冀州脽壤乃顯文鼎，獲祭於廟。〔六〕渥洼水出馬，朕其御焉。戰戰兢兢，〔七〕懼不克任，思昭天地，内惟自新。詩云：『四牡翼翼，以征不服。』親省邊垂，用事所極。〔八〕望見泰一，修天文禮。〔九〕辛卯夜，若景光十有二明。〔一〇〕易曰：『先甲三日，後甲三日。』〔一一〕朕甚念年歲未咸登，〔一二〕飭躬齋戒，〔一三〕丁酉，拜況于郊。」〔一四〕

〔一〕【補注】錢大昕曰：案，自是年至太初元年，相距八歲，中積二千九百二十二日，冬至當在癸亥，不得到甲子。再以月法收之，得積月九十八又二十七日有奇，冬至當在十一月二十八日，未得置閏於天正前也。若用太初之元，則辛巳之冬至又後天一日，史家特據當時所頒之朔書之耳。律曆志載元朔六年甲申朔旦冬至，乃太初改曆後逆推之，當時未必以爲章首也。

〔二〕師古曰：祠太一也。見音胡電反。【補注】先謙曰：據郊祀志，以十一月朔冬至昒爽，郊拜泰一。以得鼎推策，與黄帝時等也。立時甘泉在十月。

〔三〕應劭曰：天子春朝日，秋夕月。朝日以朝，夕月以夕。臣瓚曰：漢儀注，郊泰畤，皇帝平旦出竹宮，東向揖日。其夕，西南向揖月，便用郊日，不用春秋也。師古曰：春朝朝日，秋莫夕月，蓋常禮也。郊泰畤而揖日月，此又別儀。【補注】先謙曰：郊祀志「朝朝日，夕夕月，則揖」，瓚説，即此次所定儀。

〔四〕師古曰：眇，細末也。

〔五〕師古曰：綏，安也。

〔六〕師古曰：得鼎祠旁，祠在脽上，故云脽壤。壤謂土也。文鼎，言其有刻鏤之文。【補注】錢大昭曰：「祭」，南監本、閩本並作「薦」。先謙曰：官本「祭」作「薦」，是。注「故」作「或」。禮樂志云「物發冀州，兆蒙祉福」，即此事也。

〔七〕【補注】先謙曰：官本誤「競競」。

〔八〕李斐曰：極，至也，所至者輒祭也。師古曰：逸詩也。【補注】劉攽曰：予謂「親省邊垂」詔語耳。先謙曰：「親省」二句，當如劉説。

〔九〕文穎曰：禶，祭也。晉灼曰：禶，古禪字也。臣瓚曰：此年初祭太畤於甘泉，此祭天於文禶也。祭天則天文從，故曰修天文禶也。師古曰：文、晉二説是也。朝日夕月，即天文禶之謂也。【補注】先謙曰：説文「禪，祭天也」。禶，俗字。望見泰一，謂郊見泰畤；修天文禶，謂朝日夕月。

〔一〇〕【補注】先謙曰：郊祀志云「有司云祠上有光」，禮樂志云「光夜燭，德信著」也。

〔一一〕應劭曰：先甲三日，辛也。後甲三日，丁也。言王者齊戒必自新，臨事必自丁寧。師古曰：此易蠱卦之辭。【補

注】蘇輿曰：白虎通「祭日用丁與辛，何？先甲三日，辛也；後甲三日，丁也。皆可以接事昊天之日」。見續漢書禮儀志注，正本詔意。蓋今文説如此。馬、鄭説易，並以先事布令言之，終漢世郊用辛丁，仿古郊用上辛，丁巳用牲遺意。

〔二〕師古曰：登謂百穀成。

〔三〕師古曰：飭，整也，讀與敕同。

〔四〕師古曰：況，賜也。辛夜有光，是先甲三日也。丁日拜況，是後甲三日也。故詔引易文。【補注】錢大昭曰：況，古貺字。僖十五年左傳「女承筐，亦無貺也」，釋文本亦作「況」，釋詁「貺，賜也」。

夏四月，南越王相呂嘉反，殺漢使者及其王、王太后。赦天下。

丁丑晦，日有蝕之。〔一〕

〔一〕【補注】先謙曰：五行志：在東井二十三度。

秋，鼃、蝦蟆鬭。〔一〕

〔一〕師古曰：鼃，黽也，似蝦蟆而長腳，其色青，音下媧反。蝦音遐。蟆音麻。黽音莫幸反。【補注】先謙曰：五行志云「羣鬬也」。荀紀云「鬬闕下」。

遣伏波將軍路博德出桂陽，下湟水；〔一〕樓船將軍楊僕出豫章，下湞水；〔二〕歸義越侯嚴爲戈船將軍，出零陵，下離水；〔三〕甲爲下瀨將軍，下蒼梧。〔四〕皆將罪人，江淮以南樓船十萬人。越馳義侯遺〔五〕別將巴蜀罪人，發夜郎兵，下牂柯江，〔六〕咸會番禺。〔七〕

〔一〕【補注】先謙曰：通鑑胡注「水經：匯水出桂陽縣盧聚，南出貞女峽，合洭水，東南過含洭縣，南出洭浦關爲桂水。山海經以洭水爲湟水。徐廣云，湟水，一名洭水，出桂陽，通四會」。

〔二〕鄭氏曰：湞音檉。孟康曰：湞音貞。蘇林曰：湞音撐柱之撐。師古曰：蘇音是也，音丈庚反。【補注】先謙曰：胡注引應劭云：「湞水出南海龍川西，入秦水。水經：湞水逕桂陽郡之湞陽縣南，而右注溱水。」

〔三〕張晏曰：嚴故越人，降爲歸義侯。越人於水中負人船，又有蛟龍之害，故置戈於船下，因以爲名也。臣瓚曰：伍子胥書有戈船，以載干戈，因謂之戈船也。離水出零陵。師古曰：以樓船之例言之，則非爲載干戈也。此蓋船下安戈戟，以御蛟鼉水蟲之害，張說近之。【補注】劉攽曰：船下安戈，既難措置，又不可以行，且今造舟船甚多，未嘗有置戈者。顏北人，不知行船，故信張說。予謂瓚說是。宋祁曰：戈船將軍，當時所建之官，如驃騎、虎牙之類是也。戈船今有之，設干戈於船上以禦敵也。錢大昭曰：張說以嚴爲故越人，降爲歸義侯，則「越」字當在「歸義」上，如下文越馳義侯遺之例矣。功臣表亦無此侯。先謙曰：胡注「零陵本屬桂陽，帝分置郡。地理志：灕水出零陵縣陽海山，東南至廣信入鬱水。」

〔四〕服虔曰：甲，故越人歸漢者也。臣瓚曰：瀨，湍也。吳越謂之瀨，中國謂之磧。伍子胥書有下瀨船。師古曰：瀨音賴。【補注】宋祁曰：注文「吳越」，舊本作「吳楚」。錢大昭曰：不知其名，謂之甲也。甲，漢紀作祖廣明。先謙曰：胡注「蒼梧本越地，帝始置郡，有灕水關」。

〔五〕應劭曰：亦越人也。

〔六〕【補注】沈欽韓曰：一統志「牂柯江在貴陽府定番州南，一名都泥江。源出州西北三十里亂山中，曰濛潭。經州南界地，名破蠶。又南入廣西泗城州界」。名勝志「牂柯江南流入泗城界，爲右江。至潯州與左江合，下番禺，入南海」。先謙曰：西南夷傳「使馳義侯因犍爲發南夷兵，而且蘭君遂反，故六年便令征之」。

〔七〕如淳曰：音潘禺，尉佗所都。師古曰：即今之廣州。【補注】先謙曰：官本注「禺」作「愚」，引宋祁曰：刊誤本改

「禺」作「愚」。案，刊誤是也。番禺，南海縣，今廣州府南海縣治。

九月，〔一〕列侯坐獻黃金酎祭宗廟不如法奪爵者百六人，丞相趙周下獄死。〔二〕樂通侯欒大坐誣罔要斬。

〔一〕【補注】先謙曰：五行志云秋蝗。

〔二〕服虔曰：因八月獻酎祭宗廟時，使諸侯各獻金來助祭也。如淳曰：漢儀注，諸侯王歲以戶口酎黃金於漢廟，皇帝臨受獻金，金少不如斤兩，色惡，王削縣，侯免國。臣瓚曰：食貨志，南越反時，卜式上書願死之。天子下詔褒揚，布告天下，天下莫應。列侯以百數，莫求從軍。至酎飲酒，少府省金，而列侯坐酎金失侯者百餘人。而表云，趙周坐爲丞相知列侯酎金輕下獄自殺。然則知其輕而不糾擿之也。師古曰：酎，三重釀醇酒也，音丈救反。【補注】沈欽韓曰：通典「丁孚漢儀云，酎金律，文帝所加。以正月朝作酒，八月成，名酎酒。因令諸侯助祭貢金。漢律金布令(於)〔曰〕，諸侯、列侯各以人口數，率千口奉金四兩奇，不滿千口至五百以下者皆助酎，少府受之。又九真、交趾、日南則用犀角二，長九寸以上，若玳瑁甲。鬱林邑用象牙，長三尺以上，若翠各二十，准以當金」。案，續志注引漢儀云「不滿千口至五百口，亦四兩」。

西羌衆十萬人反，與匈奴通使，攻故安，圍枹罕。〔一〕匈奴入五原，殺太守。

〔一〕鄧展曰：枹音鈇。罕音漢。師古曰：枹罕，金城之縣也。罕讀如本字。【補注】先謙曰：胡注「故安縣屬涿郡，西羌之兵安能至此，當作安故」。先謙案，安故，隴西縣，在今蘭州府狄道州南四十七里。枹罕，金城縣，今蘭州府河州治。

六年冬十月，發隴西、天水、安定騎士及中尉，河南、河内卒十萬人，遣將軍李息、郎中令一自爲征西羌，〔一〕平之。〔二〕

〔一〕【補注】錢大昭曰：「一」當作「徐」。百官表，元狩六年有郎中令徐自爲。先謙曰：官本「一」作「徐」，是。

〔二〕【補注】沈欽韓曰：後書西羌傳「時先零羌與封養牢姐種解仇結盟，與匈奴通，合兵十餘萬，共攻令居、安故，遂圍枹罕。漢遣將軍李息、郎中令徐自爲將兵十萬人擊平之。始置護羌校尉，持節統領焉」。

行東，將幸緱氏，〔一〕至左邑桐鄉，〔二〕聞南越破，以爲聞喜縣。〔三〕春，至汲新中鄉，〔四〕得呂嘉首，以爲獲嘉縣。〔五〕馳義侯遺兵未及下，上便令征西南夷，平之。〔六〕遂定越地，以爲南海、蒼梧、鬱林、合浦、交阯、九真、日南、珠厓、儋耳郡。〔七〕定西南夷，以爲武都、牂柯、越巂、沈黎、文山郡。〔八〕

〔一〕師古曰：河南縣也。緱音工侯反。【補注】先謙曰：郊祀志「公孫卿言見仙人迹緱氏」也，在今河南府偃師縣南。

〔二〕師古曰：左邑，河東之縣也。桐鄉，其鄉名也。【補注】先謙曰：左邑，今絳州聞喜縣治。

〔三〕【補注】先謙曰：聞喜亦河東縣，在今聞喜縣西南。

〔四〕師古曰：汲，河内縣。新中，其鄉名。【補注】先謙曰：汲，在今衛輝府汲縣西南二十五里。

〔五〕【補注】先謙曰：獲嘉亦河内縣，在今衛輝府新鄉縣西南十二里。

〔六〕師古曰：便音頻面反。

〔七〕應劭曰：二郡在大海中崖岸之邊。出真珠，故曰珠厓。儋耳者，種大耳。渠率自謂王者耳尤緩，下肩三寸。張晏曰：異物志：二郡在海中，東西千里，南北五百里。珠崖，言珠若崖矣。儋耳之云鏤其頰皮，上連耳匡，分爲數支，狀似雞腸，累耳下垂。臣瓚曰：茂陵書：珠崖郡治瞫都，去長安七千三百一十四里。儋耳去長安七千三百六十八里，領縣五。師古曰：儋音丁甘反，字本作瞻。瞫音審。【補注】錢大昭曰：賈捐之傳云二郡「皆在南方海中洲居，廣袤可千里，合十六縣，户二萬三千餘。始元五年，罷儋耳郡，并屬珠崖。初元三年，并罷珠崖」。先謙曰：「一十四里」，官本作「二十四里」。二郡，今瓊州府地。

〔八〕孟康曰：嶲音髓，本邛都。服虔曰：今蜀郡北部都尉所治，本筰都也。臣瓚曰：茂陵書：沈黎治筰都，去長安三千三百三十五里，領縣二十一。應劭曰：文山，今蜀郡峄山，本冉駹是也。【補注】先謙曰：西南夷傳「平南夷爲牂柯郡。又誅且蘭、邛君，殺莋侯，冉駹皆震恐，請臣。以邛都爲越嶲郡，莋都爲沈黎郡，冉駹爲文山郡，廣漢西白馬爲武都郡」。錢大昕云，宣帝地節三年，省文山入蜀郡。惟沈黎，紀、志不言何時省併。後書西南夷傳「天漢四年，併蜀郡，爲西部」，此可補本紀之闕。

秋，東越王餘善反，攻殺漢將吏。遣横海將軍韓説、中尉王温舒出會稽，〔一〕樓船將軍楊僕出豫章，擊之。〔二〕又遣浮沮將軍公孫賀出九原，〔三〕匈河將軍趙破奴出令居，〔四〕皆二千餘里，不見虜而還。乃分武威、酒泉地置張掖、敦煌郡，〔五〕徙民以實之。

〔一〕師古曰：説讀曰悦。【補注】先謙曰：東粤傳云「説出句章，浮海，從東方往，温舒出梅領」。

〔二〕【補注】先謙曰：東粤傳「僕出武林」。

〔三〕臣瓚曰：浮沮，井名，在匈奴中，去九原二千里，見漢輿地圖。師古曰：沮音子閭反。【補注】先謙曰：匈奴傳「賀將萬五千騎，出九原二千餘里，至浮苴井」，苴、沮通用。帥軍期至其地，因以爲將軍號。

〔四〕臣瓚曰：匈河，水名，在匈奴中，去令居千里，見匈奴傳。師古曰：令音鈴。【補注】先謙曰：匈奴傳「破奴萬餘騎，出令居數千里，至匈河水」。令居，金城縣，在今涼州府平番縣西北。

〔五〕師古曰：敦音徒門反。【補注】朱一新曰：地理志：張掖，太初元年開。敦煌，後元分酒泉置。並與此不合。且武威、酒泉均在太初時開，此時尤無從分其地也，當是紀誤。先謙曰：通鑑從武紀。

元封元年〔一〕冬十月，詔曰：「南越、東甌咸服其辜，西蠻北夷頗未輯睦，〔二〕朕將巡邊垂，擇兵振旅，〔三〕躬秉武節，置十二部將軍，親帥師焉。」行自雲陽，〔四〕北歷上郡、西河、五原，出長城，北登單于臺，〔五〕至朔方，臨北河。勒兵十八萬騎，旌旗徑千餘里，威震匈奴。遣使者告單于曰：〔六〕「南越王頭已縣於漢北闕矣。單于能戰，天子自將待邊；不能，亟來臣服。〔七〕何但亡匿幕北寒苦之地爲！」〔八〕匈奴讋焉。〔九〕還，祠黃帝於橋山，〔一〇〕乃歸甘泉。

〔一〕應劭曰：始封泰山，故改年。【補注】先謙曰：注「改年」，官本作「改元」，是。

〔二〕師古曰：輯與集同。集，和也。

〔三〕【補注】先謙曰：擇，當爲「釋」字之誤也。郊祀志「上議曰，古者先振兵釋旅，然後封禪，還祭黃帝冢橋山，釋兵涼如」，封禪書同，徐廣云「古釋字作澤」。案，古書釋、澤通作，釋、擇不通作，因形近致譌耳。

〔四〕【補注】先謙曰：雲陽，馮翊縣，在今邠州淳化縣西南。

〔五〕【補注】先謙曰：通鑑胡注「杜佑云，單于臺在雲州雲中縣西北百餘里」。先謙案，唐雲中縣，今大同府大同縣治。

〔六〕【補注】先謙曰：據匈奴傳，使者郭吉也。

〔七〕師古曰：亟，急也，音居力反。

〔八〕【補注】先謙曰：匈奴傳「之」上有「無水草」三字。

〔九〕師古曰：讋，失氣也，音之涉反。【補注】先謙曰：匈奴傳云「單于終不肯爲寇於漢邊」。

〔一〇〕應劭曰：在上郡周陽縣，有黄帝冢。【補注】先謙曰：地理志：上郡陽周下，注云，橋山在南，有黄帝冢。應注「周陽」文誤倒，山在今鄜州中部縣北。

東越殺王餘善降。詔曰：「東越險阻反覆，爲後世患，遷其民於江淮間。」遂虚其地。春正月，行幸緱氏。〔一〕詔曰：「朕用事華山，至于中嶽，〔二〕獲駮麃，〔三〕見夏后啟母石。〔四〕翌日親登嵩高，〔五〕御史乘屬，在廟旁吏卒咸聞呼萬歲者三。〔六〕登禮罔不答。〔七〕其令祠官加增太室祠，〔八〕禁無伐其草木。〔九〕以山下户三百爲之奉邑，名曰崇高，〔一〇〕獨給祠，復亡所與。」〔一一〕行，遂東巡海上。

〔一〕【補注】先謙曰：荀紀同。封禪書、郊祀志作「三月」，通鑑從本紀。

〔二〕文穎曰：嵩高也，在潁川陽城縣。

〔三〕【補注】先謙曰：封禪書韋昭注「楚人謂麇爲麃」。郊祀志顔注「麃，鹿屬，形似麞，牛尾，一角」。

〔四〕應劭曰：啟生而母化爲石。文穎曰：在嵩高山下。師古曰：啟，夏禹子也，其母塗山氏女也。禹治鴻水，通轘轅山，化爲熊，謂塗山氏曰：「欲餉，聞鼓聲乃來。」禹跳石，誤中鼓。塗山氏往，見禹方作熊，慚而去，至嵩高山下化爲石，方生啟。禹曰「歸我子」，石破北方而啟生。事見淮南子。景帝諱啟，今此詔云啟母，蓋史追書之，非當時文。【補注】劉攽曰：此石本名啟母石，武帝避景諱，更號夏后母石，後人又誤重出「啟」字，非史之追書也。沈欽韓曰：藝文類聚六引隨巢子云「啟生于石」。御覽三十九嵩高山記云：「昔有婦女任身，三十月生子，五歲，便入嵩高山學道，通神明，爲母立祠，號開母祠。」又一百三十五引山海經云「太室嵩高，陽城西，啟母化爲石在焉」。案，中山經郭璞注語，非經文。唐崔融啟母廟碑記云「顧野王輿地志、盧元明嵩山記以爲陽翟婦人」，即上文嵩高記所稱是也。案，漢開母廟石闕銘云「九山甄旅，爰納漢山，辛癸之閒」，則固以爲塗山氏也。淮南子人間訓僅云禹生于石，注云「禹母修已感而生禹，拆胸而出」。他無所見，師古妄説。

〔五〕應劭曰：翌，明也。【補注】先謙曰：官本作「登崇嵩」，引宋祁曰，新本作「登嵩高」。錢大昭云，「嵩」，閩本作「崇」。案，「嵩」字，説文新附。國語韋注「嵩，古通用崇」。郊祀志作「崈高」，王念孫云「嵩高」，當依景祐本作「崇高」，崇高即嵩高，詳見下。

〔六〕服虔曰：乘，同乘。屬，官屬也。如淳曰：漢儀注，御史亦有屬。晉灼曰：天子出，御史除二人爲乘曹，護車駕。荀悦曰：萬歲，山神稱之也。應劭曰：嵩高縣有上中下萬歲里。師古曰：乘屬，如、晉二説是也。乘音食證反。【補注】沈欽韓曰：晉書職官志：侍御史二，漢所掌有五曹，其五曰乘曹，掌護駕。輿服志：護駕御史，騎夾左右。漢舊儀：御史吏員凡三百四十一人，分爲吏、當作史。少史屬。案，漢之曹吏，有掾，有屬，見漢碑者不一也。先謙曰：「二人」，官本作「一人」。案，夾護車駕，「二人」是也。

〔七〕師古曰：罔，無也。言登禮於神，無不答應。

〔八〕韋昭曰：嵩高山有太室、少室之山，山有石室，故以名云。

〔九〕【補注】先謙曰：通鑑從紀作「草木」。郊祀志作「山木」，荀紀從之。

〔一〇〕師古曰：謂之崇者，示尊崇之。奉音扶用反。【補注】王念孫曰：崇高即嵩高。崇又作崈。師古注此及郊祀志，分崇、嵩爲二字，非也。詔云「翌日親登崇高」，志云「以山下户凡三百，封崈高」，則崇高本是山名，而因以爲邑名，非以崇奉中嶽而名之也。古無「嵩」字，以崇爲之，故説文有崇無嵩。經傳或作「嵩」，或作「崧」，皆是「崇」之異文。地理志潁川郡崈高下云，古文以崈高爲外方山。周語「融降于崇山」，韋注「崇，崇高山也」，是嵩高之「嵩」本作「崇」也。漢仙人唐公房碑陰「南鄭祝岱字子崋，祝恒字仲崋，祝崇字季崋」，崇即嵩字，此三人之名與字皆取諸五嶽。郊祀志又云「祠中嶽泰室於嵩高」，是邑名之崇高，字亦作「嵩」也。爾雅「嵩、崇，高也」。嵩、崇聲近而義同，故崇或作嵩。

列子湯問篇「塊然見之，若嵩山之阿」，謂崇山之阿也。（楊）〔揚〕雄河東賦「瞰帝唐之嵩高兮」，謂堯德之崇高也。漢桐柏淮源廟碑「宮廟嵩峻」，三公山碑「厥體嵩厚，峻極于天」，成陽令唐扶頌「如山如岳，嵩如不傾」，太尉劉寬後碑「公以嵩高之門，好謙儉之操」，嵩字並與崇同。嵩如不傾，即崇而不傾。是經傳中汎言崇高者，其字亦作「嵩」也。山名嵩高，本取崇高之義。爾雅「山大而高，崧」。郭璞云「今中嶽嵩高山蓋依此名」，是也。後世小學不明，遂以崇爲泛稱，嵩爲中嶽，漢靈帝時中郎將堂谿典請改崇高山爲嵩高山，後漢書靈帝紀注引東觀記云。則已分崇、嵩爲二字，而魏晉以下皆沿其誤。

〔一二〕師古曰：復音方目反。與讀曰預。

夏四月癸卯，上還，登封泰山，〔一〕降坐明堂。〔二〕詔曰：「朕以眇身承至尊，〔三〕兢兢焉〔四〕惟德菲薄，不明于禮樂，〔五〕故用事八神。〔六〕遭天地況施，〔七〕著見景象，屑然如有聞。〔八〕震于怪物，欲止不敢，〔九〕遂登封泰山，至於梁父，然後升禪肅然。〔一〇〕自新，嘉與士大夫更始，其以十月爲元封元年。〔一一〕行所巡至，博、奉高、蛇丘、歷城、梁父，〔一二〕民田租逋賦貸，已除。〔一三〕加年七十以上孤寡帛，人二匹。四縣無出今年算。〔一四〕賜天下民爵一級，女子百戶牛酒。」

〔一〕孟康曰：王者功成治定，告成功於天。封，崇也，助天之高也。刻石紀號，有金策石函金泥玉檢之封焉。應劭曰：封者，壇廣十二丈，高二丈，階三等，封於其上，示增高也。刻石，紀績也。立石三丈一尺，其辭曰「事天以禮，立身以義。事親以孝，育民以仁。四守之內莫不爲郡縣，四夷八蠻咸來貢職，與天無極。人民蕃息，天禄永得」。尚玄酒而俎生魚。下禪梁父，祀地主，示增廣。比古制也。武帝封廣丈二尺，高九尺，其下則有縢書，祕。語在郊祀志。【補注】錢大昭曰：注「比古制也」，「比」，南監本、閩本皆作「此」。「上還」二字爲句。先謙曰：官本作「此」，是。

郊祀志云「乙卯，封泰山下東方」。通鑑考異云「蓋癸卯自海上還，乙卯至泰山行事也」。

〔二〕臣瓚曰：郊祀志「初，天子封泰山，泰山東北阯古時有明堂處」，則此所坐者也。明年秋乃作明堂耳。【補注】先謙曰：泰山郡奉高縣下云「有明堂在西南四里」，此漢明堂也。東北阯，則周明堂，郊祀志所謂「處險不敞者」也。

〔三〕師古曰：眇，微細也。

〔四〕【補注】先謙曰：「兢兢」，官本誤「競競」，通鑑亦作「兢兢」。

〔五〕師古曰：菲亦薄也，音敷尾反，又音靡。

〔六〕文穎曰：武帝祭太一，並祭名山於太壇西南，開除八通鬼道，故言用事八神也。一曰八方之神。【補注】劉攽曰：八神，則郊祀志所説天主、地主、兵主、陰主、陽主、日主、月主、四時主也。其祠皆在齊地，故始皇東遊海上行禮祠之，而武帝亦然。先謙曰：劉説是。

〔七〕應劭曰：況，賜也。施，與也。言天地神靈乃賜我瑞應。

〔八〕臣瓚曰：聞呼萬歲者三是也。【補注】宋祁曰：姚本云，屑，先結反，與屑同。説文云「動作切切也」，一曰敬也，又潔也。沈欽韓曰：爾雅釋言「僁，聲也」。玉篇「僁，小聲也」。僁、屑通用，釋文音屑。

〔九〕【補注】先謙曰：下云「輯江淮物」，如淳注「物猶神也」。此怪物，猶言神怪。震，畏敬也。

〔一〇〕服虔曰：增天之高，歸功於天。禪，闡也，廣土地也。肅然，山名也，在梁父。張晏曰：天高不可及，於泰山上立封，又禪而祭之，冀近神靈也。師古曰：父讀曰甫。【補注】蘇輿曰：白虎通封禪篇「升封，增高也」，升封即登封。

〔一一〕【補注】沈欽韓曰：此十月，即年首之十月。自此以上至建元，皆追改紀年之元。

〔一二〕鄭氏曰：蛇音移。【補注】先謙曰：博、奉高、蛇丘、梁父，泰山縣。歷城，濟南縣。博在今泰安府泰安縣東南。奉高在縣東北十七里。蛇丘在泰安府肥城縣南。歷城，今濟南府歷城縣治。梁父在今泰安縣南六十里。

〔一三〕師古曰：逋賦，未出賦者也。逋貸，官以物貸之，而未還也。貸音吐戴反。

〔一四〕師古曰：自博至梁父凡五縣，今云四縣毋出算者，奉高一縣素以供神，非算限也。

行自泰山，復東巡海上，至碣石。〔一〕自遼西歷北邊九原，歸于甘泉。〔二〕

〔一〕文穎曰：在遼西絫縣。絫縣今罷，屬臨榆。此石著海旁。師古曰：碣，碣然特立之貌也，音其列反。【補注】宋祁曰：絫縣舊作「參」，非。先謙曰：碣石，詳遼西絫縣下。

〔二〕【補注】先謙曰：郊祀志「周萬八千里」。

秋，有星孛于東井，又孛于三台。〔一〕

〔一〕【補注】先謙曰：五行志作五月。

齊王閎薨。

二年冬，〔一〕十月，行幸雍，祠五畤。春，幸緱氏，遂至東萊。〔二〕夏四月，還祠泰山。至瓠子，臨決河，〔三〕命從臣將軍以下皆負薪塞河隄，作瓠子之歌。〔四〕赦所過徒，賜孤獨高年米，人四石。還，作甘泉通天臺、長安飛廉館。〔五〕

〔一〕【補注】沈欽韓曰：西京雜記「元封二年，大寒雪，深五尺，野鳥獸皆死，牛馬蜷縮如蝟，三輔人民凍死者十有二三」。

〔二〕【補注】先謙曰：以公孫卿言見神人東萊山。

〔三〕服虔曰：瓠子，隄名也，在東郡白馬。蘇林曰：在鄄城以南，濮陽以北，廣百步，深五丈。【補注】先謙曰：河決在元光二年，今始臨塞之。

〔四〕【補注】先謙曰：歌見溝洫志。

〔五〕應劭曰：飛廉，神禽能致風氣者也。明帝永平五年，至長安迎取飛廉并銅馬，置上西門外，名平樂館。董卓悉銷以爲錢。晉灼曰：身似鹿，頭如爵，有角而蛇尾，文如豹文。師古曰：通天臺者，言此臺高，上通於天也。漢舊儀云高三十丈，望見長安城。【補注】吴仁傑曰：司馬相如傳「椎飛廉」，郭璞云「飛廉，龍雀也，鳥身，鹿頭」。沈存中翰林傳得古銅鉦，中間鑄一物，有角，羊頭，其身如篆文，傍有篆「飛廉」字。劉原父侍讀得古佩刀，其環爲龍身而鳥喙，原父謂此赫連勃勃所作大夏龍雀者也。勃勃使作銘曰：「大夏龍雀，威服九區」，然今不見銘處。案，晉載記：勃勃造刀爲龍雀環，又於殿前鑄銅爲飛廉。不知當時所鑄飛廉之象爲如何，審如郭言龍雀乃飛廉之異名，勃勃二之何也？存中之鉦，有角，羊頭，恐是鹿非羊，其形與龍雀刀不類，卻合於景純所謂鹿頭者。原父之刀鳥喙，乃略與晉説符。然一説身似鹿，一説鳥身，而原父之刀，自云龍身，又似小異。刀銘之文，史云「大夏神雀，名冠神都」，與原父所記亦不同。案，陶弘景刀劍録：勃勃造五刀，背上有龍雀環，兼金鏤作一龍形。劉裕破長安得之。疑五刀各一銘耳。先謙曰：郊祀志「長安作飛廉桂館，甘泉作益壽延壽館，以候神人。作通天臺，招來神仙」。封禪書作「通天莖臺」。

朝鮮王攻殺遼東都尉，〔一〕乃募天下死罪擊朝鮮。

〔一〕【補注】先謙曰：據朝鮮傳，涉何也。

六月，詔曰：「甘泉宫内中産芝，九莖連葉。〔一〕上帝博臨，不異下房，賜朕弘休。〔二〕其赦天下，賜雲陽都百户牛酒。〔三〕作芝房之歌。

〔一〕應劭曰：芝，芝草也，其葉相連。如淳曰：瑞應圖：王者敬事耆老，不失舊故，則芝草生。師古曰：内中，謂後庭之室也，故云不異下房。【補注】先謙曰：内亦房也。詩秦風「子有庭内」。禮樂志云「芝生甘泉齋房」。

〔二〕師古曰：上帝，天也。博，廣也。弘，大也。休，美也。言天廣臨，不以下房爲幽側而隔異之，賜以此芝，是大美也。

〔三〕晉灼曰：雲陽甘泉，黄帝以來祭天圜丘處也。武帝常以避暑，有宫觀，故稱都也。師古曰：此説非也。都謂縣之所居在宫側者耳。賜不徧其境内，故指稱其都，非謂天子之都也。若以有宫觀稱都，則非止雲陽矣。【補注】先謙曰：官本注「圜」作「圓」。禮樂志載歌云「玄氣之精，回復此都」，即謂雲陽爲都也。顔謂專指居在宫側者，無據。

秋，作明堂于泰山下。〔一〕

〔一〕【補注】先謙曰：郊祀志：依公玉帶明堂圖作之。

遣樓船將軍楊僕、左將軍荀彘將應募罪人擊朝鮮。〔一〕又遣將軍郭昌、中郎將衞廣發巴蜀兵平西南夷未服者，以爲益州郡。〔二〕

〔一〕應劭曰：樓船者，時欲擊越，非水不至，故作大船，上施樓也。

〔二〕【補注】先謙曰：滅勞深靡莫，降滇王，因置郡也，詳西南夷傳。

三年春，作角抵戲，〔一〕三百里内皆來觀。〔二〕

〔一〕應劭曰：角者，角技也。抵者，相抵觸也。文穎曰：名此樂爲角抵者，兩兩相當角力，角技藝射御，故名角抵，蓋雜技樂也。巴俞戲、魚龍蔓延之屬也。漢後改名平樂觀。師古曰：抵者，當也。非謂抵觸。文説是也。【補注】錢大昭曰：刑法志云，戰國稍增講武之禮，以爲戲樂，用相夸視。而秦更名角抵。蓋古有此戲，今復作之。沈欽韓曰：李斯傳「二世在甘泉，方作觳抵俳優」。新書匈奴篇「上即饗胡人大觳抵也」。此文帝時亦已有之。御覽七百五十五漢武故事曰「角抵戲，六國所造，秦并滅天下而增廣之。漢興雖罷，然猶不都絶，至上復採用之」。任昉述異記「秦漢間，説蚩尤氏耳鬢如劍戟，頭有角，與軒轅鬭，以角抵人，人不能向。今冀州有樂名蚩尤戲，其民兩兩三三，頭戴角而相抵。漢造角抵戲，蓋其遺製也」。先謙曰：官本注「改名」作「更名」。角抵，以力相角抵當也，蓋即今之貫跤。述異記所説，世俗傳聞之過耳。

〔二〕【補注】王念孫曰：「來」字，後人所加，景祐本無。御覽工藝部十二引此亦無。漢紀作「三百餘里内人皆觀」。先謙曰：官本「來」作「采」。

夏，朝鮮斬其王右渠降，〔一〕以其地爲樂浪、臨屯、玄菟、真番郡。〔二〕

〔一〕師古曰：右渠，朝鮮王名。

〔二〕臣瓚曰：茂陵書：臨屯郡治東暆縣，去長安六千一百三十八里，十五縣。真番郡治霅縣，去長安七千六百四十里，十五縣。師古曰：樂音洛。浪音郎。番音普安反。暆音弋支反。霅音丈甲反。【補注】錢大昕曰：案，地理志無霅縣，東暆則樂浪屬縣也。昭紀：始元五年，罷真番郡。王伯厚謂臨屯郡亦始元五年罷，然班史無之。先謙曰：「暆」誤，當從日旁。

樓船將軍楊僕坐失亡多免爲庶民，〔一〕左將軍荀彘坐爭功棄市。〔二〕

〔一〕【補注】李慈銘曰：「民」當作「人」，它文無曰「免爲庶民」者，蓋緣小顔本避太宗諱，於漢書「民」字皆改作「人」，後人回改，此「人」字亦誤改「民」耳。

〔三〕師古曰：棄市，殺之於市也。解在景紀。

秋七月，膠西王端薨。

武都氐人反，分徙酒泉郡。〔一〕

〔一〕師古曰：不盡徙。

四年冬十月，行幸雍，祠五畤。通回中道，〔一〕遂北出蕭關，〔二〕歷獨鹿、鳴澤，〔三〕自代而還，幸河東。春三月，祠后土。詔曰：「朕躬祭后土地祇，見光集于靈壇，一夜三燭。〔四〕幸中都宮，殿上見光。〔五〕其赦汾陰、夏陽、中都死罪以下，賜三縣及楊氏皆無出今年租賦。」〔六〕

〔一〕應劭曰：回中在安定高平，有險阻，蕭關在其北，通治至長安也。孟康曰：回中在北地，有山險，武帝故宮。如淳曰：三輔黃圖云，回中宮在汧也。師古曰：回中在安定，北通蕭關，應說是也。而云治道至長安，非也。蓋自回中通道以出蕭關。孟、如二家皆失之矣。回中宮在汧者，或取安定回中爲名耳，非今所通道。【補注】王鳴盛曰：顔說於文義不順，蓋自雍通道至回中，遂至回中北出蕭關耳。沈欽韓曰：元和志「秦回中宮在鳳翔府天興縣西」。案，後書：來歙與祭遵襲略陽，伐山開道，從番須、回中徑至略陽。是時祭遵屯汧，與雍相連，是回中道與回中宮初非異處，宮以道得名耳。郡國志：汧縣有回城，名回中，劉昭云，來歙開道處。漢武由此道北至安定蕭關。寰宇記：蕭關故城在原州平高縣東南三十里。明志：隴州西北有回城，亦曰回中。又西北有回中宮。又有番須口，即隴山口。而原州平高乃固原州，蕭關在其東，安得云「北通蕭關」乎？

〔二〕如淳曰：匈奴傳「入朝郍蕭關」，蕭關在安定朝郍縣也。

〔三〕服虔曰：獨鹿，山名也。鳴澤，澤名也。皆在涿郡遒縣北界也。【補注】沈欽韓曰：水經注「洛水上承鳴澤渚，渚方十五里，漢武帝元封四年行幸鳴澤者也」。方輿紀要「獨鹿山在涿州西十五里，下有鳴澤」。先謙曰：官本「遒」作「迺」，是。

〔四〕服虔曰：爥音注。師古曰：爥謂照也，讀如本字。

〔五〕師古曰：中都在太原。【補注】先謙曰：此文帝王代時宮。

〔六〕師古曰：楊氏，河東聚邑名。【補注】先謙曰：楊氏，鉅鹿縣，今趙州寧晉縣治。河東郡有楊縣，又有皮氏、端氏、猗氏等縣，故師古疑爲河東聚邑名。

夏，大旱，民多暍死。〔一〕

〔一〕如淳曰：暍音謁。師古曰：中熱而死也。【補注】先謙曰：五行志「六月己酉朔，日有食之」。

秋，以匈奴弱，可遂臣服，乃遣使說之。〔一〕單于使來，死京師。匈奴寇邊，遣拔胡將軍郭昌屯朔方。〔二〕

〔一〕【補注】先謙曰：匈奴傳：使王烏等。

〔二〕【補注】先謙曰：匈奴傳：及浞野侯屯。

五年冬，行南巡狩，至于盛唐，〔一〕望祀虞舜于九嶷。〔二〕登灊天柱山，〔三〕自尋陽浮江，〔四〕親射蛟江中，獲之。〔五〕舳艫千里，〔六〕薄樅陽而出，〔七〕作盛唐樅陽之歌。遂北至琅邪，並海，〔八〕所過禮祠其名山大川。春三月，還至泰山，增封。〔九〕甲子，祠高祖于明堂，以配上帝，〔一〇〕因朝諸侯王列侯，受郡國計。〔一一〕夏四月，詔曰：「朕巡荆揚，〔一二〕輯江淮物，〔一三〕會大海氣，〔一四〕以合泰山。〔一五〕上天見象，增修封禪。〔一六〕其赦天下。所幸縣毋出今年租賦，賜鰥寡孤獨帛，貧窮者粟。」還幸甘泉，郊泰畤。

〔一〕文穎曰：案地里志不得，疑當在廬江左右，縣名也。韋昭曰：在南郡。師古曰：韋說是也。【補注】全祖望曰：盛唐在樅陽，故下云作盛唐樅陽之歌。樅陽，今桐城。寰宇記於桐城縣引水經注曰，大雷水東南流，逕盛唐戍。今本水經注失去江水第四篇，故無其文，不應小顏生唐初亦不見也。文說是。沈欽韓曰：韋昭所云，乃後漢作唐縣，屬武陵，吴屬南郡，晉屬南平者，非盛唐。先謙曰：注「里」，官本作「理」，是。通鑑胡注「唐地理志，壽州有盛唐縣，蓋以古地名名縣。宋白云，壽州六安縣，楚之灊也，在漢爲盛唐縣，西十五里有盛唐山」。先謙案，隋霍州，唐改盛唐，分置霍山，宋改六安。

〔二〕應劭曰：舜葬蒼梧。九嶷，山名，今在零陵營道。文穎曰：九嶷山半在蒼梧，半在零陵。如淳曰：舜葬九嶷。九嶷在蒼梧馮乘縣，故或云舜葬蒼梧也。師古曰：文說是也。嶷音疑，其山九峰，形埶相似，故云九嶷山。【補注】宋祁曰：舊本「是也」下有「九」字，「嶷」字下無「音疑」字，刊誤據史館本改。先謙曰：官本注「故云」作「故曰」。

〔三〕應劭曰：灊音若潛。南嶽霍山在灊。灊，縣名，屬廬江。文穎曰：天柱山在灊縣南，有祠。灊音岑。師古曰：灊音與潛同。應說是。【補注】先謙曰：地理志「灊」，續志作「潛」，在今六安州霍山縣東北三十里。天柱即霍山，在安陸府潛江縣西北二十里。

〔四〕【補注】先謙曰：尋陽，廬江縣，在今黄州府黄梅縣北。沈約云，尋陽因水名縣，水南注江。通鑑胡注「尋陽在江北，自晉立尋陽郡於江南之柴桑，而江北尋陽之名遂晦」。

〔五〕師古曰：許慎云：「蛟，龍屬也。」郭璞說其狀云，似蛇而四腳，細頸，頸有白嬰，大者數圍，卵生，子如一二斛瓮，能吞人也。【補注】王念孫曰：蛟，神物，不可得射。蛟當讀爲鮫，謂江中大魚也。說文「鮫，海魚也，皮可飾刀」。史記秦始皇紀：方士徐市等入海求神藥，不得，乃詐曰常爲大鮫魚所苦，故不得至。始皇乃令入海者齎捕巨魚具，而自以連弩候大魚出射之。至之罘，射殺一魚。事與此相類也。鮫爲海魚，而江中亦有之者。呂氏春秋季夏篇：令漁師伐蛟取鼉，升龜取黿。高注，蛟、鼉、黿，皆魚屬。中山經曰，荆山，漳水出焉，而東南流注于睢，其中多鮫魚。是他水中亦有鮫魚也。月令、呂覽、淮南鮫魚字並作「蛟」。荀子議兵篇：楚人鮫革犀兕以爲甲。韓詩外傳及淮南兵略篇亦作「蛟」。此言射蛟江中，亦是借蛟爲鮫也。漢紀孝武紀作「親射鮫魚于江中」，是其證。沈欽韓曰：一統志「射蛟浦在九江府湖口縣東南十里」。

〔六〕李斐曰：舳，船後持柂處也。艫，船前頭刺櫂處也。言其船多，前後相銜，千里不絕也。師古曰：舳音軸。艫音盧。【補注】錢大昭曰：說文「舳」下云，漢律，名船方長爲舳艫，一曰舟尾。「艫」下云，一曰船頭。

〔七〕服虔曰：縣名，屬廬江。師古曰：樅音千松反。【補注】先謙曰：案，樅陽在今安慶府桐城縣東南一百二十里，有樅陽上下鎮。

〔八〕師古曰：並讀曰傍。傍，依也，音步浪反。

〔九〕【補注】先謙曰：增封，猶郊祀志言修封，五年一修。

〔一〇〕【補注】先謙曰：郊祀志「祠泰一、五帝於明堂上坐，合高皇帝祠坐對之」。

〔一一〕師古曰：計，若今之諸州計帳也。【補注】宋祁曰：南本無此注。予案，太初元年，受計於甘泉下，注又云「若今之諸州計帳」，疑只當一見。

〔一二〕【補注】先謙曰：官本「揚」作「楊」。

〔一三〕如淳曰：輯，合也。物猶神也，郊祀志所祭祀事也。師古曰：輯與集同。

〔一四〕鄭氏曰：會合海神之氣，并祭之。

〔一五〕師古曰：集江淮之神，會大海之氣，合致於泰山，然後修封，總祭饗也。

〔一六〕師古曰：見謂顯示也。

大司馬大將軍青薨。

初置刺史部十三州。〔一〕名臣文武欲盡，詔曰：「蓋有非常之功，必待非常之人，故馬或奔踶而致千里，〔二〕士或有負俗之累而立功名。〔三〕夫泛駕之馬，〔四〕跅弛之士，〔五〕亦在御之而已。〔六〕其令州郡察吏民有茂材異等，〔七〕可爲將相及使絶國者。」〔八〕

〔一〕師古曰：漢書儀云，初分十三州，假刺史印綬，有常治所。常以秋分行部，御史爲駕四封乘傳。到所部，郡國各遣一吏迎之界上，所察六條。【補注】齊召南曰：案晉志，冀、幽、并、兗、徐、青、揚、荆、豫、益、涼及朔方、交趾，所謂十三州也。至征和四年，又置司隸校尉，督察三輔、三河、弘農。何焯曰：是時刺史不常厥居，至東漢始有治所，顏注微誤。劉昭續志注謂傳車周流，匪有定鎮者，得之。全祖望曰：沈約之説與劉昭同。但刺史行部，必以秋分，則秋分以前，當居何所，豈羣萃於京師乎？則顏説未可非也。西京初置刺史官，止六百石，故志略其治。況漢舊儀未必盡誣妄也。先謙曰：六條，詳續志注。官本注「書」作「舊」，是。「常以」作「治以」。考證云，監本「十二州」，今正。

〔二〕師古曰：踶，蹋也。奔，走也。奔踶者，乘之即奔，立則踶人也。踶音徒計反。【補注】王念孫曰：案，師古分「奔踶」爲二義，非也。踶亦奔也。踶之言馳，奔踶猶奔馳耳。説文「趆，踶也」。「趆」字或作「趹」。史記張儀傳「探前趹後」，索隱言馬之走勢疾也。淮南修務篇「墨子趹蹏而趨千里」，高注「趹，疾行也。蹏，趨走也」。蹏與踶同是疾行，謂之踶也，馬行疾則能致遠，故曰馬或奔踶而致千里。馬行疾則恐有覆車之患，故下文曰「泛駕之馬，亦在御之而已」。若訓踶爲踼，則與下文都不相涉矣。

〔三〕晉灼曰：負俗，謂被世譏論也。師古曰：累音力瑞反。【補注】錢大昭曰：越絕書云，有高世之材者，必有負俗之累也。

〔四〕師古曰：泛，覆也，音力勇反。字本作「覂」，後通用耳。覆駕者，言馬有逸氣而不循軌轍也。【補注】錢大昭曰：馬有餘氣力，乃能敗駕。先謙曰：官本注「力」作「方」。

〔五〕如淳曰：跅，拓也。弛，廢也。士行有卓異，不入俗檢而見跅逐者也。師古曰：跅者，跅落無檢局也。弛者，放廢不遵禮度也。跅音土各反。弛音式爾反。【補注】先謙曰：官本注「拓也」作「音拓」，是。

〔六〕師古曰：在人所以制御之。

〔七〕應劭曰：舊言秀才，避光武諱稱茂才。異等者，超等軼羣不與凡同也。師古曰：茂，美也。【補注】何焯曰：史記儒林傳「有秀才異等，輒以名聞」，可證茂之爲秀，應說是也。秀才所由命名，則出於管子小匡篇「其秀才之能爲士者，則足賴也」之文。先謙曰：官本注「茂」下「才」作「材」。

〔八〕師古曰：絕遠之國，謂聲教之外。

六年冬，行幸回中。春，作首山宮。〔一〕

〔一〕應劭曰：首山在上郡，於其下立宮廟也。文穎曰：在河東蒲坂界。師古曰：尋此下詔文及依地理志，文說是。

三月，行幸河東，祠后土。詔曰：「朕禮首山，昆田出珍物，化或爲黃金。〔一〕祭后土，神光三燭。其赦汾陰殊死以下，賜天下貧民布帛，人一匹。」

〔一〕應劭曰：昆田，首山之下田也。武帝祠首山，故神爲出珍物，化爲黄金。

益州、昆明反，赦京師亡命令從軍，遣拔胡將軍郭昌將以擊之。〔一〕

〔一〕【補注】先謙曰：通鑑胡注「杜佑云，昆明在越巂西南，諸爨所居」。

夏，京師民觀角抵于上林平樂館。秋，大旱，蝗。〔一〕

〔一〕【補注】先謙曰：説見五行志。

太初元年〔一〕冬十月，行幸泰山。

〔一〕應劭曰：初用夏正，以正月爲歲首，故改年爲太初也。

十一月甲子朔旦，冬至，祀上帝于明堂。

乙酉，柏梁臺災。〔一〕

〔一〕【補注】先謙曰：先是大風發屋，説見五行志、夏侯始昌傳。

十二月，禮高里，〔一〕祠后土。東臨勃海，望祠蓬萊。〔二〕春還，受計于甘泉。〔三〕

〔一〕伏儼曰：山名，在泰山下。師古曰：此高字自作高下之高，而死人之里謂之蒿里，或呼爲下里者也，字則爲蓬蒿之蒿。或者既見太山神靈之府，高里山又在其旁，即誤以高里爲蒿里。混同一事，文學之士共有此謬，陸士衡尚不免，況其餘乎？今流俗書本此高字有作蒿者，妄加增耳。【補注】沈欽韓曰：元和志「高里山在兗州乾封縣西北二十五里，亦曰蒿里山」。一統志「在泰安府西南三里，又名亭禪山」。顔謂死人之里，自作蓬嵩之蒿。案，玉篇「薨里，黄泉也，死人里也」。説文「呼毛反」。經典爲鮮薨之字，内則注「薨，乾也」，蓋死則槁乾矣，以蓬蒿字爲蒿里，乃流俗所作耳。

〔三〕【補注】先謙曰：冀至仙人之庭。

〔三〕師古曰：受郡國所上計簿也。若今之諸州計帳。

二月，起建章宫。〔一〕

〔一〕文穎曰：越巫名勇，謂帝曰越國有火災，即復大起宫室以厭勝之，故帝作建章宫。師古曰：在未央宫西，今長安故城西俗所呼貞女樓者，即建章宫之闕也。【補注】先謙曰：注「越巫名勇」，郊祀志作「越人勇之」。

夏五月，正曆，以正月爲歲首。〔一〕色上黄，數用五，〔二〕定官名，協音律。

〔一〕師古曰：謂以建寅之月爲正也。未正曆之前謂建亥之月爲正，今此言以正月爲歲首者，史追正其月名。【補注】何焯曰：案，既曰「正曆，以正月爲歲首」，明前此不改月，固以建寅之月爲正月矣。若前此果謂建亥之月爲正，則當云以建寅之月爲正也。先謙曰：何説是。通鑑胡注亦云「漢初用秦正，以建亥之月爲歲首，不謂以建亥之月爲正月也。是年合有十五月」。

〔二〕張晏曰：漢據土德，土數五，故用五，謂印文也。若丞相曰「丞相之印章」，諸卿及守相印文不足五字者，以「之」足之。【補注】先謙曰：官本注「土數」作「上數」。案，胡三省引張注「以之」下有「字」字，是。郊祀志「更印章以五字」，張所本也。

遣因杅將軍公孫敖〔一〕築塞外受降城。〔二〕

〔一〕服虔曰：匈奴地名，因所征以名將軍也。師古曰：杅音羽俱反。

〔二〕【補注】先謙曰：時匈奴左大都尉欲降，故以兵應之。胡三省云「受降城在居延北」。

秋八月，行幸安定。遣貳師將軍李廣利〔一〕發天下謫民西征大宛。〔二〕

〔一〕張晏曰：貳師，大宛城名。【補注】先謙曰：官本注併入下注文中。

〔二〕師古曰：庶人之有罪謫者也。大宛，國名。宛音於元反。【補注】先謙曰：以不與善馬，且殺漢使。官本「師古」上有「張晏曰貳師大宛城名」九字。

蝗從東方飛至敦煌。〔一〕

〔一〕【補注】先謙曰：五行志在夏。

二年春正月戊申，丞相慶薨。〔一〕

〔一〕師古曰：石慶也。【補注】周壽昌曰：百官表作「正月戊寅」，年紀考異云「長曆，是年二月丙戌朔，逆推之，正月有戊寅，無戊申也，宜從表」。先謙曰：通鑑、荀紀並作「戊申」。

三月，行幸河東，祠后土。令天下大酺五日，膢五日，祠門户，比臘。〔一〕

〔一〕如淳曰：膢音樓。漢儀注：立秋貙膢。伏儼曰：膢音劉。劉，殺也。蘇林曰：膢，祭名也。貙，虎屬。常以立秋日祭獸王者，亦以此日出臘，還以祭宗廟，故有貙膢之祭也。師古曰：續漢書作「貙劉」。膢、劉義各通耳。臘者，冬至後臘祭百神也。臘音來盍反。【補注】劉攽曰：膢五日，衍「五」字。錢大昭曰：諸家以膢爲貙膢，貙膢者，立秋行之。後漢書劉聖公傳「欲以立秋日貙膢時共劫更始」是也。此膢行於三月，恐非其義。説文「膢，楚俗以二月祭飲食也。一曰祈穀食新曰離膢」。繫傳本無「離」字。其説近之。沈欽韓曰：韓非子五蠹篇「山居而谷汲者，膢臘而相遺以水」，則其節令久矣。續志劉昭注亦兩事相混。立秋之「膢」本作「劉」，謂始殺也。先謙曰：官本注「出臘」作「出獵」，是。

夏四月，詔曰：「朕用事介山，祭后土，皆有光應。〔一〕其赦汾陰、安邑殊死以下。」〔二〕

〔一〕文穎曰：介山在河東皮氏縣東南。其山特立，周七十里，高三十里。

〔二〕【補注】先謙曰：安邑，河東縣，在今解州夏縣北。

五月，籍吏民馬，補車騎馬。〔一〕

〔一〕師古曰：籍者，總入籍録而取之。【補注】何焯曰：此籍馬，爲伐宛也。

秋，蝗。遣浚稽將軍趙破奴〔一〕二萬騎出朔方擊匈奴，不還。

〔一〕應劭曰：浚稽山在武威塞北，匈奴常取以爲障蔽。師古曰：浚音峻。稽音雞。【補注】先謙曰：官本注「取」作「所」，是。胡注據班史，有東西浚稽，東浚稽山在龍勒水上。

冬十二月，御史大夫兒寬卒。〔一〕

〔一〕師古曰：兒音五兮反。【補注】錢大昕曰：御史大夫書卒，自寬始。惟元紀失書陳萬年卒，史闕文也。御史大夫卒，例書姓。竟寧元年，御史大夫延壽卒，不書姓，亦闕文。

三年春正月，行東巡海上。〔一〕夏四月，還修封泰山，禮石閭。〔二〕

〔一〕【補注】先謙曰：郊祀志云：「考神仙之屬，未有驗者。」

〔二〕應劭曰：石閭山在泰山下阯南方，方士言仙人閭也。【補注】沈欽韓曰：一統志：石閭山在泰安府南四十五里。

遣光禄勳徐自爲築五原塞外列城，〔一〕西北至盧朐，〔二〕游擊將軍韓説將兵屯之。〔三〕强弩都尉路博德築居延。

〔一〕晉灼曰：地理志，從五原稒陽縣北出石門鄣即得所築城。師古曰：稒音固。【補注】錢大昭曰：注「得」，閩本作「徐」。

〔二〕服虔曰：匈奴地名。張晏曰：山名。師古曰：張説是也。朐音劬。【補注】沈欽韓曰：一統志：盧朐河，今名克魯倫河，源出喀爾喀肯特山南，直河套北二千里許。

〔三〕師古曰：説讀曰悦。

秋，〔一〕匈奴入定襄、雲中，殺略數千人，行壞光禄諸亭障。〔二〕又入張掖、酒泉，殺都尉。

〔一〕【補注】先謙曰：五行志云：「秋，復蝗。」

〔二〕應劭曰：光禄勳徐自爲所築列城，今匈奴從此往壞敗也。師古曰：漢制，每塞要處别築爲城，置人鎮守，謂之候城，此即鄣也。音之向反。

四年春，貳師將軍廣利斬大宛王首，獲汗血馬來。〔一〕作西極天馬之歌。〔二〕

〔一〕應劭曰：大宛舊有天馬種，蹋石汗血。汗從前肩髆出，如血。號一日千里。師古曰：蹋石者，謂蹋石而有跡，言其蹏堅利。

〔二〕【補注】先謙曰：歌見禮樂志。

秋，起明光宮。〔一〕

〔一〕師古曰：三輔黄圖云，在城中。元后傳云，成都侯商避暑借明光宮，蓋謂此。【補注】沈欽韓曰：程大昌雍録云：「漢明光宮有三。一在北宮，與長樂相連。一在甘泉宮中。一爲尚書奏事之地。」案，尚書奏事明光殿，即桂宮之明光宮，非有二也。周壽昌曰：黄圖：明光宮在長樂宮後，南與長樂宮相屬，武帝求仙，起明光宮，發燕趙美女二千人充之，即此宮也。哀帝元始元年罷。至三秦記云桂宮中有明光殿，漢官儀云尚書奏事於明光殿省中，以丹朱采地曰丹墀，尚書伏其下奏事，似非此明光宮，且稱殿，明與宮有異。

冬，行幸回中。

徙弘農都尉治武關，〔一〕稅出入者以給關吏卒食。

〔一〕【補注】先謙曰：武關，見高紀。

天漢元年〔一〕春正月，行幸甘泉，郊泰畤。三月，〔二〕行幸河東，祠后土。

〔一〕應劭曰：時頻年苦旱，故改元爲天漢，以祈甘雨。師古曰：大雅有雲漢之詩，周周大夫仍叔所作也。以美宣王遇旱災修德勤政而能致雨，故依以爲年號也。【補注】先謙曰：蕭何傳：何曰「語曰『天漢』，其稱甚美」，注「其言以漢配天」。紀元取此，應説非。官本注少一「周」字，是。

〔二〕【補注】先謙曰：五行志「是月天雨白毛」。

匈奴歸漢使者，使使來獻。

夏〔一〕五月，赦天下。

〔一〕【補注】先謙曰：五行志云「大旱」。

秋，閉城門大搜。〔一〕發謫戍屯五原。

〔一〕臣瓚曰：漢帝年記：六月，禁踰侈。七月，閉城門大搜。則搜索踰侈者也。李奇曰：搜索巫蠱也。師古曰：時巫蠱未起，瓚説是也。踰侈者，踰法度而奢侈也。【補注】錢大昭曰：閩本注無「則搜」二字。先謙曰：諸家説皆非也。顧炎武云，此與二年及征和元年之大搜同，皆搜索奸人，非踰侈者也。周壽昌云，下文二年大搜，瓚謂索姦人。是年冬，又詔關都尉「謹察出入」。是冬時大搜，漢本有此制。征和元年冬大搜，瓚注同。考淮南子天文訓「壬子受制，則閉門閭，大搜客」，高注「水用事，象冬閉固」。時則訓孟冬月，亦有此兩語。大搜蓋起戰國，至秦益甚，觀李斯商鞅諸傳及淮南子可證。漢高混一，法稍弛矣。孝文除關無用傳，則不獨寬於京師。武帝復用此法，迨巫蠱起而禁益密，班紀特書之，以記一時苛政，昭宣以後不見於史，蓋禁已悉除矣。

二年春，行幸東海。還幸回中。

夏五月，貳師將軍三萬騎出酒泉，與右賢王戰于天山，〔一〕斬首虜萬餘級。又遣因杅將軍出西河，〔二〕騎都尉李陵將步兵五千人出居延北，與單于戰，斬首虜萬餘級。陵兵敗，降匈奴。

〔一〕晉灼曰：在西域，近蒲類國，去長安八千餘里。師古曰：即祁連山也。匈奴謂天爲祁連。祁音巨夷反。今鮮卑語尚然。【補注】齊召南曰：案，晉灼說是，師古說非也。此天山即白山。括地志云：「今云折羅漫山，在伊州伊吾縣者。」師古以甘州張掖縣之祁連當之，則戰於內地，上文不應云出酒泉矣。祁連固即天字，但此天山遠在西北，非前此霍去病所奪之祁連，近在內地者也。王鳴盛曰：寰宇記：天山名折羅漫山，自伊州北連亘而西，至蒲類海東北，東西千餘里。西河舊事云，天山最高，冬夏常雪，故曰白山。山中有好木及鐵。匈奴謂之天山，過之皆下馬拜。又云，祁連山在張掖、酒泉二郡界上，東西二百餘里，南北百里，有松柏，美水草，冬溫夏涼，宜畜牧。是天山在磧北，跨唐伊、西、庭三州境。祁連在張掖西南二百里。兩山相去二千餘里，顏氏混而爲一，後人地志因之，誤矣。

〔二〕【補注】先謙曰：不書名，非史例，「將軍」下蓋奪「公孫敖」三字。匈奴傳云「敖與强弩都尉會涿邪山，亡所得」。

秋，止禁巫祠道中者。〔一〕大搜。〔二〕

〔一〕文穎曰：始漢家於道中祠，排禍咎移之於行人百姓。以其不經，今止之也。師古曰：文說非也。祕祝移過，文帝久已除之。今此總禁百姓巫覡於道中祠祭者耳。【補注】沈欽韓曰：周官「男巫掌望祀望衍」，杜子春云「望衍謂衍祭也」。封禪書索隱引李奇云「三輔謂山陵間爲衍」，是衍祭謂山陵間之祭，即此祠道中者也。

〔二〕臣瓚曰：搜謂索姦人也。晉灼曰：搜巫蠱也。師古曰：瓚說是。

渠黎六國使使來獻。〔一〕

〔一〕臣瓚曰：渠黎，西域胡國名。【補注】蘇輿曰：渠犂傳載，武帝詔危須、尉黎、樓蘭六國子弟在京師者皆先歸。疑即此六國，合渠黎得四國名，其二俟考。

泰山、琅邪羣盜徐教等阻山攻城，〔一〕道路不通。遣直指使者暴勝之等衣繡衣杖斧分部逐捕。〔二〕刺史郡守以下皆伏誅。

〔一〕師古曰：阻山者，依山之險以自固也。【補注】先謙曰：官本「教」作「勃」。

〔二〕師古曰：杖斧，持斧也。謂建持之以爲威也。分音扶問反。【補注】先謙曰：此云勝之等，明非一人。食貨志「直指夏蘭之屬始出」，蓋亦繡衣直指也。咸宣傳「使光禄大夫范昆諸部都尉及故九卿張德等衣繡衣，持節虎符，發兵以興擊」。通鑑敘於此時。周壽昌云，江充傳「拜直指繡衣使者，督三輔盜賊」，亦在此時。元后傳，祖賀「爲武帝繡衣御史」。後書譙玄傳，元始四年，舉玄爲繡衣使者，持節，與太僕任惲等分行天下。又趙充國傳「客諫充國，一旦不合上意，遣繡衣來責將軍」云云，是當日屢遣直指，人不盡傳，武帝以後亦尚有其事也。

冬十一月，詔關都尉曰：「今豪傑多遠交，依東方羣盜。其謹察出入者。」

三年春二月，御史大夫王卿有罪，自殺。

初榷酒酤。〔一〕

〔一〕如淳曰：榷音較。應劭曰：縣官自酤榷賣酒，小民不復得酤也。韋昭曰：以木渡水曰榷。謂禁民酤釀，獨官開置，如道路設木爲榷，獨取利也。師古曰：榷者，步渡橋，爾雅謂之石杠，今之略彴是也。禁閉其事，總利入官，而下無由以得，有若渡水之榷，因立名焉。韋説如音是也。酤音工護反。礿音酌。【補注】先謙曰：官本注無「韋説」六字。

三月，行幸泰山，修封，祀明堂，因受計。還幸北地，祠常山，〔一〕瘞玄玉。〔二〕夏〔三〕四月，赦天下。行所過毋出田租。

〔一〕【補注】齊召南曰：案，此北地，非郡名，猶言北邊耳。常山即北岳恒山，在常山郡上曲陽西北。
〔二〕鄧展曰：瘞，埋也。師古曰：爾雅曰「祭地曰瘞薶」。薶其物者，示歸于地也。瘞音於例反。
〔三〕【補注】先謙曰：五行志云「大旱」。

秋，匈奴入鴈門，太守坐畏愞棄市。〔一〕

〔一〕如淳曰：軍法，行逗留畏愞者要斬。愞音如掾反。師古曰：又音乃館反。【補注】先謙曰：五行志「八月，天雨白氂」。

四年〔一〕春正月，朝諸侯王于甘泉宫。發天下七科讁〔二〕及勇敢士，遣貳師將軍李廣利將六萬騎、步兵七萬人出朔方，因杅將軍公孫敖萬騎、步兵三萬人出鴈門，游擊將軍韓説〔三〕步兵三萬人出五原，彊弩都尉路博德步兵萬餘人與貳師會。廣利與單于戰余吾水上連日，〔四〕敖與左賢王戰不利，皆引還。

〔一〕【補注】錢大昭曰：後漢西南夷傳：是年省沈黎郡，并蜀，爲西部。
〔二〕張晏曰：吏有罪一，亡人二，贅壻三，賈人四，故有市籍五，父母有市籍六，大父母有市籍七，凡七科也。【補注】先謙曰：官本注「亡人」作「亡命」，通鑑注引同。

〔三〕師古曰：説讀曰悦。【補注】先謙曰：官本注在「出五原」下。

〔四〕【補注】先謙曰：通鑑胡注「余吾水在朔方北。山海經云，北鮮之山，鮮水出焉，北流注于余吾」。

夏四月，立皇子髆爲昌邑王。〔一〕

〔一〕孟康曰：髆音博。晉灼曰：許慎以爲肩髆字。【補注】先謙曰：表作「六月乙丑」，荀紀、通鑑從紀。

秋九月，令死罪人贖錢五十萬減死一等。〔一〕

〔一〕【補注】陳浩曰：案此文，天漢四年也。至太始二年九月，又云「募死罪人贖錢五十萬減死一等」。二文相類，一作「令」，一作「募」；一作「入」，一作「人」，必有一謁。顧炎武云，此一事而重見，又同是九月，疑衍文也。先謙曰：官本「人」作「入」。

太始元年〔一〕春正月，因杅將軍敖有罪，要斬。〔二〕

〔一〕應劭曰：言盪滌天下，與民更始，故以冠元。【補注】先謙曰：五行志「正月乙巳晦，日有食之」，漢紀同。

〔二〕【補注】先謙曰：敖傳「下吏當斬，詐死，亡居民間，後覺，復繫，坐妻爲巫蠱，族」，與此微異。

徙郡國吏民豪桀于茂陵、雲陵。〔一〕

〔一〕師古曰：此當言雲陽，而轉寫者誤爲「陵」耳。茂陵，帝自所起，而雲陽，甘泉所居，故總使徙豪桀也。鉤弋趙倢伃死，葬雲陽。至昭帝即位，始尊爲皇太后而起雲陵，武帝時未有雲陵。【補注】先謙曰：通鑑删「雲陵」二字。顔説以爲雲陽，蓋是也。荀紀「徙郡國吏民豪桀于茂陵，陵在雲陽」，又誤衍「陵在」二字。

夏六月，赦天下。

二年春正月，行幸回中。

三月，詔曰：「有司議曰，往者朕郊見上帝，西登隴首，獲白麟以饋宗廟，渥洼水出天馬，泰山見黃金，〔一〕宜改故名。今更黃金爲麟趾褭蹏以協瑞焉。」〔二〕因以班賜諸侯王。

〔一〕師古曰：見音胡電反。

〔二〕應劭曰：獲白麟，有馬瑞，故改鑄黃金如麟趾褭蹏以協嘉祉也。古有駿馬名要褭，赤喙黑身，一日行萬五千里也。師古曰：既云宜改故名，又曰更黃金爲麟趾褭蹏，是則舊金雖以斤兩爲名，而官有常形制，亦由今時吉字金挺之類矣。武帝欲表祥瑞，故普改鑄爲麟足馬蹏之形，以易舊法耳。今人往往於地中得馬蹏金，金甚精好，而形制巧妙。褭音奴了反。【補注】劉攽曰：案，元封六年，詔曰：「朕禮首山，昆田出珍物，或化爲黃金。」而此稱泰山，似非是。所謂黃金爲麟趾褭蹏者，蓋用首山金爲之耳，故詔先敘三瑞，下乃云以協瑞焉。

秋，旱。九月，募死罪人贖錢五十萬減死一等。〔一〕

〔一〕【補注】錢大昭曰：漢紀亦重載此事。蕭望之傳所引，止言天漢四年，不云太始二年復有詔也。朱一新曰：監本「死」下有「罪」字，非。

御史大夫杜周卒。

三年春正月，行幸甘泉宮，饗外國客。

二月，令天下大酺五日。行幸東海，獲赤鴈，作朱鴈之歌。〔一〕幸琅邪，禮日成山。〔二〕登之罘，〔三〕浮大海，山稱萬歲。冬，賜行所過户五千錢，鰥寡孤獨帛，人一匹。

〔一〕【補注】先謙曰：歌載禮樂志。

〔二〕孟康曰：禮日，拜日也。如淳曰：祭日於成山也。師古曰：成山在東來不夜縣，斗入海。郊祀志作盛山，其音同。【補注】先謙曰：官本注「來」作「萊」，是。

〔三〕晉灼曰：地理志：東萊腄縣有之罘山祠。師古曰：罘音浮。腄音直瑞反。

四年春三月，行幸泰山。壬午，祀高祖于明堂，以配上帝，因受計。癸未，祀孝景皇帝于明堂。甲申，修封。丙戌，禪石閭。夏四月，幸不其，〔一〕祠神人于交門宫，〔二〕若有鄉坐拜者。〔三〕作交門之歌。夏五月，還幸建章宫，大置酒，赦天下。

〔一〕如淳曰：其音基。不其，山名，因以爲縣。應劭曰：東萊縣也。【補注】先謙曰：不其在今萊州府即墨縣西南。

〔二〕應劭曰：神人，蓬萊僊人之屬也。晉灼曰：琅邪縣有交門宫，武帝所造。

〔三〕師古曰：如有神之景象嚮祠坐而拜也。漢注云，神並見，且白且黑，且大且小，鄉坐三拜。鄉讀曰嚮。坐音才卧反。

秋七月，趙有蛇從郭外入邑，與邑中蛇羣鬬孝文廟下，〔一〕邑中蛇死。〔二〕

〔一〕服虔曰：趙所立孝文廟也。

〔二〕【補注】先謙曰：五行志以爲趙人江充害衛太子之應。

冬十月甲寅晦，日有蝕之。〔一〕

〔一〕【補注】先謙曰：五行志：在斗十九度。

十二月，行幸雍，祠五畤，西至安定、北地。

征和元年〔一〕春正月，還，行幸建章宫。

〔一〕應劭曰：言征伐四夷而天下和平。

三月，趙王彭祖薨。〔一〕

〔一〕【補注】先謙曰：五行志云「夏，大旱」。

冬十一月，發三輔騎士大搜上林，閉長安城門索，〔一〕十一日乃解。巫蠱起。

〔一〕文穎曰：簡車馬，數軍實也。臣瓚曰：搜謂索姦人也。上林苑周回數百里，故發三輔車騎入大搜索也。漢帝年記：發三輔騎士大搜長安上林中，閉城門十五日，待詔北軍征官多餓死。然則皆搜索，非數軍實也。師古曰：文説非也。索音山客反。【補注】先謙曰：荀紀、通鑑皆作「十一日乃解」，則瓚説所引漢帝年記作「十五日」者，非也。

二年春正月，丞相賀下獄死。〔一〕

〔一〕【補注】先謙曰：是春，「涿郡鐵官鑄鐵，鐵銷皆飛上去」，五行志以爲火變使然，與成紀「沛郡鐵官鑄鐵，鐵不下」事同，而此紀不載。

夏四月，大風發屋折木。

閏月，諸邑公主、陽石公主〔一〕皆坐巫蠱死。

〔一〕師古曰：諸邑，琅邪縣也，以封公主故謂之邑。陽石，北海縣也。主公主皆衞皇后之女也。陽字或作羊。【補注】周壽昌曰：顔説本百官表序。然下陽石公主，即不稱陽石邑。凡公主封邑，地志中並無邑稱。諸邑只云諸，蓋邑只云蓋。其稱邑者，若粟邑、栒邑、高邑、馬邑之類，並非公主所封。大約因縣止一字，如諸公主、蓋公主，名稱不便，加「邑」書之，究不曾變地名也。雖説本班氏，取注此文則泥矣。先謙曰：官本注「主公主」作「二公主」，是。

夏，行幸甘泉。

秋七月，按道侯韓説、使者江充等〔一〕掘蠱太子宫。壬午，太子與皇后謀斬充，以節發兵與丞相劉屈氂大戰長安，〔二〕死者數萬人。庚寅，太子亡，〔三〕皇后自殺。初置城門屯兵。更節加黄旄。〔四〕御史大夫暴勝之、司直田仁坐失縱，勝之自殺，仁要斬。八月辛亥，太子自殺

于湖。〔五〕

〔一〕師古曰：即上游擊將軍韓說也。【補注】先謙曰：官本注在「太子宫」下。「桉」作「按」，是。

〔二〕師古曰：屈音丘勿反，又音其勿反。氂音力之反。

〔三〕師古曰：謂逃匿也。

〔四〕應劭曰：時太子亦發節以戰，故加其上黄以别之。【補注】錢大昭曰：劉屈氂傳「初漢節純赤，以太子持赤節，故更爲黄旄加上，以别之」。

〔五〕師古曰：湖，縣名也，即今虢州閿鄉、湖城二縣皆其地。【補注】先謙曰：湖，京兆縣，在今陝州閿鄉縣東。

癸亥，地震。〔一〕

〔一〕【補注】先謙曰：五行志「厭殺人」。

九月，立趙敬肅王子偃爲平王。〔一〕

〔一〕【補注】錢大昭曰：「平」下脱「干」字，南監本、閩本皆有。孟康云，平干，今廣平。先謙曰：官本有「干」字。

匈奴入上谷、五原，殺略吏民。

三年春正月，行幸雍，至安定、北地。匈奴入五原、酒泉，殺兩都尉。三月，遣貳師將軍廣利將七萬人出五原，御史大夫商丘成二萬人出西河，重合侯馬通四萬騎出酒泉。成至浚

稽山〔一〕與虜戰，多斬首。通至天山，虜引去，因降車師。〔二〕皆引兵還。廣利敗，降匈奴。〔三〕

〔一〕師古曰：音浚雞。【補注】先謙曰：官本「成」作「城」。

〔二〕【補注】先謙曰：漢恐車師兵遮馬通，別以兵圍車師，盡得其王民衆。

〔三〕【補注】先謙曰：廣利降匈奴，在屈氂要斬後。書在前者，以終上伐匈奴之文。

夏五月，赦天下。

六月，丞相屈氂下獄要斬，妻子梟首。〔一〕

〔一〕鄭氏曰：妻作巫蠱，夫從坐，但要斬也。師古曰：屈氂亦坐與貳師將軍謀立昌邑王。【補注】宋祁曰：「妻子」，舊本無「子」字。王念孫曰：「妻」下「子」字，乃後人依屈氂傳加之也。景祐本無「子」字。據鄭氏注云「妻作巫蠱，夫從坐，但要斬也」，則鄭所見本無「子」字明矣。五行志「屈氂坐祝禮要斬，妻梟首」。漢紀云「屈氂妻坐爲巫蠱祝詛，屈氂要斬，妻梟首」，「妻」下皆無「子」字。

秋，蝗。

九月，反者公孫勇、胡倩發覺，皆伏辜。〔一〕

〔一〕師古曰：倩音千見反。

四年春正月，行幸東萊，臨大海。

二月丁酉，隕石于雍，二，〔一〕聲聞四百里。〔二〕

〔二〕師古曰：雍，扶風之縣也。二者，石之數。

〔三〕【補注】先謙曰：郊祀志「雍縣無雲如雷者三，或如虹氣蒼黄，若飛鳥，集棫陽宫南，聲聞四百里。隕石二，黑如黳」，敍聲聞於隕石上，似聲非隕石之聲。五行志「隕石雍，二，天晏亡雲，聲聞四百里」，以聲屬石，與此紀同。

三月，上耕于鉅定。〔一〕還幸泰山，修封。庚寅，祀于明堂。癸巳，禪石閭。夏六月，還幸甘泉。

〔一〕服虔曰：地名也，近東海。應劭曰：齊國縣也。晉灼曰：案地理志，應説是。【補注】何焯曰：服説亦據溝洫志「東海引鉅定」之文，不悟「東海」乃「北海」之譌耳。先謙曰：鉅定，齊郡縣，在今青州府壽光縣西北八十里，有巨淀，即清水泊。

秋八月辛酉晦，日有蝕之。〔一〕

〔一〕【補注】先謙曰：五行志「不盡如鉤，在亢二度」。

後元元年〔一〕春正月，行幸甘泉，郊泰畤，遂幸安定。

〔一〕【補注】劉攽曰：案，昭帝紀云「辭訟在後二年前皆勿聽」，則當但稱後元年也。吴仁傑曰：葛魯卿云，武帝在位五十四年，屢更年號，最後更爲後元。謂之後，則疑若有極，不知諱避何耶？案，武帝改元，凡十有一，未有無年號者。在元鼎之前，未有年號，尚加追改，最後二年，何獨無之！若但以「後元」爲稱，則如葛公所云豈應無所諱避？疑征和四年之明年，改稱征和後元年，史公闕略，故但書後元年，不復有「征和」字耳。光武以建武三十一年爲建武中元元年，其以建武冒於中元之上，則似用征和故事也。建武中元，在本紀亦但云中元元年，猶幸傳志略載其事。宋莒公云，今官書屢經校定，學者但見改元復有「建武」二字，輒以意删去。刊誤亦謂紀無「建武」，誤脱之。武紀實大類此。又曰，昭紀後元元年，刊誤曰檢前後，多「元」字。案此固合於文景稱「後元」之義，然祭祀志稱建武中元元年，東夷傳稱建武中元二年，皆不去「元」字，則征和後元元年，雖加「元」字，未害理也。班於武紀書後元元年，於昭紀、丙吉霍光傳書後元二年，又於霍光傳但書後元年，於昭紀但書後二年，必有一繆。要之，去「元」字與否，義得兩通。朱一新曰：諸侯王表：濟北王寬以後二年謀反自殺。地理志：敦煌郡，武帝後元年分酒泉置。與刊誤劉説合，然他處悉稱「後元」也。先謙曰：官本考證引王禕云，武帝沿文景故事，復爲後元，然始以「後元」二字加於年上，此爲異也，非史官追書之。先謙案，王説是也。武帝元鼎以後，既皆用字冠元，則「後元」二字亦其年號，必無單稱後元年之理，時制不同，不得援文景爲例也。史書臨文，偶從字省，以其義通，若用此爲疑，則謬矣。吴説無據，不可從。

昌邑王髆薨。

二月，詔曰：「朕郊見上帝，〔一〕巡于北邊，見羣鶴留止，以不羅罔，靡所獲獻。〔二〕薦于泰時，光景並見。其赦天下。」

〔一〕師古曰：見音胡電反。次下「光景並見」亦同。【補注】先謙曰：官本注「次」作「以」。

〔二〕如淳曰：時春也，非用羅罔時，故無所獲也。

夏六月，御史大夫商丘成有罪，自殺。〔一〕侍中僕射莽何羅與弟重合侯通謀反，〔二〕侍中駙馬都尉金日磾、奉車都尉霍光、騎都尉上官桀討之。〔三〕

〔一〕師古曰：坐於廟中醉而歌。【補注】先謙曰：顔説據功臣表也。公卿表云「坐祝詛」，二者不同。

〔二〕孟康曰：征和三年，言重合侯馬通。今此言莽，明德馬后惡其先人有反，易姓莽。師古曰：莽音莫户反。【補注】宋祁曰：案馬亦滿補反，易馬爲莽者，以一字音同。字之聲既不可改，故但易其形耳，以是知漢雖馬姓，亦謂之姥也。

〔三〕師古曰：磾音丁奚反。【補注】先謙曰：日磾擒何羅，而光、桀討通也。

秋七月，地震，往往涌泉出。

二年春正月，朝諸侯王于甘泉宫，賜宗室。

二月，行幸盩厔五柞宫。〔一〕乙丑，立皇子弗陵爲皇太子。〔二〕丁卯，帝崩于五柞宫，〔三〕入殯于未央宫前殿。三月甲申，葬茂陵。〔四〕

〔一〕晉灼曰：盩厔，扶風縣也。張晏曰：有五柞樹，因以名宫也。師古曰：盩音張流反。厔音竹乙反。【補注】沈欽韓曰：西京雜記「五柞宫有柞樹，皆連抱，上枝蔭覆數畝。其宫西有青梧觀，有三梧桐樹，樹下有石麒麟二枚」。長安志「五柞宫在盩厔縣東南三十八里」。先謙曰：盩厔縣在今鳳翔府盩厔縣東三十里。

〔二〕張晏曰：昭帝也，後但名弗，以二名難諱故。【補注】先謙曰：先帝墓皆稱陵，故不諱陵，非謂二名難諱也。

〔三〕臣瓚曰：帝年十七即位，即位五十四年，壽七十一。【補注】錢大昕曰：案，武帝十六歲即位，明年改元，壽至七十，瓚説誤。

〔四〕臣瓚曰：自崩至葬，凡十八日。茂陵在長安西北八十里也。

贊曰：漢承百王之弊，高祖撥亂反正，文景務在養民，至于稽古禮文之事，猶多闕焉。孝武初立，卓然罷黜百家，〔一〕表章六經。〔二〕遂疇咨海内，舉其俊茂，〔三〕與之立功。興太學，修郊祀，改正朔，定曆數，〔四〕協音律，作詩樂，建封禪，禮百神，紹周後，號令文章，焕焉可述。後嗣得遵洪業，而有三代之風。〔五〕如武帝之雄材大略，不改文景之恭儉以濟斯民，雖詩書所稱何有加焉！〔六〕

〔一〕師古曰：百家，謂諸子雜説，違背六經。

〔二〕師古曰：六經，謂易、詩、書、春秋、禮、樂也。

〔三〕師古曰：疇，誰也。咨，謀也。言謀於衆人，誰可爲事者也。

〔四〕師古曰：正音之成反。佗皆類此。【補注】周壽昌曰：正朔之正，宜本音，顔音非。後放此。

〔五〕師古曰：三代，夏、殷、周。

〔六〕師古曰：美其雄材大略，而非其不恭儉也。

昭帝紀第七

孝昭皇帝，〔一〕武帝少子也。母曰趙倢伃，〔二〕本以有奇異得幸，〔三〕及生帝，亦奇異。〔四〕語在外戚傳。武帝末，戾太子敗，燕王旦、廣陵王胥行驕嫚，〔五〕後元二年〔六〕二月上疾病，〔七〕遂立昭帝爲太子，年八歲。以侍中奉車都尉霍光爲大司馬大將軍，受遺詔輔少主。明日，武帝崩。戊辰，太子即皇帝位，謁高廟。帝姊鄂邑公主〔八〕益湯沐邑，爲長公主，〔九〕共養省中。〔一〇〕大將軍光秉政，領尚書事，車騎將軍金日磾、左將軍上官桀副焉。

〔一〕荀悦曰：諱弗之字曰不。應劭曰：禮謚法「聖聞周達曰昭」。【補注】先謙曰：帝名弗陵，不諱陵，説見武紀。

〔二〕師古曰：倢，接幸也。伃，美稱也。故以名宮中婦官。倢音接，伃音余，字或並從女。【補注】錢大昭曰：説文「婕，女字也」。「婕，女字也，讀若余」。二字連文，知婕婕即婕妤。史記外戚世家尹婕妤，韋昭云「婕，承；妤，助也」。一曰「美好也」。

〔三〕師古曰：謂望氣者言有奇女天子氣。及召見，手指拳，上自披之，即時伸。

〔四〕文穎曰：十四月乃生。

〔五〕師古曰：行音下更反。

〔六〕【補注】劉攽曰：檢前後文，多「元」字。先謙曰：劉説非也，詳武紀。

〔七〕師古曰：疾甚曰病。

〔八〕應劭曰：鄂，縣名，屬江夏。公主所食曰邑。師古曰：鄂音五各反。【補注】先謙曰：即蓋長公主也。官本注併入下文注中。

〔九〕師古曰：帝之姊妹則稱長公主，儀比諸王，又以供養天子，故益邑也。

〔一〇〕伏儼曰：蔡邕云本爲禁中，門閤有禁，非侍御之臣不得妄入。行道豹尾中亦爲禁中。孝元皇后父名禁，避之，故曰省中。師古曰：省，察也，言入此中皆當察視，不可妄也。共讀曰供，音居用反。養音弋亮反。他皆類此。【補注】周壽昌曰：文選魏都賦「禁臺省中」，李善注「魏武集：荀欣等曰：漢制，王所居曰禁中，諸公所居曰省中」。是漢制原有禁與省之別，不自避王禁諱始。且昭帝下距元后時甚遠，何以遽避禁諱？若爲班氏追書，則班氏時已在中興後，更何所忌於王氏而必爲之避也？

夏六月，赦天下。〔一〕

〔一〕【補注】劉攽曰：是年二月有赦，紀失載，宣紀及丙吉傳可考。

秋七月，有星孛于東方。

濟北王寬有罪，自殺。〔一〕

〔一〕【補注】先謙曰：坐誖人倫，祝詛。

賜長公主及宗室昆弟各有差。追尊趙倢伃爲皇太后，起雲陵。〔一〕

〔一〕文穎曰：使伃先葬於雲陽，是以就雲陽爲起雲陵。【補注】先謙曰：雲陵爲縣，志屬馮翊。

冬，匈奴入朔方，殺略吏民。發軍屯西河，〔一〕左將軍桀行北邊。〔二〕

〔一〕【補注】先謙曰：官本考證云，監本訛「屯河西」，從宋本改。

〔二〕師古曰：行音下更反。

始元元年春二月，黃鵠下建章宮太液池中。〔一〕公卿上壽。賜諸侯王、列侯、宗室金錢各有差。

〔一〕如淳曰：謂之液者，言天地和液之氣所爲也。臣瓚曰：時漢用土德，服色尚黃，鵠色皆白，而今更黃以爲上德之瑞，故紀之也。太液池，言承陰陽津液以作池也。師古曰：如、瓚之説皆非也。黃鵠，大鳥也，一舉千里者，非白鵠也。太液池者，言其津潤所及廣也。鵠音胡篤反。【補注】沈欽韓曰：西京雜記「上爲歌曰：黃鵠飛兮下建章，羽肅肅兮行蹌蹌，金爲弓兮菊爲裳。唼喋荷荇，出入蒹葭，自顧菲薄，愧爾嘉祥」。先謙曰：注「以爲上德之瑞」，官本「上」作「土」，是。

己亥，上耕于鉤盾弄田。〔一〕

〔一〕應劭曰：時帝年九歲，未能親耕帝籍，鉤盾，宦者近署，故往試耕爲戲弄也。臣瓚曰：西京故事「弄田在未央宮中」。師古曰：弄田爲宴游之田，天子所戲弄耳，非爲昭帝年幼創有此名。【補注】齊召南曰：案百官表，少府屬官有鉤盾令丞。後書志「鉤盾令一人」，本注「宦者典諸近池苑囿游觀之處」。則應説是。沈欽韓曰：唐六典「鉤盾署令，掌供邦國薪芻之事」。案此則周禮甸師之職，本掌耕籍，有田地當在上林旁近，以爲在未央宫，非也。王啟原曰：鉤盾令既典近池苑，自有地可爲弄田。成紀「建始三年，虒上小女陳持弓至未央宫鉤盾中」。是鉤盾在未央宫之證。瓚引西京故事「弄田在未央宫中」，是即在鉤盾署，言未央，舉大名耳。沈言弄田在上林，非。先謙曰：官本「田」下「爲」作「謂」，字通。

益封燕王、廣陵王及鄂邑長公主各萬三千户。

夏爲太后起園廟雲陵。

益州廉頭、姑繒，牂柯談指、同竝二十四邑皆反。〔一〕遣水衡都尉吕破胡募吏民〔二〕及發犍爲、蜀郡犇命擊益州，大破之。〔三〕

〔一〕蘇林曰：皆西南夷別種名也。師古曰：竝音伴。【補注】宋祁曰：景德本「柯」作「牁」。俞樾曰：竝，古音如傍，故史記、漢書傍河、傍海，皆作竝字，似不得有伴音。此竝字，疑扶之誤。説文「扶，竝行也，輦字從此，讀若伴侣之伴」。然則顔音伴，正扶字之音也。竝，古字作竝，學者多見竝，少見扶，因改扶爲竝耳。先謙曰：俞説似矣，然地理志、西南夷傳皆作「並」。談指、同竝，牂柯之縣也，時蓋隸益州。牂柯，今遵義府。談指在遵義府桐梓縣西南。同竝在今曲靖府霑益州北。廉頭、姑繒不見志。

〔二〕【補注】錢大昭曰：西南夷傳、百官表「破胡」作「辟胡」。

〔三〕應劭曰：舊時郡國皆有材官、騎士以赴急難，今夷反，常兵不足以討之，故權選取精勇。聞命奔走，故謂之奔命。李斐曰：平居發者二十以上至五十爲甲卒，今者五十以上六十以下爲奔命。奔命，言急也。師古曰：應説是也。犇，古奔字耳。犍音虔，又音鉅言反。【補注】俞樾曰：材官、騎士，若今額設兵。奔命者，臨時選取精勇，若今募勇矣，此自漢已然。先謙曰：胡三省云：「左傳『子重、子反一歲七奔命』。奔命者，救急之師，固不拘五十以上，六十以下也。」

有司請河内屬冀州，河東屬并州。〔一〕

〔一〕文穎曰：本屬司州。師古曰：蓋屬京師司隸所部。【補注】沈欽韓曰：史記補田仁傳「仁爲丞相長史，請先刺舉三河」。是前此置司隸皆屬司隸也。地理志河内屬司隸，郡國志河内、河東并司隸所部，則是年改屬冀、并，權制也。洪亮吉曰：魏受禪後，始置司州，漢時不過以司隸部諸郡耳，無司州之名也，文説誤。

秋七月，赦天下，賜民百户牛酒。大雨，渭橋絶。

八月，齊孝王孫劉澤謀反，〔一〕欲殺青州刺史雋不疑，〔二〕發覺，皆伏誅。〔三〕遷不疑爲京兆尹，賜錢百萬。〔四〕

〔一〕【補注】錢大昭曰：劉澤書姓，以其謀反外之，使若異姓然。王先慎曰：紀例，失國書姓。齊孝王傳國至孫厲王次昌，飲藥自殺，亡後，見諸侯王表、高五王傳。錢説非也。二年，劉辟彊、劉長樂皆以茂才爲光禄大夫，豈亦因謀反外之乎？

〔二〕師古曰：雋音材兗反，又音辭兗反。

〔三〕【補注】蘇輿曰：上但云「劉澤謀反」，則「皆」字當衍。

〔四〕【補注】先謙曰：澤與燕王旦通謀，詳不疑及旦傳。

九月丙子，車騎將軍日磾薨。

閏月，遣故廷尉王平等五人〔一〕持節行郡國，〔二〕舉賢良，問民所疾苦、冤、失職者。

〔一〕師古曰：前爲此官，今不居者，皆謂之故也。【補注】洪頤煊曰：公卿表「始元五年，軍正王平子心爲廷尉，四年棄市」，前此未嘗爲廷尉，疑此誤。先謙曰：下文軍正、廷尉並與表合，此云「故廷尉」，足證表脱，非紀誤也。

〔二〕師古曰：行音下更反。

冬，無冰。

二年春正月，大將軍光、左將軍桀皆以前捕斬反虜重合侯馬通功〔一〕封，光爲博陸侯，桀爲安陽侯。

〔一〕【補注】錢大昭曰：討馬通事在武帝後元元年。王念孫曰：漢紀孝昭紀「重合侯馬通」上有「侍中僕射莽何羅」七字。案武紀「侍中僕射莽何羅與弟重合侯通謀反，日磾、光、桀討之」。光、日磾傳具載其事，則此紀脱去「侍中僕射莽何羅」七字明矣，當據漢紀補。

以宗室毋在位者，舉茂才劉辟彊、劉長樂皆爲光禄大夫，辟彊守長樂衛尉。〔一〕

〔一〕師古曰：長樂宮之衛尉也。【補注】沈欽韓曰：時無太后，而置東宮衛尉，妨姦人不軌。先謙曰：或説霍光遂有是命，詳楚元王傳。

三月，遣使者振貸貧民毋種、食者。〔一〕秋八月，詔曰：「往年災害多，今年蠶麥傷，所振貸種、食勿收責，毋令民出今年田租。」〔二〕

〔一〕師古曰貸音吐戴反。其下並同。【補注】周壽昌曰：毋、無同，書中無多作毋。

〔三〕【補注】何焯曰：稍修文景之政，天下所以復安。

冬，發習戰射士詣朔方，〔一〕調故吏將屯田張掖郡。〔二〕

〔一〕【補注】沈欽韓曰：鹽鐵論備胡篇「賢良曰，今山東之戎馬甲士戍邊郡者，絶殊遼遠，身在胡越，心懷老母」。案，此殆桑弘羊所建。

〔二〕師古曰：調謂發選也。故吏，前爲官職者。令其部率習戰射士於張掖爲屯田也，調音徒釣反。將音子亮反。

三年春二月，有星孛于西北。

秋，募民徙雲陵，賜錢田宅。

冬十月，鳳皇集東海，遣使者祠其處。

十一月壬辰朔，日有蝕之。〔一〕

〔一〕【補注】先謙曰：五行志「在斗九度」。

四年春三月甲寅，立皇后上官氏。〔一〕赦天下。辭訟在後二年前，皆勿聽治。〔二〕夏六月，皇后見高廟。〔三〕賜長公主、丞相、將軍、列侯、中二千石以下及郎吏宗室錢帛各有差。

〔一〕文穎曰：上官桀孫，安之女。

〔二〕孟康曰：武帝後二年。【補注】周壽昌曰：當作後元二年，此無元字，省文也，紀前書後元二年，可證。

〔三〕【補注】周壽昌曰：后時年六歲。

徙三輔富人雲陵，賜錢，戶十萬。

秋七月，詔曰：「比歲不登，民匱於食，〔一〕流庸未盡還，〔二〕往時令民共出馬，其止勿出。諸給中都官者，且減之。」〔三〕

〔一〕師古曰：匱，空也。

〔二〕師古曰：流庸，謂去其本鄉而行爲人庸作。

〔三〕師古曰：中都官，京師諸官府。

冬，遣大鴻臚田廣明擊益州。〔一〕

〔一〕【補注】先謙曰：時益州蠻夷反，見杜延年傳。

廷尉李种坐故縱死罪棄市。〔一〕

〔一〕師古曰：縱謂容放之。种音沖。【補注】先謙曰：种字季主，見公卿表。

五年春正月，追尊皇太后父爲順成侯。

夏陽男子張延年〔一〕詣北闕，自稱衛太子，誣罔，要斬。

〔一〕師古曰：夏陽，馮翊之縣。【補注】先謙曰：雋不疑傳作成方遂又云「一姓張，名延年」。官本注在「要斬」下。

夏，罷天下亭母馬及馬弩關。〔一〕

〔一〕應劭曰：武帝數伐匈奴，再擊大宛，馬死略盡，乃令天下諸亭養母馬，欲令其繁孳，又作馬上弩機關，今悉罷之。孟康曰：舊馬高五尺六寸齒未平，弩十石以上，皆不得出關，今不禁也。師古曰：亭母馬，應說是；馬弩關，孟說是也。【補注】沈欽韓曰：新書壹通篇「禁游宦諸侯及無得出馬關者，豈不曰諸侯國衆，車騎則力益多」。案馬不出關之制，漢初已有也。蘇輿曰：禁馬無出關，在孝景中四年，見景紀。

六月，封皇后父驃騎將軍上官安爲桑樂侯。〔一〕

〔一〕師古曰：樂音來各反。【補注】齊召南曰：案，驃騎將軍，此與霍光傳同，而外戚傳及恩澤侯表、公卿表俱作車騎將軍，必有一誤。先謙曰：通鑑作車騎，考異云從表、傳。荀紀同。

詔曰：「朕以眇身獲保宗廟，〔一〕戰戰栗栗，夙興夜寐，修古帝王之事，通保傅，傳孝經、論語、尚書，未云有明。〔二〕其令三輔、太常舉賢良各二人，郡國文學高第各一人。〔三〕賜中二千石以下至吏民爵各有差。」

〔一〕師古曰：眇，微也。

〔二〕文穎曰：賈誼作保傅傳，在禮大戴記。言能通讀之也。晉灼曰：帝自謂通保傅傳，未能有所明也。臣瓚曰：帝自謂雖通舉此四書，皆未能有所明，此帝之謙也。師古曰：晉、瓚之說皆非也。帝自言雖通保傅傳，而孝經、論語、尚書猶未能明也。【補注】劉攽曰：予謂瓚說是。李慈銘曰：帝自謂雖通接保傅，傳授孝經、論語、尚書，皆未能有明，當以傳字絶句。賈所作保傅篇，漢世未聞有傳授者，昭帝安得習之，且冠於孝經諸書之上乎？先謙曰：昭帝此詔，謙言無所通曉，何必以通保傅傳自表，李説是，諸説非也。

〔三〕【補注】蘇輿曰：據此及鹽鐵論所列，賢良、文學判然二途。或但据鼂錯傳以爲一科者，非也。文帝時立此名，武帝興學之後，始定員數，至此復申舊制。

罷儋耳、真番郡。〔一〕

〔一〕師古曰：儋耳本南越地，真番本朝鮮地，皆武帝所置也。番音普安反。【補注】齊召南曰：案儋耳郡罷，并入珠厓，至元帝時，珠厓亦罷。又案後書東夷傳「此年罷臨屯、真番以并樂浪、玄菟」。則不惟罷真番一郡也。

秋，大鴻臚廣明、軍正王平擊益州，〔一〕斬首捕虜三萬餘人，獲畜産五萬餘頭。〔二〕

〔一〕師古曰：廣明，田廣明。【補注】錢大昭曰：此即上文「故廷尉王平」。

〔二〕【補注】先謙曰：西南夷傳作「五萬餘級，獲畜産十餘萬」。

六年春正月，上耕于上林。

二月，詔有司問郡國所舉賢良文學民所疾苦。議罷鹽鐵榷酤。〔一〕

〔一〕應劭曰：武帝時，以國用不足，縣官悉自賣鹽鐵，酤酒。昭帝務本抑末，不與天下爭利，故罷之。【補注】先謙曰：議罷數者，下乃言罷榷酤官耳，應説非。

栘中監蘇武〔一〕前使匈奴，留單于庭十九歲乃還，奉使全節，以武爲典屬國，〔二〕賜錢百萬。

〔一〕蘇林曰：移音移，廄名也。應劭曰：移，地名。監，其官也，掌鞍馬鷹犬射獵之具。如淳曰：移，爾雅「唐棣，移也」。移園之中有馬廄也。師古曰：蘇音如説是。【補注】先謙曰：官本注在「迺還」下。

〔二〕如淳曰：以其久在外國，知邊事，故令典主諸屬國。師古曰：典屬國，本秦官，漢因之，掌歸義蠻夷，屬官有九譯令，後省，并大鴻臚。

夏，旱，〔一〕大雩，不得舉火。〔二〕

〔一〕【補注】先謙曰：五行志云「大旱」。此無「大」字，避下複文。

〔二〕臣瓚曰：不得舉火，抑陽助陰也。

秋七月，罷榷酤官，〔一〕令民得以律占租，〔二〕賣酒升四錢。以邊塞闊遠，取天水、隴西、張掖郡各二縣置金城郡。〔三〕

〔一〕【補注】沈欽韓曰：鹽鐵論第四十一「公卿奏曰，賢良、文學不明縣官事，猥以鹽鐵爲不便，請且罷郡國榷酤、關内鐵官。奏可」。

〔二〕如淳曰：律，諸當占租者家長身各以其物占，占不以實，家長不身自書，皆罰金二斤，没入所不自占物及賈錢縣官也。師古曰：占謂自隱度其實，定其辭也。占音章贍反。下又言占名數，其義並同。今猶謂獄訟之辨曰占，皆其意也。蓋武帝時賦斂繁多，律外而取，今始復舊。【補注】劉攽曰：予謂罷榷酤官，令民得以律占租，賣酒升四錢，共是一事爾。以律占租者，謂令民賣酒以所得利占而輸其租矣，占不以實，則論如律也。租即賣酒之税也，賣酒升四錢，所以限民不得厚利爾。王子侯表「旁(況)〔光〕侯殷坐貸子錢不占租，皆免侯」。義與此占租同。即如顏説賣酒升四錢，無爲所著官，既罷榷酤矣，何處賣酒乎？

〔三〕【補注】先謙曰：據地理志，金城郡領十三縣，蓋續有增隸。

詔曰：「鉤町侯毋波〔一〕率其君長人民擊反者，斬首捕虜有功。其立毋波爲鉤町王。大鴻臚廣明將率有功，賜爵關内侯，食邑。」

〔一〕服虔曰：鉤音左傳射兩軥之軥。應劭曰：町音若挺，西南夷也。毋波，其名也。今牂柯鉤町縣是也。師古曰：音劬挺。【補注】先謙曰：句町縣在今臨安府通海縣東北五里。胡三省云「毋波」，漢書作「亡波」。亡，古無字。所見蓋别一本。官本注在「斬首捕虜有功」下。

元鳳元年春，〔一〕長公主共養勞苦，復以藍田益長公主湯沐邑。

〔一〕應劭曰：三年中，鳳皇比下東海海西樂鄉，於是以冠元焉。

泗水戴王前薨，以毋嗣，國除。後宫有遺腹子煖，〔一〕相、内史不奏言，上聞而憐之，立煖爲泗水王。相、内史皆下獄。

〔一〕師古曰：煖音許遠反。

三月，賜郡國所選有行義者涿郡韓福等五人帛，人五十匹，遣歸。詔曰：「朕閔勞以官

職之事，〔一〕其務修孝弟以教鄉里。令郡縣常以正月賜羊酒。有不幸者賜衣被一襲，祠以中牢。」〔二〕

〔一〕鄧展曰：閔哀韓福等，不忍勞役以官職之事。

〔二〕師古曰：幸者，吉而免凶也，故死謂之不幸。一襲，一稱也，猶今言一副也。中牢即少牢，謂羊豕也。

武都氐人反，〔一〕遣執金吾馬適建、龍頟侯韓增、〔二〕大鴻臚廣明將三輔、太常徒，皆免刑擊之。〔三〕

〔一〕師古曰：氐音丁奚反。【補注】先謙曰：武都，武都縣，在今階州成縣西，古白馬氐地，見西南夷傳。

〔二〕師古曰：姓馬適，名建也。龍頟，漢書本或作雒字，功臣侯表云弓高壯侯韓穨當子譊封龍雒侯，元鼎五年，坐酎金免。後元元年，譊弟子增紹封龍雒侯，而荀悦漢紀龍雒皆爲頟字。崔浩曰：雒音洛。今河間龍雒村，與弓高相近。然此既地名，無別指義，各依書字而讀之，斯則通矣。譊音女交反。【補注】錢大昭曰：「增」，表作「曾」。「頟」宣紀作「雒」。並誤。先謙曰：「譊」、「説」之誤字，顏失考。

〔三〕蘇林曰：是時太常主諸陵縣治民也。【補注】先謙曰：「大鴻臚」三字誤，據表，時田廣明已遷衞尉矣。

夏六月，赦天下。

秋七月乙亥晦，日有蝕之，既。〔一〕

〔一〕【補注】先謙曰：五行志「在張十二度」。「乙」作「己」。「劉向以爲己亥而既，其占重」。孟康注「己，土；亥，水也。純陰，故食爲最重」。據此則「乙」字誤。

八月，改始元爲元鳳。

九月，鄂邑長公主、燕王旦與左將軍上官桀、桀子票騎將軍安、御史大夫桑弘羊皆謀反，伏誅。初，桀、安父子與大將軍光爭權，欲害之，詐使人爲燕王旦上書言光罪。時上年十四，〔一〕覺其詐。後有譖光者，上輒怒曰：「大將軍國家忠臣，先帝所屬，〔二〕敢有譖毀者，坐之。」光由是得盡忠。語在燕王、霍光傳。

〔一〕張晏曰：武帝崩時八歲，即位於今七歲，今年十五。師古曰：此云初桀、安父子與大將軍爭權，詐爲燕王上書，蓋追道前年事耳，非今歲也，張説非之。【補注】先謙曰：「非之」官本作「失之」，是。

〔二〕師古曰：屬音之欲反。

冬十月，詔曰：「左將軍安陽侯桀、票騎將軍桑樂侯安、御史大夫弘羊皆數以邪枉干輔政，〔一〕大將軍不聽，而懷怨望，與燕王通謀，置驛往來相約結。燕王遣壽西長、孫縱之等〔二〕賂遺長公主、丁外人、謁者杜延年、大將軍長史公孫遺等，交通私書，〔三〕共謀令長公主置酒，伏兵殺大將軍光，徵立燕王爲天子，大逆毋道。故稻田使者燕倉先發覺，〔四〕以告大司農敞，〔五〕敞告諫大夫延年，〔六〕延年以聞。丞相徵事任宮手捕斬桀，〔七〕丞相少史王壽誘將安入府門，〔八〕皆已伏誅，吏民得以安。封延年、倉、宮、壽皆爲列侯。」又曰：「燕王迷惑失道，前與齊王子劉澤等爲逆，抑而不揚，〔九〕望王反道自新，〔一〇〕今乃與長公主及左將軍桀等謀危宗廟。〔一一〕王及公主皆自伏辜。其赦王太子建、公主子文信及宗室子與燕王、上官桀等謀反父

母同産當坐者，皆免爲庶人。其吏爲桀等所詿誤，未發覺在吏者，除其罪。」〔一三〕

〔一〕師古曰：枉，曲也。以邪曲之事而干求也。【補注】先謙曰：官本「弘」上有「桑」字。

〔二〕蘇林曰：壽西，姓也；長，名也。孫姓，縱之名。【補注】先謙曰：官本注在「等」字上。

〔三〕服虔曰：外人，主之所幸也。晉灼曰：漢語字少君。師古曰：此杜延年自別一人，非下諫大夫也。【補注】先謙曰：官本注「自別」作「別自」。

〔四〕如淳曰：特爲諸稻田置使者，假與民收其稅入也。【補注】王先慎曰：燕倉子爲蓋主舍人，故得聞其謀，見武五子傳。

〔五〕師古曰：楊敞也。

〔六〕師古曰：杜延年，杜周之子。

〔七〕文穎曰：徵事，丞相官屬，位差尊，掾屬也。如淳曰：時宫以時事召，待詔丞相府，故曰丞相徵事。張晏曰：漢儀注徵事比六百石，皆故吏二千石不以臧罪免者爲徵事，絳衣奉朝賀正月。師古曰：張説是也。

〔八〕如淳曰：漢儀注丞相、太尉、大將軍史秩四百石。武帝又置丞相少史，秩四百石。【補注】錢大昭曰：下文「封延年、倉、宫、壽」，則其人名壽。功臣表作「王山壽」，補史記作「王山」。

〔九〕【補注】周壽昌曰：爾雅釋訓「抑抑，密也」。言密之而不揚其惡。

〔一〇〕師古曰：所爲邪僻，違失正道，欲其旋反而歸正，故云反道。

〔一一〕【補注】先謙曰：官本無「及」字。

〔一二〕師古曰：其罪未發，未爲吏所執持者。【補注】劉攽曰：在吏，謂發覺已在吏者。

二年夏四月，上自建章宮徙未央宮，大置酒。賜郎從官帛，及宗室子錢，人二十萬。吏民獻牛酒者賜帛，人一匹。

六月，赦天下。詔曰：「朕閔百姓未贍，〔一〕前年減漕三百萬石。〔二〕頗省乘輿馬及苑馬，〔三〕以補邊郡三輔傳馬。〔四〕其令郡國毋斂今年馬口錢，〔五〕三輔、太常郡得以叔粟當賦。」〔六〕

〔一〕師古曰：贍，足也。

〔二〕師古曰：減省轉漕，所以休力役也。

〔三〕師古曰：乘輿馬，謂天子所自乘以駕車輿者。他皆類此。【補注】先謙曰：官本「菀」作「苑」，是。

〔四〕張晏曰：驛馬也。師古曰：傳音張戀反。

〔五〕文穎曰：往時有馬口出斂錢，今省。如淳曰：所謂租及六畜也。【補注】沈欽韓曰：武帝令亭畜馬，故斂民出錢爲市直芻秣費也。

〔六〕如淳曰：百官表太常主諸陵，別治其縣，爵秩如三輔郡矣。元帝永光五年，令各屬在所郡也。師古曰：諸應出賦算租稅者，皆聽以叔粟當錢物也。叔，豆也。【補注】顧炎武曰：漢時田租本是叔粟，今并口算雜征之用錢者，皆令以叔粟當之。其獨行於三輔、太常郡者，不獨爲穀賤傷農，亦以減漕三百萬石，慮儲偫之乏也。何焯曰：此事得禹貢甸服本意。沈欽韓曰：案下六年，亦令以叔粟當賦，非常制也。周壽昌曰：以近畿便於輸送，若他郡則遠矣。

三年春正月，泰山有大石自起立，上林有柳樹枯僵自起生。〔一〕

〔一〕師古曰：僵，偃也，謂樹枯死偃卧在地者也。僵音紀良反。【補注】先謙曰：詳五行志、眭弘傳。

罷中牟苑賦貧民。〔一〕詔曰：「乃者民被水災，頗匱於食，朕虛倉廩，〔二〕使使者振困乏。其止四年毋漕。三年以前所振貸，非丞相御史所請，邊郡受牛者勿收責。」〔三〕

〔一〕師古曰：在滎陽。

〔二〕師古曰：倉，新穀所臧也。廩，穀所振入也。

〔三〕應劭曰：武帝始開三邊，徙民屯田，皆與犁牛。後丞相御史復間有所請。今敕自上所賜與勿收責，丞相所請乃令其顧稅耳。

夏四月，少府徐仁、廷尉王平、左馮翊賈勝胡皆坐縱反者，〔一〕仁自殺，平、勝胡皆要斬。

〔一〕【補注】先謙曰：反者侯史吳也，事詳杜延年傳。

冬，遼東烏桓反，〔一〕以中郎將范明友爲度遼將軍，〔二〕將北邊七郡郡二千騎擊之。〔三〕

〔一〕【補注】先謙曰：烏桓，東胡舊部，役屬匈奴。武帝破匈奴左地，徙烏桓於上谷、漁陽、右北平、遼東塞外，至是强盛，遂反也。

〔二〕應劭曰：當度遼水往擊之，故以度遼爲官號。

〔三〕【補注】齊召南曰：匈奴傳「明友爲度遼將軍，將二萬騎出遼東」，則此「七郡」應作「十郡」，二千騎正合二萬之數。

四年春正月丁亥，帝加元服，〔一〕見于高廟。賜諸侯王、丞相、大將軍、列侯、宗室下至吏民金帛牛酒各有差。賜中二千石以下及天下民爵。毋收四年、五年口賦。〔二〕三年以前逋更賦未入者，皆勿收。〔二〕令天下酺五日。

〔一〕如淳曰：元服，謂初冠加上服也。師古曰：如氏以爲衣服之服，此説非也。元，首也。冠者，首之所著，故曰元服。其下汲黯傳序云「上正元服」，是知謂冠爲元服。【補注】錢大昭曰：惠紀「皇帝冠」，與此書法不同。沈欽韓曰：大戴禮記孝昭冠辭曰：「陛下離顯先帝之光耀，以承皇天嘉禄，欽順仲夏之吉日，注，古者冠以仲春，此夏字爲春之訛。遵並大道邠或，秉集萬福之休靈，始加昭明之元服。推遠稚免之幼志，注，免猶弱也。崇積文武之寵德，肅勤高祖清廟，六合之内靡不息，陛下永永與天無極。」博物記載冠辭云：「陛下擒顯先帝之光曜，以承皇天之嘉禄，欽奉仲春之吉辰，普尊大道之郊域，秉率百福之休靈，始加昭明之元服。推遠沖孺之幼志，蘊積文武之就德，肅勤高祖之清廟，六合之内靡不蒙德，永永與天無極。」案譙周云周成王十五而冠，魯襄公十二年而冠。晉侯曰「國君十五而生子，冠而生子禮也」。高誘淮南注「歲星十二歲而周天，天道十二而備，故國君十二歲而冠。冠而娶，十五而生子，重國嗣也，故不從制」。今昭帝年十八而冠，東京諸帝，和帝十三，安帝十六，順帝十五，並加元服後立皇后。昭帝先立后，五年而後加元服。此大臣不學，而廷臣未諍，其失可怪也。禮四時皆可冠，故士冠禮云「夏葛屨，冬皮屨」，明不專在春。司馬彪禮儀志則以「正月甲子若丙子」。和帝、獻帝以甲子，安帝以庚子，順帝以丙子。案大戴及博物志帝冠本在二月，紀書正月誤耳。先謙曰：官本注「正」作「加」。

〔二〕如淳曰：漢儀注民年七歲至十四出口賦錢，人二十三。二十錢以食天子，其三錢者，武帝加口錢以補車騎馬。【補注】何焯曰：貢禹上書言「古民無賦算，口錢起武帝征伐四夷，重賦於民。民産子三歲，則出口錢，故民重困，生子輒殺。宜令兒七歲去齒乃出口錢，年二十乃算」。如淳所引漢儀注乃元帝以後之制也。先謙曰：官本注「馬」下有「也」字。

〔三〕如淳曰：更有三品，有卒更，有踐更，有過更。古者正卒無常人，皆當迭爲之，一月一更，是謂卒更也。貧者欲得顧更錢者，次直者出錢顧之，月二（干）〔千〕，是謂踐更也。天下人皆直戍邊三日，亦名爲更，律所謂繇戍也。雖丞相子亦在戍邊之調。不可人人自行三日戍，又行者當自戍三日，不可往便還，因便住一歲一更。諸不行者，出錢三百入官，官以給戍者，是謂過更也。律説，卒踐更者，居也，居更縣中五月乃更也。後從尉律，卒踐更一月，休十一月也。食貨志曰：「月爲更卒，已復爲正，一歲屯戍，一歲力役，三十倍於古。」此漢初因秦法而行之也。後遂改易，有謫乃戍邊一歲耳。逋，未出更錢者也。師古曰：更音工衡反。【補注】何焯曰：如説更有三品，有卒更，有踐更，有過更。案其實則二也，踐更即是代人卒更，但以月計私得雇直；過更則是總代人繇戍，以歲計，人輸戍邊三日之直於官，官爲給與久住之人也。蓋卒更即古者田賦出兵之制，戍邊三日則仿力役之制爲之，雇更即雇役之法所昉。

甲戌，丞相千秋薨。〔一〕

〔一〕師古曰：田千秋。

夏四月，詔曰：「度遼將軍明友前以羌騎校尉將羌王侯君長以下擊益州反虜，後復率擊武都反氐，今破烏桓，斬虜獲生，有功。〔一〕其封明友爲平陵侯。平樂監傅介子持節使，〔二〕誅斬樓蘭王安，歸首縣北闕，封義陽侯。」〔三〕

〔一〕師古曰：既斬反虜，又獲生口也。俘取曰獲。

〔二〕師古曰：持節而爲使。

〔三〕【補注】先謙曰：詳西域傳。

五月丁丑，孝文廟正殿火，〔一〕上及羣臣皆素服。發中二千石將五校作治，六日成。〔二〕太常及廟令丞郎吏皆劾大不敬，會赦，太常轑陽侯德免爲庶人。〔三〕

〔一〕【補注】先謙曰：五行志「火」作「災」。

〔二〕師古曰：率領五校之士以作治也。校音下教反。【補注】王禕曰：五校謂中壘、屯騎、越騎、射聲、虎(貫)〔賁〕也。

〔三〕文穎曰：轑音料。德，江德也。轑陽在魏郡清淵。師古曰：會六月赦耳。史終言之。【補注】錢大昭曰：百官表「始元六年，轑陽侯江德爲太常，四年坐廟夜郎飲失火免」。與紀同。水經淇水注云「昭帝封太常江德爲榆陽侯」，史記補表作潦陽侯江德，田廣明傳「廄嗇夫江德封轑陽侯」，田延年傳「上封德轑陽侯」，而功臣表止有轑陽侯江喜，又不言其有罪免官。喜不見史傳，其爲名德無疑，傳寫誤也。

六月，赦天下。

五年春正月，廣陵王來朝，益國萬一千户，賜錢二千萬，黄金二百斤，劍二，安車一，乘馬二駟。〔一〕

〔一〕師古曰：八匹也。

夏，大旱。

六月，發三輔及郡國惡少年吏有告劾亡者，屯遼東。〔一〕

〔一〕如淳曰：告者，爲人所告也。劾者，爲人所劾也。師古曰：惡少年，謂無賴子弟也。告劾亡者，謂被告劾而逃亡。【補注】先謙曰：官本注「謂無賴子弟也」，「謂」作「爲」。

秋，罷象郡，分屬鬱林、牂柯。〔一〕

〔一〕【補注】齊召南曰：案，此文可疑，秦置象郡，後屬南越，漢破南越，即故象郡置日南郡。以地理志證之，此時無象郡名，且日南郡固始終未罷也。沈欽韓曰：案，此云分屬鬱林、牂柯者，非日南郡也，日南極遠，不得遥隸牂柯。馬氏輿地考云「秦之象郡，即今合浦郡是也」。則是年罷象郡者，罷合浦郡也。先謙曰：官本「柯」作「牁」。

冬十一月，大雷。

十二月庚戌，丞相訢薨。〔一〕

〔一〕師古曰：王訢也。訢亦欣字。

六年春正月，募郡國徒築遼東玄菟城。夏，赦天下。詔曰：「夫穀賤傷農，〔一〕今三輔、太常穀減賤，〔二〕其令以叔粟當今年賦。」〔三〕

〔一〕師古曰：糴多而錢少，是爲傷也。

〔二〕鄭氏曰：減音減少之減。

〔三〕應劭曰：太常掌諸陵園，皆徙天下豪富民以充實之，後悉爲縣，故與三輔同賦。

右將軍張安世宿衛忠謹，封富平侯。

烏桓復犯塞，遣度遼將軍范明友擊之。

元平元年春二月，詔曰：「天下以農桑爲本。日者省用，罷不急官，〔一〕減外繇，〔二〕耕桑者益衆，而百姓未能家給，〔三〕朕甚愍焉。其減口賦錢。」有司奏請減什三，上許之。

〔一〕師古曰：謂非要職官。【補注】先謙曰：官本注無「官」字。

〔二〕師古曰：繇讀曰傜。

〔三〕師古曰：給，足也。家家自給足，是謂家給也。【補注】先謙曰：官本「謂」作「爲」。

甲申，晨有流星大如月，衆星皆隨西行。

夏四月癸未，帝崩于未央宮。〔一〕六月壬申，葬平陵。〔二〕

〔一〕臣瓚曰：帝年九歲即位，即位十三年，壽二十二。師古曰：帝年八歲即位，明年改元，改元之後凡十三年，年二十一。

〔二〕臣瓚曰：自崩至葬凡四十九日。平陵在長安西北七十里。【補注】先謙曰：平陵爲縣，志屬扶風。

贊曰：昔周成以孺子繼統，而有管、蔡四國流言之變。〔一〕孝昭幼年即位，亦有燕、盍、上官逆亂之謀。〔二〕成王不疑周公，孝昭委任霍光，各因其時以成名，大矣哉！承孝武奢侈餘敝師旅之後，海内虛耗，户口減半，〔三〕光知時務之要，輕繇薄賦，與民休息。〔四〕至始元、元鳳之間，匈奴和親，百姓充實。舉賢良文學，問民所疾苦，議鹽鐵而罷榷酤，尊號曰「昭」，不亦宜乎！

〔一〕師古曰：四國，謂管、蔡、商、奄也。流，放也。武王崩，成王幼弱，周公攝政，四國乃流言曰，公將不利於孺子，遂致雷風之異，成王既見金縢之册，乃不疑周公。事見豳詩及周書大誥。

〔二〕【補注】錢大昭曰：盍與蓋同，即長公主。

〔三〕師古曰：耗，損也，音火到反。減讀爲減省之減。【補注】何焯曰：武帝之失，因事著見，所謂不溢美不隱惡也。

〔四〕師古曰：繇讀曰傜。

宣帝紀第八

孝宣皇帝，〔一〕武帝曾孫，戾太子孫也。〔二〕太子納史良娣，〔三〕生史皇孫。〔四〕皇孫納王夫人，生宣帝，號曰皇曾孫。生數月，遭巫蠱事，太子、良娣、皇孫、王夫人皆遇害。語在太子傳。曾孫雖在襁緥，〔五〕猶坐收繫郡邸獄。〔六〕而邴吉爲廷尉監，〔七〕治巫蠱於郡邸，憐曾孫之亡辜，使女徒復作淮陽趙徵卿、渭城胡組更乳養，〔八〕私給衣食，視遇甚有恩。

〔一〕荀悦曰：諱詢，字次卿。詢之字曰謀。應劭曰：謚法「聖善周聞曰宣」。【補注】錢大昭曰：帝初名病已，元康二年改名詢。

〔二〕韋昭曰：以違戾擅發兵，故謚曰戾。臣瓚曰：太子誅江充以除讒賊，而事不見明。後武帝覺寤，遂族充家，宣帝不得以加惡謚也。董仲舒曰「有其功無其意謂之戾，無其功有其意謂之罪」。師古曰：瓚説是也。【補注】周壽昌曰：説文「戾，曲也，從犬出户下」。戾者身曲也。漢宣未必忍以惡謚加其祖，蓋言身受曲戾，不能自伸。先謙曰：不得以，猶不得已也。官本「舒」下有「書」字。

〔三〕服虔曰：史，姓也。良娣，官也。師古曰：太子有妃，有良娣，有孺子，凡三等。娣音次第之第。

〔四〕師古曰：以外家姓稱之，故曰史皇孫。【補注】先謙曰：皇孫名進。

〔五〕李奇曰：襁，絡也，以繒布爲之，絡負小兒。緥，小兒大藉也。孟康曰：緥，小兒被也。師古曰：襁即今之小兒繃也。緥，孟説是也。襁音居丈反。緥音保。繃音補耕反。

〔六〕如淳曰：謂諸郡邸置獄也。師古曰：據漢舊儀，郡邸獄治天下郡國上計者，屬大鴻臚。此蓋巫蠱獄繫，收繫者衆，故曾孫寄在郡邸獄。

〔七〕師古曰：監者，廷尉之官屬。【補注】先謙曰：官本「邴」作「丙」。百官表「廷尉有左右監，秩千石」。

〔八〕李奇曰：復作者，女徒也。謂輕罪，男子守邊一歲，女子輭弱不任守，復令作於官，亦一歲，故謂之復作徒也。孟康曰：復音服，謂弛刑徒也，有赦令詔書去其鉗釱赭衣。更犯事，不從徒加，與民爲例，故當復爲官作，滿其本罪年月日，律名爲復作也。師古曰：孟説是也。趙徵卿淮陽人，胡組渭城人，皆女徒也。二人更遞乳養曾孫。而邴吉傳云郭徵卿。紀、傳不同，未知孰是。更音工衡反。【補注】周壽昌曰：案此復作女徒，或傳其家姓，或傳其夫姓，故紀、傳有異同也。

巫蠱事連歲不決。至後元二年，〔一〕武帝疾，往來長楊、五柞宮，〔二〕望氣者言長安獄中有天子氣，上遣使者分條中都官獄〔三〕繫者，輕重皆殺之。内謁者令郭穰夜至郡邸獄，〔四〕吉拒閉，使者不得入，曾孫賴吉得全。因遭大赦，吉乃載曾孫送祖母史良娣家。語在吉及外戚傳。

〔一〕【補注】劉攽曰：案武帝後元二年無赦，元年乃有之，蓋本云後元年，後人誤作後元元年，又就元字注二字，後又誤爲二耳。吴仁傑曰：武紀「後元二年，行幸五柞宮」。宣紀、丙吉傳皆云是年帝幸五柞，皇曾孫遭赦，則事在二年，非元年也。後元二年無赦，在武紀文則爾。案是歲凡再赦，六月之赦在昭帝即位之後，二月之赦則丙吉傳所載是也。傳言「吉拒使者，使者因劾奏吉，武帝寤曰：『天使之也。』因赦天下郡邸獄繫者，恩及四海矣」。所謂遭大赦者指此，紀失於登載，貢父亦偶不記其事。

〔二〕師古曰：長楊、五柞二宮並在盩厔，皆以樹名之。帝往來二宮之間也。柞字或作「莋」，其音同。

〔三〕師古曰：中都官，凡京師諸官府也。【補注】先謙曰：條謂録治之。

〔四〕師古曰：百官表云內者署屬少府。續漢書志云掌宮中布張諸褻物。丁孚漢官云令秩千石，蓋當時權爲此使。【補注】劉攽曰：「謁」字衍。劉敞同。齊召南曰：案丙吉傳亦作內謁者，未必兩文並譌。且據百官表謁者署與內者署並屬少府，謁字或非衍也。

後有詔掖庭養視，上屬籍宗正。〔一〕時掖庭令張賀嘗事戾太子，思顧舊恩，〔二〕哀曾孫，奉養甚謹，以私錢供給教書。既壯，爲取暴室嗇夫許廣漢女，〔三〕曾孫因依倚廣漢兄弟及祖母家史氏。〔四〕受詩於東海澓中翁，〔五〕高材好學，然亦喜游俠，〔六〕鬬雞走馬，具知閭里奸邪，吏治得失。數上下諸陵，〔七〕周徧三輔，〔八〕常困於蓮勺鹵中。〔九〕尤樂杜、鄠之間，〔一〇〕率常在下杜。〔一一〕時會朝請，舍長安尚冠里，〔一二〕身足下有毛，臥居數有光燿。〔一三〕每買餅，所從買家輒大讎，〔一四〕亦以自是怪。〔一五〕

〔一〕應劭曰：掖庭，宮人之官，有令丞，宦者爲之。詔敕掖庭養視之，始令宗正著其屬籍。

〔二〕師古曰：顧，念也。

〔三〕應劭曰：暴室，宮人獄也，今曰薄室。許廣漢坐法腐爲宦者，作嗇夫也。師古曰：暴室者，掖庭主織作染練之署，故謂之暴室，取暴曬爲名耳。或云薄室者，薄亦暴也。今俗語亦云薄曬，蓋暴室職務既多，因爲置獄主治其罪人，故往往云暴室獄耳。然本非獄名，應説失之矣。嗇夫者，暴室屬官，亦猶縣鄉之嗇夫也。曬音所懈反，又音所智反。【補注】周壽昌曰：自鄉嗇夫外，有上林苑嗇夫、廄嗇夫、暴室嗇夫，皆未入百官表，其秩大約相類。

〔四〕師古曰：倚音於綺反。

〔五〕服虔曰：湲音馥。師古曰：東海人，姓湲字中翁也。湲音房福反。中讀曰仲。

〔六〕師古曰：喜音許吏反。

〔七〕師古曰：諸陵皆據高敞地爲之，縣即在其側，帝每周游往來諸陵縣，去則上，來則下，故言上下諸陵。【補注】先謙曰：顔説上下太泥，諸陵相距遠近不一，數往來故云上下耳。

〔八〕師古曰：游行皆至其處。

〔九〕如淳曰：爲人所困辱也。蓮勺縣有鹽池，縱廣十餘里，其鄉人名爲鹵中。蓮音輦。勺音灼。師古曰：如説是也。鹵者，鹹地也，今在櫟陽縣東。其鄉人謂此中爲鹵鹽池也。【補注】沈欽韓曰：唐會要「鹵池在京兆府奉先縣，大和二年，度支奏，鹵池側近百里取水，柏柴燒灰煎鹽，每石灰得一十二斤鹽」。明志「華州蒲城縣西有西鹵池，舊產鹽」。案，鹵中即煮鹻爲鹽者也。先謙曰：蓮勺，馮翊縣，在今西安府渭南縣東北。

〔一〇〕師古曰：二縣之間也。杜屬京兆，鄠屬扶風。鄠音扈。

〔一一〕孟康曰：在長安南。師古曰：率者，總計之言也。下杜即今之杜城。【補注】王鳴盛曰：渭水注「長安南出東頭第一門名覆盎門，其南有下杜城。應劭云故杜陵之下聚落也」。其地在杜陵縣之西南，鄠縣東北，所謂杜、鄠之間也。若唐之杜城即漢杜陵縣，後魏改名杜城者，非下杜也。

〔一二〕文穎曰：以屬弟尚親，故歲時隨宗室朝會也。如淳曰：春曰朝，秋曰請。師古曰：舍，止也。尚冠者，長安中里名。帝會朝請之時，即於此里中止息。請音才姓反。【補注】先謙曰：通鑑注引黄圖「京兆尹治尚冠里」。

〔一三〕師古曰：遍身及足下皆有毛。

〔一四〕師古曰：讎讀曰售。【補注】錢大昭曰：史記高祖紀索隱「樂彦云借讎爲售」。

〔一五〕【補注】先謙曰：「是自」倒，官本不誤。

元平元年四月，昭帝崩，毋嗣。大將軍霍光請皇后徵昌邑王。六月丙寅，王受皇帝璽綬，尊皇后曰皇太后。癸巳，光奏王賀淫亂，請廢。語在賀及光傳。

秋七月，光奏議曰：「禮，人道親親故尊祖，尊祖故敬宗。大宗毋嗣，擇支子孫賢者爲嗣。孝武皇帝曾孫病已，〔一〕有詔掖庭養視，至今年十八，師受詩、論語、孝經，操行節儉，慈仁愛人，可以嗣孝昭皇帝後，奉承祖宗，子萬姓。」〔二〕奏可。〔三〕遣宗正德至曾孫尚冠里舍，洗沐，賜御府衣。太僕以軨獵車奉迎曾孫，〔四〕就齊宗正府。〔五〕庚申，入未央宮，見皇太后，封爲陽武侯。〔六〕已而羣臣奉上璽綬，即皇帝位，謁高廟。〔七〕

〔一〕師古曰：蓋以夙遭屯難而多病苦，故名病已，欲其速差也。後以爲鄙，更改諱詢。

〔二〕師古曰：天子以萬姓爲子，故云子萬姓。

〔三〕【補注】先謙曰：皇太后詔可。

〔四〕文穎曰：軨獵，小車，前有曲輿不衣也，近世謂之軨獵車也。孟康曰：今之載獵車也。前有曲軨，特高大，獵時立其中格射禽獸。李奇曰：蘭輿輕車也。師古曰：文、李二說皆是。時未備天子車駕，故且取其輕便耳，非藉高大也。孟說失之。軨音鈴。【補注】沈欽韓曰：曲禮注「奇車獵衣之屬」，正義曰「獵車之形，今之鉤車是也」。陳祥道禮書引此「軨獵車當之」。案續志「重輞縵輪，繆龍繞之。一曰闟豬車」。

〔五〕【補注】錢大昭曰：齊讀曰齋。

〔六〕師古曰：先封侯者，不欲立庶人爲天子也。【補注】先謙曰：陽武，河南縣。

〔七〕【補注】先謙曰：癸巳廢昌邑王，至此漢朝無君二十七日。

八月己巳，丞相敞薨。〔一〕

〔一〕師古曰：楊敞也。

九月，大赦天下。

十一月壬子，立皇后許氏。賜諸侯王以下金錢，至吏民鰥寡孤獨各有差。皇太后歸長樂宮。〔一〕長樂宮初置屯衛。〔二〕

〔一〕【補注】何焯曰：宣帝秋七月即位，十一月太后乃歸長樂宮者，懲昌邑前事也。先謙曰：通鑑胡注「漢太后常居長樂宮，皇太后自昌邑之廢，居未央宮。今宣帝既立，復居長樂宮也」。

〔二〕【補注】周壽昌曰：高后紀「斬長樂衛尉呂更始」，武五子傳「戾太子發長樂宮衛」，是長樂在漢初已置衛矣。百官表云不常置。蓋置而旋廢，至是又置之，故云初置也。先謙曰：官本脱「長樂宮」三字。通鑑亦有，荀紀作「長樂初置屯衛」，無宮字。

本始元年春正月，募郡國吏民訾百萬以上徙平陵。〔一〕遣使者持節詔郡國二千石謹牧養民而風德化。〔二〕

〔一〕文穎曰：昭帝陵。

〔二〕師古曰：以德化被於下，故云風也。詩序曰「上以風化下」。

大將軍光稽首歸政，上謙讓委任焉。論定策功，益封大將軍光萬七千户，車騎將軍光禄勳富平侯安世萬户。〔一〕詔曰：「故丞相安平侯敞等居位守職，與大將軍光、車騎將軍安世建議定策，以安宗廟，功賞未加而薨。其益封敞嗣子忠及丞相陽平侯義、〔二〕度遼將軍平陵侯明友、〔三〕前將軍龍雒侯增、〔四〕太僕建平侯延年、〔五〕太常蒲侯昌、〔六〕諫大夫宜春侯譚、〔七〕當塗侯平、〔八〕杜侯屠耆堂、〔九〕長信少府關内侯勝〔一〇〕邑户各有差。封御史大夫廣明爲昌水侯，〔一一〕後將軍充國爲營平侯，〔一二〕大司農延年爲陽城侯，〔一三〕少府樂成爲爰氏侯，〔一四〕光禄大夫遷爲平丘侯。〔一五〕賜右扶風德、〔一六〕典屬國武、〔一七〕廷尉光、〔一八〕宗正德、〔一九〕大鴻臚賢、〔二〇〕詹事畸、〔二一〕光禄大夫吉、〔二二〕京輔都尉廣漢〔二三〕爵皆關内侯。德、武食邑。〔二四〕

〔一〕李斐曰：居光禄位，以車騎官號尊之，無車騎官屬。【補注】錢大昭曰：李説非也。百官表「元鳳元年，光禄勳張安世爲右將軍光禄勳，六年遷。元平元年，右將軍安世爲車騎將軍光禄勳，七年遷」。是安世初爲右將軍光禄勳，故表云光禄勳并右將軍也。迨改官車騎，仍兼光禄勳，車騎本非加銜，安得謂之無官屬乎？

〔二〕師古曰：蔡義。

〔三〕師古曰：范明友。

〔四〕師古曰：韓增。

〔五〕師古曰：杜延年。

〔六〕師古曰：蘇昌。

〔七〕師古曰：王譚。

〔八〕師古曰：功臣表云魏不害以捕反者胡倩功封當塗侯，其子聖以定策功益封，凡二千二百户。今此紀言當塗侯平，與表乖錯，未知孰是。或者有二名乎？

〔九〕蘇林曰：姓復陸，其祖父復陸支本匈奴胡也，歸義爲屬國王，從驃騎有功，乃更封也。【補注】錢大昭曰：「堂」字衍，功臣表但云屠耆，本紀五鳳三年，匈奴虚閭權渠單于死，右賢王屠耆堂代立，非杜侯也。霍光傳亦誤作「屠耆堂」，説者乃謂功臣表脱「堂」字，誤矣。

〔一〇〕師古曰：夏侯勝。

〔一一〕師古曰：田廣明。

〔一二〕師古曰：趙充國。

〔一三〕師古曰：田延年。

〔一四〕師古曰：史樂成。

〔一五〕師古曰：王遷。

〔一六〕師古曰：周德。

〔一七〕師古曰：蘇武。

〔一八〕師古曰：李光。

〔一九〕師古曰：楚元王之曾孫，劉辟彊子。

〔二〇〕師古曰：韋賢。

〔二一〕蘇林曰：畸音踦隻之踦。師古曰：宋踦也，音居宜反。【補注】先謙曰：宋踦之「踦」，官本作「畸」，是。

〔二二〕師古曰：丙吉。

〔二三〕師古曰：趙廣漢也。三輔郡皆有都尉，如諸郡。左輔都尉治高陵，右輔都尉治郿，京輔都尉治華陰灌北。

〔二四〕張晏曰：舊關内侯無邑也，以蘇武守節外國，劉德宗室俊彦，故特令食邑。【補注】錢大昕曰：案，上文右扶風德在蘇武之前，宗正德在武之後，此文先德後武，則是周德，非劉德也。蘇武傳稱「賜爵關内侯，食邑三百户」，而劉德傳無食邑之文，張説似未可信。先謙曰：韋賢食邑見本傳，是食邑不獨德、武也。

夏四月庚午，地震。詔内郡國舉文學高第各一人。〔一〕

〔一〕師古曰：中國爲内郡，緣邊有夷狄障塞者爲外郡。成帝侍，内郡舉方正，北邊二十二郡舉勇猛士。【補注】錢大昭曰：成帝侍，「侍」字南監本、閩本並作「時」。先謙曰：官本作「時」，是。

五月，鳳皇集膠東千乘。赦天下。賜吏二千石、諸侯相、下至中都官、宦吏、六百石爵，各有差。〔一〕自左更至五大夫。〔二〕賜天下人爵各一級，〔三〕孝者二級，女子百户牛酒。租税勿收。

〔一〕如淳曰：中都官、宦吏，奄人爲吏者也。晉灼曰：凡職在京師者也。師古曰：二説皆非也。中都官，謂在京師諸官也。宦吏，諸奄官也。

〔二〕師古曰：左更，第十二爵也。五大夫，第九爵也。更音工衡反。【補注】劉攽曰：案此賜爵不及中二千石者，緣王即位，九侯率已爲關内侯矣。齊召南曰：案兩句俱有譌字。宣帝以庶人封侯，即帝位，並未爲王也。九侯二字，尤不可解，據前文自田廣明以下，新封五侯而已。以文義推之，應作「緣帝即位，九卿率已爲關内侯」，即指上文之右扶風德、典屬國武、廷尉光、宗正德、大鴻臚賢等也。

〔三〕【補注】錢大昭曰：「人」當作「民」。

六月，詔曰：「故皇太子在湖，未有號謚。〔一〕歲時祠，其議謚，置園邑。」語在太子傳。

〔一〕師古曰：湖，縣名也。死於湖，因即葬焉。

秋七月，詔立燕剌王太子建爲廣陽王，〔一〕立廣陵王胥少子弘爲高密王。〔二〕

〔一〕師古曰：剌音來曷反。

〔二〕【補注】齊召南曰：案，封廣陽王，表作五月。封高密王，表作十月。

二年春，以水衡錢爲平陵，徙民起第宅。〔一〕

〔一〕應劭曰：水衡與少府皆天子私藏耳。縣官公作，當仰給司農，今出水衡錢，言宣帝即位爲異政也。晉灼曰：食貨志「初，大司農管鹽鐵，官布多，故置水衡，欲以主鹽鐵。及楊可告緡，上林財物衆，乃令水衡主上林」。上林三官，主鑄錢也。【補注】何焯曰：於爲人後之恩有加隆也。

大司農陽城侯田延年有罪，自殺。〔一〕

〔一〕師古曰：坐增僦直而自入。

夏五月，詔曰：「朕以眇身奉承祖宗，夙夜惟念孝武皇帝躬履仁義，選明將，討不服，匈奴遠遁，平氐、羌、昆明、南越，百蠻鄉風，〔一〕款塞來享；〔二〕建太學，修郊祀，定正朔，協音律；封泰山，塞宣房，〔三〕符瑞應，寶鼎出，白麟獲。功德茂盛，不能盡宣，而廟樂未稱，〔四〕其議奏。」有司奏請宜加尊號。六月庚午，尊孝武廟爲世宗廟，奏盛德、文始、五行之舞，〔五〕天子世世獻。武帝巡狩所幸之郡國，皆立廟。賜民爵一級，女子百户牛酒。

〔一〕師古曰：鄉讀曰嚮也。

〔二〕應劭曰：款，叩也。皆叩塞門來服從也。如淳曰：款，寬也。請除守塞者，自保不爲寇害也，故曰款五原塞。師古曰：應説是也。此汎説夷狄來賓之事，非呼韓邪保塞意也。

〔三〕蘇林曰：隄名，在東郡界。李斐曰：決河上宫名也。張晏曰：瓠子隄名。師古曰：蘇、張二説皆是。

〔四〕師古曰：稱，副也。

〔五〕應劭曰：宣帝復采昭德之舞爲盛德舞，以尊世宗廟也。諸帝廟皆常奏文始、四時、五行舞也。

匈奴數侵邊，又西伐烏孫。烏孫昆彌及公主因國使者上書，〔一〕言昆彌願發國精兵擊匈奴，唯天子哀憐，出兵以救公主。秋，大發興調關東輕車鋭卒，〔二〕選郡國吏三百石伉健習騎射者，皆從軍。〔三〕御史大夫田廣明爲祁連將軍，〔四〕後將軍趙充國爲蒲類將軍，〔五〕雲中太守田順爲虎牙將軍，及度遼將軍范明友、前將軍韓增，凡五將軍，兵十五萬騎，校尉常惠持節護烏孫兵，咸擊匈奴。

〔一〕師古曰：昆彌，烏孫王之號也。國使者，漢朝之使也。

〔二〕師古曰：調亦選也。鋭，利也，言其勇利也。調音徒釣反。

〔三〕師古曰：伉，强也，音口浪反。

〔四〕應劭曰：祁連，匈奴中山名也。諸將分部，廣明值此山，因以爲號也。師古曰：祁音上夷反。

〔五〕應劭曰：蒲類，匈奴中海名也。在敦煌北。晉灼曰：匈奴傳有蒲類澤。師古曰：晉説是也。【補注】先謙曰：蒲類澤即蒲類海，如蒲昌海之比。水瀦不流，名爲海子，邊地多有之，應、晉説一也。

三年春正月癸亥，皇后許氏崩。〔一〕戊辰，五將軍師發長安。夏五月，軍罷。祁連將軍廣明、虎牙將軍順有罪，下有司，皆自殺。〔二〕校尉常惠將烏孫兵入匈奴右地，大克獲，封列侯。〔三〕

〔一〕【補注】先謙曰：爲霍顯藥弑。

〔二〕晉灼曰：田千秋子也。廣明坐逗留，順坐增虜獲。【補注】齊召南曰：廣明與順皆姓田，而順則千秋子也。注「田」上應有「順」字，各本俱誤脱耳。

〔三〕【補注】先謙曰：右地，謂右谷蠡王庭。

大旱。〔一〕郡國傷旱甚者，民毋出租賦。三輔民就賤者，且毋收事，盡四年。〔二〕

〔一〕【補注】先謙曰：五行志云東西數千里。

〔二〕晉灼曰：不給官役也。師古曰：收謂租賦也，事謂役使也。盡本始四年而止。

六月己丑，丞相義薨。〔一〕

〔一〕師古曰：蔡義。

四年春正月，詔曰：「蓋聞農者興德之本也，今歲不登，已遣使者振貸困乏。其令太官損膳省宰，〔一〕樂府減樂人，使歸就農業。丞相以下至都官令丞〔二〕上書入穀，輸長安倉，助貸貧民。民以車船載穀入關者，得毋用傳。」〔三〕

〔一〕師古曰：膳，具食也，食之善者也。宰爲屠殺也。省，減也。漢儀注太宰令屠者七十二人，宰二百人。
〔二〕師古曰：都官令丞，京師諸署之令丞。
〔三〕師古曰：傳，傳符也。欲穀之多，故不問其出入也。傳音張戀反。【補注】周壽昌曰：後世關津不稅穀米，始此。

三月乙卯，立皇后霍氏。賜丞相以下至郎吏從官金錢帛各有差。赦天下。

夏四月壬寅，郡國四十九地震，或山崩水出。〔一〕詔曰：「蓋災異者，天地之戒也。朕承洪業，奉宗廟，託于士民之上，未能和羣生。乃者地震北海、琅邪，壞祖宗廟，朕甚懼焉。丞相、御史其與列侯、中二千石博問經學之士，有以應變，〔二〕輔朕之不逮，毋有所諱。令三輔、太常、內郡國舉賢良方正各一人。律令有可蠲除以安百姓，條奏。被地震壞敗甚者，勿收租賦。」大赦天下。上以宗廟墮，素服，避正殿五日。〔三〕

〔一〕【補注】先謙曰：五行志「震河南以東四十九郡，北海、琅邪壞祖宗廟城郭，殺六千餘人」。
〔二〕師古曰：謂禦塞災異也。
〔三〕師古曰：墮者，毀也，音火規反。

五月，鳳皇集北海安丘、淳于。〔一〕

〔一〕師古曰：二縣皆屬北海郡。【補注】先謙曰：安丘在今青州府安丘縣西南二十里，淳于在今青州府丘縣東北。

秋，廣川王吉有罪，廢遷上庸，自殺。〔一〕

〔一〕【補注】宋祁曰：「吉」一作「去」字。錢大昭曰：坐烹姬，不道。表、傳及漢紀「吉」皆作「去」，此誤。

地節元年〔一〕春正月，有星孛于西方。〔二〕

〔一〕應劭曰：以先者地震，山崩水出，於是改年曰地節，欲令地得其節。【補注】沈欽韓曰：風俗通正失篇「是年天下斷獄四萬七千餘人」。

〔二〕【補注】先謙曰：五行志「去太白二丈所」。

三月，假郡國貧民田。〔一〕

〔一〕師古曰：權以給之，不常與。

夏六月，詔曰：「蓋聞堯親九族，以和萬國。〔一〕朕蒙遺德，奉承聖業，惟念宗室屬未盡而以罪絶，若有賢材，改行勸善，其復屬，使得自新。」〔二〕

〔一〕師古曰：尚書堯典云「克明峻德，以親九族。九族既睦，平章百姓。百姓昭明，協和萬邦」。故詔引之。【補注】先謙曰：官本「峻」作「俊」。

〔二〕師古曰：復音扶目反。

冬十一月，楚王延壽謀反，自殺。

十二月癸亥晦，日有蝕之。〔一〕

〔一〕【補注】先謙曰：五行志「在營室十五度」。

二年春三月庚午，大司馬大將軍光薨。詔曰：「大司馬大將軍博陸侯〔一〕宿衛孝武皇帝三十餘年，輔孝昭皇帝十有餘年，遭大難，躬秉義，率三公、諸侯、九卿、大夫定萬世策，以安宗廟。天下蒸庶，咸以康寧，〔二〕功德茂盛，朕甚嘉之。復其後世，疇其爵邑，〔三〕世世毋有所與。〔四〕功如蕭相國。」

〔一〕師古曰：尊之，故不名。

〔二〕師古曰：蒸庶，衆人也。康，安也。【補注】先謙曰：官本「庶衆」作「衆庶」。

〔三〕張晏曰：律，非始封，十減二。疇者，等也，言不復減也。師古曰：復音方目反。

〔四〕師古曰：與讀曰豫。

夏四月，鳳皇集魯郡，〔一〕羣鳥從之。〔二〕大赦天下。

〔一〕【補注】齊召南曰：案魯是時尚爲國，不得稱郡。通鑑但云「集魯」，可謂至慎。王念孫曰：漢有魯國，無魯郡，「郡」字後人所加，魯即魯國，猶上文言鳳皇集膠東耳。通鑑作「鳳皇集魯」，即用漢書之文，非漢書有「郡」字，而通鑑刪之也。文選四子稱德論注、藝文類聚祥瑞部下、御覽刑法部十八、羽族部二引此並作「鳳皇集魯」，宋書符瑞志同。蘇輿曰：當緣下「羣」或作「群」，傳寫者以形似誤衍。

〔三〕師古曰：今流俗書本此下云「戊申立皇太子」，而後年又有立皇太子事，此蓋以元紀云元帝二歲宣帝即位，八歲爲皇太子，故後人妄於此書加之，舊本無也。據疏廣及丙吉傳並云地節三年立皇太子，此即明驗，而或者妄爲臆說，乖於實矣。

五月，光祿大夫平丘侯王遷有罪，下獄死。〔一〕

〔一〕【補注】錢大昭曰：坐平尚書聽請受臧六百萬。

上始親政事，又思報大將軍功德，乃復使樂平侯山領尚書事，〔一〕而令羣臣得奏封事，以知下情。五日一聽事，以下各奉職奏事，〔二〕以傅奏其言，〔三〕考試功能。侍中尚書功勞當遷及有異善，厚加賞賜，至于子孫，終不改易。〔四〕樞機周密，品式備具，〔五〕上下相安，莫有苟且之意也。

〔一〕師古曰：霍山，光之兄孫。

〔二〕【補注】錢大昭曰：「聽事」下，南監本、閩本並有「自丞相」三字。先謙曰：官本有「自丞相」三字，通鑑同。荀紀作「丞相以下」，無「自」字。

〔三〕應劭曰：敷，陳也。各自奏陳其言，然後試之以官，考其功德也。師古曰：傅讀曰敷。【補注】先謙曰：傅、敷古通用，據應注，疑所見本作「敷」，與今本異。

〔四〕師古曰：言各久其職事也。【補注】劉攽曰：至于子孫，謂賞賜逮及子孫，非謂侍中尚書官至子孫不改易也。先謙曰：顏、劉說皆是。荀紀變其文作「輒厚加賞錫，不數改易」，則本書之指益明。

〔五〕【補注】何焯曰：久于其任，則諳習故事，故品式備具也。由此尚書權重，人主得倚以裁決庶務。東漢政歸臺閣，不任三公，原於宣帝也。

三年春三月，詔曰：「蓋聞有功不賞，有罪不誅，雖唐虞猶不能以化天下。今膠東相成勞來不怠，〔一〕流民自占八萬餘口，〔二〕治有異等。〔三〕其秩成中二千石，賜爵關內侯。」〔四〕

〔一〕師古曰：王成也。勞來者，言慰勉而招延之也。小雅鴻鴈之詩序曰「勞來還定安集之」。勞音盧到反。來音盧代反。【補注】王念孫曰：平當傳亦作「勞徠」，勞來雙聲字，來亦勞也，字本作勑，說文曰「勑，勞勑也」，經史通作來，又作徠。勞來二字有訓爲勸勉者，有訓爲恩勤者。孟子滕文公篇「勞之來之」，成帝紀「勉勸農桑，出入阡陌，致勞來之」，龔遂傳「勞來訓行，郡中皆有畜積」，此皆訓爲勸勉者也。爾雅「勞來，勤也」，小雅大東篇「職勞不來」，毛傳「來，勤也」，正義以不被勞來爲不見勤，故采薇序曰「杕杜以勤歸」，即是勞來也，鴻鴈序曰「萬民離散，不安其居，而能勞來，還定安集之」，此皆訓爲恩勤者也。宣紀之勞來，對下文流民八〔百〕〔萬〕餘口而言，平當傳之勞徠，亦承上文行流民而言，皆是恩勤之義。師古訓爲勸勉，已失其指，又以徠爲招徠，而分勞徠爲二義，愈失之矣。

〔二〕師古曰：占者，謂自隱度其戶口而著名籍也。占音之贍反。

〔三〕師古曰：政治異於常等。

〔四〕【補注】先謙曰：成事見循吏傳。

又曰：「鰥寡孤獨高年貧困之民，朕所憐也。前下詔假公田，貸種、食。〔一〕其加賜鰥寡孤獨高年帛。二千石嚴教吏謹視遇，毋令失職。」〔二〕

〔一〕師古曰：貸音吐戴反。

〔三〕師古曰：職，常也。失職，謂失其常業也。

令内郡國舉賢良方正可親民者。

夏四月戊申，立皇太子，大赦天下。賜御史大夫爵關内侯，中二千石爵右庶長，〔一〕天下當爲父後者爵一級。賜廣陵王黄金千斤，諸侯王十五人黄金各百斤，列侯在國者八十七人黄金各二十斤。

〔一〕張晏曰：自公孫弘後，丞相常封列侯，第二十等爵。故賜御史大夫爵關内侯，第十九等爵也。右庶長，第十一等爵也。師古曰：張説非也。此以立皇太子國之大慶，故特賜御史大夫及中二千石爵耳，非常制也。

冬十月，詔曰：「乃者九月壬申地震，朕甚懼焉。有能箴朕過失，〔一〕及賢良方正直言極諫之士以匡朕之不逮，〔二〕毋諱有司。〔三〕朕既不德，不能附遠，是以邊境屯戍未息。今復飭兵重屯，久勞百姓，〔四〕非所以綏天下也。其罷車騎將軍、右將軍屯兵。」〔五〕又詔：「池籞未御幸者，假與貧民。〔六〕郡國宫館，勿復修治。流民還歸者，假公田，貸種、食，〔七〕且勿算事。」〔八〕

〔一〕師古曰：箴，戒也。

〔二〕師古曰：匡，正也。

〔三〕李奇曰：諱，避也。雖有司在顯職，皆言其過，勿避之。

〔四〕師古曰：飭讀與敕同。飭，整也。

〔五〕【補注】齊召南曰：此罷兩將軍之屯兵，非罷將軍官也。是時車騎將軍爲張安世，右將軍爲霍禹，帝此舉以收霍氏權柄耳。

〔六〕蘇林曰：折竹以繩緜連禁禦，使人不得往來，律名爲籞。服虔曰：籞，在池水中作室，可用棲鳥，鳥入中則捕之。應劭曰：池者，陂池也。籞者，禁苑也。臣瓚曰：籞者，所以養鳥也。設爲藩落，周覆其上，令鳥不得出，猶苑之畜獸，池之畜魚也。師古曰：蘇、應二説是。

〔七〕師古曰：貸音吐戴反。種，五穀種也，音之勇反。

〔八〕師古曰：不出算賦及給繇役。

十一月，詔曰：「朕既不逮，導民不明，〔一〕反側晨興，念慮萬方，不忘元元。唯恐羞先帝聖德，〔二〕故並舉賢良方正以親萬姓，歷載臻茲，然而俗化闕焉。〔三〕傳曰：『孝弟也者，其爲仁之本與！』〔四〕其令郡國舉孝弟、有行義聞于鄉里者各一人。」

〔一〕師古曰：不逮者，意慮不及也。

〔二〕師古曰：羞謂忝辱也。

〔三〕師古曰：多歷年載，迄至于今。

〔四〕師古曰：論語載有若之言。與讀曰予。

十二月，初置廷尉平四人，秩六百石。〔一〕

〔一〕【補注】先謙曰：因路温舒之疏。見温舒傳及刑法志。

省文山郡，并蜀。〔一〕

〔三〕師古曰：以其縣道隸蜀郡。

四年春二月，封外祖母爲博平君，〔一〕故酇侯蕭何曾孫建世爲侯。

〔一〕【補注】先謙曰：王夫人之母，詳外戚傳。

詔曰：「導民以孝，則天下順。今百姓或遭衰絰凶災，〔一〕而吏繇事，使不得葬，〔二〕傷孝子之心，朕甚憐之。自今諸有大父母、父母喪者勿繇事，使得收斂送終，盡其子道。」〔三〕

〔一〕師古曰：衰音千回反。

〔二〕師古曰：繇讀曰傜。事謂役使之。

〔三〕【補注】周壽昌曰：後書陳忠傳「元初三年有詔，大臣得行三年喪，服闋還職。忠因上言：『孝宣皇帝舊令，人從軍屯及給事縣官者，大父母死未滿三月，皆勿傜，令得葬送，諸依此制。』」據此，舊令分析尤詳，紀特述其大綱也。

夏五月，〔一〕詔曰：「父子之親，夫婦之道，天性也。雖有患禍，猶蒙死而存之。〔二〕誠愛結于心，仁厚之至也，豈能違之哉！自今子首匿父母，妻匿夫，孫匿大父母，皆勿坐。〔三〕其父母匿子，夫匿妻，大父母匿孫，罪殊死，皆上請廷尉以聞。」〔四〕

〔一〕【補注】先謙曰：五行志「山陽、濟陰雨雹如雞子，殺二十人，飛鳥皆死」。

〔二〕師古曰：蒙，冒也。

〔三〕師古曰：凡首匿者，言爲謀首而藏匿罪人。【補注】周壽昌曰：顏説未晰，直言首謀藏匿罪人耳。

〔四〕【補注】何焯曰：此詔最得法意，非前人不知及此也。蓋古者議事以制，子首匿父母等，固在所原宥耳，父母匿子情雖同，而平居失於不教，故坐之，然猶必上請，將權衡其輕重以行法，或直原宥之也。周壽昌曰：鹽鐵論周秦篇「父母之於子，雖有罪猶匿之，豈不欲服罪，子爲父隱，父爲子隱，未聞父子之相坐也」。論語皇侃疏「今王法許期親以上，得相爲隱，不問其罪」，是也。邢昺疏「今律大功以上得相容隱，告言父祖者，入十惡」。蓋由漢宣此詔推廣之。

立廣川惠王孫文爲廣川王。

秋七月，大司馬霍禹謀反。詔曰：「乃者，東織室令史張赦〔一〕使魏郡豪李竟〔二〕報冠陽侯霍雲謀爲大逆，〔三〕朕以大將軍故，抑而不揚，冀其自新。今大司馬博陸侯禹與母宣成侯夫人顯及從昆弟冠陽侯雲、樂平侯山、〔四〕諸姊妹壻度遼將軍范明友、長信少府鄧廣漢、中郎將任勝、騎都尉趙平、長安男子馮殷等〔五〕謀爲大逆。顯前又使女侍醫淳于衍進藥殺共哀后，〔六〕謀毒太子，欲危宗廟。逆亂不道，咸服其辜。〔七〕諸爲霍氏所詿誤未發覺在吏者，皆赦除之。」八月己酉，皇后霍氏廢。

〔一〕應劭曰：舊時有東西織室，織作文繡郊廟之服。令史，其主者吏。

〔二〕文穎曰：有權埶豪右大家。

〔三〕如淳曰：報，白也。師古曰：此說非也。謂張赦因李竟傳言於霍雲與共謀反耳，非告白其罪也。赦既爲織室令史，身在京師，不須令李竟發之。據霍禹傳，其事明矣。【補注】先謙曰：官本注無下「令」字。

〔四〕師古曰：據霍光傳，雲、山皆去病之孫，則於禹爲子行也。今此紀言從昆弟，蓋轉寫者脱「子」字耳。當言從昆弟子也。【補注】洪頤煊曰：霍光傳載此詔固作「從昆弟子」。又恩澤侯表言光爲山、雲之從祖祖父，外戚傳言山、雲爲去病之孫，皆與光傳同。惟魏相蕭望之傳言光兄子山爲異。

〔五〕晉灼曰：漢語字子都。【補注】周壽昌曰：漢辛延年羽林郎詩云「昔有霍家奴，姓馮名子都」。即此馮殷，詩中稱金吾子，題曰羽林郎，殷所居官職也。或謂詔稱男子，似非有官職者。案漢時有官者亦稱男子，功臣表「德侯景建以長安大夫封侯」，劉屈氂傳作「長安男子景建」是也。又疑霍光傳，殷稱監奴，不當有官。案光傳「霍氏奴入御史府，欲蹋大夫門，御史爲叩頭謝」。又云「使樂成以小家子得幸將軍，至九卿封侯」，則以監奴爲羽林郎，無足異也。

〔六〕師古曰：殺讀曰弒。共讀曰恭。

〔七〕【補注】先謙曰：官本「服」作「伏」。

九月，詔曰：「朕惟百姓失職不贍，遣使者循行郡國問民所疾苦。〔一〕吏或營私煩擾，不顧厥咎，朕甚閔之。今年郡國頗被水災，已振貸。〔二〕鹽，民之食，而賈咸貴，〔三〕衆庶重困。〔四〕其減天下鹽賈。」

〔一〕師古曰：行音下更反。

〔二〕師古曰：貸音吐戴反。

〔三〕師古曰：賈讀曰價。其下亦同。

〔四〕師古曰：更增其困也。重音直用反。

又曰：「令甲，死者不可生，〔一〕刑者不可息。〔二〕此先帝之所重，而吏未稱。〔三〕今繫者或以掠辜若飢寒瘐死獄中，〔四〕何用心逆人道也！朕甚痛之。其令郡國歲上繫囚以掠笞若瘐死者所坐名、縣、爵、里，〔五〕丞相御史課殿最以聞。」〔六〕

〔一〕文穎曰：蕭何承秦法所作爲律令，律經是也。天子詔所增損，不在律上者爲令。令甲者，前帝第一令也。如淳曰：令有先後，故有令甲、令乙、令丙。師古曰：如說是也。甲乙者，若今之第一、第二篇耳。

〔二〕李斐曰：息，滅也。若黥劓者，雖欲改過，其創瘢不可復滅也。師古曰：息謂生長也，言劓、刖、臏、割之徒不可更生長，亦猶謂子爲息耳。李說非也。

〔三〕師古曰：稱，副也。

〔四〕蘇林曰：瘐，病也。囚徒病，律名爲瘐。如淳曰：律囚以飢寒而死曰瘐。師古曰：瘐，病，是也。此言囚或以掠笞及飢寒及疾病而死。如說非矣。瘐音庾，字或作瘉，其音亦同。【補注】蘇輿曰：掠辜者，情罪未得，笞掠過當。

〔五〕師古曰：名，其人名也。縣，所屬縣也。爵，其身之官爵也。里，所居邑里也。

〔六〕師古曰：凡言殿最者：殿，後也，課居後也；最，凡要之首也，課居先也。殿音丁見反。【補注】何焯曰：今法，監斃罪囚，管獄官有罰，蓋始於宣帝。

十二月，清河王年有罪，廢，〔一〕遷房陵。

〔一〕【補注】錢大昭曰：坐鳥獸行。

元康元年春，以杜東原上爲初陵，更名杜縣爲杜陵。徙丞相、將軍、列侯、吏二千石、訾百萬者杜陵。

三月，詔曰：「乃者鳳皇集泰山、陳留，甘露降未央宮。朕未能章先帝休烈，〔一〕協寧百姓，承天順地，調序四時，獲蒙嘉瑞，賜茲祉福，夙夜兢兢，靡有驕色，内省匪解，永惟罔極。〔二〕書不云乎？『鳳皇來儀，庶不允諧。』〔三〕其赦天下徒，賜勤事吏中二千石以下至六百石爵，自中郎吏至五大夫，〔四〕佐史以上二級，民一級，女子百户牛酒。加賜鰥寡孤獨、三老、孝弟、力田帛。所振貸勿收。」

〔一〕師古曰：章，明也。休，美也。烈，業也。

〔二〕師古曰：省，視也。永，長也。惟，思也。罔，無也。極，中也。帝言内自視察，不敢惰息，長思正道，恐無其中也。解讀曰懈。【補注】周壽昌曰：極，已也。永惟罔極，言永思之無已，正與上「匪解」對文，顔説失之。先謙曰：官本注「正」作「政」。

〔三〕師古曰：虞書益稷之篇曰：「簫韶九成，鳳皇來儀，擊石拊石，百獸率舞，庶尹允諧。」言奏樂之和，鳳皇以其容儀來下，百獸相率舞蹈。是乃衆官之長，信皆和輯，故神人交暢。【補注】錢大昭曰：「不」，南監本、閩本並作「尹」。先謙曰：官本作「尹」，是。

〔四〕師古曰：賜中郎吏爵得至五大夫。自此以上，每爲等級而高賜也。五大夫，第九爵也。一曰二千石至五大夫，自此以下而差降。【補注】劉攽曰：「爵自中郎吏」文，誤。蓋本云「自中吏至五大夫」，傳者誤以「更」爲「吏」，遂衍出「郎」字。與民爵不過公乘，則賜吏爵自五大夫而上也。以中二千石爵中更，二千石亦當左更，真比同千石當右庶長，六百石則五大夫矣。尋本始元年詔文，則知此説是。蘇輿曰：爵屬上爲句，自中更至五大夫，猶本始詔云自左更至五大夫也。

夏五月，立皇考廟。益奉明園户爲奉明縣。〔一〕

〔一〕師古曰：奉明園即皇考史皇孫之所葬也。本名廣明，後追改也。【補注】先謙曰：奉明，京兆縣。在今西安府長安縣北。

復高皇帝功臣絳侯周勃等百三十六人家子孫，令奉祭祀，〔一〕世世勿絶。其毋嗣者，復其次。

〔一〕師古曰：復音方目反。次下亦同。【補注】先謙曰：通鑑考異云「功臣表詔復家者皆云元康四年，其數非一，不容盡訛，蓋紀訛耳」。錢大昕云：「考功臣表諸功臣之後詔復家者，實百二十三人，與紀人數不合，或表有脱漏矣。表稱元康四年，而紀書於元年，蓋有司奉詔檢校得實，請於朝而復之，非一時所易了。紀所書者，下詔之歲；表所書者，賜復之歲也。」先謙案：錢説是。官本注「次下」作「以下」。

秋八月，詔曰：「朕不明六蓺，鬱于大道，〔一〕是以陰陽風雨未時。其博舉吏民厥身修正，通文學，明於先王之術，宣究其意者，各二人。〔二〕中二千石各一人。」

〔一〕孟康曰：鬱，不通也。

〔二〕師古曰：究，盡也。【補注】劉攽曰：此詔是下丞相御史者，故云各二人。下云中二千石各一人，於文似少潤飾。何焯曰：宣帝雖不甚用儒，然於通經者，未嘗不加勸誘，亦武帝家法也。沈欽韓曰：此詔丞相、御史令各舉二人，大司馬當亦如丞相、御史。

冬，置建章衞尉。

二年春正月，詔曰：「書云『文王作罰，刑茲無赦』，〔一〕今吏修身奉法，未有能稱朕意，朕

甚愍焉。其赦天下，與士大夫厲精更始。」〔二〕

〔一〕師古曰：周書康誥之辭也。言文王作法，罰其有亂常違教者，則刑之無放釋也。

〔二〕李斐曰：今吏已修身奉法矣，但不能稱上意耳，故赦之。師古曰：言文王作罰，有犯之者，皆刑無赦，今我意有所閔，閔吏修身奉法矣，而未稱其任，故特赦之，與更始耳，李説非也。【補注】劉攽曰：言吏修身奉法，未有能稱朕意，故須赦也。何則？身不修則不能率下，法不奉則或阿枉，如此則民坐罪者乃無辜，安得如文王刑茲無赦也。劉敞曰：此詔正謂吏未能修身奉法有稱上意者，故特赦之與更始，申儆之也。顏、李以意疑宣帝不當謂吏皆未修身奉法，乃斷其辭，曲爲釋解，失之遠矣。先謙曰：攽説是。官本注無上「耳」字。

二月乙丑，立皇后王氏。〔一〕賜丞相以下至郎從官錢帛各有差。

〔一〕師古曰：王奉光女。

三月，以鳳皇甘露降集，賜天下吏爵二級，民一級，女子百户牛酒，鰥寡孤獨高年帛。

夏五月，詔曰：「獄者萬民之命，所以禁暴止邪，養育羣生也。能使生者不怨，死者不恨，則可謂文吏矣。今則不然，用法或持巧心，析律貳端，深淺不平，〔一〕增辭飾非，以成其罪。奏不如實，上亦亡繇知。〔二〕此朕之不明，吏之不稱，四方黎民將何仰哉！二千石各察官屬，勿用此人。吏務平法。或擅興繇役，飾廚傳，稱過使客，〔三〕越職踰法，以取名譽，譬猶踐薄冰以待白日，豈不殆哉！〔四〕今天下頗被疾疫之災，朕甚愍之。其令郡國被災甚者，毋出今年租賦。」

〔一〕師古曰：析，分也。謂分破律條，妄生端緒，以出入人罪。
〔二〕師古曰：上者，天子自謂也。繇讀與由同。
〔三〕韋昭曰：廚謂飲食，傳謂傳舍。言修飾意氣，以稱過使而已。師古曰：使人及賓客來者，稱其意而遣之，令過去也。稱音尺孕反。過者過度之過也。
〔四〕師古曰：殆，危也。

又曰：「聞古天子之名，難知而易諱也。〔一〕今百姓多上書觸諱以犯罪者，朕甚憐之。〔二〕其更諱詢。〔三〕諸觸諱在令前者，赦之。」〔四〕

〔一〕【補注】先謙曰：字不常用，故難知。
〔二〕【補注】周壽昌曰：上書觸諱犯罪，漢制無考。齊書王慈傳：慈以朝堂諱榜，非古舊制，上表議廢。儀曹郎任昉議云「班諱之典，爰自漢世，降及有晉，歷代無爽。今之諱榜，兼明義訓，邦之字國，實爲前事之徵。名諱之重，情敬斯極，故懸諸朝堂，搢紳所聚，將使起伏晨昏，不違耳目，禁避之道，昭然易從」。慈議遂止。據昉言，是漢故有班諱之典。石奮傳「石建爲郎中令，奏事下，建讀之驚恐曰：『書馬者與尾而五，今迺四，不足一，獲譴死矣。』」據此，上書誤一字，猶慮譴死，則觸諱之罪，當更不輕。唐律「諸上書若奏事，誤犯宗廟諱者，杖八十；口誤及餘文書誤犯者，笞五十」。又云「即爲名字觸犯者，徒三年；若嫌名及二名偏犯者，不坐」。援此亦可測漢制也。
〔三〕【補注】何焯曰：宣帝因人有以觸諱犯罪者，故更其名，然則生而諱名，前此已然，疑起秦世。周壽昌曰：更讀曰庚。禮記「卒哭乃諱」，左傳「周人以諱事神，名終將諱之」。故生稱名，死稱諱，此宣帝生時，詔亦云諱者，漢名諱無異稱。説文木部「秀」云「上諱」，謂光武也，示部「祐」云「上諱」，則安帝也。許慎卒於建光元年，其子沖即於其年奏上説文，安帝尚存。禮云「大夫之所有公諱」，注「辟君諱也」。是生稱諱也。南燕録「慕容德即皇帝位，曰『漢宣憫吏民犯諱，故改名，朕今增一備字，以爲復名，庶開臣子避諱之路。』」是慕容生自稱諱，且引孝宣此事。

〔四〕師古曰：令謂令詔書。

冬，京兆尹趙廣漢有罪，要斬。〔一〕

〔一〕【補注】錢大昕曰：廣漢傳事在地節三年，相校差三歲。又公卿表「本始三年，潁川太守趙廣漢爲京兆尹，六年下獄，要斬」。自本始三年數至地節四年，恰是六年，校之本傳後一年，校之本紀又先二年，俱不相合。周壽昌曰：通鑑載此事於元康元年，考異云「本紀元康二年冬，廣漢有罪，要斬。百官表，本始三年，廣漢爲京兆尹，六年要斬。元康元年，守京兆〔尹〕、彭城太守遺。案廣漢傳，司直蕭望之劾奏廣漢摧辱大臣，望之自司直爲平原太守，元康元年，自平原太守爲少府。然則廣漢死當在元康元年，本紀誤也」。壽昌案：考異正本紀之誤固當，謂必在元康元年，亦有可疑。考蕭望之傳「望之以大行治禮丞累遷諫大夫，丞相司直，歲中三遷，官至二千石。其後霍氏反誅，望之寖益任用，乃出爲平原太守」。考霍氏之反在地節四年，傳敘望之爲司直在前，而云其後霍氏反，知爲司直正當此年，即劾奏廣漢亦必在此年。表於元康元年書平原太守蕭望之爲少府，益可知望之爲司直在先一年，而廣漢被誅不能踰四年之冬。其書守京兆尹遺於元康元年，廣漢於四年冬見法，遺受任於元康元年春也。

三年春，以神爵數集泰山，賜諸侯王、丞相、將軍、列侯、二千石金，郎從官帛，各有差。賜天下吏爵二級，民一級，女子百户牛酒，鰥寡孤獨高年帛。

三月，詔曰：「蓋聞象有罪，舜封之。〔一〕骨肉之親粲而不殊。〔二〕其封故昌邑王賀爲海昏侯。」〔三〕

〔一〕應劭曰：象者，舜弟也，日以殺舜爲事。舜爲天子，猶封之於有鼻之國。

〔二〕師古曰：粲，明也。殊，絶也。當明於仁恩不離絶也。【補注】吴仁傑曰：地理志「二百里蔡」，刊誤云「蔡」讀如蔡蔡叔之蔡。案左傳正義「周公殺管叔而蔡蔡叔」，「蔡」字本「𥻆」字，隸書改作「粲」，遂失本體。説文「𥻆，散之也，從米，殺聲」。然則粲與蔡皆當作𥻆，𥻆於説文訓散。而昌邑王傳亦載詔文作「析而不殊」，散與析同義，則粲之爲𥻆審矣。顔依字釋之，疑非。王念孫曰：師古訓粲爲明，骨肉之親，明而不殊，則文不成義，故加數字解之，甚矣其鑿也。今案，粲之言散也，言骨肉之親雖分散，而終不殊絶也。文選求通親親表「骨肉之恩，爽而不離」，李善注「漢書宣帝詔曰『骨肉之親，粲而不殊』，如淳曰『粲或爲散』」，是其明證矣。武五子傳載此詔作「骨肉之親，析而不殊」。析亦散也。説文「𥻆，𥺥𥻆，散之也」。昭元年左傳「周公殺管叔而蔡蔡叔」，杜注「蔡，放也」。釋文「上蔡字音素葛反，放也。説文作𥻆」。正義「𥻆爲放散之義，故訓爲放也」。散、𥻆、蔡、粲，語之轉，皆謂分散也。蔡之爲粲，猶翠蔡之爲翠粲矣。文選琴賦「新衣翠粲」，李善曰：「子虚賦『翕呷翠蔡』，張揖曰『翠蔡，衣聲也』。班婕妤自傷賦曰『紛翠蔡兮紈素聲』，洛神賦曰『披羅衣之璀粲』，字雖不同，其義一也。」此注甚合古人同意相受之旨。惠氏左傳補注謂漢書、文選粲字皆𥻆字之誤，非也。如淳曰：粲或爲散，散粲聲相近，則粲非𥻆之誤。且洛神賦之璀粲，即翠粲之轉，固不可改爲璀𥻆也。應瑒迷迭賦亦云「振纖枝之翠粲」，吴仁傑謂隸書改𥻆作粲，遂失本體，誤與惠氏同。先謙曰：官本注「當」作「常」。

〔三〕【補注】先謙曰：事詳賀傳。海昏，豫章縣。

又曰：「朕微眇時，御史大夫丙吉、中郎將史曾、史玄、長樂衛尉許舜、侍中光禄大夫許延壽皆與朕有舊恩。及故掖庭令張賀輔導朕躬，修文學經術，恩惠卓異，厥功茂焉。詩不云乎？『無德不報。』〔一〕封賀所子弟子侍中中郎將彭祖爲陽都侯，〔二〕追賜賀謚曰陽都哀侯。吉、曾、玄、舜、延壽皆爲列侯。故人下至郡邸獄復作〔三〕嘗有阿保之功，〔四〕皆受官禄田宅財物，各以恩深淺報之。」

〔一〕師古曰：大雅抑之詩也。言受人之德，必有報也。

〔二〕如淳曰：賀，張安世兄，有一子早死，故以彭祖爲子。師古曰：所子者，言養弟子以爲子。【補注】何焯曰：平帝元始元年，始著令諸侯王、公、列侯、關内侯亡子而有孫若子同産子者，皆得以爲嗣，彭祖特以賀舊恩得封，殊數也。周壽昌曰：安世傳「内封關内侯彭祖」，無「中郎將」三字，此無「關内侯」三(等)〔字〕，所謂互文以徵實也。

〔三〕師古曰：謂胡組、趙徵卿之輩也。復音扶目反。【補注】先謙曰：官本注無「音」字。

〔四〕臣瓚曰：阿，倚；保，養也。

夏六月，詔曰：「前年夏，神爵集雍。〔一〕今春，五色鳥以萬數飛過屬縣，〔二〕翱翔而舞，欲集未下。其令三輔毋得以春夏擿巢探卵，彈射飛鳥。〔三〕具爲令。」〔四〕

〔一〕晉灼曰：漢注大如鷃爵，黄喉，白頸，黑背，腹斑文也。師古曰：鷃音晏。

〔二〕師古曰：三輔諸縣也。

〔三〕師古曰：擿音佗狄反。射音食亦反。【補注】宋祁曰：南本「飛鳥」下有「畢年」二字。

〔四〕【補注】蘇輿曰：上祇一事，不當言具，疑「著」字音近而譌。

立皇子欽爲淮陽王。

四年春正月，詔曰：「朕惟耆老之人，髮齒墮落，血氣衰微，亦亡暴虐之心，今或罹文法，

拘執囹圄，不終天命，朕甚憐之。自今以來，諸年八十以上，非誣告殺傷人，佗皆勿坐。」〔一〕

〔一〕師古曰：誣告人及殺傷人皆如舊法，其餘則不論。【補注】何焯曰：誣告人與殺傷人同在不以老耄縱舍之科，當時誣告之重如此。

遣大中大夫彊等十二人〔一〕循行天下，〔二〕存問鰥寡，覽觀風俗，察吏治得失，舉茂材異倫之士。

〔一〕【補注】洪頤煊曰：彊，李彊也。公卿表「元康四年，太中大夫李彊中君守少府。神爵三年少府李彊爲大鴻臚」。杜陵人，素善揚雄，爲益州牧，見王貢兩龔傳序。少府李彊議，見蕭望之傳。李慈銘曰：王貢兩龔傳序所云之李彊，當別是一人。

〔二〕師古曰：行音下更反。

二月，河東霍徵史等謀反，誅。

三月，詔曰：「乃者，神爵五采以萬數集長樂、未央、北宮、高寢、甘泉泰畤殿中及上林苑。朕之不逮，寡于德厚，屢獲嘉祥，非朕之任。〔一〕其賜天下吏爵二級，民一級，女子百户牛酒。加賜三老、孝弟力田帛，人二匹，鰥寡孤獨各一匹。」

〔一〕【補注】蘇輿曰：言非朕所克當。

秋八月，賜故右扶風尹翁歸子黄金百斤，以奉其祭祀。又賜功臣適後〔一〕黄金，人二十斤。

〔一〕師古曰：適讀曰嫡，承嗣者也。或子或孫，不拘後裔，故總言後也。【補注】先謙曰：官本注在「人二十斤」下。

丙寅，大司馬衛將軍安世薨。

比年豐，穀石五錢。〔一〕

〔一〕師古曰：比，頻也。【補注】周壽昌曰：食貨志「宣帝即位，歲數豐穰，穀至石五錢，農人少利」。案穀賤傷農，不止少利而已。此耿壽昌常平倉之法不能不行也。

神爵元年〔一〕春正月，行幸甘泉，郊泰畤。三月，行幸河東，祠后土。詔曰：「朕承宗廟，戰戰栗栗，惟萬事統，未燭厥理。〔二〕乃元康四年，嘉穀玄稷降于郡國，〔三〕神爵仍集，〔四〕金芝九莖産于函德殿銅池中，〔五〕九真獻奇獸，〔六〕南郡獲白虎威鳳爲寶。〔七〕朕之不明，震于珍物，〔八〕飭躬齋精，祈爲百姓。〔九〕東濟大河，天氣清静，神魚舞河。幸萬（壽）〔歲〕宮，神爵翔集。〔一〇〕朕之不德，懼不能任。其以五年爲神爵元年。賜天下勤事吏爵二級，民一級，女子百户牛酒，鰥寡孤獨高年帛。所振貸物勿收。行所過毋出田租。」

〔一〕應劭曰：前年神爵集於長樂宮，故改年。【補注】吴仁傑曰：郊祀志明言帝幸河東，祠后土，有神爵集，故改元爲神爵。劭舉前年長樂宮事，非。下文載改元詔曰「幸萬歲宮，神爵翔集，其以五年爲神爵元年」。案黄圖「萬歲宮在汾陰」，正祠后土處也。上文云「神爵仍集」，謂二年集雍，三年集泰山，四年集長樂也。又歷敘金芝、奇獸、白虎、威鳳珍祥之衆，末乃言萬歲宮神爵，則冠元之意在此不在彼。先謙曰：官本注改「下」作「元」，是。

〔二〕師古曰：惟，思也。統，緒也。燭，照也。

〔三〕服虔曰：玄稷，黑粟也。【補注】沈欽韓曰：藝文類聚引古今注云「元康四年，長安雨黑黍粟」。又云「南陽雨豆」。詔指此。

〔四〕師古曰：仍，頻也。

〔五〕服虔曰：金芝，色像金也。如淳曰：函亦含也。銅池，承霤也。晉灼曰：以銅作池也。師古曰：函德，殿名也。銅池，承霤是也，以銅爲之。函讀與含同。【補注】先謙曰：此漢鐃歌上陵曲所稱「甘露初二年，芝生銅池中，仙人下來飲，延壽千萬歲」也。

〔六〕蘇林曰：白象也。晉灼曰：漢注駒形，鱗色，牛角，仁而愛人。師古曰：非白象也，晉説是矣。【補注】先謙曰：官本「鱗」作「麟」，是。

〔七〕服虔曰：威鳳，鳥名也。晉灼曰：鳳之有威儀者也，與尚書「鳳皇來儀」同意。師古曰：晉説是。

〔八〕服虔曰：震，驚也。蘇林曰：震，動也。珍物，瑞應也。師古曰：蘇説是也。獲珍物而心感動也。【補注】何焯曰：以震爲驚，乃與下「懼不能任」之意協，服説是。先謙曰：震者悚敬之意，與武紀「震于怪物」義同。

〔九〕師古曰：飭與敕同，爲音于僞反。

〔一〇〕服虔曰：萬歲宮在東郡平陽縣，今有津。晉灼曰：黄圖汾陰有萬歲宮，是時幸河東。師古曰：晉説是。

西羌反，發三輔、中都官徒弛刑，〔一〕及應募佽飛射士、〔二〕羽林孤兒，〔三〕胡、越騎，三河、潁川、沛郡、淮陽、汝南材官，金城、隴西、天水、安定、北地、上郡騎士、羌騎，詣金城。夏四月，遣後將軍趙充國、彊弩將軍許延壽擊西羌。

〔一〕李奇曰：弛，廢也。謂若今徒解鉗釱赭衣，置任輸作也。師古曰：中都官，京師諸官府也。漢儀注長安中諸官獄三十六所。弛刑，李說是也。若今徒因但不枷鎖而責保散役之耳。弛音式爾反。

〔二〕服虔曰：周時度江，越人在船下負船，將覆之。佽飛入水殺之。漢因以材力名官。如淳曰：呂氏春秋荆有茲非，得寶劍於干將。度江中流，兩蛟繞舟。茲非拔寶劍赴江刺兩蛟殺之。荆王聞之，任以執圭。後世以爲勇力之官。茲、佽音相近。臣瓚曰：本秦左弋官也，武帝改曰佽飛官，有一令九丞，在上林苑中結矰繳弋鳧鴈，歲萬頭，以供祀宗廟。許慎曰「佽，便利也」。便利矰繳以弋鳧鴈，故曰佽飛。詩曰「抉拾既佽」者也。師古曰：取古勇力人以名官，熊渠之類是也。亦因取其便利輕疾若飛，故號佽飛。弋鳧鴈事，自使佽飛爲之，非取飛鳥爲名。瓚說失之。佽音次。【補注】周壽昌曰：注「抉拾」，詩本作「决拾」。先謙曰：官本注「度」作「渡」。

〔三〕應劭曰：天有羽林大將軍之星。林，諭若林(本)〔木〕之盛。羽，羽翼鷙擊之意。故以名武官焉。如淳曰：百官表取從軍死事者之子養羽林，官教以五兵，號曰羽林孤兒，少壯令從軍。漢儀注羽林從官七百人。【補注】先謙曰：官本「諭」作「喻」，是。

六月，有星孛于東方。

即拜酒泉太守辛武賢爲破羌將軍，〔一〕與兩將軍並進。〔二〕詔曰：「軍旅暴露，轉輸煩勞，其令諸侯王、列侯、蠻夷王侯君長當朝二年者，皆毋朝。」〔三〕

〔一〕師古曰：即，就也。就酒泉而拜之，不徵入。

〔二〕師古曰：兩將軍即趙充國、許延壽。

〔三〕師古曰：朝來年之正月。

秋，〔一〕賜故大司農朱邑子黄金百斤，以奉祭祀。後將軍充國言屯田之計，語在充國傳。

〔一〕【補注】先謙曰：五行志云大旱。

二年春二月，詔曰：「乃者正月乙丑，鳳皇甘露降集京師，羣鳥從以萬數。朕之不德，屢獲天福，〔一〕祗事不怠，其赦天下。」

〔一〕【補注】錢大昭曰：「屢」，漢書皆作「婁」，此獨不然，誤。

夏五月，羌虜降服，斬其首惡大豪楊玉、酋非首。〔一〕置金城屬國以處降羌。

〔一〕文穎曰：羌胡名大帥爲酋，如中國言魁。非首，其名也。如淳曰：酋音酒醔熟。師古曰：文説失矣。酋者，自其魁帥之稱，而此酋不當其義也。蓋首惡者，唱首爲惡也。大豪者，魁帥也。楊玉及酋非皆人名，言斬此二人之首級耳。既已言大豪，不當重言酋。且趙充國傳又云酋非、楊玉首，此其明驗也。酋音才由反。【補注】宋祁曰：予案醔非字，當爲酋，音酒熟，鄭注月令「酒熟曰酋」。沈欽韓曰：案趙充國傳「明年五月，充國奏請罷屯，振旅還。其秋羌若零共斬先零大豪猶非、楊玉首」。蓋充國以五月還兵，其時楊玉等未誅，觀充國奏甚明，紀作五月，誤。

秋，匈奴日逐王先賢撣〔一〕將人衆萬餘來降。使都護西域騎都尉鄭吉迎日逐，破車師，皆封列侯。〔二〕

〔一〕鄭氏曰：撣音纏束之纏。晉灼曰：音田。師古曰：鄭音是也。

〔三〕【補注】蘇輿曰：先賢撣與吉皆封。

九月，司隸校尉蓋寬饒有罪，下有司，自殺。匈奴單于遣名王奉獻，〔一〕賀正月，始和親。〔二〕

〔一〕師古曰：名王者，謂有大名，以別諸小王也。

〔二〕師古曰：賀來歲之正月。

三年春，起樂游苑。〔一〕

〔一〕師古曰：三輔黃圖云在杜陵西北。又關中記云宣帝立廟於曲池之北，號樂游。案其處則今之所呼樂游廟者是也，其餘基尚可識焉。蓋本爲苑，後因立廟乎？樂音來各反。【補注】何焯曰：樂游苑猶景帝之德陽宮，皆自作廟也。微眇時，尤樂杜、鄠之間，故以杜東原爲初陵，而以樂游名苑。沈欽韓曰：長安志「樂游廟在萬安縣南八里，亦曰樂游原」。程大昌雍録「唐曲江，本秦隑州，至漢爲樂游苑。基地最高，四望寬敞」。

三月丙午，丞相相薨。〔一〕

〔一〕師古曰：魏相。

秋八月，詔曰：「吏不廉平則治道衰。今小吏皆勤事，而奉禄薄，〔一〕欲其毋侵漁百姓，難矣。〔二〕其益吏百石以下奉十五。」〔三〕

〔一〕師古曰：奉音扶用反。其下亦同。
〔二〕如淳曰：漁，奪也，謂奪其利便也。晉灼曰：許慎云捕魚之字也。師古曰：漁者，若言漁獵也。晉說是也。
〔三〕如淳曰：律，百石奉月六百。韋昭曰：若食一斛則益五斗。【補注】宋祁曰：刊誤據後漢志及師古百官表注，當云律，百石奉月十六斛。先謙曰：通鑑考異云「荀紀云『益吏百石以下俸五十斛』。蓋以十五難曉，故改之。然詔云以下，恐難指五十斛也」。

四年春二月，詔曰：「乃者鳳皇甘露降集京師，嘉瑞並見。修興泰一、五帝、后土之祠，祈爲百姓蒙祉福。〔一〕鸞鳳萬舉，蜚覽翺翔，集止于旁。〔二〕齋戒之暮，神光顯著。薦鬯之夕，神光交錯。〔三〕或降于天，或登于地，或從四方來集于壇。上帝嘉嚮，海內承福。〔四〕其赦天下，賜民爵一級，女子百戶牛酒，鰥寡孤獨高年帛。」

〔一〕師古曰：爲音于僞反。
〔二〕師古曰：萬舉，猶言舉以萬數也。蜚，古飛字也。言鸞鳳飛翔，覽觀都邑也。【補注】先謙曰：鐃歌上陵曲「滄海之雀赤翅鴻，白鴈隨。山林乍開乍合，曾不知日月明」。與此文可互證。
〔三〕師古曰：鬯，香酒，所以祭神。
〔四〕師古曰：嚮讀曰饗。

夏四月，潁川太守黃霸以治行尤異秩中二千石，〔一〕賜爵關內侯，黃金百斤。及潁川吏民有行義者爵，人二級，力田一級，貞婦順女帛。〔二〕

〔一〕如淳曰：太守雖號二千石，有千石、八百石居者。有功德茂異乃得滿秩。霸得中二千石，九卿秩也。晉灼曰：此直謂二千石增秩爲中二千石耳，不謂滿不滿也。師古曰：如説非也。霸舊已二千石矣，今增爲中二千石，以寵異之。此與地節三年增膠東相王成秩其事同耳。漢制，秩二千石者一歲得一千四百四十石，實不滿二千石也，其云中二千石者，一歲得二千一百六十石。舉成數言之，故曰中二千石。中者，滿也。

〔三〕【補注】周壽昌曰：貞婦順女自古無稱，自孝宣有此詔，而後世婦女節孝之旌，準諸此矣。順即孝也，孝應屬之婦，以其爲女，變文稱順也。

令内郡國舉賢良可親民者各一人。

五月，匈奴單于遣弟呼留若王勝之來朝。〔一〕

〔一〕師古曰：呼留若者，王之號也，勝之其人名。【補注】先謙曰：匈奴傳「單于遣弟伊酋若王勝之入漢獻見」，即其人，此作呼留若王，譯音無定字也。

冬十月，鳳皇十一集杜陵。

十一月，河南太守嚴延年有罪，棄市。

十二月，鳳皇集上林。

五鳳元年〔一〕春正月，行幸甘泉，郊泰畤。

〔一〕應劭曰：先者鳳皇五至，因以改元云。

皇太子冠。〔一〕皇太后賜丞相、將軍、列侯、中二千石帛，人百匹，大夫人八十匹，〔二〕又賜列侯嗣子爵五大夫，男子爲父後者爵一級。

〔一〕【補注】先謙曰：通鑑考異云「荀紀於元康三年二疏去位事已云皇太子冠，至是又重複言之，蓋誤也」。

〔二〕【補注】宋祁曰：一本作「夫丁八十匹」。先謙曰：大讀曰太。官本作「太」，下有「夫人六十匹」五字。引宋祁曰，一本無此五字。

夏，赦徒作杜陵者。

冬十二月乙酉朔，日有蝕之。〔一〕

〔一〕【補注】先謙曰：五行志在婺女十度。

左馮翊韓延壽有罪，棄市。〔一〕

〔一〕【補注】錢大昭曰：坐誣愬典法大臣，欲以解罪。

二年春三月，行幸雍，祠五畤。〔一〕

〔一〕【補注】先謙曰：通鑑作「正月，上幸甘泉，郊泰畤」。考異云「宣紀作『三月』，荀紀作『正月』。按漢制常以正月郊祀，蓋荀悦作紀之時，本猶未誤也。又楊惲傳云『行必不至河東矣』。蓋時亦幸河東祠后土，史脱之也」。

夏四月己丑，大司馬車騎將軍增薨。〔一〕

〔一〕師古曰：韓增。

秋八月，詔曰：「夫婚姻之禮，人倫之大者也；酒食之會，所以行禮樂也。〔一〕今郡國二千石或擅爲苛禁，禁民嫁娶不得具酒食相賀召。由是廢鄉黨之禮，令民亡所樂，非所以導民也。詩不云乎？『民之失德，乾餱以愆。』〔二〕勿行苛政。」〔三〕

〔一〕【補注】劉攽曰：多「樂」字。陽夏公曰：古語多此類，非衍字也。

〔二〕師古曰：小雅伐木之詩也。餱，食也。愆，過也。言人無恩德，不相飲食，則闕乾餱之事，爲過惡也。乾音干。餱音侯。

〔三〕【補注】周壽昌曰：禮郊特牲云「昏禮不賀，人之序也」。前漢承周制，故郡國二千石禁民嫁娶不得具酒食相賀召，至此特詔弛禁也。田蚡傳「元光四年，蚡娶燕王女爲夫人，太后詔列侯宗室皆往賀」。似在武帝時已有賀婚之禮，或此奉特詔，未通行民間。曲禮「爲酒食以召鄉黨僚友」。則婚時具酒食相賀召，本古禮也。

冬十一月，匈奴呼遫累單于帥衆來降，〔一〕封爲列侯。

〔一〕師古曰：遫古速字。累音力追切。【補注】周壽昌曰：功臣表與此同，但名爲烏厲温敦。匈奴傳敦未爲單于，並不在五單于之列，顏注「呼遫累，其官號也」，而三年下詔尚稱爲呼遫累單于。通鑑考異云「或降時自稱單于，或紀、表二者誤也」。壽昌謂此亦非誤，班紀、表就當時著記書之，於匈奴傳紀其實耳。先謙曰：官本「切」作「反」。

十二月，平通侯陽惲〔一〕坐前爲光禄勳有罪，免爲庶人。不悔過，怨望，大逆不道，要斬。〔二〕

〔一〕師古曰：惲音於吻反。【補注】錢大昭曰：「陽」，南監本作「楊」，閩本作「揚」。先謙曰：官本作「楊」，是。

〔二〕【補注】齊召南曰：案惲之死在四年，此時但與戴長樂相告免官耳。通鑑考異已辨此條之誤。

三年春正月癸卯，丞相吉薨。〔一〕

〔一〕師古曰：丙吉也。

三月，行幸河東，祠后土。詔曰：「往者匈奴數爲邊寇，百姓被其害。朕承至尊，〔一〕未能綏定〔二〕匈奴。虛閭權渠單于請求和親，病死。右賢王屠耆堂代立。骨肉大臣立虛閭權渠單于子爲呼韓邪單于，擊殺屠耆堂。諸王並自立，分爲五單于，更相攻擊，〔三〕死者以萬數，畜産大耗什八九，〔四〕人民飢餓，相燔燒以求食，〔五〕因大乖亂。單于閼氏〔六〕子孫昆弟及呼遬累單于、名王、右伊秩訾、且渠、當户以下〔七〕將衆五萬餘人來降歸義。單于稱臣，使弟奉珍朝賀正月，北邊晏然，靡有兵革之事。朕飭躬齊戒，〔八〕郊上帝，祠后土，神光並見，或興于谷，燭燿齊宫，十有餘刻。〔九〕甘露降，神爵集。已詔有司告祠上帝、宗廟。三月辛丑，鸞鳳又集長樂宫東闕中樹上，〔一〇〕飛下止地，文章五色，留十餘刻，吏民並觀。朕之不敏，懼不能任，婁蒙嘉瑞，獲茲祉福。〔一一〕書不云乎？『雖休勿休，祗事不怠。』〔一二〕公卿大夫其勗焉。〔一三〕減天下口錢。赦殊死以下。賜民爵一級，女子百户牛酒。大酺五日。加賜鰥寡孤獨高年帛。」

〔一〕【補注】先謙曰：言繼即尊位。
〔二〕【補注】先謙曰：官本「定」作「安」。
〔三〕師古曰：更音工衡反。
〔四〕師古曰：秏，損也，言十損其八九也。秏音呼到反。
〔五〕師古曰：燔，焚也，音扶元反。
〔六〕服虔曰：閼氏音焉支。
〔七〕師古曰：伊秩訾、且渠、當户，皆匈奴官號也。訾音子移反。且音子余反。【補注】先謙曰：官本注「伊」作「尹」。
〔八〕師古曰：飭與敕同。
〔九〕師古曰：燭亦照也。刻者，以漏言時也。
〔一〇〕張晏曰：門外闕内行馬之裏樹也。【補注】先謙曰：官本注「行」作「衡」。
〔一一〕師古曰：婁，古屢字。
〔一二〕師古曰：周書呂刑之辭。言雖見裦美，勿自以爲有德美，當敬於事，無怠墮也。【補注】先謙曰：官本注「裦」作「褒」。「墮」作「惰」。是。
〔一三〕師古曰：勗，勉也。

置西河、北地屬國以處匈奴降者。

四年春正月，廣陵王胥有罪，自殺。

匈奴單于稱臣，遣弟谷蠡王入侍。〔一〕以邊塞亡寇，減戍卒什二。

〔一〕服虔曰：谷音鹿。韋昭曰：蠡音如麗反。師古曰：谷，服音是也。蠡音落奚反。【補注】先謙曰：通鑑考異云「按匈奴傳呼韓邪稱臣，即遣銖婁渠堂入侍，事在明年。時匈奴有三單于，不知此單于爲誰也」。

大司農中丞耿壽昌奏設常平倉，以給北邊，〔一〕省轉漕。賜爵關内侯。

〔一〕應劭曰：壽昌奏令邊郡穀賤時增賈而糴，穀貴時減賈而糶，名曰常平倉。見食貨志。【補注】先謙曰：兩「賈」字官本作「價」，字同。

夏四月辛丑晦，日有蝕之。〔一〕詔曰：「皇天見異，以戒朕躬，是朕之不逮，吏之不稱也。〔二〕以前使使者問民所疾苦，復遣丞相、御史掾二十四人循行天下，〔三〕舉冤獄，察擅爲苛禁深刻不改者。」

〔一〕【補注】王念孫曰：「晦」當爲「朔」。五行志云「五鳳四年四月辛丑朔，日有食之。是爲正月朔，慝未作，左氏以爲重異」，則當作朔明矣。下文詔曰「皇天見異，以戒朕躬」，諸日食不言異，而此獨言異，亦以其在正月之朔也。漢紀孝宣紀、通鑑漢紀十九並作「朔」。先謙曰：在畢十九度。

〔二〕師古曰：稱，副也。

〔三〕師古曰：行音下更反。

甘露元年春正月，行幸甘泉，郊泰畤。

匈奴呼韓邪單于遣子右賢王銖婁渠堂入侍。〔一〕

〔一〕師古曰：銖音殊。婁音力于反。

二月丁巳，大司馬車騎將軍延壽薨。〔一〕

〔一〕文穎曰：許延壽。【補注】錢大昭曰：表與漢紀俱作「三月」。

夏四月，黄龍見新豐。

丙申，太上皇廟火。〔一〕甲辰，孝文廟火。〔二〕上素服五日。

〔一〕【補注】先謙曰：五行志作中山太上皇廟災。「中山」二字衍。

〔二〕【補注】張照曰：兩「火」字並應是「災」字。左傳曰「火，人火之也」。儻係人火之，必記事實，故知並是「災」字之譌。四年未央宫宣室閣火亦然。先謙曰：五行志作「災」，但本書災火二字，義不分析，凡言災者，志並在火不炎上傳中，不能執人火、天火爲説。

冬，匈奴單于遣弟左賢王來朝賀。

二年春正月，立皇子囂爲定陶王。〔一〕

〔一〕師古曰：囂音敖。

詔曰：「乃者鳳皇甘露降集，黄龍登興，醴泉滂流，〔一〕枯槁榮茂，〔二〕神光並見，咸受禎祥。〔三〕其赦天下。減民算三十。〔四〕賜諸侯王、丞相、將軍、列侯、中二千石金錢各有差。賜民爵一級，女子百户牛酒，鰥寡孤獨高年帛。」

〔一〕【補注】吴仁傑曰：案漢儒記禮，有「天降膏露，地出醴泉」之文，故一時遵用其説。王充非之曰：「爾雅『甘露時降，萬物以嘉，謂之醴泉。』醴泉乃甘露也，今儒者或謂從地中出。案爾雅釋水章，使有醴泉，泉從地出，當於此章言之，何故反居四時章中乎？」然則醴泉、甘露本一物也。又曰：衡陽嘗有甘露降，劉貢父云此戾氣所成，其名爵錫。王定國謂當從博識者求甘露、爵錫之别。案：汝南先賢傳曰「都尉聽事前有甘露降，功曹鄭敬曰：『明府政事未能致甘露，但木汁耳。』」又陳（祥）〔禎〕明中，松柏林冬月出木醴，後主以爲甘露之瑞，俗呼爲爵錫。貢父所云，其出於此。王仲任曰「欲驗爾雅之甘露，以萬物豐熟，災害不生，此則甘露之驗」。其言足以泮羣疑也。

〔二〕師古曰：槁音口老反。

〔三〕師古曰：禎，正也。祥，福也。禎音貞。

〔四〕師古曰：一算減錢三十也。【補注】先謙曰：漢律，人出一算，算百二十錢。

夏四月，遣護軍都尉禄將兵擊珠崖。〔一〕

〔一〕【補注】錢大昭曰：「禄」，漢紀作「張禄」。先謙曰：官本考證云「『珠崖』，前後文俱作『厓』」。先謙案：通鑑亦作「張禄」。

秋九月，立皇子宇爲東平王。〔一〕

〔一〕【補注】錢大昕曰：諸侯王表宇、囂並以是年十月乙亥封。與紀異。

冬十二月，行幸萯陽宫〔一〕屬玉觀。〔二〕

〔一〕應劭曰：宮在鄠，秦文王所起。伏儼曰：在扶風。李斐曰：萯音倍。師古曰：應説、李音是也。【補注】錢大昭曰：東方朔傳作「倍陽」，李斐音萯爲倍，故字又作倍，負、倍古通用。夏本紀「負尾」，地理志「横尾山，古文以爲倍尾」。月令云「王萯生」，吕覽作「王菩」，穆天子傳注云「萯今菩字」，皆其證也。説文「鄜，右扶風鄠鄉，讀若倍」。鄜鄉即萯鄉，宮在其鄉，故以名焉。鄜正字，萯、倍並叚借用耳。周壽昌曰：玉海百六十六萯陽宮引應劭注「宮在鄠，秦昭王起」。此作秦文王，微異。

〔二〕服虔曰：以玉飾，因名焉，在扶風。李奇曰：屬玉音鸑鷟，其上有此鳥，因以爲名。晉灼曰：屬玉，水鳥，似鵁鶄，以名觀也。師古曰：晉説是也。屬音之欲反。【補注】周壽昌曰：文選西都賦「天子乃登屬玉之館」。觀館字通。黄圖云「茂陵苑有鶴觀」，元紀作白鶴館。又飛廉桂館，史記作蜚廉桂觀。成帝紀甲觀畫堂，元后傳作甲館畫堂。上林虒氏館，史記作虒氏觀。

匈奴呼韓邪單于款五原塞，〔一〕願奉國珍朝三年正月。〔二〕詔有司議。咸曰：「聖王之制，施德行禮，先京師而後諸夏，先諸夏而後夷狄。詩云：『率禮不越，〔三〕遂視既發。相土烈烈，海外有截。』〔四〕陛下聖德，充塞天地，光被四表。〔五〕匈奴單于鄉風慕義，〔六〕舉國同心，奉珍朝賀，自古未之有也。單于非正朔所加，王者所客也，禮儀宜如諸侯王，稱臣昧死再拜，位次諸侯王下。」詔曰：「蓋聞五帝三王，禮所不施，不及以政。〔七〕今匈奴單于稱北藩臣，朝正月，朕之不逮，德不能弘覆。〔八〕其以客禮待之，位在諸侯王上。」〔九〕

〔一〕師古曰：款，叩也。

〔二〕師古曰：欲於甘露三年正月行朝禮。

〔三〕【補注】錢大昭曰：毛詩「禮」作「履」。古禮、履通。蕭望之傳及韓詩外傳、説苑，並引作「率禮」。

〔四〕文穎曰：遂，徧也。發，行也。言契能使其民率禮不越法度，徧承視其教令奉順而行也。相土，契孫也。烈烈，威也。截，整齊也。威武之盛烈烈然，四海之外率服整齊也。師古曰：此商頌長發之詩。

〔五〕師古曰：四表，四方之外也。

〔六〕師古曰：鄉讀曰嚮。

〔七〕師古曰：言荒外之人，非禮所設者，政刑亦不及。

〔八〕【補注】王先慎曰：通鑑無「逮」字，以「德」上屬讀。案蕭望之傳亦有「逮」字。

〔九〕【補注】何焯曰：王者所客，議中已發其端，待以殊禮，則恩自天子出耳。先謙曰：此從蕭望之議，見望之及匈奴傳。

三年春正月，行幸甘泉，郊泰畤。

匈奴呼韓邪單于稽侯狦來朝，〔一〕贊謁稱藩臣而不名。賜以璽綬、冠帶、衣裳、安車、駟馬、黄金、錦繡、繒絮。使有司道單于〔二〕先行就邸長安，宿長平。上自甘泉宿池陽宮。上登長平阪，〔三〕詔單于毋謁。〔四〕其左右當户之羣皆列觀，〔五〕蠻夷君長王侯迎者數萬人，夾道陳。上登渭橋，咸稱萬歲。單于就邸。置酒建章宮，饗賜單于，觀以珍寶。〔六〕二月，單于罷歸，之長樂衛尉高昌侯忠、〔七〕車騎都尉昌、〔八〕騎都尉虎〔九〕將萬六千騎送單于。單于居幕南，保光禄城。〔一〇〕詔北邊振穀食。郅支單于遠遁，〔一一〕匈奴遂定。

〔一〕應劭曰𤤳音若訕。李奇曰：𤤳音山。師古曰：稽音古奚反。𤤳音删，又音先安反。

〔二〕師古曰：道讀曰導。導，引也。

〔三〕如淳曰：阪名也，在池陽南。上原之阪有長平觀，去長安五十里。師古曰：涇水之南原，即今所謂眭城阪也。【補注】沈欽韓曰：元和志「長平阪在涇陽縣西南五里，池陽宫在縣西北八里」。涇陽縣志「阪在縣西南十里」。長安志「長平阪俗名睦城阪」。師古注作「眭城」，未知孰誤。

〔四〕師古曰：不拜見也。

〔五〕孟康曰：左右當户，匈奴官名。

〔六〕師古曰：觀，示也。

〔七〕晉灼曰：功臣表董忠。【補注】錢大昭曰：「之」當作「遣」，南監本、閩本並不誤。先謙曰：官本作「遣」。

〔八〕晉灼曰：韓昌。

〔九〕文穎曰：不異姓。晉灼曰：百官表唯記三輔、郡以上，若此皆不見姓，無從知之。【補注】先謙曰：官本注「異」作「知」，是。

〔一〇〕孟康曰：前光禄徐自爲所築城。

〔一一〕師古曰：郅音質。

詔曰：「乃者鳳皇集新蔡，羣鳥四面行列，皆鄉鳳皇立，以萬數。〔一〕其賜汝南太守帛百匹，新蔡長吏、三老、孝弟力田、鰥寡孤獨各有差。賜民爵二級。毋出今年租。」

〔一〕師古曰：行音胡郎反。鄉讀曰嚮。

三月己丑，丞相霸薨。〔一〕

〔一〕文穎曰：黄霸。

詔諸儒講五經同異，太子太傅蕭望之等平奏其議，上親稱制臨決焉。〔一〕乃立梁丘易、大小夏侯尚書、穀梁春秋博士。〔二〕

〔一〕【補注】錢大昭曰：時與議石渠者，易家博士沛施讎，黄門郎東萊梁丘臨，書家博士千乘歐陽地餘、博士濟南林尊，譯官令齊周堪、博士扶風張山拊、謁者陳留假倉；詩家淮陽中尉魯韋玄成、博士山陽張長安、沛薛廣德；禮家梁戴聖、太子舍人沛聞人通漢；公羊家博士嚴彭祖、侍郎申輓、伊推、宋顯、許廣；穀梁家議郎汝南尹更始、待詔劉向、梁周慶、丁姓、中郎王亥，其可考者凡二十三人。議奏之見於蓺文志者，書四十二篇，禮三十八篇，春秋三十九篇，論語十八篇，五經雜議十八篇，凡一百六十五篇。易、詩二經獨無議奏，班氏失載之耳。周壽昌曰：後書翟酺傳「孝宣論六經於石渠」。章懷注「甘露三年，詔講五經於殿中，兼平公、穀同異，上親臨決，時更崇穀梁傳，故言六經」。即此事也。案：前此本始四年四月，詔博問經學之士。元康元年八月詔云「朕不明六藝，鬱於大道」。瑕丘江公傳云「興穀梁春秋，自元康中始，講至甘露元年，積十餘歲始明習，乃召五經名儒、太子太傅蕭望之等大議殿中，平公羊、穀梁同異，各以經處是非」。據此，開講自元康中，至是始平議於殿中也。劉向傳「會初立穀梁春秋，徵更生受穀梁，講論五經於石渠」。韋玄成傳「與太子太傅蕭望之及五經諸儒，雜論同異於石渠閣，條奏其對」。皆一時事。

〔二〕【補注】錢大昭曰：漢紀有「公羊春秋左氏傳」七字，蓋誤也。劉歆傳可證。蘇輿曰：穀梁春秋學，宣帝爲戾園興；詳儒林傳。先謙曰：梁丘賀、大夏侯勝、小夏侯建。

冬，烏孫公主來歸。〔一〕

〔一〕應劭曰：楚王女解憂。

四年夏，廣川王海陽有罪，廢〔一〕遷房陵。

〔一〕【補注】先謙曰：坐禽獸行，賊殺不辜。

冬十月丁卯，未央宮宣室閣火。

黄龍元年〔一〕春正月，行幸甘泉，郊泰畤。

〔一〕應劭曰：先是黄龍見新豐，因以冠元焉。師古曰：漢注云「此年二月，黄龍見廣漢郡，故改年」。然則應説非也。見新豐者於此五載矣。【補注】劉攽曰：案宣帝率四年改元，而郊祀志先言改元甘露，其夏黄龍見新豐，其下乃云「後間歲改元黄龍」，然後又云「正月復幸甘泉」。然則宣帝自追用五年前黄龍改元爾。若是年黄龍見，史官焉得不書？漢注未可據也。吴仁傑曰：案蘇文忠公云「古者有喜則以名物，周公得禾以名其書，漢武得鼎以名其年，叔孫勝狄以名其子。嘉禾事，固出於當年，至叔孫獲長狄僑如及虺也豹也，并以是名其三子，則可疑」。孔穎達謂未必其年頓生三子，當是追以前事名之。黄龍紀元，豈其比邪？元鼎嘗逆用後四年事，然是年始有年號，若黄龍，則前四年龍見新豐，宜即以此年紀元，而漢注遂實以廣漢之説，彼蓋不知有前比也。

匈奴呼韓邪單于來朝，禮賜如初。二月，單于歸國。

詔曰：「蓋聞上古之治，君臣同心，舉措曲直，各得其所。〔一〕是以上下和洽，海内康平，其德弗可及已。〔二〕朕既不明，數申詔公卿大夫務行寬大，〔三〕順民所疾苦，〔四〕將欲配三王之隆，明先帝之德也。今吏或以不禁姦邪爲寬大，縱釋有罪爲不苛，或以酷惡爲賢，皆失其中。〔五〕奉詔宣化如此，豈不謬哉！〔六〕方今天下少事，繇役省減，兵革不動，而民多貧，盜賊不止，其咎安在？上計簿，具文而已，〔七〕務爲欺謾，以避其課。〔八〕三公不以爲意，朕將何任？〔九〕諸請詔省卒徒自給者皆止。〔一〇〕御史察計簿，疑非實者，按之，使真僞毋相亂。」

〔一〕師古曰：措，置也，音千故反。
〔二〕師古曰：已，語終辭。
〔三〕師古曰：申，束也，謂約束之。
〔四〕師古曰：知所疾苦，則順其意也。
〔五〕師古曰：中音竹仲反。
〔六〕【補注】先謙曰：官本「謬」作「繆」。
〔七〕師古曰：雖有其文，而實不副也。簿音步户反。其下亦同。【補注】先謙曰：「而已」當屬下讀，言雖具文簿，而已身圖避其課，專務欺謾也。顔誤「己」爲「已」，從「而已」斷句，則文氣不屬。
〔八〕師古曰：謾，誑言也，音慢，又音莫連反。
〔九〕師古曰：言無所委任。
〔一〇〕應劭曰：時有請云，詔使出者省卒徒，以其直自給，不復取稟假。雖有進入於官，非舊章也，故絶之。張晏曰：先是武帝以用度不足，宜有以益官者。或奉使，求不受奉禄，自省其徒衆，以取其稟者或自給。於是姦吏緣以爲利，所得多於本禄，故絶之。如淳曰：是時有所省卒徒，而羣臣有請之以自給官府者。先時聽與之，今更悔之，不復聽也。師古曰：應、張二説是也。

三月，有星孛于王良、閣道，入紫宫。〔一〕

〔一〕蘇林曰：皆星名。【補注】沈欽韓曰：晉書天文志「王良五星在奎北，居河中，其四星曰天駟，一星曰王良。閣道六星在王良前，飛道也，從紫宫至河，神所乘也。紫宫垣十五星，一曰紫微，大帝之坐也，天子之常居也」。

夏四月，詔曰：「舉廉吏，誠欲得其真也。吏六百石位大夫，有罪先請，秩禄上通，足以効其賢材，自今以來毋得舉。」〔一〕

〔一〕韋昭曰：吏六百石者，不得復舉爲廉吏也。【補注】王啟原曰：吏六百石有罪先請，即周禮議貴之遺意。周官小司寇注「議貴，若今時吏墨綬有罪先請是也」。百官表「秩比六百石以上，皆銅印墨綬」。先鄭以爲貴者，蓋漢制以紫綬爲公，青綬爲卿，墨綬比大夫。六百石比大夫，然有其法，而無明文。故趙廣漢爲平準令，察廉爲陽翟令。平準令適秩六百石，是先時官秩六百石有舉廉者。自有此明詔，遂絶矣。

冬十二月甲戌，帝崩于未央宫。〔一〕癸巳，尊皇太后曰太皇太后。〔二〕

〔一〕臣瓚曰：帝年十八即位，即位二十五年，壽四十八。【補注】錢大昕曰：諸帝紀書崩之後，必書某月日葬某陵，惟宣帝紀不書，乃於元帝紀書「初元元年正月辛丑，孝宣皇帝葬杜陵」。以葬在踰年之後也。王鳴盛曰：監本作「四十二」，汲古閣本「八」字誤。其實宣帝即位明年乃改元，壽四十三，監本亦誤。先謙曰：「八」，官本作「三」。

〔二〕師古曰：於此已書尊太皇太后，而元紀之首又重書之，然尊太皇太后及皇太后宜同一時，則元紀爲是，而此紀誤重之。【補注】周壽昌曰：宣帝崩于十二月甲戌，距癸巳元帝即位二十日，尊太皇太后皇太后，皆即位後禮也。元帝未即位，誰爲尊之，此條重出，非史紀誤重，傳寫之失也。

贊曰：孝宣之治，信賞必罰，〔一〕綜核名實，政事文學法理之士咸精其能，至于技巧工匠器械，自元、成間鮮能及之，〔二〕亦足以知吏稱其職，民安其業也。遭值匈奴乖亂，推亡固存，〔三〕信威北夷，〔四〕單于慕義，稽首稱藩。功光祖宗，業垂後嗣，可謂中興，侔德殷宗、周宣矣。〔五〕

〔一〕師古曰：有功必賞，有罪必罰。

〔二〕師古曰：械者，器之總名也。一曰有盛爲械，無盛爲器。鮮，少也。言少有能及之者。鮮音先踐反。

〔三〕李奇曰：推亡者，若紂爲無道，天下苦之，有滅亡之形，周武遂推而弊之。固存者，譬如鄰國以道涖民，上下一心，勢必能存，因就而堅固之。今匈奴內自奮爭有事，故宣帝能朝呼韓邪而固存之，走郅支單于使遠遁，是謂推亡也。師古曰：尚書仲虺之誥曰「推亡固存，邦乃其昌」。言有亡道者則推而滅之，有存道者則輔而固之，王者如此，國乃昌盛，故此贊引之。【補注】先謙曰：官本注「弊」作「敝」。

〔四〕師古曰：信讀爲申，古通用字。一說恩信及威並著北夷。【補注】先謙曰：胡三省云前音是。

〔五〕師古曰：侔等殷之高宗及周宣王也。

元帝紀第九

孝元皇帝，〔一〕宣帝太子也。母曰共哀許皇后，〔二〕宣帝微時生民間。年二歲，宣帝即位。八歲，立爲太子。〔三〕壯大，柔仁好儒。見宣帝所用多文法吏，以刑名繩下，〔四〕大臣楊惲、盍寬饒等坐刺譏辭語爲罪而誅，〔五〕嘗侍燕從容言：〔六〕「陛下持刑太深，宜用儒生。」宣帝作色曰：〔七〕「漢家自有制度，本以霸王道雜之，〔八〕奈何純任德教，〔九〕用周政乎！〔一〇〕且俗儒不達時宜，好是古非今，使人眩於名實，〔一一〕不知所守，何足委任！」乃歎曰：「亂我家者，太子也！」繇是疏太子而愛淮陽王，〔一二〕曰：「淮陽王明察好法，宜爲吾子。」而王母張倢伃尤幸。上有意欲用淮陽王代太子，然以少依許氏，俱從微起，故終不背焉。

〔一〕荀悅曰：諱奭之字曰盛。應劭曰：謚法「行義悅民曰元」。師古曰：奭音式亦反。

〔二〕張晏曰：禮，婦人從夫謚。閔其見殺，故兼二謚。師古曰：共讀曰恭。

〔三〕師古曰：宣帝即位之明年改元曰本始。本始凡四年而改元曰地節。地節三年立皇太子。若初即位年二歲，則立爲太子時年九歲矣。又宣帝以元平元年七月即位，而外戚傳云許后生元帝數月，宣帝立爲帝。是則即位時太子未必二歲也。參校前後衆文，此紀進退爲錯。【補注】劉攽曰：此言年二歲宣帝即位，指論踰年改元爲即位耳，若春秋諸公也。朱一新曰：此即位從改元之年數起，則與外戚傳不相違戾矣。後瓚注云「帝年二十七即位，壽四十三」，當作「二十六即位，壽四十二」。

〔四〕晉灼曰：刑，刑家；名，名家也。太史公曰：「法家嚴而少恩，名家儉而善失真。」師古曰：晉説非也。劉向別録云申子學號刑名。刑名者，以名責實，尊君卑臣，崇上抑下。宣帝好觀其君臣篇。繩謂彈治之耳。

〔五〕師古曰：惲音於吻反。【補注】錢大昭曰：「盇」，南監本、閩本作「蓋」。王念孫曰：景祐本「蓋」作「盇」，古字假借也。蓋寬饒之蓋，本音公盇反，故與盇通。藝文類聚鳥部上引韓詩外傳「船人蓋胥跪而對」，今本作「盇胥」。後人依本傳改盇爲蓋，未達假借之旨。周壽昌曰：蓋、盇古今字，漢世作「盇」，唐盇文達碑亦作「盇」，不作「蓋」也。今直隸衡水有盇姓，土人尚呼合音。先謙曰：淳祐本作「蓋」，官本、汪本作「蓋」。

〔六〕師古曰：從音千容反。

〔七〕師古曰：作，動也，意怒故動色。

〔八〕【補注】王先愼曰：御覽卷八十九引「雜」下有「理」字。

〔九〕【補注】錢大昭曰：「住」當作「任」。先謙曰：官本「住」作「任」。

〔一〇〕師古曰：姬周之政。

〔一一〕師古曰：眩，亂視也，音胡眄反。

〔一二〕師古曰：繇讀與由同。

黄龍元年十二月，宣帝崩。癸巳，太子即皇帝位，〔一〕謁高廟。尊皇太后曰太皇太后，〔二〕皇后曰皇太后。〔三〕

〔一〕【補注】王先慎曰：御覽八十九引應劭漢官儀曰「孝武時，天子以下未有幘。元帝額上有壯髮，不欲使人見，乃始施幘，羣寮隨焉」。

〔二〕蘇林曰：上官后。

〔三〕文穎曰：卬成王皇后，母養元帝者也。

初元元年春正月辛丑，孝宣皇帝葬杜陵。〔一〕賜諸侯王、公主、列侯黄金，〔二〕吏二千石以下錢帛，各有差。大赦天下。三月，封皇太后兄侍中中郎將王舜爲安平侯。丙午，立皇后王氏。以三輔、太常、郡國公田及苑可省者〔三〕振業貧民，〔四〕貲不滿千錢者賦貸種、食。〔五〕封外祖父平恩戴侯同産弟子中常侍許嘉爲平恩侯，奉戴侯後。〔六〕

〔一〕臣瓚曰：自崩至葬凡二十八日。杜陵在長安南五十里也。

〔二〕【補注】宋祁曰：古本無「黄」字。先謙曰：荀紀亦無「黄」字。

〔三〕【補注】先謙曰：通鑑胡注「太常掌諸陵邑，故亦有公田及苑」。

〔四〕師古曰：振起之，令有作業。【補注】先謙曰：振即賑之正字。

〔五〕師古曰：賦，給與之也。貸，假也。貸音土戴反。種音之勇反。【補注】先謙曰：胡注引賈公彦云「種、食者，或爲種子，或爲食用」。

〔六〕文穎曰：戴侯，許廣漢。官本注「戴」作「載」。【補注】先謙曰：百官表侍中、中常侍皆加官，西都參用士人，東都專以宦者爲中常侍。

夏四月，詔曰：「朕承先帝之聖緒，獲奉宗廟，戰戰兢兢。〔一〕間者地數動而未靜，懼於天地之戒，不知所繇。〔二〕方田作時，朕憂蒸庶之失業，〔三〕臨遣光禄大夫褒等十二人〔四〕循行天下，〔五〕存問耆老鰥寡孤獨困乏失職之民，〔六〕延登賢俊，招顯側陋，因覽風俗之化。相守二千石誠能正躬勞力，〔七〕宣明教化，以親萬姓，則六合之内和親，庶幾虖無憂矣。書不云乎？『股肱良哉，庶事康哉！』〔八〕布告天下，使明知朕意。」又曰：「關東今年穀不登，民多困乏。其令郡國被災害甚者毋出租賦。江海陂湖園池屬少府者以假貧民，〔九〕勿租賦。賜宗室有屬籍者馬一匹至二駟，〔一〇〕三老、孝者帛五匹，弟者、力田三匹，鰥寡孤獨二匹，吏民五十户牛酒。」〔一一〕

〔一〕【補注】宋祁曰：唐本作「栗栗」。

〔二〕師古曰：繇與由同。

〔三〕師古曰：蒸，衆也。

〔四〕應劭曰：自臨面約敕乃遣之。

〔五〕師古曰：行音下更反。

〔六〕師古曰：失職，失其常業。

〔七〕師古曰：相者，諸侯王相也。守，郡守也。

〔八〕師古曰：虞書益稷之辭也。言君能任賢，股肱之臣皆得良善，則衆事安寧。

〔九〕師古曰：湖，深水。

〔一〇〕師古曰：二駟，八匹。

〔一〕師古曰：以五十户爲率，共賜之。

六月，以民疾疫，令太官損膳，減樂府員，省苑馬，以振困乏。〔一〕

〔一〕【補注】先謙曰：胡注「樂府員大凡八百二十九人，武帝所立。漢官儀『牧師諸苑三十六所，分置北邊西邊，養馬三十萬匹』」。先謙案：此苑馬，蓋家馬，景帝所造，非邊備馬也。

秋八月，上郡屬國降胡萬餘人亡入匈奴。

九月，關東郡國十一大水，饑，或人相食，轉旁郡錢穀以相救。詔曰：「間者陰陽不調，黎民饑寒，無以保治，〔一〕惟德淺薄，不足以充入舊貫之居。〔二〕其令諸宮館希御幸者勿繕治，〔三〕太僕減穀食馬，水衡省肉食獸。」〔四〕

〔一〕師古曰：保，安也。

〔二〕應劭曰：言己德淺薄，不足以充舊貫。舊貫者，常居也。師古曰：論語稱閔子騫云「仍舊貫」。帝自謙，言不足充入先帝之宮室，故引以爲言也。【補注】周壽昌曰：哀紀云「材質不足以假充太子之宮」，與此語意同。先謙曰：據下云勿繕治宮館，應説是也。官本注「不足以充舊貫」下少「舊貫」二字。

〔三〕師古曰：繕，補也。

〔四〕師古曰：減謂損其數。省者，全去之。【補注】先謙曰：百官表「太僕掌輿馬；水衡都尉掌上林苑」，禽獸屬焉。

二年春正月，行幸甘泉，郊泰畤。賜雲陽民爵一級，女子百户牛酒。

立弟竟爲清河王。

三月，立廣陵厲王太子霸爲王。

詔罷黄門乘輿狗馬，〔一〕水衡禁囿、〔二〕宜春下苑、〔三〕少府佽飛外池、〔四〕嚴籞池田〔五〕假與貧民。詔曰：「蓋聞賢聖在位，陰陽和，風雨時，日月光，星辰静，黎庶康寧，考終厥命。〔六〕今朕恭承天地，託于公侯之上，明不能燭，德不能綏，災異並臻，連年不息。乃二月戊午，地震于隴西郡，〔七〕毁落太上皇廟殿壁木飾，〔八〕壞敗豲道縣城郭官寺及民室屋，壓殺人衆。〔九〕山崩地裂，水泉湧出。〔一〇〕天惟降災，震驚朕師。〔一一〕治有大虧，咎至於斯。夙夜兢兢，不通大變，深惟鬱悼，未知其序。〔一二〕間者歲數不登，元元困乏，不勝饑寒，以陷刑辟，朕甚閔之。郡國被地動災甚者無出租賦。赦天下。有可蠲除減省以便萬姓者，條奏，毋有所諱。丞相、御史、中二千石舉茂材異等直言極諫之士，朕將親覽焉。」

〔一〕師古曰：黄門，近署也，故親幸之物屬焉。【補注】先謙曰：百官表黄門寺屬少府。

〔二〕【補注】先謙曰：百官表水衡都尉屬官有禁苑等九官令丞。

〔三〕孟康曰：宮名也，在杜縣東。晉灼曰：史記云葬二世杜南宜春苑中。師古曰：宜春下苑即今京城東南隅曲江池是。

〔四〕如淳曰：漢儀注佽飛具矰繳以射鳧鴈，給祭祀，是故有池也。【補注】先謙曰：佽飛屬少府。

〔五〕蘇林曰：嚴飾池上之屋及其地也。晉灼曰：嚴籞，射苑也，許慎曰：嚴，弋射者所蔽也。池田，苑中田也。師古曰：晉説是。【補注】錢大昭曰：嚴，古巖字。説文「巖，惟射所蔽者也。篽，禁苑也」。應劭云：「籞在池水上作室，可用棲鳥，鳥入則捕之。」應説見文選注。

〔六〕師古曰：考，老也，言得壽考，終其天命。

〔七〕【補注】錢大昭曰：地震事見詔書，故於二月不書，避重出。

〔八〕【補注】錢大昭曰：高紀十年八月，令諸侯王皆立太上皇廟於國都。隴西郡非諸侯王都，何以有此廟所，未解也。又攷惠帝紀令郡諸侯王立高廟。此毁落者或是高廟歟？

〔九〕師古曰：豲道屬天水。凡府庭所在皆謂之寺。豲音完。壓音烏狎反。【補注】先謙曰：豲道在今鞏昌府隴西縣東北。

〔一〇〕【補注】先謙曰：官本「湧」作「涌」。

〔一一〕師古曰：師，衆也。

〔一二〕師古曰：鬱，不通之意也。序，次也。

夏四月丁巳，立皇太子。賜御史大夫爵關内侯，中二千石右庶長，〔一〕天下當爲父後者爵一級，列侯錢各二十萬，五大夫十萬。〔二〕

〔一〕師古曰：第十一爵。

〔二〕師古曰：五大夫，第九爵。

六月，關東饑，齊地人相食。秋七月，詔曰：「歲比災害，民有菜色，〔一〕慘怛於心。〔二〕已詔吏虚倉廩，開府庫振救，賜寒者衣。今秋禾麥頗傷。一年中地再動。〔三〕北海水溢，流殺人民。陰陽不和，其咎安在？公卿將何以憂之？其悉意陳朕過，靡有所諱。」〔四〕

〔一〕師古曰：五穀不收，人但食菜，故其顔色變惡。

〔二〕師古曰：慘，痛也。怛，悼也。

〔三〕【補注】蘇輿曰：是年地凡兩震，一未書其時地，五行志亦未載。

〔四〕師古曰：悉意，盡意也。靡，無也。

冬，詔曰：「國之將興，尊師而重傅。故前將軍望之傅朕八年，道以經書，厥功茂焉。〔一〕其賜爵關内侯，食邑八百户，朝朔望。」〔二〕

〔一〕師古曰：茂，美也。道讀曰導。

〔二〕【補注】先謙曰：通鑑考異云「按劉向傳云『前弘恭、石顯奏望之等(狀)〔獄〕決。三月，地大震』。然則望之等黜免，在今春地震前。又曰『夏，客星見昴、卷舌閒，上感悟，下詔賜望之爵關内侯』。望之傳云『後數月，賜望之爵關内侯』。蓋紀見望之死在十二月，因置此詔於彼上耳」。

十二月，中書令弘恭、石顯等譖望之，令自殺。

三年春，令諸侯相位在郡守下。〔一〕

〔一〕師古曰：此諸侯謂諸侯王也。

珠厓郡山南縣反，〔一〕博謀羣臣。待詔賈捐之以爲宜棄珠厓，救民饑饉。〔二〕乃罷珠厓。

〔一〕【補注】先謙曰：反在元年，追書之，見賈捐之傳。

〔二〕師古曰：穀不熟曰饑，蔬不熟曰饉。蔬，菜也。

夏四月乙未晦，茂陵白鶴館災。〔一〕詔曰：「乃者火災降於孝武園館，朕戰栗恐懼。不燭變異，咎在朕躬。〔二〕羣司又未肯極言朕過，以至於斯，將何以寤焉！百姓仍遭凶阨，無以相振，〔三〕加以煩擾虖苛吏，拘牽虖微文，〔四〕不得永終性命，〔五〕朕甚閔焉。其赦天下。」

〔一〕【補注】錢大昕曰：五行志「四月乙未，孝武園白鶴館災」。茂陵即孝武陵也。志不書晦，以三統術推之，是歲四月乙酉朔，乙未乃月之十一日，非晦日也。「晦」字衍文。翼奉傳載此事，亦不云晦。

〔二〕師古曰：燭，照也。

〔三〕師古曰：仍，頻也。

〔四〕【補注】蘇輿曰：謂牽合律文，比傅成罪。宣帝地節詔文所云「析律貳端」者也。元帝不喜刑名，洞究吏習如此。

〔五〕師古曰：永，長也。

夏，旱。立長沙煬王弟宗爲王。〔一〕封故海昏侯賀子代宗爲侯。

〔一〕師古曰：煬音供養之養也。【補注】錢大昭曰：「師古」，南雍本、閩本皆作「鄭氏」。先謙曰：官本注「師古」作「鄭氏」。無「也」字。

六月，詔曰：「蓋聞安民之道，本繇陰陽。〔一〕間者陰陽錯謬，風雨不時。朕之不德，庶幾羣公有敢言朕之過者，今則不然。媮合苟從，未肯極言，〔二〕朕甚閔焉。永惟烝庶之饑寒，〔三〕遠離父母妻子，勞於非業之作，衞於不居之宮，〔四〕恐非所以佐陰陽之道也。其罷甘泉、建章宫衛，令就農。〔五〕百官各省費。〔六〕條奏毋有所諱。有司勉之，毋犯四時之禁。〔七〕丞相御史舉天下明陰陽災異者各三人。」於是言事者衆，或進擢召見，〔八〕人人自以得上意。〔九〕

〔一〕師古曰：繇與由同。

〔二〕師古曰：媮與偷同。

〔三〕【補注】宋祁曰：一本無「永」字。

〔四〕師古曰：不急之事，古云非業也。【補注】先謙曰：官本注「古」作「故」，通鑑注引亦作「故」。

〔五〕【補注】宋祁曰：唐本、監本「衞」字下有「各」字。王念孫曰：唐本、監本是也。各令就農，各省費，兩「各」字文義相承。漢紀作「令各就農」，亦有「各」字。周壽昌曰：時貢禹言，諸離宫及長樂宫衞可減大半，以寬繇役。帝罷甘泉、建章兩衞，百官表所云不常置也。長樂屬太皇太后上官氏，故不罷。

〔六〕師古曰：費用之物務減省。

〔七〕【補注】先謙曰：言所行政事，務順四時月令，毋得違犯，以致殃咎。時陰陽家盛行，故有此詔，與成帝陽朔二年詔書同意。

〔八〕【補注】何焯曰：陰陽月令發於魏相，至此言陰陽者遂盛。

〔九〕師古曰：人人各自以當天子之意。【補注】宋祁曰：「人人」，南本只一个「人」字。王念孫曰：南本是也。今本多一「人」字者，後人依匡衡傳加之。正文只一「人」字，故注申之云「人人各自以當天子之意」。若正文本作人人，則無庸注矣。匡衡傳「人人自以爲得上意」，師古無注，即其證。

四年〔一〕春正月，行幸甘泉，郊泰畤。三月，行幸河東，祠后土。赦汾陰徒。賜民爵一級，女子百户牛酒，鰥寡高年帛。行所過無出租賦。

〔二〕【補注】先謙曰：五行志「皇后曾祖父王伯墓門梓柱卒生枝葉，上出屋。是歲王莽生」。

五年春正月，以周子南君爲周承休侯，〔一〕位次諸侯王。

〔一〕文穎曰：姓姬，名延年，其祖父姬嘉，本周後，武帝元鼎四年，封爲周子南君，令奉周祠。師古曰：承休國在潁川。【補注】先謙曰：官本「祠」作「祀」，是。承休縣在今汝州東二十六里。

三月，行幸雍，祠五畤。

夏四月，有星孛于參。詔曰：「朕之不逮，序位不明，〔一〕衆僚久懬，〔二〕未得其人。元元失望，上感皇天，陰陽爲變，咎流萬民，朕甚懼之。乃者關東連遭災害，饑寒疾疫，夭不終命。〔三〕詩不云乎？『凡民有喪，匍匐救之。』〔四〕其令太官毋日殺，〔五〕所具各減半。〔六〕乘輿秣馬，無乏正事而已。〔七〕罷角抵、〔八〕上林宮館希御幸者、齊三服官、〔九〕北假田官、〔一〇〕鹽鐵官、常平倉。〔一一〕博士弟子毋置員，以廣學者。〔一二〕賜宗室子有屬籍者馬一匹至二駟，三老、孝者帛，人五匹，弟者、力田三匹，鰥寡孤獨二匹，吏民五十户牛酒。」省刑罰七十餘事。〔一三〕除光禄大夫以下至郎中保父母同産之令。〔一四〕令從官給事宮司馬中者，得爲大父母父母兄弟通籍。〔一五〕

〔一〕師古曰：逮，及也，言官人之位，失其次序。

〔二〕應劭曰：廣音曠。師古曰：廣，古曠字。曠，空也。不得其人，則職事空廢。

〔三〕【補注】宋祁曰：刊誤改「天」作「夭」。蘇輿曰：作「夭」是也。册府百四十三引亦作「夭」。「夭不終命」與二年詔「考終厥命」，相對爲文。

〔四〕師古曰：邶國谷風之詩也。言見人有喪禍之事，則當盡力以救之。匍音步扶反。匐音步得反。

〔五〕師古曰：不得日日宰殺。【補注】先謙曰：官本「太」作「大」。

〔六〕師古曰：食具也。

〔七〕師古曰：秣，養也，以粟秣食之也。正事謂駕供郊祀蒐狩之事，非游田者也。秣音末。

〔八〕【補注】先謙曰：角抵詳武紀。

〔九〕李斐曰：齊國舊有三服之官。春獻冠幘縰爲首服，紈素爲冬服，輕綃爲夏服，凡三。如淳曰：地理志曰齊冠帶天下。胡公曰服官主作文繡，以給衮龍之服。地理志襄邑亦有服官。師古曰：齊三服官，李說是也。縰與纚同，音山爾反，即今之方目紗也。紈素，今之絹也。輕綃，今之輕紗也。襄邑自出文繡，非齊三服也。【補注】吴仁傑曰：地理志齊郡臨淄縣有服官，所謂三服官者，蓋言其有官舍三所，非謂其爲首服、冬服、夏服而名官也。貢禹論「三服官作工各數千人」，言各則知其非一矣。漢紀載此疏乃去「各」字，非也。襄邑亦有服官，獨不罷，蓋所供龍衮之屬，禮不可缺。至臨淄三官，歲輸物不過十笥，如冰素、方空縠、吹綸絮，皆輕靡，而歲費數鉅萬，此固可省者。禹又言「三工官，官費五千萬」。亦謂每一工官，爲費若此。如顔、李之說，三服官以三服爲名，則三工官又可名三工之官邪？先謙曰：吴說是。官本「襄邑亦有服官」句上有「云」字。

〔一〇〕李斐曰：主假賃見官田與民，收其假稅也。故置田農之官。晉灼曰：匈奴傳「秦始皇渡河據陽山北假中」，王莽傳「五原北假膏壤殖穀」。北假，地名。師古曰：晉說是也。【補注】宋祁曰：「田官」，一本作「官田」，非。齊召南曰：案河水注云「自高闕以東，夾山帶河，陽山以西，皆北假也」。

〔一一〕【補注】先謙曰：鹽鐵官，武帝置，常平倉，宣帝置。至是皆罷之。

〔一二〕【補注】先謙曰：胡注「武帝爲博士官置弟子五十人，昭帝增滿百人，宣帝末，增倍之。今不限員數，以廣學者。後數年，以用度不足，更爲設員千人」。

〔一三〕【補注】周壽昌曰：刑法志載元帝初年詔云「其（令）〔議〕律令可蠲除減者，條奏」。後書梁統傳「竊見元、哀二帝輕殊死之刑以一百二十三事，手殺人者，減死一等」，注東觀記曰「元帝初元五年，輕殊死刑三十四事，哀帝建平元年，輕殊死刑八十一事，共四十二事，手殺人者，減死一等」。據此，則定律後又有除省，不同紀載也。又哀帝紀惟建平二年書大赦天下，無省刑事，亦非元年，附著於此。

〔一四〕應劭曰：舊時相保，一人有過，皆當坐之。師古曰：特爲郎中以上除此令者，所以優之也。同產謂兄弟也。

〔一五〕應劭曰：從官謂宦者及虎賁、羽林、太醫、太官是也。司馬中者，宮內門也。司馬主武，兵禁之意也。籍者，爲二尺竹牒，記其年紀名字物色，縣之宮門。案省相應，乃得入也。師古曰：應說非也。從官，親近天子常侍從者皆是也。故此下云科第郎、從官。司馬門者，宮之外門也。衞尉有八屯，衞候司馬主衞士徼巡宿衞。每面各二司馬，故謂宮之外門爲司馬門。【補注】錢大昭曰：漢舊儀「皇帝起居儀，宮司馬內，百官案籍出入，營衞周廬，晝夜誰何」。周壽昌曰：周禮宮正鄭注「若今時無引籍，不得入宮司馬殿門」。先謙曰：宮司馬中，謂宮中及司馬門中也。顏以司馬爲宮之外門，是。應言宮內門，非也。

冬十二月丁未，御史大夫貢禹卒。〔一〕

〔一〕【補注】錢大昭曰：案是年御史大夫陳萬年先卒，不知何以不書。

衞司馬谷吉使匈奴不還。〔一〕

〔一〕師古曰：即衞尉八屯之衞司馬。【補注】先謙曰：爲郅支單于所殺。

永光元年春正月，行幸甘泉，郊泰畤。〔一〕赦雲陽徒。賜民爵一級，女子百户牛酒，高年帛。行所過毋出租賦。〔二〕

〔一〕【補注】先謙曰：禮畢，留射獵，納薛廣德諫，即還。詳廣德傳。

〔二〕【補注】宋祁曰：舊本作「毋令出租賦」。

二月，詔丞相、御史舉質樸敦厚遜讓有行者，光禄歲以此科第郎、從官。〔一〕

〔一〕師古曰：始令丞相、御史舉此四科人以擢用之。而見在郎及從官，又令光禄每歲依此科考校，定其第高下，用知其人賢否也。【補注】齊召南曰：案所云舉光禄四行者，即起於此。後漢書「吴祐以光禄四行遷膠東侯相」，注引漢官儀曰「淳厚、質樸、遜讓、節儉也」。蓋漢時朝廷從官俱屬光禄勳，自太中大夫、中大夫、諫大夫，及議郎、中郎、侍郎、郎中，其員多至千人，故令光禄勳第其賢否也。何焯曰：光禄以此科第郎、從官，則周官宰夫「正歲，於宫中羣吏，書其能者，與其良者以告」。小宰、大宰之餘意也。

三月，詔曰：「五帝三王任賢使能，以登至平，而今不治者，豈斯民異哉？〔一〕咎在朕之不明，亡以知賢也。是故壬人在位，〔二〕而吉士雍蔽。〔三〕重以周秦之弊，民漸薄俗，〔四〕去禮義，觸刑法，豈不哀哉！繇此觀之，元元何辜？〔五〕其赦天下，令厲精自新，各務農畝。無田者皆假之，貸種、食如貧民。〔六〕賜吏六百石以上爵五大夫，勤事吏二級，爲父後者民一級，〔七〕

女子百户牛酒，鰥寡孤獨高年帛。」是月雨雪，〔八〕隕霜傷麥稼，秋罷。〔九〕

〔一〕師古曰：言今所治人，即五帝三王之衆庶。

〔二〕服虔曰：王人，佞人也。

〔三〕師古曰：吉，善也。大雅卷阿之詩曰「藹藹王多吉士」。雍讀曰。【補注】錢大昭曰：「曰」下脱「壅」字。先謙曰：官本有「壅」字。

〔四〕師古曰：爲薄俗所漸染也。重音直用反。【補注】先謙曰：官本「弊」作「敝」。

〔五〕師古曰：繇讀與由同。

〔六〕師古曰：此皆謂遇赦新免罪者也，故云如貧人。【補注】先謙曰：官本注「人」作「民」。

〔七〕【補注】宋祁曰：越本無「爲父後者」四字。王念孫曰：「爲父後者」四字涉上文而衍，景祐本亦無此四字，是也。漢紀亦無上文。以立皇太子，故賜天下當爲父後者爵一級，此不當有。其初元二年正月、四年三月，永光元年正月、二年二月，建昭五年三月，賜民爵一級，皆無「爲父後者」之文，他篇放此。

〔八〕師古曰：雨音于具反。【補注】先謙曰：五行志「四月，日色青白亡景，正中時有景亡光。至九月，日乃有光」。

〔九〕如淳曰：當言罷某官某事，爛脱失之。晉灼曰：或無稼字，或稼字在秋下。稼或作臧，或作霖。五行志「永光元年三月，隕霜殺桑，九月二日，隕霜殺稼，天下大饑」。言傷麥稼，秋罷是也。師古曰：晉説得之。秋者，謂秋時所收穀稼也。今俗猶謂麥豆之屬爲雜稼。云秋罷者，言至秋時無所收也。【補注】劉攽曰：如言爛脱，是。錢大昭曰：注，南監本、閩本「臧」並作「桑」。沈欽韓曰：荀紀「秋七月己未，大司馬車騎將軍史高免」。此言秋罷者，或是其事。又百官表「永光元年，分諸陵邑屬三輔」。則秋罷者，罷太常領陵縣。周壽昌曰：三月去秋尚遠，不能謂遂無所收，若大饑即當直書，不得以秋罷代之。武帝、成帝紀書秋罷某事者不一，此「秋罷」下必尚有字，如説近是。先謙曰：官本注「臧」作「桑」，是。

二年春二月，詔曰：「蓋聞唐虞象刑而民不犯，〔一〕殷周法行而姦軌服。〔二〕今朕獲承高祖之洪業，〔三〕託位公侯之上，夙夜戰栗，永惟百姓之急，未嘗有忘焉。然而陰陽未調，三光晻昧。〔四〕元元大困，流散道路，盜賊並興。有司又長殘賊，失牧民之術。是皆朕之不明，政有所虧。咎至於此，朕甚自恥。爲民父母，若是之薄，謂百姓何！〔五〕其大赦天下，賜民爵一級，女子百户牛酒，鰥寡孤獨高年、三老、孝弟力田帛。」又賜諸侯王、公主、列侯黄金，中二千石以下至中都官長吏各有差，吏六百石以上爵五大夫，勤事吏各二級。〔六〕

〔一〕師古曰：象刑，解在武紀。
〔二〕師古曰：軌與宄同。亂在外曰姦，在内曰軌。【補注】宋祁曰：「法行」唐本作「行法」。
〔三〕【補注】宋祁曰：一本無「洪」字。
〔四〕師古曰：晻與暗同，又音烏感反。
〔五〕師古曰：言何以撫臨百姓。
〔六〕【補注】錢大昭曰：爵自五大夫以上爲官爵，故必六百石以上乃賜之，其勤事吏之二級，民爵也。

三月壬戌朔，日有蝕之。〔一〕詔曰：「朕戰戰栗栗，夙夜思過失，不敢荒寧。〔二〕惟陰陽不調，未燭其咎。婁敕公卿，日望有效。〔三〕至今有司執政，未得其中，〔四〕施與禁切，未合民心。〔五〕暴猛之俗彌長，和睦之道日衰，百姓愁苦，靡所錯躬。〔六〕是以氛邪歲增，侵犯太陽，〔七〕

正氣湛掩，日久奪光。〔八〕乃壬戌，日有蝕之。天見大異，以戒朕躬，〔九〕朕甚悼焉。其令內郡國舉茂材異等賢良直言之士各一人。」

〔一〕【補注】先謙曰：五行志「在婁八度」。

〔二〕師古曰：荒，廢也。不敢廢事而自寧。

〔三〕師古曰：婁，古屢字。其後亦同。

〔四〕師古曰：中音竹仲反。

〔五〕師古曰：施惠褊薄，禁令煩苛。【補注】蘇輿曰：廣雅釋詁「切，斷也」。禁切與施與，平列爲文。鄭崇傳「禁切主上」，與此義同。

〔六〕師古曰：錯，置也，音千故反。

〔七〕師古曰：氛，惡氣也。邪者，言非正氣也。太陽，日也。

〔八〕師古曰：湛讀與沈同。湛掩者，見掩而湛没。

〔九〕師古曰：見，顯示。

夏六月，詔曰：「間者連年不收，四方咸困。元元之民，勞於耕耘，又亡成功，困於饑饉，亡以相救。朕爲民父母，德不能覆，而有其刑，甚自傷焉。其赦天下。」

秋七月，西羌反，遣右將軍馮奉世擊之。八月，〔一〕以太常任千秋爲奮威將軍，〔二〕別將五校並進。〔三〕

〔一〕【補注】先謙曰：五行志「天雨草，如莎相繆結，大如彈丸」。

〔二〕【補注】先謙曰：馮奉世傳作「奮武將軍」。通鑑從傳，荀紀從紀。
〔三〕師古曰：別領五校之兵，而與右將軍並進。

三年春，西羌平，軍罷。〔一〕

〔一〕【補注】先謙曰：賜奉世爵關内侯，詳見傳。

三月，立皇子康爲濟陽王。

夏四月癸未，大司馬車騎將軍接薨。〔一〕

〔一〕師古曰：王接。

冬十一月，詔曰：「乃者己丑地動，〔一〕中冬雨水，大霧，〔二〕盜賊並起。吏何不以時禁？各悉意對。」〔三〕

〔一〕【補注】先謙曰：五行志「冬地震」。此己丑，當屬十一月。下「中冬」二字，疑本在「己丑」上，傳寫誤移之。
〔二〕師古曰：中讀曰仲，雨音于具反。
〔三〕師古曰：時禁謂月令所當禁斷者也。悉，盡也。

冬，〔一〕復鹽鐵官、博士弟子員。〔二〕以用度不足，民多復除，〔三〕無以給中外繇役。

〔一〕【補注】先謙曰：「冬」字當衍。

〔二〕師古曰：復音扶目反。

〔三〕師古曰：復音方目反。

四年春二月，詔曰：「朕承至尊之重，不能燭理百姓，婁遭凶咎。加以邊竟不安，師旅在外，〔一〕賦斂轉輸，元元騷動，窮困亡聊，犯法抵罪。夫上失其道而繩下以深刑，朕甚痛之。其赦天下，所貸貧民勿收責。」

〔一〕師古曰：婁讀曰屢。竟讀曰境。

三月，行幸雍，祠五畤。

夏六月甲戌，孝宣園東闕災。〔一〕

〔一〕【補注】先謙曰：五行志云東闕南方災。

戊寅晦，日有蝕之。〔一〕詔曰：「蓋聞明王在上，忠賢布職，則羣生和樂，方外蒙澤。今朕晻于王道，〔二〕夙夜憂勞，不通其理，靡瞻不眩，靡聽不惑，〔三〕是以政令多還，民心未得，〔四〕邪説空進，事亡成功。此天下所著聞也。公卿大夫好惡不同，〔五〕或緣姦作邪，侵削細民，元元安所歸命哉！乃六月晦，日有蝕之。詩不云虖？『今此下民，亦孔之哀！』〔六〕自今以來，公卿大夫其勉思天戒，慎身修永，以輔朕之不逮。〔七〕直言盡意，無有所諱。」

〔一〕【補注】先謙曰：五行志「在張七度」。
〔二〕師古曰：晻讀與暗同。
〔三〕師古曰：靡，無也。眩，視亂也，音胡眄反。
〔四〕李奇曰：還，反也。易曰「涣汗其大號」，言王者發號施令，如汗出不可復反。
〔五〕師古曰：愛憎各異也。
〔六〕師古曰：小雅十月之交之詩也。孔，甚也。言災異既多，百姓甚可哀愍。
〔七〕師古曰：虞書咎繇謨云「慎厥身修思永」，言當慎修其身，思爲長久之道。故此詔云慎身修永也。今流俗書本「永」上有「職事」者，後人不曉，妄加之耳。【補注】錢大昭曰：注「事」，南監本、閩本、並作「字」。先謙曰：官本作「字」，是。

九月戊子，罷衛思后園〔一〕及戾園。〔二〕冬十月乙丑，罷祖宗廟在郡國者。〔三〕諸陵分屬三輔。〔四〕以渭城壽陵亭部原上爲初陵。〔五〕詔曰：「安土重遷，黎民之性；〔六〕骨肉相附，人情所願也。頃者有司緣臣子之義，奏徙郡國民以奉園陵，令百姓遠棄先祖墳墓，破業失産，親戚别離，人懷思慕之心，家有不安之意。〔七〕是以東垂被虚耗之害，關中有無聊之民，〔八〕非久長之策也。詩不云虖：『民亦勞止，迄可小康，惠此中國，以綏四方。』〔九〕今所爲初陵者，勿置縣邑，使天下咸安土樂業，亡有動摇之心。布告天下，令明知之。」又罷先后父母奉邑。〔一〇〕

〔一〕服虔曰：戾太子母也。【補注】先謙曰：官本注在「及戾園」下。
〔二〕【補注】先謙曰：建昭五年夏，紀書復戾園，秋書復昭靈后、武哀王、昭哀后、衛思后園。復既書，則罷亦宜書。今紀文有衛思后園、戾園，而無昭靈后、武哀王、昭哀后，蓋傳寫奪之。荀紀、通鑑並書罷昭靈后、武哀王、昭哀后，亦其明證矣。

〔三〕【補注】先謙曰：此二事皆從貢禹前請。

〔四〕師古曰：先是諸陵總屬太常，今各依其地界屬三輔。

〔五〕服虔曰：元帝所置陵也。未有名，故曰初。【補注】王念孫曰：「原」字上有「北」字，而今本脱之，則不知在何方矣。漢紀正作「北原上」。宣紀云「以杜東原上爲初陵」，哀紀云「以渭城西北原上永陵亭部爲初陵」，皆其例也。

〔六〕師古曰：重，難也。

〔七〕【補注】錢大昭曰：「不安」，閩本作「不自安」。

〔八〕師古曰：秏，損也，音呼到反。

〔九〕師古曰：大雅民勞之詩也。止，語助也。迄，至也。康，安也。言人勞已久，至此可以小安逸之。施惠京師，以及四遠也。

〔一〇〕應劭曰：先后爲其父母置邑守家，以奉祭祀，既已久遠，又非典制，故罷之。師古曰：奉邑，奉音扶用反。

五年春正月，行幸甘泉，郊泰畤。三月，上幸河東，祠后土。

秋，潁川水出，流殺人民。〔一〕吏、從官縣被害者與告，〔二〕士卒遣歸。

〔一〕【補注】先謙曰：五行志作「夏及秋大水，潁川、汝南、淮陽、廬江雨，壞鄉聚民舍，及水流殺人」。

〔二〕晉灼曰：從官，猶從役從軍也。臣瓚曰：告，休假也。師古曰：晉説非也，從官即上侍從之官也。言凡爲吏爲從官，其本縣有被害者，皆與休告。

冬，上幸長楊射熊館，〔一〕布車騎，大獵。

〔一〕師古曰：射音食亦反。

十二月乙酉，毁太上皇、孝惠皇帝寢廟園。〔一〕

〔一〕【補注】先謙曰：以親盡毁。詳韋玄成傳。

建昭元年春，〔一〕三月，上幸雍，祠五畤。

〔一〕【補注】先謙曰：五行志「正月戊辰，隕石梁國，六」。

秋八月，有白蛾羣飛蔽日，從東都門至枳道。〔一〕

〔一〕如淳曰：三輔黄圖「長安城東面北頭門號曰宣平城門，其外郭曰東都門也」。師古曰：蛾，若今之蠶蛾類也。音五何反。枳音只。枳道解在高紀。【補注】先謙曰：官本注「若」上有「成羣」二字，引宋祁曰，顔注南本、唐本並無「成羣」二字。錢大昭云，閩本「若」字上有「成羣」二字。

冬，河間王元有罪，廢〔一〕遷房陵。罷孝文太后、孝昭太后寢園。

〔一〕【補注】先謙曰：坐賊殺不辜。

二年春正月，行幸甘泉，郊泰畤。三月，行幸河東，祠后土。益三河郡太守秩。〔一〕户十二萬爲大郡。

〔一〕【補注】王念孫曰：漢紀「秩」下有「中二千石」四字，是也。太守秩二千石，益之則爲中二千石。下文「令三輔都尉、大郡都尉秩皆二千石」，與此文同一例，若無「中二千石」四字，則文義不明。先謙曰：官本「郡」上有「大」字。

夏四月，赦天下。

六月，立皇子興爲信都王。〔一〕閏月丁酉，太皇太后上官氏崩。

〔一〕【補注】宋祁曰：「興」，越本作「輿」，予據表、傳，作「興」是。

冬十一月，齊楚地震，大雨雪，〔一〕樹折屋壞。

〔一〕師古曰：雨音于具反。【補注】先謙曰：五行志云深五尺。

淮陽王舅張博、魏郡太守京房坐窺道諸侯王以邪意，漏泄省中語，〔一〕博要斬，房棄市。〔二〕

〔一〕師古曰：道讀曰導。【補注】先謙曰：窺其意而道之。諸侯王謂淮陽王欽。

〔二〕【補注】先謙曰：房死不在歲末，説見傳。

三年夏，令三輔都尉、〔一〕大郡都尉〔二〕秩皆二千石。〔三〕

〔一〕【補注】宋祁曰：唐本無「都」字。

〔二〕【補注】宋祁曰：舊本、南本、唐本並無「郡」字，刊誤添。

〔三〕【補注】周壽昌曰：初比二千石也。比二千石，穀月百斛；二千石，穀月百二十斛。

六月甲辰，丞相玄成薨。〔一〕

〔一〕師古曰：韋玄成。

秋，使護西域騎都尉甘延壽、副校尉陳湯〔一〕撟發戊己校尉屯田吏士及西域胡兵攻郅支單于。〔二〕冬，斬其首，傳詣京師，縣蠻夷邸門。〔三〕

〔一〕師古曰：言延壽及湯本充西域之使，故先言使而後序其官職及姓名。

〔二〕師古曰：撟與矯同。矯，託也。實不奉詔，詐以上命發兵，故言矯發也。戊己校尉者，鎮安西域，無常治處，亦猶甲乙等各有方位，而戊與己四季寄王，故以名官也。時有戊校尉，又有己校尉。一説戊己位在中央，今所置校尉處三十六國之中，故曰戊己也。郅音質。【補注】先謙曰：官本注「矯發」作「撟發」，「季」作「李」。

〔三〕師古曰：縣，古懸字也。蠻夷邸，若今鴻臚客館。【補注】宋祁曰：唐本無「門」字。

四年春正月，以誅郅支單于告祠郊廟。赦天下。羣臣上壽置酒，以其圖書示後宮貴人。〔一〕

〔一〕服虔曰：討郅支之圖書也。或曰單于土地山川之形書也。師古曰：或説非。

夏四月，詔曰：「朕承先帝之休烈，〔一〕夙夜栗栗，懼不克任。間者陰陽不調，〔二〕五行失序，百姓饑饉。惟烝庶之失業，臨遣諫大夫博士賞等二十一人循行天下，〔三〕存問耆老鰥寡孤獨乏困失職之人，舉茂材特立之士。相將九卿，其帥意毋怠，使朕獲觀教化之流焉。」〔四〕

〔一〕師古曰：休，美也。烈，業也。

〔二〕【補注】宋祁曰：「不」，唐本作「未」。

〔三〕師古曰：行音下更反。

〔四〕【補注】先謙曰：帥、率字通。儀禮大射注「古文『帥』皆作『率』」。本書或言帥意，或言率意，或言悉意，或言盡意，義並相近。

六月甲申，中山王竟薨。

藍田地沙石雍霸水，〔一〕安陵岸崩，雍涇水，水逆流。〔二〕

〔一〕【補注】王念孫曰：此文當依漢紀、通鑑作「藍田地震山崩，沙石雍霸水」。此因地震故山崩，而沙石雍水也。今本脱「震山崩」三字，則敘事不明。御覽咎徵部七引此正作地震。下文安陵岸崩，亦承地震言之。

〔二〕孟康曰：安陵岸，惠帝陵旁涇水岸也。師古曰：雍讀曰壅。

五年春三月，詔曰：「蓋聞明王之治國也，明好惡而定去就，崇敬讓而民興行，故法設而民不犯，令施而民從。今朕獲保宗廟，兢兢業業，匪敢解怠，〔一〕德薄明晻，教化淺微。〔二〕傳不云虖?『百姓有過,在予一人。』〔三〕其赦天下,賜民爵一級,女子百户牛酒,三老、孝弟力田帛。」又曰:「方春農桑興,百姓戮力自盡之時也,〔四〕故是月勞農勸民,無使後時。〔五〕今不良之吏,覆案小罪,〔六〕徵召證案,興不急之事,以妨百姓,〔七〕使失一時之作,亡終歲之功,公卿其明察申敕之。」〔八〕

〔一〕師古曰:兢兢,慎也。業業,危也。解讀曰懈。

〔二〕師古曰:晻讀與暗同。

〔三〕師古曰:論語載殷湯伐桀告天下之文也。言君天下者,當任其憂責。

〔四〕【補注】先謙曰:官本「戮」作「勠」,是。

〔五〕師古曰:勞農,謂慰勉之。勞音來到反。

〔六〕師古曰:覆音方目反。【補注】宋祁曰:唐本無「之」字。

〔七〕【補注】周壽昌曰:言吏以覆讞小獄,牽引證佐,徵召多人,致百姓廢時失業。後世州縣敝政,不圖西漢時即已有此。

〔八〕師古曰:申,重也,一曰約束之耳。【補注】何焯曰:此今法農忙停訟所始。

夏六月庚申,復戾園。

壬申晦,日有蝕之。〔一〕

〔一〕【補注】先謙曰:五行志「不盡如鉤」。

秋七月庚子，復太上皇寢廟園、原廟、〔一〕昭靈后、武哀王、昭哀后、衛思后園。〔二〕

〔一〕文穎曰：高祖已自有廟，在長安城中，惠帝更於渭北作廟，謂之原廟。爾雅曰原者再，再作廟也。晉灼曰：原，本也。始祖之廟，故曰本也。師古曰：文說是。

〔二〕師古曰：昭靈后，高祖母也。武哀王，高祖兄也。昭哀后，高祖姊也。衛思后，戾太子母也。【補注】先謙曰：以上疾，夢祖宗譴，盡復之。惟郡國廟遂廢。

竟寧元年〔一〕春正月，匈奴虖韓邪單于來朝。〔二〕詔曰：「匈奴郅支單于背叛禮義，既伏其辜，虖韓邪單于不忘恩德，鄉慕禮義，〔三〕復修朝賀之禮，願保塞傳之無窮，邊垂長無兵革之事。其改元爲竟寧，賜單于待詔掖庭王檣爲閼氏。」〔四〕

〔一〕應劭曰：虖韓邪單于願保塞，邊竟得以安寧，故以冠元也。師古曰：據如應說，竟讀爲境，古之用字，境竟實同。但此詔云邊垂長無兵革之事，竟者，終極之言，言永安寧也。既無兵革，中外安寧，豈止境上，若依本字而讀，義更弘通也。【補注】錢大昭曰：應說是，顔泥詔中「長」字，故以竟爲終極之言。果如其說，在漢人文義，必曰永寧矣。周壽昌曰：陳湯傳「耿育爲湯訟冤疏云『改年垂曆，傳之無窮』」。明指竟寧紀元爲單于保塞安邊事，顔(彼)注「上書者附著耳」。通鑑胡注亦引紀元詔，駁顔說爲非。先謙曰：邊垂即境上也，顔謂「豈止境上」，與詔意不合，諸說並是。官本注「境竟」作「竟境」。

〔二〕【補注】宋祁曰：虖當作呼。

〔三〕師古曰：鄉讀曰嚮。

〔四〕應劭曰：郡國獻女未御見，須命於掖庭，故曰待詔。王檣，王氏女，名檣，字昭君。文穎曰：本南郡秭歸人也。蘇林曰：閼氏音焉支，如漢皇后也。師古曰：秭音姊。【補注】梁玉繩曰：「檣」，匈奴傳作「牆」，説文無嬙字，左傳「妃嬙嬪御」，唐石經本作「牆」。漢書王檣字從爿，此紀作「檣」，恐是「牆」之譌。先謙曰：此因單于請而賜之。

皇太子冠。賜列侯嗣子爵五大夫，〔一〕天下爲父後者爵一級。

〔一〕師古曰：第九爵。

二月，御史大夫延壽卒。〔一〕

〔一〕師古曰：即繁延壽也。繁音蒲何反。【補注】錢大昭曰：延壽不書姓，疑脱。

三月癸未，復孝惠皇帝寢廟園、孝文太后、孝昭太后寢園。

夏，封騎都尉甘延壽爲列侯。賜副校尉陳湯爵關内侯，黄金百斤。

五月壬辰，帝崩于未央宫。〔一〕

〔一〕臣瓚曰：帝年二十七即位，即位十六年，壽四十三。【補注】錢大昭曰：漢紀「元帝即位年二十六」，據本紀云年二歲，宣帝即位，則荀紀是。

毁太上皇、孝惠、孝景皇帝廟。罷孝文、孝昭太后、昭靈后、武哀王、昭哀后寢園。〔一〕

〔一〕【補注】先謙曰：從匡衡之請。

秋七月丙戌，葬渭陵。〔一〕

〔一〕臣瓚曰：自崩及葬凡五十五日。渭陵在長安北五十六里也。

贊曰：臣外祖兄弟爲元帝侍中，〔一〕語臣曰元帝多材蓺，善史書。〔二〕鼓琴瑟，吹洞簫。〔三〕自度曲，被歌聲，〔四〕分刌節度，〔五〕窮極幼眇。〔六〕少而好儒，及即位，徵用儒生，委之以政，貢、薛、韋、匡，迭爲宰相。〔七〕而上牽制文義，優游不斷，〔八〕孝宣之業衰焉。然寬弘盡下，〔九〕出於恭儉，號令温雅，有古之風烈。〔一〇〕

〔一〕應劭曰：元、成帝紀皆班固父彪所作，臣則彪自説也。外祖，金敞也。如淳曰：班固外祖，樊叔皮也。師古曰：應説是。

〔二〕應劭曰：周宣王太史史籀所作大篆。【補注】錢大昕曰：應説非也。漢律，太史試學童，能諷書九千字以上，乃得爲史，見蓺文志。貢禹傳「武帝時，盜賊起郡國，擇便巧史書者，以爲右職，俗皆曰『何以禮義爲？史書而仕宦』」。酷吏傳「嚴延年善史書，所欲誅殺，奏成於手中，主簿、親近史不得聞知」。蓋史書者，令史所習之書，猶言隸書也。善史書者，謂能識字作隸書耳，豈皆盡通史籀十五篇乎？外戚傳「許皇后聰慧善史書」，西域傳「楚主侍者馮嫽能史書」，王尊傳「少善史書」，後漢書安帝紀「年十歲，好學史書」，皇后紀「鄧皇后六歲能史書，梁皇后少好史書」，章八王傳「安帝所生母左姬善史書」，齊武王傳「北海敬王睦善史書，當世以爲楷則」，明八王傳「樂成靖王黨善史書，喜正文字」，諸所稱善史書者，無過諸王后妃嬪侍之流，略知隸楷已足成名，非真精通篆籀也。魏志管寧傳「潁川胡昭善史書，與鍾繇、邯鄲淳、衞覬、韋誕並有尺牘之迹，動見模楷」，則史書之即隸書明矣。

〔三〕如淳曰：簫之無底者。【補注】何焯曰：王褒頌曰「原夫簫幹之所生，於江南之邱墟，洞條暢而罕節，標敷紛以扶疏」。是洞簫以一幹無節，故得此名。博雅謂「簫大者無底，小者有底」。如注非也。

〔四〕應劭曰：自隱度作新曲，因持新曲以爲歌詩聲也。荀悦曰：被聲，能播樂也。臣瓚曰：度曲，謂歌終更授其次，謂之度曲。西京賦曰「度曲未終，雲起雪飛」。張衡舞賦亦曰「度終復位，次受二八」。師古曰：應、荀二説皆是也。度音大各反。被音皮義反。【補注】何焯曰：從注中瓚説，則度讀本音，然班之文義，先度而後被之於歌，則應説爲諦也。先謙曰：官本無「亦曰」二字。

〔五〕蘇林曰：刌，度也，知曲之終始節度也。韋昭曰：刌，切也，謂能分切句絶爲之節制也。師古曰：韋説是也。刌音千本反。

〔六〕師古曰：幼眇讀曰要妙。

〔七〕師古曰：貢禹、薛廣德、韋賢、匡衡迭互而爲丞相也。迭音大結反。【補注】齊召南曰：案貢禹、薛廣德止爲御史大夫，而贊與韋、匡並列，漢世以御史大夫爲丞相之副，故與丞相並稱兩府。其後改丞相曰司徒，改御史大夫曰司空，遂並爲三公矣。蕭望之嘗爲御史大夫，後爲前將軍，曰「吾備位將相」，亦是此義。何焯曰：韋賢爲相，在昭、宣之際，則此應謂其子玄成也。沈欽韓曰：御史大夫亦三公之列，故得稱宰相。師古竟目以丞相，謬矣。

〔八〕師古曰：爲文義所牽制，故不斷決。

〔九〕【補注】先謙曰：謂詔求直言，能盡下意。

〔一〇〕【補注】錢大昭曰：閩本「風烈」下有「也」字。王先慎曰：御覽卷八十九引亦有「也」字。

成帝紀第十

孝成皇帝，〔一〕元帝太子也。母曰王皇后，元帝在太子宮生甲觀畫堂，〔二〕爲世嫡皇孫。宣帝愛之，字曰太孫，〔三〕常置左右。年三歲而宣帝崩，元帝即位，帝爲太子。壯好經書，寬博謹慎。初居桂宮，〔四〕上嘗急召，太子出龍樓門，〔五〕不敢絶馳道，〔六〕西至直城門，〔七〕得絶乃度，還入作室門。上遲之，問其故，以狀對。上大說，〔八〕乃著令，令太子得絶馳道云。〔九〕其後幸酒，樂燕樂，〔一〇〕上不以爲能。而定陶恭王有材蓺，母傅昭儀又愛幸，上以故常有意欲以恭王爲嗣，賴侍中史丹護太子家，輔助有力，〔一一〕上亦以先帝尤愛太子，故得無廢。

〔一〕荀悦曰：諱驁，字太孫。驁之字曰俊。應劭曰：謚法「安民立政曰成」。師古曰：驁音五到反。

〔二〕應劭曰：甲觀在太子宮甲地，主用乳生也。畫堂畫九子母。如淳曰：甲觀，觀名。畫堂，堂名。三輔黃圖云「太子宮有甲觀」。師古曰：甲者，甲乙丙丁之次也。元后傳言見於丙殿，此其例也。而應氏以爲在宮之甲地，謬矣。畫堂，但畫飾耳，豈必九子母乎？霍光止畫室中，是則宮殿中通有彩畫之堂室。【補注】沈欽韓曰：應所言指產舍也，畫九子母，蓋應所目知。案玉海，晉宮闕名洛陽宮、螽斯堂，則百堂，蓋此類也。周壽昌曰：漢宮閣疏云「未央宮有畫堂甲觀，非常室」。蓋漢制多以干支立名，如律令有甲令、乙令、丙令，計簿有甲帳、乙帳，漏刻稱甲夜、乙夜。甲觀可類推，顏注是。後書清河王慶傳「以長別居丙舍」，後書百官志「有丙舍長一人」，是又有甲舍、乙舍等名也。

〔三〕【補注】何焯曰：漢諸帝高祖、宣帝、光武興於民間，以字著，獻帝遜位，字亦著焉。唯成帝之字，則以古無太孫之號，宣帝以世嫡，故特呼之，亦傳爲字，後世遂目世嫡皇孫曰太孫也。周壽昌曰：太孫猶太子之稱，如武帝時戾太子之子曰皇孫，皇孫之子曰皇曾孫也。字非名字之字，亦猶宣帝號曰皇曾孫，非必即其名號，但呼之如此耳。太子必立而始稱，此未立而即稱，則宣帝愛之之故也。

〔四〕師古曰：三輔黃圖桂宮在城中，近北宮，非太子宮。

〔五〕張晏曰：門樓上有銅龍，若白鶴、飛廉之爲名也。

〔六〕應劭曰：馳道，天子所行道也，若今之中道。師古曰：絕，橫度也。

〔七〕晉灼曰：黃圖西出南頭第二門也。

〔八〕師古曰：說讀曰悅。

〔九〕師古曰：言云者，此舉著令之文。【補注】王念孫曰：顏說非也。云猶焉也，足句之詞，本無意義。封禪書「乃令祠官進時犢牢具，色食所勝，而以木禺馬代駒焉」。郊祀志「焉」作「云」，是其證。漢書中若是者多矣，若必求「云」字之義，則皆不可通。

〔一〇〕晉灼曰：幸酒，好酒也。樂燕，沈讌也。師古曰：幸酒，晉說是也。樂燕樂者，論語稱孔子云「損者三樂：樂驕樂，樂逸遊，樂燕樂，損矣」。燕樂，燕私之樂也。上樂讀如本字，又音五孝反。下樂音來各反。今流俗本無下樂字，後人不曉輒去之。【補注】先謙曰：據晉說所見本，即無下「樂」字。

〔一一〕【補注】先謙曰：事詳丹傳。

竟寧元年五月，元帝崩。六月己未，〔一〕太子即皇帝位，謁高廟。尊皇太后曰太皇太后，

皇后曰皇太后。〔二〕以元舅侍中衛尉陽平侯王鳳爲大司馬大將軍，領尚書事。〔三〕

〔一〕【補注】錢大昭曰：「己未」誤，荀紀作「乙未」。先謙曰：通鑑從紀作「己未」。

〔二〕【補注】周壽昌曰：太皇太后，邛成王皇后；皇太后，王皇后也。

〔三〕【補注】先謙曰：王氏得權自此始。

乙未，有司言：「乘輿車、牛馬、禽獸皆非禮，不宜以葬。」奏可。

七月，大赦天下。

建始元年春正月乙丑，皇曾祖悼考廟災。〔一〕

〔一〕文穎曰：宣帝父史皇孫廟。【補注】先謙曰：五行志作「皇考廟災」，蓋奪文。荀紀、通鑑並作「悼考廟」。

立故河間王弟上郡庫令良爲王。〔一〕

〔一〕如淳曰：漢官北邊郡庫，官之兵器所藏，故置令。

有星孛于營室。〔一〕

〔一〕【補注】先謙曰：五行志「青白色，長六七丈，廣尺餘」。

罷上林詔獄。〔一〕

〔一〕師古曰：漢舊儀云上林詔獄主治苑中禽獸宮館事，屬水衡。

二月，右將軍長史姚尹等使匈奴還，去塞百餘里，暴風火發，燒殺尹等七人。〔一〕

〔一〕【補注】先謙曰：荀紀作「十餘人」。

賜諸侯王、丞相、將軍、列侯、王太后、公主、王主、〔一〕吏二千石黄金，宗室諸官吏千石以下至二百石及宗室子有屬籍者、三老、孝弟力田、鰥寡孤獨錢帛，各有差，吏民五十户牛酒。

〔一〕張晏曰：天子女曰公主，秩比公也。王主，王之女也。師古曰：王主則翁主也。王自主婚，故曰王主。

詔曰：「乃者火災降於祖廟，有星孛于東方，始正而虧，〔一〕咎孰大焉！〔二〕書云：『惟先假王正厥事。』〔三〕羣公孜孜，帥先百寮，輔朕不逮。〔四〕崇寬大，長和睦，凡事恕己，毋行苛刻。〔五〕其大赦天下，使得自新。」

〔一〕如淳曰：言始即帝之正而有彗星之虧也。【補注】蘇輿曰：此承上二者言，天降災以示虧失，非專指彗星。

〔二〕師古曰：孰有大於此者。孰，誰也。

〔三〕師古曰：商書高宗肜日載武丁之臣祖己之辭也。假，至也。言先古至道之君，遭遇災變，則正其行事，修德以應之。

〔四〕師古曰：孜孜，不怠之意。（致）〔孜〕音茲。

〔五〕師古曰：恕者，仁也。恕己之心以度於物。

封舅諸吏光禄大夫關内侯王崇爲安成侯。〔一〕賜舅王譚、商、立、根、逢時爵關内侯。

〔一〕應劭曰：百官表諸吏得舉法案劾，職如御史中丞。武帝初置，皆兼官所加，或列侯、將軍、卿大夫爲之，無員也。

夏四月，黄霧四塞，〔一〕博問公卿大夫，無有所諱。六月，有青蠅無萬數〔二〕集未央宫殿中朝者坐。〔三〕

〔一〕【補注】先謙曰：五行志「壬寅晨，大風從西北起，雲氣赤黄，四塞天下」。「四月」下當有「壬寅」二字。

〔二〕師古曰：言其極多，雖欲以萬數計之而不可得，故云無萬數。

〔三〕服虔曰：公卿以下朝會坐也。晉灼曰：内朝臣之朝坐也。師古曰：朝臣坐之在宫殿中者也，服説是矣。坐音才卧反。

秋，罷上林宫館希御幸者二十五所。

八月，有兩月相承，晨見東方。〔一〕

〔一〕服虔曰：相承，在上下也。應劭曰：案京房易傳云「君弱如婦，爲陰所乘，則兩月出」。【補注】先謙曰：兩月重見，非八月每夜皆然，義當書日。五行志作「八月戊午，晨漏未盡三刻」。明此「八月」下脱「戊午」二字。

九月戊子，流星光燭地，長四五丈，委曲蛇形，貫紫宫。

十二月，作長安南北郊，罷甘泉、汾陰祠。是日大風，拔甘泉畤中大木十韋以上。〔一〕郡國被災什四以上，毋收田租。〔二〕

〔一〕師古曰：韋與圍同。【補注】蘇輿曰：韋、圍義別，此以韋爲圍。曹參傳「韋津」作「圍津」，皆通借字。
〔二〕師古曰：什四，謂田畝所收十損其四。

二年春正月，罷雍五畤。〔一〕辛巳，上始郊祀長安南郊。詔曰：「乃者徙泰畤、后土于南郊、北郊，朕親飭躬，郊祀上帝。〔二〕皇天報應，神光並見。三輔長無共張繇役之勞，〔三〕赦奉郊縣長安、長陵〔四〕及中都官耐罪徒。〔五〕減天下賦錢，算四十。」〔六〕

〔一〕【補注】先謙曰：此與前年作郊罷祠，並從匡衡之請。
〔二〕師古曰：飭，整也，讀與敕同。
〔三〕師古曰：共音居用反。張音竹亮反。謂供具張設。他皆類此。【補注】宋祁曰：姚本注云，漢每上雍祀甘泉，有千乘萬騎置頓之勞，今移祀於南郊郊，故有共帳繇役也。錢大昭曰：文選東都賦注引張晏云「張，帷帳也」。小顏以爲供具張設，故不取其說。先謙曰：宋説「故有」當作「故無」。「南郊郊」，上「郊」作「北」。
〔四〕應劭曰：天郊在長安城南，地郊在長安城北長陵界中，二縣有奉郊之勤，故一切並赦之。
〔五〕師古曰：中都官，京師諸官府。
〔六〕孟康曰：本算百二十，今減四十，爲八十。

閏月，以渭城延陵亭部爲初陵。

二月，詔三輔内郡舉賢良方正各一人。〔一〕

〔一〕師古曰：内郡，謂非邊郡。

三月，北宮井水溢出。〔一〕

〔一〕【補注】先謙曰：詳五行志。

辛丑，上始祠后土于北郊。

丙午，立皇后許氏。〔一〕

〔一〕師古曰：許嘉女。

罷六廄、技巧官。〔一〕

〔一〕服虔曰：倡技巧者也。師古曰：謂巧埶之技耳，非倡樂之技也。【補注】齊召南曰：百官表六廄、技巧二官，有令有丞，屬水衡都尉。師古但解技巧，未釋六廄，於百官表注引漢舊儀，即以太僕之大廄解之，恐未爲當。此所罷者，止言水衡所屬之六廄，非太僕所屬也。下文又云「減乘輿廄馬」，則太僕所屬者矣。先謙曰：百官表敘水衡九屬官，技巧在六廄上，明是二官。又云「成帝建始二年，省技巧、六廄官」，尤其顯證，服、顔失考耳。荀紀作「罷少府技巧官」，殆轉寫之誤，少府無技巧官也。

夏，大旱。

東平王宇有罪，削樊、亢父縣。〔一〕

〔一〕師古曰：樊及亢父，東平之二縣也。亢音抗。父音甫。【補注】先謙曰：樊在今兗州府滋陽縣西南。亢父見高紀。

秋，罷太子博望苑，〔一〕以賜宗室朝請者。〔二〕減乘輿廄馬。

〔一〕文穎曰：武帝爲衞太子作此苑，令受賓客也。【補注】先謙曰：見武五子傳。

〔二〕師古曰：請音才性反。

三年春三月，赦天下徒。賜孝弟力田爵二級。諸逋租賦所振貸勿收。

秋，關内大水。〔一〕七月，虒上小女陳持弓聞大水至，走入橫城門，闌入尚方掖門，〔二〕至未央宮鉤盾中。〔三〕吏民驚上城。九月，詔曰：「乃者郡國被水災，流殺人民，多至千數。京師無故訛言大水至，〔四〕吏民驚恐，奔走乘城。〔五〕殆苛暴深刻之吏未息，元元冤失職者衆。〔六〕遣諫大夫林等循行天下。」〔七〕

〔一〕【補注】先謙曰：五行志作「夏大水，三輔霖雨三十餘日，郡國十九雨。山谷水出，凡殺四千餘人，壞官寺民舍八萬三千餘所」。

〔二〕服虔曰：虒音斯。應劭曰：虒上，地名，在渭水邊。陳，姓也。持弓，名也。無符籍妄入宮曰闌。掖門者，正門之傍小門也。如淳曰：橫音光。三輔黃圖北面西頭第一門。師古曰：掖門在兩傍，言如人（背）〔臂〕掖也。【補注】王先慎曰：五行志作「十月丁未，小女年九歲」也。先謙曰：官本「宮」作「官」。「黃」作「皇」。

〔三〕【補注】周壽昌曰：百官表少府官屬，鉤盾五丞兩尉。顔注「鉤盾主苑囿」。鉤盾中，未央宮苑中也。

〔四〕師古曰：訛，僞言。

〔五〕師古曰：乘，登也。

〔六〕師古曰：職，常也，失其常業。

〔七〕師古曰：行音下更反。

冬十二月戊申朔，日有蝕之。〔一〕夜，地震未央宮殿中。〔二〕詔曰：「蓋聞天生衆民，〔三〕不能相治，爲之立君以統理之。君道得，則草木昆蟲咸得其所；〔四〕人君不德，謫見天地，〔五〕災異婁發，以告不治。〔六〕朕涉道日寡，舉錯不中，〔七〕乃戊申日蝕地震，朕甚懼焉。公卿其各思朕過失，明白陳之。『女無面從，退有後言。』〔八〕丞相、御史與將軍、列侯、中二千石及内郡國舉賢良方正能直言極諫之士，詣公車，朕將覽焉。」

〔一〕【補注】先謙曰：五行志「日食婺女九度」。

〔二〕【補注】先謙曰：官本「中」作「下」。

〔三〕【補注】先謙曰：官本考證云，宋本無「蓋聞」二字，別本俱有。

〔四〕師古曰：昆，衆也，昆蟲言衆蟲也。又許慎説文云「二虫爲蚰，讀與昆同，謂蟲之總名」。兩義並通。而鄭康成以昆蟲爲明蟲，失之矣。虫音許尾反。【補注】先謙曰：官本謂蟲之總名，「蟲」作「虫」。

〔五〕師古曰：言天地見變，所以責之。

〔六〕師古曰：婁，古屢字也。治音丈吏反。

〔七〕師古曰：中，當也，音竹仲反。

〔八〕師古曰：虞書益稷之篇云，帝曰「予違汝弼，汝無面從，退有後言」。謂我有違道，汝當正之，無得對面則順從唯唯，退後則有謗讟之言也。故此詔引之。

越巂山崩。〔一〕

〔一〕【補注】先謙曰：官本「巂」作「雋」。

四年春，〔一〕罷中書宦官，〔二〕初置尚書員五人。〔三〕

〔一〕【補注】先謙曰：五行志「正月癸卯，隕石稾，四；肥累，一」。

〔二〕臣瓚曰：漢初中人有中謁者令。孝武加中謁者令爲中書謁者令，置僕射。宣帝時，任中書官弘恭爲令，石顯爲僕射。元帝即位數年，恭死，顯代爲中書令，專權用事。至成帝乃罷其官。【補注】錢大昭曰：瓚説非也。百官表少府有「中書謁者、黄門、鉤盾、尚方、御府、永巷、内者、宦者〔七〕〔八〕官令丞。諸僕射、署長、中黄門皆屬焉」。又曰「成帝建始四年，更名中書謁者令爲中謁者令」。然則漢初但有中書謁者令，成帝罷中書之名，改爲中謁者令耳，豈得謂武帝所加乎？僕射亦非孝武始置。

〔三〕師古曰：漢舊儀云尚書四人爲四曹：常侍尚書主丞相御史事，二千石尚書主刺史二千石事，户曹尚書主庶人上書事，主客尚書主外國事。成帝置五人，有三公曹，主斷獄事。【補注】錢大昭曰：漢官儀云尚書四員，武帝置，成帝加一爲五。有侍曹尚書，户曹尚書，主客尚書，二千石尚書，成帝加三公尚書，主斷獄事。見後漢書光武紀注。

夏四月，雨雪。〔一〕

〔一〕師古曰：雨音于具反。【補注】先謙曰：五行志云燕多死。

五月，中謁者丞陳臨殺司隸校尉轅豐於殿中。〔一〕

〔一〕應劭曰：豐爲長安令，治有能名，擢拜司隸校尉。臨素與豐有怨，見其尊顯，畏爲己害，拜訖未出，使人刺殺。【補注】錢大昭曰：百官表有中書謁者令丞，是時令已改爲中謁者，則丞亦改矣，故有中謁者丞。王先慎曰：荀紀「轅」作「袁」，古字通。

秋，桃李實。大水，河決東郡金隄。〔一〕冬十月，御史大夫尹忠以河決不憂職，自殺。

〔一〕師古曰：金隄者，河隄之名，今在滑州界。

河平元年春三月，〔一〕詔曰：「河決東郡，流漂二州，〔二〕校尉王延世隄塞輒平，〔三〕其改元爲河平。賜天下吏民爵，各有差。」

〔一〕【補注】先謙曰：五行志「正月日赤。三月乙未，日出黃，有黑氣大如錢，居日中央」。

〔二〕師古曰：兗州、豫州之地。

〔三〕【補注】先謙曰：事見溝洫志。

夏四月己亥晦，日有蝕之，既。〔一〕詔曰：「朕獲保宗廟，戰戰栗栗，未能奉稱。〔二〕傳曰：『男教不修，陽事不得，則日爲之蝕。』天著厥異，辜在朕躬。公卿大夫其勉悉心，以輔不逮。〔三〕百寮各修其職，惇任仁人，退遠殘賊。〔四〕陳朕過失，無有所諱。」大赦天下。

〔一〕【補注】先謙曰：五行志「在東井六度」。

〔二〕師古曰：謂不副先帝之業。

〔三〕師古曰：悉，盡也。逮，及也。

〔四〕師古曰：惇，厚也。遠，離也，遠音于萬反。

六月，罷典屬國并大鴻臚。

秋九月，復太上皇寢廟園。〔一〕

〔一〕【補注】先謙曰：從平當之請。

二年春正月，沛郡鐵官冶鐵飛。語在五行志。

夏〔一〕六月，封舅譚、商、立、根、逢時皆爲列侯。〔二〕

〔一〕【補注】先謙曰：五行志「四月，楚國雨雹，大如斧，飛鳥死」。

〔二〕【補注】蘇輿曰：五侯同日封，宜著其日，據表在乙亥。

三年春二月丙戌，犍爲地震山崩，〔一〕雍江水，水逆流。〔二〕

〔一〕師古曰：犍音其言反，又其連反。【補注】先謙曰：五行志「柏江山崩，捐江山崩，地震積二十一日，百二十四動」。

〔二〕師古曰：雍音壅。其下皆同。

秋八月乙卯晦，日有蝕之。〔一〕

〔一〕【補注】先謙曰：五行志「在房」。

光禄大夫劉向校中祕書。〔一〕謁者陳農使，使求遺書於天下。〔二〕

〔一〕師古曰：言中以別外。【補注】何焯曰：向校中祕書，大書於帝紀，尊經籍也。

〔二〕師古曰：言令陳農爲使，而吏反下使使之求遺書也。上使音所讀如本字。【補注】錢大昭曰：「吏反下使」四字當在「音所」二字之下。先謙曰：官本注不誤。

四年春正月，匈奴單于來朝。

赦天下徒，賜孝弟力田爵二級，諸逋租賦所振貸勿收。

二月，單于罷歸國。

三月癸丑朔，日有蝕之。〔一〕

〔一〕【補注】先謙曰：五行志「在昴」。

遣光禄大夫、博士嘉等十一人，〔一〕行舉瀕河之郡〔二〕水所毀傷困乏不能自存者，財振貸。〔三〕其爲水所流壓死，不能自葬，令郡國給槥櫝葬埋。〔四〕已葬者與錢，人二千。避水它郡國，在所冗食之，〔五〕謹遇以文理，無令失職。〔六〕舉惇厚有行能直言之士。

〔一〕【補注】錢大昭曰：嘉，漢紀作孟嘉。

〔二〕師古曰：巡行而舉其狀也。瀕，水厓也。瀕河言傍河也。行音下更反。瀕音頻，又音賓。傍音步浪反。【補注】錢大昭曰：瀕與顈同，俗作濱。

〔三〕師古曰：財與裁同，謂量其等差而振貸之。【補注】錢大昭曰：古財與裁通。史記封禪書「民里各自財以祠」。本書作「自裁」。

〔四〕師古曰：槥櫝謂小棺。槥音衞。櫝音讀。

〔五〕文穎曰：宂，散也。散廩食使生活，不占著戶給役使也。如淳曰：散著人間給食之，官償其直也。師古曰：文說是也。宂音如勇反。食讀曰飤。

〔六〕師古曰：勿使失其常理。

壬申，長陵臨涇岸崩，雍涇水。

夏六月庚戌，楚王囂薨。

山陽火生石中，改元爲陽朔。

陽朔元年。〔一〕

〔一〕應劭曰：時陰盛陽微，故改元曰陽朔，欲陽之蘇息也。師古曰：應說非也。朔，始也。以火生石中，言陽氣之始。

春二月丁未晦，日有蝕之。〔一〕

〔一〕【補注】先謙曰：五行志「在胃」。

三月，赦天下徒。

冬，京兆尹王章有罪，下獄死。〔一〕

〔一〕【補注】何焯曰：章不言爲王鳳所害，於體例不能一也。

二年春，寒。詔曰：「昔在帝堯立羲、和之官，〔一〕命以四時之事，令不失其序。故書云『黎民於蕃時雍』，〔二〕明以陰陽爲本也。今公卿大夫或不信陰陽，薄而小之，〔三〕所奏請多違時政。〔四〕傳以不知，周行天下，〔五〕而欲望陰陽和調，豈不謬哉！其務順四時月令。」

〔一〕應劭曰：尚書堯典曰「乃命羲、和」。羲氏、和氏世掌天地之官。

〔二〕應劭曰：黎，衆也。時，是也。雍，和也。言衆民於是變化，用是太和也。韋昭曰：蕃，多也。師古曰：此虞書堯典之辭也。今尚書作變，而此紀作蕃，兩説並通。蕃音扶元反。【補注】錢大昭曰：蕃當音薄河切。蘇輿曰：段玉裁古文尚書撰異云「今文尚書作蕃，應用古文尚書讀蕃如變，韋訓蕃如多，則如今文説不改字」。案，詔意以時雍爲授時後事，亦今文異説。

〔三〕師古曰：謂爲輕小之事也。

〔四〕李奇曰：時政，月令也。

〔五〕如淳曰：在位者皆不知陰陽時政，轉轉相因，故令後人遂不知也。師古曰：如説非也。言遞相因循，以所不知之事，施設教命，周遍天下。

三月，大赦天下。

夏五月，〔一〕除吏八百石、五百石秩。〔二〕

〔一〕【補注】宋祁曰：古本無「夏」字。

〔二〕李奇曰：除八百就六百，除五百就四百。

秋，關東大水，流民欲入函谷、天井、壺口、五阮關者，勿苛留。〔一〕遣諫大夫、博士分行視。〔二〕

〔一〕應劭曰：天井在上黨高都。壺口在壺關。五阮在代郡。如淳曰：阮音近捲反。師古曰：苛，細刻也。阮音其遠反。苛音何。【補注】齊召南曰：案地理志代郡無五阮關，有五原關，疑五阮即五原，音之轉耳。沈欽韓曰：淮南氾論「北至飛狐、陽原」，注「或曰陽原，代郡廣昌東五阮關是也」。代郡廣昌，今蔚州縣。後漢烏桓傳「伏波將軍馬援將三千騎出五阮關，掩擊烏桓」。方輿紀要「天井關，在澤州南四十五里，當太行絶頂，其南即羊腸坂道。壺關山在潞安府東南十三里，山形似壺，古置關於此。紫荆關在保定府易州西八十里，代州廣昌縣東北百里，或曰即古之五阮關」。愚謂五阮蓋在飛狐、倒馬間，非紫荆關也。先謙曰：官本注「何」作「河」。「流民」上疑當有「詔」字。

〔二〕師古曰：行音下更反。

八月甲申，定陶王康薨。

九月，奉使者不稱，〔一〕詔曰：「古之立太學，將以傳先王之業，流化於天下也。儒林之官，四海淵原，宜皆明於古今，温故知新，通達國體，〔二〕故謂之博士。否則學者無述焉，爲下所輕，非所以尊道德也。『工欲善其事，必先利其器。』〔三〕丞相、御史其與中二千石、二千石

雜舉可充博士位者，使卓然可觀。」〔四〕

〔一〕師古曰：不副上意。【補注】先謙曰：奉使不稱，非繫月之事，下又無責譴明文，書法不合史例，疑當在「分行視」下，傳寫誤移之耳。且奉使者，上文有諫大夫、博士二者，下文但言博士，不及諫大夫，知不與奉使不稱相繫屬也。

〔二〕師古曰：温，厚也。謂厚積於故事也。【補注】周壽昌曰：論語集解「温，尋也」。皇疏「温，燖也」。温是尋繹之義，亦是燖煖之義。禮記中庸注謂「故學之熟矣，復時習之謂温」。顏注晦。

〔三〕師古曰：論語載孔子之言也。故此詔引焉。

〔四〕師古曰：卓然，高遠之貌也。

是歲，御史大夫張忠卒。〔一〕

〔一〕師古曰：史不記其月，故書之於歲末。其下王駿亦同。

三年春三月壬戌，隕石東郡，八。〔一〕

〔一〕【補注】先謙曰：五行志「二月，隕石白馬，八」。此舉郡，志舉縣，月異。

夏六月，潁川鐵官徒申屠聖等百八十人〔一〕殺長吏，盜庫兵，自稱將軍，經歷九郡。〔二〕遣丞相長史、御史中丞逐捕，以軍興從事，皆伏辜。〔三〕

〔一〕【補注】錢大昭曰：潁川陽城有鐵官。

〔二〕【補注】周壽昌曰：聖等亂不逾月即滅，何能經歷九郡？所經何郡亦無主名，疑郡是縣誤。鴻嘉三年，廣漢鄭躬反，聚衆萬人，逾年始平，不過犯歷四縣，可類推也。先謙曰：周説是也。荀紀改爲經歷郡國，蓋已疑及此矣。

〔三〕師古曰：逐捕之事須有發興，皆依軍法。

秋八月丁巳，大司馬大將軍王鳳薨。〔一〕

〔一〕【補注】錢大昕曰：案，大司馬書薨，自元狩六年霍去病始。其不書姓，亦如丞相例。惟陽朔三年大司馬大將軍王鳳、永始二年大司馬車騎將軍王音、元延元年大司馬大將軍王商兼書姓。

四年春正月，詔曰：「夫洪範八政，以食爲首，〔一〕斯誠家給刑錯之本也。〔二〕先帝劭農，〔三〕薄其租税，寵其彊力，〔四〕令與孝弟同科。〔五〕間者，民彌惰怠，鄉本者少，趨末者衆，將何以矯之？〔六〕方東作時，〔七〕其令二千石勉勸農桑，出入阡陌，致勞來之。〔八〕書不云乎？『服田力嗇，乃亦有秋。』〔九〕其勗之哉！」

〔一〕師古曰：洪範，尚書篇名，箕子爲周武王所説。洪，大也。範，法也。八政一曰食，蓋王政之所先，故以爲首。

〔二〕師古曰：言倉廩充盈，則家家自足，人不犯禁，無所用刑也。

〔三〕蘇林曰：劭音翹，精異之意也。晉灼曰：劭，勸勉也。師古曰：晉説是也。其字從力，音時召反。【補注】錢大昭曰：説文「劭，勉也，讀若舜樂韶」。

〔四〕師古曰：謂優寵力田之人。

〔五〕師古曰：謂每同薦舉及加賜也。

〔六〕師古曰：鄉讀曰嚮。矯，正也。

〔七〕應劭曰：東作，耕也。師古曰：春位在東，耕者始作，故曰東作。虞書堯典曰「平秩東作」。

〔八〕師古曰：阡陌，田間道也，南北曰阡，東西曰陌，蓋秦時商鞅所開也。勞來，勸勉之意也。勞音郎到反。來音郎代反。

〔九〕應劭曰：農夫服田，厲其膂力，乃有秋收也。師古曰：此商書盤庚之辭。【補注】錢大昭曰：嗇古穡字。詩伐檀云「不稼不穡」，石經魯詩殘碑作「嗇」。書無逸云「先知稼穡之艱難」，蔡邕石經作「嗇」。商書「舍我穡事」，史記作「嗇」。

二月，赦天下。〔一〕

〔一〕【補注】先謙曰：五行志「四月雨雪，燕雀死」。

秋九月壬申，東平王宇薨。

閏月壬戌，御史大夫于永卒。〔一〕

〔一〕師古曰：于定國子。

鴻嘉元年春二月，詔曰：「朕承天地，獲保宗廟，明有所蔽，德不能綏，刑罰不中，衆冤失職，趨闕告訴者不絕。是以陰陽錯謬，寒暑失序，〔一〕日月不光，百姓蒙辜，朕甚閔焉。〔二〕書不云乎？『即我御事，罔克耆壽，咎在厥躬。』〔三〕方春生長時，臨遣諫大夫理等〔四〕舉三輔、三河、弘農冤獄。公卿大夫、部刺史明申敕守相，稱朕意焉。其賜天下民爵一級，女子百戶牛酒，加賜鰥寡孤獨高年帛。逋貸未入者勿收。」

〔一〕師古曰：序，次也。

〔二〕師古曰：蒙，被也。

〔三〕文穎曰：此尚書文侯之命篇中辭也。言我周家用事者，無能有耆老賢者，使國之危亡，罪咎在其用事者也。師古曰：「咎在厥躬」，平王自謂，故帝引之以自責耳。文氏乃云咎在用事，斯失之矣。【補注】蘇輿曰：今尚書作「罔或耆壽，俊在厥服」，隸古定本同。據文注以賢者釋俊字，則漢末所見本，「耆壽」下有「俊」字，咎在其用事者，正釋厥躬之義。若如顏駮，則當云朕躬，而不當云厥躬矣。或以爾雅服訓事，疑文見本作「服」，亦非。詔文所引，蓋今文尚書「或」作「克」，「俊」下多「咎」字，「服」作「躬」，與古文異。

〔四〕師古曰：天子自臨敕而遣。

壬午，行幸初陵，赦作徒。〔一〕以新豐戲鄉爲昌陵縣，〔二〕奉初陵，賜百戶牛酒。

〔一〕師古曰：徒人之在陵作役者。

〔二〕師古曰：戲水之鄉也，音許宜反。【補注】錢大昭曰：郡國志「新豐有戲亭」。御覽三十七引三輔舊事「成帝作延陵及起廟，竇將軍有青竹田在廟南，恐犯蹈之，言作陵不便，乃徙作昌陵，取土十餘里，土與粟同價」。永始元年詔曰「作治五年，客土疏惡」。正謂此也。

上始爲微行出。〔一〕

〔一〕張晏曰：於後門出，從期門郎及私奴客十餘人。白衣組幘，單騎出入市里，不復警蹕，若微賤之所爲，故曰微行。

冬，黃龍見真定。〔一〕

〔二〕師古曰：本趙國東垣縣也，高祖十一年，更名真定。

二年春，行幸雲陽。

三月，博士行飲酒禮，〔一〕有雉蜚集于庭，歷階升堂而雊，〔二〕後集諸府，〔三〕又集承明殿。〔四〕

〔一〕【補注】錢大昭曰：漢紀作「行鄉飲酒禮」。周壽昌曰：五行志作「大射禮」，通鑑同。胡三省注「古者天子諸侯大夫士皆有大射之禮，博士所行士之射禮也」。

〔二〕師古曰：蜚，古飛字也。歷階，謂以次而登也。【補注】宋祁曰：歷階，唐本作「歷陛」。先謙曰：於博士行禮時蜚集也。五行志作「歷階」，荀紀、通鑑同，明唐本誤。

〔三〕【補注】先謙曰：太常、宗正、丞相、御史大夫、車騎將軍之府。

〔四〕師古曰：在未央宮中。

詔曰：「古之選賢，傅納以言，明試以功，〔一〕故官無廢事，下無逸民，〔二〕教化流行，風雨和時，百穀用成，衆庶樂業，咸以康寧。朕承鴻業十有餘年，數遭水旱疾疫之災，黎民婁困於飢寒，〔三〕而望禮義之興，豈不難哉！朕既無以率道，〔四〕帝王之道日以陵夷，〔五〕意乃招賢選士之路鬱滯而不通與，〔六〕將舉者未得其人也？其舉敦厚有行義能直言者，冀聞切言嘉謀，匡朕之不逮。」

〔一〕師古曰：傳讀曰敷。敷，陳也。令其陳言而省納之，乃試以事也。

〔二〕師古曰：逸，遁也。【補注】周壽昌曰：逸，安也，怠惰之意，故其字亦作佚。逸民廢事，對舉見義，顔注非。

〔三〕師古曰：婁，古屢字。

〔四〕師古曰：道讀曰導。

〔五〕師古曰：陵，丘陵也。夷，平也。言其積替若丘陵之漸平也。又曰陵遲，亦言如丘陵之逶遲，稍卑下也。他皆類此。【補注】王念孫曰：師古以陵爲丘陵，非也。陵與夷皆平也。文選長楊賦注引薛君韓詩章句曰「四平曰陵」，是丘陵之陵本取陵夷之義，非陵夷之取義於丘陵也。史記高祖功臣侯年表「始未嘗不欲固其根本，而枝葉稍陵夷衰微也」。陵夷衰微四字平列，陵夷不可謂如陵之夷，猶衰微不可謂如衰之微也。陵夷之爲陵遲，猶逶夷之爲逶遲，故王肅家語注曰「陵遲猶陂陁也」。淮南泰族篇「河以逶蛇，故能遠；山以陵遲，故能高」。逶蛇、陵遲，相對爲文，陵遲不可謂如陵之遲，猶逶蛇不可謂如逶之蛇也。又説文「夌，夌徲也」。其字作夌，不作陵，則非丘陵之陵益明矣。周壽昌曰：文選難蜀父老「反衰世之陵夷」，注「陵夷，即凌遲也」。本書司馬相如傳注謂弛替也。劉向傳注謂卑替也。朱博傳注漸廢替也。刑法、禮樂志，張釋之、李尋傳注，俱訓作積替。顔刱爲臆説，轉近迂滯。

〔六〕師古曰：與讀曰歟。

夏，〔一〕徙郡國豪桀貲五百萬以上五千户于昌陵。賜丞相、御史、將軍、列侯、公主、中二千石冢地、第宅。〔二〕

〔一〕【補注】先謙曰：五行志「五月癸未，隕石杜衍，三」。

〔二〕師古曰：並於昌陵賜之。

六月，立中山憲王孫雲客爲廣德王。〔一〕

〔一〕【補注】錢大昕曰：羅願新安志云「景十三王傳『復立憲王弟孫利鄉侯子雲客，是爲廣德夷王』。諸侯王表『雲客以懷王從父弟子紹封』。獨成帝紀載雲客是憲王孫」。案：雲客之祖孝侯安，於憲王爲弟，其父戴侯遂，於懷王爲從父弟，則雲客乃憲王弟孫，懷王從父弟子。表、傳所言是也。紀脱一「弟」字。

三年夏四月，赦天下。令吏民得買爵，賈級千錢。〔一〕

〔一〕師古曰：賈讀曰價。【補注】蘇輿曰：買爵之令始於惠帝，孝文時亦令民得賣爵，不言賈若干。然惠帝時賜爵一級貴於萬錢。元年紀云「中郎不滿一歲一級，外郎不滿二歲賜錢萬」。是不及一級賜萬錢，故知一級貴於萬錢。食貨志載，武帝時武功爵級十七萬，雖武功貴於常爵，然爵不甚賤可知。其後除千夫、五大夫爲吏，令伐棘作池，供賤役，不欲者又令出馬，吏民受買爵之病，願買者少，故至是大賤其賈。紀特著之，以究一代之變。

大旱。〔一〕

〔一〕【補注】先謙曰：五行志「五月乙亥，天水冀南山大石鳴」。

秋八月乙卯，孝景廟闕災。〔一〕

〔一〕【補注】王念孫曰：「闕」上當有「北」字。五行志及漢紀皆作孝景廟北闕災。又文紀「未央宮東闕罘思災」，景紀「未央宮東闕災」，元紀「孝宣園東闕災」，皆其例也。

冬十一月甲寅，皇后許氏廢。

廣漢男子鄭躬等六十餘人攻官寺，篡囚徒，〔一〕盜庫兵，自稱山君。

〔一〕師古曰：逆取曰篡。【補注】周壽昌曰：五行志「廣漢鉗子謀攻牢，篡死罪囚鄭躬等」。是躬固囚徒，爲鉗徒所篡取爲亂，非躬之篡囚徒也。

四年春正月，詔曰：「數赦有司，務行寬大，而禁苛暴，訖今不改。一人有辜，舉宗拘繫，農民失業，怨恨者衆，傷害和氣，水旱爲災，關東流亢者衆，〔一〕青、幽、冀部尤劇，朕甚痛焉。未聞在位有惻然者，孰當助朕憂之！〔二〕已遣使者循行郡國。〔三〕被災害什四以上，民貲不滿三萬，勿出租賦。逋貸未入，皆勿收。流民欲入關，輒籍内。〔四〕所之郡國，〔五〕謹遇以理，務有以全活之。思稱朕意。」

〔一〕師古曰：亢，散失其事業也。亢音人勇反。

〔二〕師古曰：孰，誰也。

〔三〕師古曰：行音下更反。

〔四〕師古曰：録其名籍而内之。【補注】先謙曰：官本注「名」作「民」。

〔五〕師古曰：之，往也。

秋，〔一〕勃海清河河溢，被災者振貸之。

〔一〕【補注】先謙曰：五行志「雨魚於信都」。

冬，廣漢鄭躬等黨與𣹢廣，〔一〕犯歷四縣，衆且萬人。拜河東都尉趙護爲廣漢太守，發郡中及蜀郡合三萬人擊之。或相捕斬，除罪。〔二〕旬月平，遷護爲執金吾，〔三〕賜黄金百斤。

〔一〕師古曰：𣹢，古浸字。浸，漸也。

〔二〕師古曰：賊黨相捕斬而來者，赦其本罪。

〔三〕【補注】朱一新曰：公卿表護爲執金吾在元延元年，紀蓋終言之。

永始元年春〔一〕正月癸丑，太官凌室火。〔二〕戊午，戾后園闕火。〔三〕

〔一〕【補注】先謙曰：五行志「北海出大魚」。

〔二〕師古曰：藏冰之室。

〔三〕【補注】先謙曰：五行志作「南闕災」，官本「闕」作「闕」。

夏四月，封婕妤趙氏父臨爲成陽侯。五月，封舅曼子侍中騎都尉光禄大夫王莽爲新都侯。六月丙寅，立皇后趙氏。〔一〕大赦天下。

〔一〕師古曰：趙飛燕也，即上所謂婕妤趙氏。

秋七月，詔曰：「朕執德不固，謀不盡下，〔一〕過聽將作大匠萬年〔二〕言昌陵三年可成。作治五年，中陵、司馬殿門内尚未加功。〔三〕天下虛秏，〔四〕百姓罷勞，〔五〕客土疏惡，〔六〕終不可成。朕惟其難，怛然傷心。〔七〕夫『過而不改，是謂過矣』。〔八〕其罷昌陵，及故陵〔九〕勿徙吏民，〔一〇〕令天下毋有動摇之心。」〔一一〕立城陽孝王子俚爲王。〔一二〕

〔一〕師古曰：言不博謀於羣下。

〔二〕師古曰：過，誤也。萬年，解萬年也。

〔三〕如淳曰：陵中有司馬殿門，如生時制也。臣瓚曰：天子之藏壙中無司馬殿門也。此謂陵上寢殿及司馬門也。時皆未作之，故曰尚未加功。師古曰：中陵，陵中正寢也。司馬殿門内，瓚説是也。

〔四〕師古曰：秏，損也，音呼到反。

〔五〕師古曰：罷讀曰疲。

〔六〕服虔曰：取他處土以增高，爲客土也。

〔七〕師古曰：惟，思也。

〔八〕師古曰：論語載孔子之言，故詔引之。

〔九〕【補注】陳景雲曰：「及」當作「反」。先是劉向諫昌陵事，有還復故陵之請，而次年詔言侍中衞尉長數白宜早止徙家反故處。故處，即故陵也。反故陵，謂仍還渭城延陵。周壽昌曰：宋王益之西漢年紀考異云「汪彦章用南唐本校證作『反故陵』」。

〔一〇〕【補注】先謙曰：通鑑胡注謂故陵勿起陵邑，徙吏民也。

〔一一〕【補注】先謙曰：官本「動」作「勸」。

〔一二〕如淳曰：俚音里。【補注】先謙曰：鴻嘉二年，哀王雲薨，無後故也。

八月丁丑，太皇太后王氏崩。〔一〕

〔一〕師古曰：宣帝王皇后也。【補注】先謙曰：五行志「九月丁巳晦，日有食之」。

二年春正月己丑，大司馬車騎將軍王音薨。

二月癸未夜，星隕如雨。〔一〕乙酉晦，日有蝕之。詔曰：「乃者，龍見于東萊，日有蝕之。天著變異，以顯朕郵，〔二〕朕甚懼焉。公卿申敕百寮，深思天誡，有可省減便安百姓者，條奏。所振貸貧民，勿收。」又曰：「關東比歲不登，〔三〕吏民以義收食貧民、入穀物助縣官振贍者，已賜直，〔四〕其百萬以上，加賜爵右更，〔五〕欲爲吏補三百石，其吏也遷二等。〔六〕三十萬以上，賜爵五大夫，〔七〕吏亦遷二等，民補郎。十萬以上，家無出租賦三歲。萬錢以上，一年。」〔八〕

〔一〕【補注】先謙曰：五行志「長一二丈，繹繹未至地滅，至雞鳴止」。

〔二〕師古曰：郵與尤同，謂過也。

〔三〕師古曰：比，頻也。

〔四〕如淳曰：賜之爵，復租賦以爲直。師古曰：此説非也。收食貧人，謂收取而養食之。助縣官振贍，謂出物以助郡縣之官也。已賜直，謂官賜其所費直也。今方更加爵及免賦耳。食讀曰飤。

〔五〕師古曰：第十四爵也。更音工行反。【補注】先謙曰：官本「行」作「衡」，是。

〔六〕師古曰：先已爲吏，則遷二等。

〔七〕師古曰：第九爵也。

〔八〕【補注】何焯曰：如此乃不傷國體，安、桓預下詔書，計金授官，則市賈矣。且安、桓爵得至關内侯，此亦不至甚濫也。

冬十一月，行幸雍，祠五畤。〔一〕

〔一〕【補注】何焯曰：建始二年罷雍五畤，至此始復，而於後年總書之。

十二月，詔曰：「前將作大匠萬年知昌陵卑下，不可爲萬歲居，奏請營作，建置郭邑，妄爲巧詐，積土增高，多賦斂繇役，興卒暴之作。〔一〕卒徒蒙辜，死者連屬，〔二〕百姓罷極，天下匱竭。〔三〕常侍閎前爲大司農中丞，數奏昌陵不可成。〔四〕侍中衛尉長數白宜早止，徙家反故處。〔五〕朕以長言下閎章，〔六〕公卿議者皆合長計。首建至策，〔七〕閎典主省大費，〔八〕民以康寧。閎前賜爵關内侯，黄金百斤。其賜長爵關内侯，食邑千户，閎五百户。萬年佞邪不忠，毒流衆庶，海内怨望，至今不息，雖蒙赦令，不宜居京師。其徙萬年敦煌郡。」

〔一〕師古曰：卒讀曰猝，謂急也。【補注】先謙曰：官本注「猝」作「猝」，是。

〔二〕師古曰：屬音之欲反。

〔三〕師古曰：罷讀曰疲。匱，空也。竭，盡也。

〔四〕師古曰：閎，王閎也。

〔五〕師古曰：長，淳于長也。

〔六〕如淳曰：以衛尉長數白罷，故因下閎請奏罷作之章。師古曰：下音胡稼反。

〔七〕【補注】李慈銘曰：「首建」上當更有「長」字。
〔八〕師古曰：司農中丞主錢穀顧庸，故云典主。

是歲，御史大夫王駿卒。〔一〕

〔一〕師古曰：王吉之子也。

三年春正月己卯晦，日有蝕之。詔曰：「天災仍重，朕甚懼焉。〔一〕惟民之失職，〔二〕臨遣大中大夫嘉等循行天下，〔三〕存問耆老，民所疾苦。其與部刺史舉惇樸遜讓有行義者各一人。」〔四〕

〔一〕師古曰：仍，頻也。重音直用反。
〔二〕師古曰：失其常業也。
〔三〕師古曰：行音下更反。
〔四〕【補注】先謙曰：五行志「夏四月，大旱」。

冬十月庚辰，皇太后詔有司復甘泉泰畤、汾陰后土、雍五畤、陳倉陳寶祠。〔一〕語在郊祀志。〔二〕

〔一〕師古曰：陳寶祠在陳倉。
〔二〕【補注】先謙曰：官本「志」作「忘」。

十一月，尉氏男子樊竝等十三人謀反，〔一〕殺陳留太守，〔二〕劫略吏民，自稱將軍。徒李譚等五人共格殺竝等，〔三〕皆封爲列侯。

〔一〕師古曰：尉氏，陳留之縣。

〔二〕【補注】錢大昭曰：太守嚴普也。見天文志。

〔三〕【補注】先謙曰：功臣表載李譚、稱忠、鍾祖、訾順四人，無五人。通鑑考異云蓋紀誤。

十二月，山陽鐵官徒蘇令等二百二十八人攻殺長吏，盜庫兵，自稱將軍，經歷郡國十九，殺東郡太守、汝南都尉。遣丞相長史、御史中丞持節督趣逐捕。〔一〕汝南太守嚴訢捕斬令等。〔二〕遷訢爲大司農，賜黄金百斤。

〔一〕師古曰：趣讀曰促。

〔二〕師古曰：訢與欣同。令即蘇令。【補注】周壽昌曰：令等以十二月反，未久即撲滅，何能經歷郡國十九？疑有誤。天文志、五行志俱云經歷郡國四十餘，則尤誤也。汝南都尉治汝陰，太守治平輿，不同治所，故平賊有功無罪。先謙曰：荀紀、通鑑皆作「郡國十九」。梅福傳云「蘇令之羣，蹈藉名都大郡，求黨與，索隨和，而無逃匿之意」。時朝政不綱，官吏弛慢，盜賊無忌，故至於此。十九或非誤也。志云四十餘，信誤矣。

四年春正月，行幸甘泉，郊泰畤，神光降集紫殿。大赦天下。賜雲陽吏民爵，女子百户牛酒，鰥寡孤獨高年帛。三月，行幸河東，祠后土，賜吏民如雲陽，行所過無出田租。

夏四月癸未，長樂臨華殿、〔一〕未央宮東司馬門皆災。〔二〕

〔一〕【補注】先謙曰：臨華殿注見五行志。

〔二〕師古曰：東面之司馬門也。

六月甲午，霸陵園門闕災。〔一〕出杜陵諸未嘗御者歸家。〔二〕詔曰：「乃者，地震京師，火災婁降，〔三〕朕甚懼之。有司其悉心明對厥咎，〔四〕朕將親覽焉。」

〔一〕【補注】先謙曰：五行志作「東闕南方災」。

〔二〕【補注】何焯曰：宣帝之葬，至是三十六年矣，以無繼嗣故出之。

〔三〕師古曰：婁，古屢字。

〔四〕師古曰：悉，盡也。

又曰：「聖王明禮制以序尊卑，異車服以章有德，雖有其財，而無其尊，不得踰制，故民興行，〔一〕上義而下利。〔二〕方今世俗奢僭罔極，〔三〕靡有厭足。公卿列侯親屬近臣，四方所則，〔四〕未聞修身遵禮，同心憂國者也。或乃奢侈逸豫，務廣第宅，治園池，多畜奴婢，被服綺縠，〔五〕設鐘鼓，備女樂，車服嫁娶葬埋過制。吏民慕效，寖以成俗，〔六〕而欲望百姓儉節，家給人足，豈不難哉！詩不云乎？『赫赫師尹，民具爾瞻。』〔七〕其申敕有司，以漸禁之。〔八〕青綠民所常服，且勿止。〔九〕列侯近臣，各自省改。〔一〇〕司隸校尉察不變者。」

〔一〕師古曰：行音下更反。
〔二〕師古曰：以義爲上，以利爲下。
〔三〕師古曰：罔，無也。極，中也，一曰止也。
〔四〕師古曰：則，法也。
〔五〕師古曰：被音皮義反。
〔六〕師古曰：寖，漸也。
〔七〕師古曰：小雅節南山之詩也。赫赫，盛貌也。師尹，尹氏爲太師之官也。言居位甚高，備爲衆庶所瞻仰。【補注】先謙曰：荀紀「詩不云乎」下多「鼓鐘于宫聲聞于外又云」十字。
〔八〕師古曰：謂約束也。
〔九〕師古曰：然則禁紅紫之屬。
〔一〇〕師古曰：省，視也。視而改之。論語稱曾子曰：「吾日三省吾身。」【補注】劉攽曰：予謂省者，減省也。改者，頓改也。

秋七月辛未晦，日有蝕之。

元延元年春正月己亥朔，日有蝕之。〔一〕

〔一〕【補注】先謙曰：五行志「長安章城門門牡自亡。函谷關次門牡亦自亡」。

三月，行幸雍，祠五畤。

夏四月丁酉，無雲有雷，聲光耀耀，四面下至地，昏止。赦天下。

秋七月，有星孛于東井。〔一〕詔曰：「乃者，日蝕星隕，謪見于天，大異重仍。〔二〕在位默然，罕有忠言。今孛星見于東井，朕甚懼焉。公卿大夫、博士、議郎其各悉心，惟思變意，明以經對，無有所諱；與内郡國舉方正能直言極諫者各一人，〔三〕北邊二十二郡舉勇猛知兵法者各一人。」

〔一〕【補注】先謙曰：詳五行志。

〔二〕師古曰：仍，頻也。重音直用反。

〔三〕師古曰：令公卿與内郡國各舉一人。【補注】宋祁曰：注文南本作「内郡國共舉人」。

封蕭相國後喜爲酇侯。〔一〕

〔一〕【補注】宋祁曰：「喜」字唐本、南本並作「嘉」。予據表、傳作「嘉」是。朱一新曰：功臣表永始元年封，紀繫於元延元年下，與表差四年，疑誤。周壽昌曰：功臣表、蕭何傳俱作何玄孫之子南䜌長喜紹封，並不作嘉，其名嘉者，係何孫，於景帝二年紹封。唐本、南本俱誤，宋氏亦失考。

冬十二月辛亥，大司馬大將軍王商薨。

是歲，昭儀趙氏害後宫皇子。〔一〕

〔一〕師古曰：趙飛燕之妹。【補注】先謙曰：詳外戚傳。

二年春正月，行幸甘泉，郊泰畤。

三月，行幸河東，祠后土。〔一〕

〔一〕【補注】先謙曰：通鑑「既祭，行遊龍門，登歷觀，陟西岳而歸」。

夏四月，立廣陵孝王子守爲王。〔一〕

〔一〕【補注】宋祁曰：「子守爲王」，景德本、史館本、唐本並作「子宇爲王」。先謙曰：通鑑作「守」。考異云「荀紀『守』作『憲』，今從漢書」。是温公所見漢書與今本同也。

冬，行幸長楊宫，從胡客大校獵。〔一〕宿萯陽宫，〔二〕賜從官。

〔一〕如淳曰：合軍聚衆，有幡校擊鼓也。周禮校人掌王田獵之馬，故謂之校獵。師古曰：如説非也。此校謂以木自相貫穿爲闌校耳。校人職云「六廄成校」，是則以遮闌爲義也。校獵者，大爲闌校以遮禽獸而獵取也。軍之幡旗雖有校名，本因部校，此無豫也。【補注】劉攽曰：予謂校讀如犯而不校之校，校亦競也，競，逐獵也。先謙曰：校獵，劉説是。通鑑載此事於三年，考異云「揚雄傳『祀甘泉、河東之歲，十二月，羽獵，雄上校獵賦。明年，從上射熊館還，上長楊賦』。然則從胡客校獵當在三年，紀因去年冬有羽獵事，致此誤耳」。先謙案：此縱禽獸於長楊館，令胡人手搏之，自取其獲。則從當讀曰縱，而小顔無音，失之。

〔二〕師古曰：萯音倍。

三年春正月丙寅，蜀郡岷山崩，〔一〕雍江三日，江水竭。〔二〕

〔一〕師古曰：岷音武巾反。

〔三〕【補注】先謙曰：上流不下，故竭也。五行志云「江水逆流，三日乃通」。

二月，封侍中衛尉淳于長爲定陵侯。

三月，行幸雍，祠五畤。

四年春正月，行幸甘泉，郊泰畤。

二月，罷司隸校尉官。

三月，〔一〕行幸河東，祠后土。

〔一〕【補注】先謙曰：五行志「隕石都關，二」。

甘露降京師，賜長安民牛酒。

綏和元年春正月，大赦天下。

二月癸丑，詔曰：「朕承太祖鴻業，奉宗廟二十五年，德不能綏理宇内，百姓怨望者衆。不蒙天祐，至今未有繼嗣，天下無所係心。觀于往古近事之戒，禍亂之萌，皆由斯焉。〔一〕定陶王欣於朕爲子，〔二〕慈仁孝順，可以承天序，繼祭祀。其立欣爲皇太子。〔三〕封中山王舅諫大夫馮參爲宜卿侯，〔四〕益中山國三萬户，以慰其意。〔五〕賜諸侯王、列侯金，天下當爲父後者爵，三老、孝弟力田帛，各有差。」

〔一〕師古曰：始生曰萌。

〔二〕【補注】李慈銘曰：爲子者，爲子行也，古者兄弟之子皆曰子。

〔三〕【補注】何焯曰：以此詔文觀之，哀帝背大宗，顧私親，其罪於是爲大，因此傷元后之心，奸臣煽惑，借以竊權。國之將亡，未有不甚於倫紀不立者，其微則又自成帝昧夫婦判合之重，賤者得以色升，自貽絶嗣，並及宗社也。

〔四〕【補注】錢大昭曰：「卿」當作「鄉」。先謙曰：官本「卿」作「鄉」。

〔五〕師古曰：以不得繼統爲帝之後，恐其怨恨。

又曰：「蓋聞王者必存二王之後，所以通三統也。〔一〕昔成湯受命，列爲三代，〔二〕而祭祀廢絶。考求其後，莫正孔吉。〔三〕其封吉爲殷紹嘉侯。」〔四〕三月，進爵爲公，及周承休侯皆爲公，地各百里。

〔一〕師古曰：天、地、人，是爲三統。二王之後並己爲三。

〔二〕師古曰：夏、殷、周是爲三代。【補注】錢大昕曰：王者存二王之後，並當代爲三。漢承周，周承殷，故以殷、周爲二王，後並漢爲三代也。若並夏爲三代，則何不兼求夏後封之？故知此文三代與它處義别。沈欽韓曰：詔文將封殷後，故言湯爲三王之代，錢氏所言不合此處文義。

〔三〕臣瓚曰：無若孔吉最正也。

〔四〕【補注】蘇輿曰：元帝時，梅福、匡衡議封孔子子孫奉湯祀，至是采其説。詳福傳。

行幸雍，祠五畤。

夏四月，以大司馬票騎大將軍根爲大司馬，〔一〕罷將軍官。御史大夫爲大司空，封爲列侯。益大司馬、大司空奉如丞相。〔二〕

〔一〕文穎曰：王根也。【補注】沈欽韓曰：大將軍「大」字衍。荀紀無「大」字。先謙曰：官本「大將軍」下無「根」字。

〔二〕如淳曰：律，丞相、大司馬大將軍奉錢月六萬，御史大夫奉月四萬也。【補注】洪亮吉曰：大司馬奉果如丞相，此何得云益？蓋宣帝地節三年，置大司馬，不冠將軍，無印綬官屬，疑禄亦少減，故此增益之，與丞相等耳。注引律當屬武帝時制。百官表「成帝綏和元年，初賜大司馬金印紫綬」。蓋因宣帝時有無印綬者，故云初賜，非有加於舊也。

秋八月庚戌，中山王興薨。

冬十一月，立楚孝王孫景爲定陶王。〔一〕

〔一〕【補注】蘇輿曰：時以定陶王欣爲太子，故别立後，以承其宗。

定陵侯淳于長大逆不道，下獄死。廷尉孔光使持節賜貴人許氏藥，飲藥死。〔一〕

〔一〕師古曰：即前所廢皇后許氏也。【補注】沈欽韓曰：稱貴人者，雖無位號，猶異凡庶也。始見於李夫人傳，後漢乃以爲次皇后之號。「氏」下「藥」字衍。

十二月，罷部刺史，更置州牧，秩二千石。

二年春正月，行幸甘泉，郊泰畤。

二月〔一〕壬子，丞相翟方進薨。

〔一〕【補注】先謙曰：五行志「大廄馬生角」。

三月，〔一〕行幸河東，祠后土。

〔一〕【補注】先謙曰：五行志「天水平襄有燕生爵」。

丙戌，帝崩于未央宮。〔一〕皇太后詔有司復長安南北郊。四月己卯，葬延陵。〔二〕

〔一〕臣瓚曰：帝年二十即位，即位二十六年，壽四十五。師古曰：即位明年乃改元耳，壽四十六。【補注】朱一新曰：帝三歲宣帝崩，歷元帝十六年，凡十九歲而元帝崩，是年即位，踰年改元，在位二十六年，壽正四十五。瓚注不誤，所云二十即位者，據改元之年言之耳，顏氏誤駁。

〔二〕臣瓚曰：自崩至葬凡五十四日，延陵在扶風，去長安六十二里。【補注】沈欽韓曰：長安志「延陵在咸陽縣西北十五里」。

贊曰：臣之姑充後宮爲婕妤，〔一〕父子昆弟侍帷幄，數爲臣言成帝善修容儀，升車正立，不內顧，不疾言，不親指，〔二〕臨朝淵嘿，尊嚴若神，可謂穆穆天子之容者矣！〔三〕博覽古今，容受直辭。公卿稱職，奏議可述。〔四〕遭世承平，上下和睦。然湛于酒色，〔五〕趙氏亂內，外家擅

朝，言之可爲於邑。〔六〕建始以來，王氏始執國命，哀、平短祚，莽遂篡位，蓋其威福所由來者漸矣！〔七〕

〔一〕晉灼曰：班彪之姑也。

〔二〕師古曰：不内顧者，謂儼然端嚴，不迴眄也。不疾言者，爲輕肆也。不親指者，爲惑下也。此三句者，本論語鄉黨篇述孔子之事，故班氏引之以美成帝。今論語云「車中不内顧，不疾言，不親指」。内顧者，説者以爲前視不過衡軛，旁視不過輢較，與此不同。輢音於綺反。【補注】蘇輿曰：注「今論語不内顧」，「不」字當衍。論語釋文「魯讀『車中内顧』」。無「不」字者，從魯讀耳。顔引説者云云，乃後漢包咸説，見何晏集解。

〔三〕師古曰：禮記云「天子穆穆，諸侯皇皇，大夫濟濟，士蹌蹌」。故此贊引之。【補注】何焯曰：謂有其容，爽其德也。

〔四〕師古曰：稱職，克當其任也。可述，言有文采。

〔五〕師古曰：湛讀曰耽。

〔六〕師古曰：於邑，短氣貌，讀如本字。於又音烏，邑又音烏合反。他皆類此。

〔七〕【補注】王先慎曰：御覽卷八十九引「漸」作「久」。

哀帝紀第十一

漢書十一

孝哀皇帝，〔一〕元帝庶孫，定陶恭王子也。母曰丁姬。年三歲嗣立爲王，長好文辭法律。〔二〕元延四年入朝，盡從傅、相、中尉。〔三〕時成帝少弟中山孝王亦來朝，獨從傅。上怪之，以問定陶王，對曰：「令，〔四〕諸侯王朝，得從其國二千石。傅、相、中尉皆國二千石，故盡從之。」上令誦詩，通習，能說。〔五〕他日問中山王：「獨從傅在何法令？」不能對。令誦尚書，又廢。〔六〕及賜食於前，後飽；起下，韤係解。〔七〕成帝由此以爲不能，而賢定陶王，數稱其材。時王祖母傅太后隨王來朝，私賂遺上所幸趙昭儀及帝舅票騎將軍曲陽侯王根。昭儀及根見上亡子，亦欲豫自結爲長久計，皆更稱定陶王，〔八〕勸帝以爲嗣。成帝亦自美其材，爲加元服而遣之，〔九〕時年十七矣。明年，使執金吾任宏守大鴻臚，持節徵定陶王，立爲皇太子。〔一〇〕謝曰：「臣幸得繼父守藩爲諸侯王，材質不足以假充太子之宮。〔一一〕陛下聖德寬仁，敬承祖宗，奉順神祇，宜蒙福祐子孫千億之報。〔一二〕臣願且得留國邸，〔一三〕旦夕奉問起居，俟有聖嗣，歸國守藩。」書奏，天子報聞。後月餘，立楚孝王孫景爲定陶王，奉恭王祀，所以獎厲太子專爲後之誼。〔一四〕語在外戚傳。

〔一〕荀悦曰：諱欣之字曰喜。應劭曰：恭仁短折曰哀。

〔二〕師古曰：年長而好之。

〔三〕師古曰：三官皆從王入朝。

〔四〕【補注】周壽昌曰：漢律令也。此制在令甲。

〔五〕師古曰：説其義。

〔六〕師古曰：中忘之。

〔七〕師古曰：食而獨在後飽，及起又韈係解也。韈音武伐反。

〔八〕師古曰：更音工衡反。

〔九〕師古曰：爲之冠。

〔一〇〕【補注】先謙曰：通鑑胡注「大鴻臚，掌諸侯，故任宏守大鴻臚以迎定陶王。守者，權守也」。

〔一一〕師古曰：謙不敢言爲太子，故云假充，若言非正。【補注】宋祁曰：「非正」，新本作「非如正」。

〔一二〕師古曰：大雅假樂之詩曰「干禄百福，子孫千億」。言成王宜衆宜人，天所保佑，求得福禄，故子孫衆多也。十萬曰億，故此謝書引以爲言。

〔一三〕【補注】周壽昌曰：漢制諸侯王各於京師置邸，爲入朝時休沐之所，謙言願留邸舍，不敢入居太子宫。

〔一四〕師古曰：獎，勸使也。

綏和二年三月，成帝崩。四月丙午，太子即皇帝位，謁高廟。尊皇太后曰太皇太后，皇后曰皇太后。大赦天下。賜宗室王子有屬者馬各一駟，〔一〕吏民爵，百户牛酒，三老、孝弟力田、鰥寡孤獨帛。太皇太后詔尊定陶恭王爲恭皇。

〔一〕師古曰：有屬，謂親未盡，尚有服者。

五月丙戌，立皇后傅氏。〔一〕詔曰：「春秋『母以子貴』，〔二〕尊定陶太后曰恭皇太后，丁姬曰恭皇后，各置左右詹事，食邑如長信宫、中宫。」〔三〕追尊傅父爲崇祖侯、丁父爲褒德侯。〔四〕封舅丁明爲陽安侯，舅子滿爲平周侯。追謚滿父忠爲平周懷侯，皇后父晏爲孔鄉侯，皇太后弟侍中光禄大夫趙欽爲新成侯。

〔一〕師古曰：傅晏女。

〔二〕【補注】先謙曰：見公羊隱元年傳。

〔三〕應劭曰：成帝母王太后居長信宫。李奇曰：傅姬如長信，丁姬如中宫也。師古曰：中宫，皇后之宫。

〔四〕師古曰：傅父，傅太后之父。丁父，丁太后之父。

六月，詔曰：「鄭聲淫而亂樂，〔一〕聖王所放，〔二〕其罷樂府。」〔三〕

〔一〕師古曰：鄭國有溱、洧之水，男女亟於其間聚會，故俗亂而樂淫。

〔二〕師古曰：放，棄也。論語稱孔子曰「放鄭聲」。

〔三〕【補注】先謙曰：武帝元狩三年立樂府，此罷鄭聲及不應經法者，餘別屬他官。

曲陽侯根前以大司馬建社稷策，益封二千户。〔一〕太僕安陽侯舜輔導有舊恩，益封五百

戶，〔二〕及丞相孔光、大司空汜鄉侯何武益封各千戶。〔三〕

〔一〕師古曰：王根也。建議立哀帝爲太子。

〔二〕師古曰：王舜。

〔三〕師古曰：汜音汎。

詔曰：「河間王良喪太后三年，〔一〕爲宗室儀表，〔二〕益封萬戶。」

〔一〕【補注】周壽昌曰：時無行三年喪者，故特褒奬。下又詔「博士弟子父母死，予寧三年」，由河間錫類之仁也。

〔二〕師古曰：儀表者，言爲禮儀之表率。【補注】王念孫曰：酷吏傳贊亦云「其廉者，足以爲儀表」。案立木以示人，謂之儀，又謂之表。說文「檥，榦也，從木，義聲」。經傳通作儀，故爾雅云「儀，榦也」。呂氏春秋慎小篇注「表，柱也。故德行足以率人者，亦謂之儀表」。緇衣「上之所好惡，不可不慎也，是民之表也」，鄭注「言民之從君，如景逐表」。荀子君道篇「君者，儀也。儀正而景正」。是儀即表也。管子形勢解篇「法度者，萬民之儀表也；禮義者，尊卑之儀表也」。淮南主術篇「言爲文章，行爲儀表」。文六年左傳「陳之藝極，引之表儀」。或言儀表，或言表儀，其義一也。師古注此則云「言爲禮儀之表率」，注酷吏傳則云「謂有儀形可表明者」，望文生義，而注各不同，皆由不知儀表之同爲立木，又不知儀爲檥之借字故也。

又曰：「制節謹度以防奢淫，爲政所先，百王不易之道也。〔一〕諸侯王、列侯、公主、吏二千石及豪富民多畜奴婢，田宅亡限，與民爭利，百姓失職，重困不足。〔二〕其議限列。」〔三〕有司條奏：「諸王、列侯得名田國中，列侯在長安及公主名田縣道，關内侯、吏民名田，皆無得過三十頃。〔四〕諸侯王奴婢二百人，列侯、公主百人，關内侯、吏民三十人。年六十以上，十歲以下，不在數中。賈人皆不得名田、爲吏，〔五〕犯者以律論。諸名田畜奴婢過品，皆没入縣官。〔六〕齊三服官、諸官織綺繡，難成，害女紅之物，皆止，無作輸。〔七〕除任子令及誹謗詆欺法。〔八〕掖庭宫人年三十以下，出嫁之。官奴婢五十以上，免爲庶人。禁郡國無得獻名獸。益吏三百石以下奉。〔九〕察吏殘賊酷虐者，以時退。有司無得舉赦前往事。〔一〇〕博士弟子父母死，予寧三年。」〔一一〕

〔一〕師古曰：言爲常法，不可改易。

〔二〕師古曰：失職，失其常分也。重音直用反。

〔三〕師古曰：令條列而爲限禁。

〔四〕如淳曰：名田國中者，自其所食國中也，既收其租税，又自得有私田三十頃。名田縣道者，令甲，諸侯在國，名田他縣，罰金二兩。今列侯有不之國者，雖遥食其國租税，復自得田於他縣道，公主亦如之，不得過三十頃。【補注】何焯曰：哀帝行限田之制本善，王莽之行王田，蓋務以祈勝而致不便於民也。先謙曰：名田，占田也。各以名自占，諸王侯各有國，故得名田國中。在長安未就國之列侯與公主，止得名田縣道，其限制與關内侯吏民同。通鑑云「自諸侯王、列侯、公主名田各有限，關内侯吏民名田皆毋過三十頃」。文法微有乖異。荀紀云「王侯以下至庶人，占田不得過三十頃」。與紀文相應。

〔五〕如淳曰：市井子孫不得爲吏。見食貨志。

〔六〕【補注】先謙曰：以貴戚近習不便，詔寢不行。

〔七〕如淳曰：紅亦工也。其所作已成、未成，皆止無復作，皆輸所近官府也。師古曰：如説非也。謂未成者不作，已成者不輸耳。【補注】先謙曰：如、顔二説非也。胡三省云：「齊三服官及諸織官，皆無作難成之物以輸送也。」

〔八〕應劭曰：任子令者，漢儀注吏二千石以上視事滿三年，得任同産若子一人爲郎。不以德選，故除之。師古曰：任者，保也。詆，誣也，音丁禮反。

〔九〕師古曰：奉音扶用反。【補注】先謙曰：官本「石」作「而」。

〔一〇〕【補注】沈欽韓曰：此詔蓋爲司隸解光奏趙氏事發也。

〔一一〕師古曰：寧謂處家持喪服。【補注】先謙曰：官本「博士」上有「前」字，引宋祁曰，前博士，一本無「前」字。何焯云：漢制之失，莫大於仕者不爲父母行服，三年達禮，於是焉廢。其予寧者，不過自卒至葬後三十六日而已。哀帝既許博士弟子予寧三年，何不推之既仕者乎？至安帝元初三年，鄧太后臨朝，初聽大臣二千石、刺史行三年喪，至建光三年，安帝親政，宦豎不便，復議斷之。桓帝永興二年，初聽刺史、二千石行三年喪，延熹二年復斷之。若公卿則終漢之祚，不議行三年喪服也。

秋，〔一〕曲陽侯王根、成都侯王況皆有罪。〔二〕根就國，況免爲庶人，歸故郡。

〔一〕【補注】先謙曰：五行志「八月，男子王褒帶劍入前殿非常室中」。

〔二〕【補注】錢大昭曰：坐山陵未成，置酒歌舞。

詔曰：「朕承宗廟之重，戰戰兢兢，懼失天心。間者日月亡光，五星失行，郡國比比地動。〔一〕乃者河南、潁川郡水出，流殺人民，壞敗廬舍。〔二〕朕之不德，民反蒙辜，朕甚懼焉。已遣光禄大夫循行舉籍，〔三〕賜死者棺錢，人三千。〔四〕其令水所傷縣邑及他郡國災害什四以上，民貲不滿十萬，皆無出今年租賦。」〔五〕

〔一〕師古曰：比比，猶言頻頻也。【補注】先謙曰：官本「地動」作「動地」。

〔三〕【補注】先謙曰：五行志「綏和二年九月丙辰，地震，自京師至北邊郡國三十餘，壞城郭，凡殺四百一十五人」。當即此紀所云。官本「壞敗」作「敗壞」。

〔三〕師古曰：舉其名籍也。行音下更反。

〔四〕師古曰：賜錢三千以充棺。

〔五〕師古曰：什四，謂十分損四。【補注】先謙曰：官本注「十分」作「什分」。

建平元年〔一〕春正月，〔二〕赦天下。侍中騎都尉新成侯趙欽、成陽侯趙訢皆有罪，免爲庶人，〔三〕徙遼西。

〔一〕【補注】周壽昌曰：古今注「哀帝元年，芝生後庖木蘭樹上」。又仲長統昌言曰「漢哀帝時，有異物生於長樂宮，延於殿後東廡柏樹，及永巷、南園合歡樹。議者以爲芝草也，羣臣皆賀，受賜」。

〔二〕【補注】先謙曰：五行志「丁未，隕石北地，十」。

〔三〕師古曰：訢、欽皆趙昭儀之兄。【補注】先謙曰：官本注在「徙遼西」下。

太皇太后詔外家王氏田非冢塋，皆以賦貧民。〔一〕

〔一〕師古曰：塋，冢域也。賦，給與也。塋音營。【補注】何焯曰：自此而王氏家施漸及民矣。

二月，詔曰：「蓋聞聖王之治，以得賢爲首。其與大司馬、列侯、將軍、中二千石、州牧、守、相舉孝弟惇厚能直言通政事，延于側陋可親民者，各一人。」〔一〕

〔二〕師古曰：言有孝弟惇厚直言通政事之人，雖在側陋，可延致而任者，皆令舉之。【補注】劉攽曰：此詔亦是下丞相、大司空者。王念孫曰：案「延于側陋」四字，與上下文義不相屬。此四字當別爲一句，在「州牧守相」之下，而以「舉孝弟惇厚能直言通政事可親民者」十五字連讀，則上下文皆貫通矣。據師古注，則所見本已與今本同。俞樾曰：「延」乃「迉」字之誤，「迉」古「起」字，惟其起於側陋，故能周知民間疾苦，可使親民也。「迉」字經傳罕見，因誤作「延」。顏所見本已誤作「延」，故曲爲之說，而於文勢未合。王氏因欲移「延」下四字於「守相」下以就文勢，義亦未安。

三月，賜諸侯王、公主、列侯、丞相、將軍、中二千石、中都官郎吏金錢帛，各有差。〔一〕

〔一〕【補注】先謙曰：五行志「九月甲辰，隕石虞，二」。

冬，中山孝王太后媛、〔一〕弟宜鄉侯馮參有罪，皆自殺。

〔一〕師古曰：馮奉世之女也。媛音援。【補注】周壽昌曰：中山孝王興，元帝子，其太后元帝昭儀。詳馮奉世傳。先謙曰：官本注「援」作「爰」。

二年〔一〕春三月，罷大司空，復御史大夫。〔二〕

〔一〕【補注】先謙曰：官本連上文。五行志「定襄牡馬生駒，三足」。又云「建平中，豫章有男化爲女」。

〔二〕師古曰：復音扶目反，此下皆同。【補注】先謙曰：從朱博之請。官本注「皆」作「亦」。

夏四月，詔曰：「漢家之制，推親親以顯尊尊。〔一〕定陶恭皇之號不宜復稱定陶。〔二〕尊恭皇太后曰帝太太后，稱永信宮；恭皇后曰帝太后，稱中安宮。立恭皇廟于京師。〔三〕赦天下徒。」

〔一〕師古曰：天子之至親，當極尊號。

〔二〕【補注】何焯曰：去定陶而直稱恭皇，以太上皇爲比也。

〔三〕【補注】蘇輿曰：事詳師丹傳。

罷州牧，復刺史。

六月庚申，帝太后丁氏崩。上曰：「朕聞夫婦一體。詩云『穀則異室，死則同穴。』〔一〕昔季武子成寢，杜氏之殯在西階下，請合葬而許之。〔二〕附葬之禮，自周興焉。〔三〕『郁郁乎文哉！吾從周。』〔四〕孝子事亡如事存。帝太后宜起陵恭皇之園。」遂葬定陶。發陳留、濟陰近郡國五萬人穿復土。〔五〕

〔一〕師古曰：詩王風大車之篇也。穀，生也。穴，冢壙也。

〔二〕師古曰：季武子，魯大夫季孫宿也。成寢，新爲寢室也。事見禮記檀弓。

〔三〕師古曰：禮記稱孔子曰「合葬非古也，自周公以來未之有改也」。

〔四〕師古曰：論語稱孔子曰「周監於二代，郁郁乎文哉！吾從周」。言周觀視夏、殷之禮而損益之，典文大備，吾從周禮也。郁郁，文章貌。

〔五〕師古曰：爲冢壙也。復音扶目反。【補注】先謙曰：胡三省云「近郡國，謂郡國近定陶者」。

待詔夏賀良等言赤精子之讖，〔一〕漢家曆運中衰，當再受命，宜改元易號。詔曰：「漢興二百載，曆數開元。皇天降非材之佑，〔二〕漢國再獲受命之符，朕之不德，曷敢不通！夫基事

之元命，必與天下自新，〔三〕其大赦天下。以建平二年爲太初元將元年。號曰陳聖劉太平皇帝。〔四〕漏刻以百二十爲度。」〔五〕

〔一〕應劭曰：諸以材技徵召，未有正官，故曰待詔。夏，姓也。賀良，名也。高祖感赤龍而生，自謂赤帝之精，良等因是作此讖文。【補注】齊召南曰：「讖」字始見於此。高祖以斬白蛇，旗幟上赤，然張蒼謂漢本水德，公孫臣非之，至武帝時，猶謂以土德王，未有言火德者也。赤精子之説亦起於此。張平子謂讖起哀、平之間，信哉！

〔二〕應劭曰：哀帝自言不材，天降之佑。

〔三〕師古曰：基，始也。元，大也。始爲大事之命，謂改制度也。又曰更受天之大命。【補注】蘇輿曰：李尋傳作「夫受天之大命」，顔注又曰云云，引尋傳語也。

〔四〕李斐曰：陳，道也。言得神道聖者劉也。如淳曰：陳，舜後。王莽，陳之後。謬語以明莽當篡立而不知。韋昭曰：敷陳聖劉之德也。師古曰：如、韋二説是也。【補注】先謙曰：官本無「元將」二字，引宋祁曰：「予案王莽傳以讖文解釋，當作太初元將元年，後人不曉四字爲號，輒削去『元將』二字，非是。後得唐本，『元將』字果存。」胡三省云：「韋説不詭於正，如説則近於巫，顔以二説爲是，將安從乎？」齊召南云：「宋説是也。太初是武帝年號，此時何至重紀？蓋惑於術士之説，剏立四字年號，以示更新，其後雖不施行，然後世四字年號，遂起於此。」

〔五〕師古曰：舊漏晝夜共百刻，今增其二十。此本齊人甘忠可所造，今賀良等重言，遂施行之。事見李尋傳。【補注】沈欽韓曰：百刻分配十二時，一時得八刻二十分，今以百二十刻，則一時得十刻也。五代會要「晉天福三年，司天監奏漏刻經云『晝夜一百刻分爲十二時，每時有八刻三分之一，六十分爲一刻，一時有八刻二十分』」。隋書天文志「梁武帝天監六年，武帝以晝夜百刻分配十二辰，辰得八刻，仍有餘分，乃以晝夜爲九十六刻，一辰有全刻八焉」。本朝時憲書用其法，每時均八刻，每刻均十八分，無大刻小刻之别。蘇輿曰：據下詔書，施行月餘，仍從舊漏，至莽竊位，復遵行之。

七月，以渭城西北原上永陵亭部爲初陵。勿徙郡國民，使得自安。

八月，詔曰：「時詔夏賀良等〔一〕建言改元易號，增益漏刻，可以永安國家。朕過聽賀良等言，〔二〕冀爲海内獲福，卒亡嘉應。皆違經背古，不合時宜。六月甲子制書，非赦令也，皆蠲除之。〔三〕賀良等反道惑衆，下有司。」皆伏辜。

〔一〕【補注】錢大昭曰：「時」當作「待」。先謙曰：官本「時」作「待」。

〔二〕師古曰：過，誤也。

〔三〕如淳曰：悔前赦令不蒙其福，故收令還之。臣瓚曰：改元易號，大赦天下，以求延祚，而不蒙福，哀帝悔之，故更下制書，諸非赦罪事皆除之。謂改制易號，令皆復故也。師古曰：如釋非也，瓚説是矣。非赦令也，猶言自非赦令耳。也，語終辭也。而讀者不曉，輒改也爲他字，失本文也。【補注】沈欽韓曰：赦令不可追改，故不在蠲除之限。

丞相博、御史大夫玄、孔鄉侯晏有罪。〔一〕博自殺，玄減死二等論，晏削户四分之一，語在博傳。〔二〕

〔一〕師古曰：博，朱博。玄，趙玄。晏，何晏。【補注】先謙曰：「何」，官本作「傅」，是。

〔二〕【補注】先謙曰：荀紀亦作「二等」，通鑑作「三等」，胡注「減死罪三等爲隸臣妾。晏封五千户，削千二百五十」。

三年〔一〕春正月，立廣德夷王弟廣漢爲廣平王。

〔一〕【補注】先謙曰：五行志「東萊平度出大魚」。

癸卯，帝太太后所居桂宮正殿火。〔一〕

〔一〕【補注】先謙曰：五行志作「桂宮鴻寧殿災」。

三月己酉，丞相當薨。〔一〕有星孛于河鼓。

〔一〕師古曰：平當。

夏六月，立魯頃王子部鄉侯閔爲王。〔一〕

〔一〕蘇林曰：部音魚，縣名也，屬東海。師古曰：又音吾。【補注】先謙曰：魯頃王子文王晙薨，無後，以閔紹封。

冬十一月壬子，復甘泉泰畤、汾陰后土祠，罷南北郊。

東平王雲、雲后謁、安成恭侯夫人放〔一〕皆有罪。雲自殺，謁、放棄市。〔二〕

〔一〕文穎曰：恭侯王崇，王太后弟。

〔二〕【補注】先謙曰：詳息夫躬傳。

四年春，大旱。關東民傳行西王母籌，〔一〕經歷郡國，西入關至京師。民又會聚祠西王母，或夜持火上屋，〔二〕擊鼓號呼相驚恐。〔三〕

〔一〕師古曰：西王母，元后壽考之象。行籌，又言執國家籌策行於天下。【補注】王念孫曰：五行志「建平四年正月，民驚走，持稾或掫一枚，傳相付與，曰行詔籌」。案五行志，則此紀「建平四年春」下，當有「正月」二字，下文「二月，封帝太太后從弟侍中傅商爲汝昌侯」，則此所紀爲正月事明矣。漢紀孝哀紀亦有「正月」二字。先謙曰：天子將出，一人前行清道，呼曰「傳籌」，今制尚有之，蓋昉自漢世。此譌言王母將至，爲之傳行詔籌，即其義也。元后臨朝，成莽篡竊，此其先兆，而師古以謂元后壽考之象，殆不然矣。

〔二〕李奇曰：皆陰爲陽之象。

〔三〕師古曰：呼音火故反。

二月，封帝太太后從弟侍中傅商爲汝昌侯，太后同母弟子侍中鄭業爲陽信侯。〔二〕

三月，侍中駙馬都尉董賢、光禄大夫息夫躬、南陽太守孫寵皆以告東平王封列侯。〔三〕語在賢傳。

夏，〔一〕五月，賜中二千石至六百石及天下男子爵。

〔一〕【補注】先謙曰：五行志「四月，山陽湖陵雨血」。

六月，尊帝太太后爲皇太太后。

秋八月，恭皇園北門災。

冬，詔將軍、中二千石舉明兵法有大慮者。〔一〕

〔一〕師古曰：慮謂策謀思慮。【補注】先謙曰：官本「策謀」作「謀策」。「明」作「民」，引宋祁曰「民」疑當作「明」。先謙案，此息夫躬之謀。

元壽元年春正月辛丑朔，日有蝕之。〔一〕詔曰：「朕獲保宗廟，不明不敏，宿夜憂勞，未皇寧息。〔二〕惟陰陽不調，元元不贍，〔三〕未睹厥咎。婁敕公卿，庶幾有望。〔四〕至今有司執法，未得其中，〔五〕或上暴虐，〔六〕假埶獲名，溫良寬柔，陷於亡滅。是故殘賊彌長，和睦日衰，百姓愁怨，靡所錯躬。〔七〕乃正月朔，日有蝕之，厥咎不遠，在余一人。公卿大夫其各悉心勉帥百寮，〔八〕敦任仁人，黜遠殘賊，〔九〕期於安民。陳朕之過失，無有所諱。其與將軍、列侯、中二千石舉賢良方正能直言者各一人。大赦天下。」

〔一〕【補注】先謙曰：志云「不盡如鉤，在營室十度」。

〔二〕師古曰：皇，暇也。

〔三〕師古曰：贍，足也。

〔四〕師古曰：望其厲精爲治。婁，古屢字。

〔五〕師古曰：中音竹仲反。

〔六〕【補注】周壽昌曰：上，與尚同。

〔七〕師古曰：錯，置也，音千故反。

〔八〕師古曰：悉，盡也。寮，官也。

〔九〕師古曰：敦，厚也。遠，音手萬反。【補注】先謙曰：官本注「手」作「于」，是。

丁巳，皇太太后傅氏崩。

三月，丞相嘉有罪，下獄死。〔一〕

〔一〕師古曰：王嘉。

秋九月，大司馬票騎將軍丁明免。〔一〕

〔一〕【補注】周壽昌曰：百官表「九月，大司馬明免。十一月，韋賞爲大司馬車騎將軍，卒。十二月，董賢爲大司馬衞將軍」。韋玄成傳「賞明詩，哀帝爲定陶王時，賞爲太傅，哀帝即位，賞以舊恩爲大司馬車騎將軍」。而董賢傳云「丁明罷，以賢代之」，無韋賞，此紀亦未載也。先謙曰：賞以十一月壬午遷，己丑卒，止八日，故紀不載。

孝元廟殿門銅龜蛇鋪首鳴。〔一〕

〔一〕如淳曰：門鋪首作龜蛇之形而鳴呼也。師古曰：門之鋪首，所以銜環者也。鋪，音普胡反。

二年〔一〕春正月，匈奴單于、烏孫大昆彌來朝。二月，歸國，單于不說。〔二〕語在匈奴傳。

〔一〕【補注】張照曰：監本作元壽二年。案帝紀從無此例，凡年號於元年特書，二年以後，即蒙前文未有再書者。「元壽」二字，明係衍文，今刪去。沈欽韓曰：東觀紀梁統對尚書狀曰：「元壽二年，三輔盜賊羣輩並起，至燔燒茂陵都邑，煙火見未央宮，前代所未嘗有。其後隴西辛興、北地任横任厓、西河漕況，越州度郡，萬里交結，或從遠方四面會合，遂攻取庫兵，劫略吏人。國家開封侯之科，以軍法追捕，僅能破散也。」案，任横事在平紀元始中。李慈銘曰：後書光武紀「建武十八年，罷州牧，置刺史」，章懷注「成帝綏和元年，更名牧，哀帝建平二年，復爲刺史，元壽二年，復爲牧」。本書公卿表敘亦云「元壽二年，復爲牧」。是年失記此事。

〔二〕師古曰：說讀曰悅。

夏四月壬辰晦，日有蝕之。〔一〕

〔一〕【補注】先謙曰：五行志在三月。

五月，正三公官分職。〔一〕大司馬衛將軍董賢爲大司馬，丞相孔光爲大司徒，御史大夫彭宣爲大司空，封長平侯。正司直、司隸，造司寇職，〔二〕事未定。

〔一〕【補注】先謙曰：胡注「分職，謂大司馬掌兵事；大司徒掌人民事；大司空掌水土事」。

〔二〕師古曰：司直、司隸，漢舊有之，但改正其職掌。而司寇舊無，今特創置，故云造也。【補注】宋祁曰：南本「職」字上有「官」字。王啟原曰：孝武元狩中，置司直，掌佐丞相舉不法。征和中，置司隸校尉，從中都官察三輔、三河、弘農，成帝時省，綏和二年復置，但名司隸，屬大司空，比司直。武帝以護軍都尉屬大司馬，綏和時，居大司馬府，比司直，元壽元年，更名司寇，見百官表。蓋以司寇、司直、司隸比古孤卿也。丞相改大司徒，司直不改，蓋但稱司直耳。司隸去校尉，當亦在是時，表未析言之。護軍都尉舊隸大司馬，今省之而置司寇，或司寇即以官都尉之人爲之，故此云造，表第云改也。

六月戊午，帝崩于未央宮。〔一〕秋九月壬寅，葬義陵。〔二〕

〔一〕臣瓚曰：帝年二十即位，即位六年，壽二十五。師古曰：即位明年乃改元，壽二十六。【補注】錢大昕曰：哀帝年三歲嗣定陶王，元延四年入朝，年十七。明年立爲皇太子，又明年即位，蓋年十九矣。踰年改元，壽當二十五。朱一新曰：帝即位實十九歲，瓚云二十，蓋據改元之年數之也。壽止二十五，瓚注不誤。

〔二〕臣瓚曰：自崩至葬，凡百五日。義陵在扶風，去長安四十六里。【補注】沈欽韓曰：元和志「義陵在咸陽縣北八里」。先謙曰：通鑑作「冬十月壬寅」。考異云「按長曆，九月辛酉朔，無壬寅，壬寅乃十月十二日。又瓚注『自崩至葬，凡一百五日』，按帝以六月戊午崩，然則葬在十月審矣，蓋本紀月誤」。

贊曰：孝哀自爲藩王及充太子之宮，文辭博敏，幼有令聞。〔一〕睹孝成世祿去王室，權柄外移，是故臨朝婁誅大臣，欲彊主威，以則武、宣。〔二〕雅性不好聲色，時覽卞射武戲。〔三〕即位痿痺，〔四〕末年寖劇，〔五〕饗國不永，哀哉！〔六〕

〔一〕師古曰：博，廣也。敏，疾也。令，善也。聞，名也。

〔二〕師古曰：則，法也。

〔三〕應劭曰：卞射，皮卞而射也。蘇林曰：手搏爲卞，角力爲武戲也。晉灼曰：甘延壽傳「試卞爲期門」。師古曰：蘇、晉二說是。

〔四〕蘇林曰：痿音萎枯之萎。如淳曰：痿音蹞踒弩。病兩足不能相過曰痿。師古曰：痿亦痺病也，音人佳反。痺音必寐反。蹞踒者，弩名，事見晉令。蹞音煩。踒音蕤。【補注】沈欽韓曰：玉篇「蹞與蹯同。踒，如卧切，足跌也」。集韻「蹞踒，弩名，蹞踒兩足蹋也。張弩必以足，因爲弩名，或作蹳」。然蹞踒弩即蹶張者也。此謂兩足彳亍之狀。先謙曰：官本注「痿音蹞踒」下有「之踒」二字。案「痿音蹞踒弩」當爲一句。

〔五〕師古曰：寖，漸也。

〔六〕師古曰：永，長也。

平帝紀第十二

漢書十二

孝平皇帝，〔一〕元帝庶孫，中山孝王子也。母曰衛姬。年三歲嗣立爲王。〔二〕元壽二年六月，哀帝崩，太皇太后詔曰：「大司馬賢年少，不合衆心。〔三〕其上印綬，罷。」賢即日自殺。〔四〕新都侯王莽爲大司馬，領尚書事。秋七月，遣車騎將軍王舜、大鴻臚左咸使持節迎中山王。〔五〕辛卯，貶皇太后趙氏爲孝成皇后，退居北宮，哀帝皇后傅氏退居桂宮。〔六〕孔鄉侯傅晏、少府董恭等皆免官爵，徙合浦。〔七〕九月辛酉，中山王即皇帝位，〔八〕謁高廟，大赦天下。

〔一〕荀悦曰：諱衎之字曰樂。應劭曰：布綱治紀曰平。師古曰：衎音口旱反。

〔二〕【補注】陳景雲曰：「三歲」，當從外戚傳作「二歲」，下文云「即皇帝位，年九歲」，中山入繼大統，在嗣王後七載，則「三歲」字誤無疑。

〔三〕師古曰：董賢。

〔四〕【補注】宋祁曰：唐本無「即日」二字。

〔五〕師古曰：爲使而持節也。使音所吏反。

〔六〕師古曰：北宮及桂宮皆在城中，而非未央宮中也。【補注】周壽昌曰：北宮廢后所居，孝惠張后廢，處北宮是也，故趙后貶而退居之。孔光傳「光議定陶太后宜改築宮。何武曰：『可居北宮』。上從武言。北宮有紫房後道通未央宮，傅太后果從復道朝夕至帝所」。宮在長安城中，周回十里。高帝時，制度草創，孝武增修之，中有前殿，廣五十步，珠簾玉户如桂宮，見西京雜記。括地志云「在長安西北十三里」。桂宮，武帝太初四年秋起，周帀四十里，在未央宮北，見黄圖。元和志云「在長安縣北十三里長安故城中」。關輔記「桂宮通未央宮北，中有光明殿，土山複道，從宮中西上城，西至建章宮」。西京雜記「武帝爲七寶牀、雜寶案、寶屏風、列寶帳，設於桂宮，時人謂之四寶宮」。成帝爲太子時，初居桂宮，後傅太后居之，哀帝建平三年，「帝太太后所居桂宮正殿火」是也。

〔七〕師古曰：恭，董賢之父。【補注】錢大昭曰：公卿表「建平四年，光禄大夫董恭爲少府，元壽元年，遷衛尉，二月，爲光禄大夫」。此仍云少府者，蓋是時官職遷徙無常，恭是董賢之父，當哀帝時不應致仕。或以光禄大夫仍爲少府也。

〔八〕【補注】劉攽曰：辛酉去哀帝崩六十四日。

帝年九歲，太皇太后臨朝，大司馬莽秉政，百官總己以聽於莽。〔一〕詔曰：「夫赦令者，將與天下更始，誠欲令百姓改行絜己，全其性命也。性者〔二〕有司多舉奏赦前事，累增罪過，誅陷亡辜，殆非重信慎刑，洒心自新之意也。〔三〕及選舉者，其歷職更事有名之士，則以爲難保，〔四〕廢而弗舉，甚謬於赦小過舉賢材之義。〔五〕諸有臧及内惡未發而薦舉者，皆勿案驗。〔六〕令士厲精鄉進，〔七〕不以小疵妨大材。〔八〕自今以來，有司無得陳赦前事置奏上。〔九〕有不如詔書爲虧恩，以不道論。定著令，布告天下，使明知之。」

〔一〕師古曰：聚束曰總，音揔。

〔二〕【補注】錢大昭曰：「性」當作「往」。先謙曰：官本作「往」。

〔三〕師古曰：洒，滌也，音先禮反。

〔四〕師古曰：更，經也。難保者，言已嘗有罪過，不可保也。更音工衡反。

〔五〕師古曰：論語云仲弓問政，孔子對曰「赦小過，舉賢材」。故此詔引之。【補注】先謙曰：官本無「對」字。

〔六〕師古曰：有臧，謂以臧貨致罪。

〔七〕師古曰：鄉讀曰嚮。

〔八〕師古曰：疵，病也。【補注】何焯曰：此莽羅致屏棄不齒之人，被以望外過恩，使爲己用耳。莽謂「諸有臧及內惡未發者，不以小疵妨大材」。曹操亦謂「若必廉士而後用，則齊桓其何以伯世」？篡賊所求，往往必於其類，以爲此屬皆計不反顧，不得不奮効嗚吠，以圖富貴一時，乃可惟我所使也。

〔九〕師古曰：置，立也。置奏上，謂立文奏而上陳也。上音時掌反。

元始元年春正月，越裳氏重譯獻白雉一，黑雉二，〔一〕詔使三公以薦宗廟。

〔一〕師古曰：越裳，南方遠國也。譯謂傳言也。道路絶遠，風俗殊隔，故累譯而後乃通。【補注】先謙曰：莽風益州塞外蠻夷爲之。

羣臣奏言大司馬莽功德比周公，賜號安漢公，及太師孔光等皆益封。語在莽傳。賜天下民爵一級，吏在位二百石以上，一切滿秩如真。〔一〕

〔一〕如淳曰：諸官吏初除，皆試守一歲乃爲真，食全奉。平帝即位故賜真。師古曰：此説非也。時諸官有試守者，特加非常之恩，令如真耳。非凡除吏皆當試守也。一切者，權時之事，非經常也。猶如以刀切物，苟取整齊，不顧長短縱横，故言一切。他皆放此。【補注】劉攽曰：予謂吏俸雖有其名，皆不滿其數，平帝即位推恩，故賜令滿秩，如二千石者，得兩十百也。顔百官表注吏俸差是，其注云「漢制，三公稱萬石，其俸月各三百五十斛穀。其稱中二千石者月百八十斛，二千石者百二十斛，比二千石者百斛」云云。據後漢注「所定千石以下，歲得多少本數，此自建武時所加者，非西漢舊事也」。沈欽韓曰：公羊隱三年傳何休云「時雖世大夫，緣孝子之心，不忍便當父位，故順古先試一年，乃命於宗廟」。漢法，初除試守一歲即真，循其義也。王啟原曰：著於令者，後得援以爲例，所謂故事也。此一時之恩，即今所謂後不爲例者。沈所言漢常時之法，史明言一切，顔説得之。

立故東平王雲太子開明爲王，故桃鄉頃侯子成都爲中山王。〔一〕封宣帝耳孫信等三十六人皆爲列侯。〔二〕太僕王惲等二十五人〔三〕前議定陶傅太后尊號，守經法，不阿指從邪，右將軍孫建爪牙大臣，大鴻臚咸前正議不阿，〔四〕後奉節使迎中山王，〔五〕及宗正劉不惡、〔六〕執金吾任岑、中郎將孔永、尚書令姚恂、沛郡太守石詡，〔七〕皆以前與建策，東迎即位，〔八〕奉事周密勤勞，賜爵關内侯，食邑各有差。賜帝徵即位前所過縣邑吏二千石以下至佐史爵，各有差。又令諸侯王、公、列侯、關内侯亡子而有孫若子同産子者，皆得以爲嗣。〔九〕公、列侯嗣子有罪，耐以上先請。宗室屬未盡而以罪絶者，復其屬。〔一〇〕其爲吏舉廉佐史，補四百石。〔一一〕天下吏比二千石以上年老致仕者，參分故禄，以一與之，終其身。〔一二〕遣諫大夫行三輔，〔一三〕舉籍吏民，〔一四〕以元壽二年倉卒時横賦斂者，償其直。〔一五〕義陵民冢不妨殿中者勿發。〔一六〕天下吏舍亡得置什器儲偫。〔一七〕

〔一〕【補注】先謙曰：通鑑胡注「平帝入奉大宗，故立成都以奉孝王後」。齊召南云：「成帝立定陶王爲太子，即立楚孝王孫景奉定陶恭王祀，即此事所本。」先謙案：立開明，所以雪東平之冤而收衆望也。

〔二〕【補注】先謙曰：通鑑考異云「紀在元年，莽傳在五年。案王子侯表皆元年二月丙辰封，莽傳誤也」。胡三省云「案表桃鄉侯恢等十五人，皆以二月丙辰封，不及三十六人之數，又無信名，蓋恢等皆宣帝曾孫也」。先謙案：荀紀作玄孫信。

〔三〕師古曰：惲音於吻反。

〔四〕師古曰：左咸。

〔五〕師古曰：謂奉持節而爲使。

〔六〕【補注】朱一新曰：案不惡更名容，見公卿表。

〔七〕師古曰：岑音士林反。恂音荀。詡音況羽反。

〔八〕師古曰：帝本在中山，出關而迎，故曰東迎。與讀曰豫。

〔九〕師古曰：子同産子者，謂養昆弟之子爲子者。

〔一〇〕師古曰：復音扶目反。【補注】先謙曰：胡三省云「謂袒免以上親，以罪絶屬籍者，復其屬籍」。

〔一一〕如淳曰：宗室爲吏及舉廉及佐史，皆補四百石。師古曰：此説非也。言宗室爲吏者，皆令舉廉，各從本秩。而依廉吏遷之爲佐史者，例補四百石。

〔一二〕師古曰：參，三也。

〔一三〕師古曰：行音下更反。

〔一四〕張晏曰：舉録賦斂之籍而賞之。【補注】蘇輿曰：哀紀「遣光禄大夫循行舉籍」，顔云「舉其名籍」，此義與彼同，張專就本文爲説耳。先謙曰：官本注「賞」作「償」，是。

〔一五〕師古曰：卒讀曰猝。橫音胡孟反。

〔一六〕如淳曰：陵上有宮牆，象生制度爲殿屋，故曰殿中。師古曰：此說非也。殿中，謂壙中象正殿處。

〔一七〕師古曰：軍法，五人爲伍，二伍爲什，則共其器物。故通謂生生之具爲什器，亦猶今之從軍及作役者十人爲火，共畜調度也。儲，積也。偫，具也。偫音丈紀反。【補注】先謙曰：官本「舍」作「民」，引宋祁曰，唐本無「吏」字。周壽昌云「吏舍」各本作「吏民」。據顏注無釋吏舍之語，則作「吏民」爲是。

二月，置羲和官，〔一〕秩二千石，外史、閭師，秩六百石。〔二〕班教化，禁淫祀，放鄭聲。

〔一〕【補注】先謙曰：羲和初置，自爲一官，劉歆爲之，見歆傳。莽篡後，乃改大司農爲羲和。

〔二〕應劭曰：周禮閭師掌四郊之民，時其徵賦也。【補注】蘇輿曰：外史亦周官，夏官外史掌書外令。

乙未，義陵寢神衣在柙中，丙申旦，衣在外牀上，〔一〕寢令以急變聞。〔二〕用太牢祠。

〔一〕文穎曰：哀帝陵也。衣在寢中，今自出在牀上。師古曰：柙，匱也，音狎。【補注】周壽昌曰：漢武故事「高廟中御衣自篋中出，舞於殿上」。本書王莽傳「杜陵便殿乘輿虎文衣廢藏在室匣者，出，自樹立外堂上，良久乃委地」。二事與此類。

〔二〕師古曰：非常之事，故云急變。

夏五月丁巳朔，日有蝕之。〔一〕大赦天下。公卿、將軍、中二千石舉敦厚能直言者各一人。

〔一〕【補注】先謙曰：五行志「在東井」。

六月，使少傅左將軍豐〔一〕賜帝母中山孝王姬璽書，拜爲中山孝王后。賜帝舅衛寶、寶弟玄爵關内侯。賜帝女弟四人號皆曰君，〔一〕食邑各二千户。

〔一〕師古曰：甄豐。【補注】宋祁曰：「傳」，一作「府」。周壽昌曰：百官表「元始二年四月，少府左將軍甄豐爲大司空」。則作少府爲是。朱一新曰：中山衞姬傳亦作「少傅」。

〔二〕【補注】周壽昌曰：中山衞姬傳「賜帝三妹號爲君」，莽傳同，無「四人」，此「四」字誤。先謙曰：通鑑作「三人」，荀紀誤依本紀。

封周公後公孫相如爲褒魯侯，〔一〕孔子後孔均爲褒成侯，奉其祀。〔二〕追謚孔子曰褒成宣尼公。〔三〕

〔一〕【補注】先謙曰：通鑑作「封魯頃公之八世孫公子寬爲褒魯侯」。

〔二〕【補注】先謙曰：均，霸曾孫。

〔三〕【補注】錢大昭曰：宣尼之號，始見於此。

罷明光宫及三輔馳道。

天下女徒已論，歸家，顧山錢月三百。〔一〕復貞婦，鄉一人。〔二〕置少府海丞、果丞各一人；〔三〕大司農部丞十三人，人部一州，勸農桑。〔四〕

〔一〕如淳曰：已論者，罪已定也。令甲，女子犯罪，作如徒六月，顧山遣歸。説以爲當於山伐木，聽使入錢顧功直，故謂之顧山。應劭曰：舊刑鬼薪，取薪於山以給宗廟，今使女徒出錢顧薪，故曰顧山也。師古曰：如説近之。謂女徒論罪已定，並放歸家，不親役之，但令一月出錢三百，以顧人也。爲此恩者，所以行太皇太后之德，施惠政於婦人。

【補注】沈欽韓曰：楊惲傳「富郎出錢，名山郎」。則女徒出錢亦名顧山，義同也。先謙曰：「顧」上應有「出」字，文義乃足，疑傳寫奪之。通鑑有「出」字。

〔三〕師古曰：復音方目反。鄉一人，取其尤最者。

〔三〕師古曰：海丞，主海税也。果丞，掌諸果實也。

〔四〕【補注】先謙曰：通鑑胡注「武帝(用)〔時〕，桑弘羊置大司農部丞數十人，分部郡國，主均輸鹽鐵。今以十三人部十三州」。

太皇太后省所食湯沐邑十縣，屬大司農，常別計其租入，以贍貧民。

秋九月，赦天下徒。

以中山苦陘縣爲中山孝王后湯沐邑。〔一〕

〔一〕師古曰：陘音形。【補注】先謙曰：苦陘縣故城在正定府無極縣東北二十八里。

二年春，黄支國獻犀牛。〔一〕

〔一〕應劭曰：黄支在日南之南，去京師三萬里。師古曰：犀狀如水牛，頭似豬，而四足類象，黑色，一角當額前，鼻上又有小角。【補注】宋祁曰：南本顏注「一角」字上有「有甲」二字。先謙曰：莽厚遺其王，使獻之。

詔曰：「皇帝二名，通于器物，〔一〕今更名，合於古制。〔二〕使太師光奉太牢告祠高廟。」

〔一〕孟康曰：平帝本名箕子，更名曰衎。箕，用器也，故云通于器物。

〔二〕師古曰：更，改也。

夏四月，立代孝王玄孫之子如意爲廣宗王，〔一〕江都易王孫盱台侯宮爲廣川王，〔二〕廣川惠王曾孫倫爲廣德王。〔三〕封故大司馬博陸侯霍光從父昆弟曾孫陽、宣平侯張敖玄孫慶忌、絳侯周勃玄孫共、舞陽侯樊噲玄孫之子章皆爲列侯，復爵。〔四〕賜故曲周侯酈商等後玄孫酈明友等百一十三人爵關内侯，食邑各有差。〔五〕

〔一〕【補注】先謙曰：胡注「孝王參孫義改封清河，傳國至孫年，宣帝地節四年以罪廢。今封如意奉孝王後」。

〔二〕師古曰：盱音許于反。台音怡。【補注】錢大昕曰：諸侯王表「廣世王宮以易王庶孫盱台侯子紹封」。又景十三王傳「平帝時，立建弟盱台侯子宮爲廣陵王，奉易王後」。則紀文盱台侯下脱一「子」字矣。廣川、廣陵、廣世，紀、表、傳互有不同。考廣陵王胥以武帝子封，其後絶而更紹，至王莽時始廢，不容更封它人。若廣川國則其時已改爲信都，以封楚孝王孫景，未必割其地以封宮也，當從表作廣世爲是。沈欽韓曰：「世」與「川」字相似而誤，廣世國無可考，紀作廣川爲是。紹封之王裁數千户，何不可割之有？先謙曰：沈説是。荀紀、通鑑並作廣川，並無「子」字，據表、傳，易王非子建，武帝元狩二年反誅，今立宮奉易王後。

〔三〕【補注】錢大昕曰：諸侯王表「倫」作「榆」。廣川惠王傳作「瘉」。師古音愈。王子侯表、中山靖王傳皆作「倫」。朱一新曰：景十三王傳，中山靖王後有廣川惠王曾孫倫，當即此一人，誤繫於靖王傳末。劉敞、羅願、錢大昕皆有辨，詳靖王傳後，參考衆文，作「倫」者是，瘉、榆俱以形似而譌。先謙曰：荀紀、通鑑並作「倫」。惠王越，宣帝地節四年以孫文紹封，傳子海陽，甘露四年以罪廢，今立倫奉惠王後。胡三省云此皆莽以繼絶世惑衆。

〔四〕師古曰：共讀曰恭。復音扶福反。【補注】蘇輿曰：勃傳作玄孫之子恭。表與紀同。

〔五〕【補注】錢大昭曰：案功臣表明友是商玄孫之孫，此誤。朱一新曰：表作「猛友」。先謙曰：通鑑云「列侯及關内侯凡百一十七人」，併霍陽數之也。荀紀誤作一百三十人。

郡國大旱，蝗，〔一〕青州尤甚，民流亡。安漢公、四輔、三公、卿大夫、吏民爲百困乏獻其田宅者二百三十人，〔二〕以口賦貧民。〔三〕遣使者捕蝗，民捕蝗詣吏，以石蚪受錢。〔四〕天下民貲不滿二萬，及被災之郡不滿十萬，勿租税。民疾疫者，舍空邸第，爲置醫藥。〔五〕賜死者一家六尸以上葬錢五千，四尸以上三千，二尸以上二千。罷安定呼池苑，以爲安民縣，〔六〕起官寺市里，募徙貧民，縣次給食。至徙所，賜田宅什器，假與犂、牛、種、食。〔七〕又起五里於長安城中，〔八〕宅二百區，以居貧民。〔九〕

〔一〕【補注】先謙曰：五行志云「秋，蝗徧天下」。此在夏，志蓋終言之。

〔二〕張晏曰：王莽爲太傅，孔光爲太師，王舜爲太保，甄豐爲少傅，是爲四輔。莽復兼大司馬，馬宫爲司徒，王崇爲司空，是爲三公。【補注】先謙曰：「百」下脱「姓」字，官本有。

〔三〕師古曰：計口而給其田宅。

〔四〕師古曰：量蝗多少而賞錢。

〔五〕師古曰：舍，止也。

〔六〕師古曰：中山之安定也。池音大河反。【補注】齊召南曰：案志，中山國無安民縣，何也？全祖望曰：案，曰呼沱，則是中山，非關中。況平帝由中山王爲天子，故首加恩於潛藩。但中山之安民縣，前志、續志皆無，殆亦不久併省。沈欽韓曰：地理志安定縣屬鉅鹿郡，非中山。案，袁宏後漢紀「西誅隗囂，中郎將來歙兼領衆軍在安民」。渭水注「畧陽川水又西逕畧陽道故城北，建武八年，中郎將來歙與祭遵所部護軍王忠、右輔將軍朱寵將二千人，皆持鹵刀斧，自安民縣之楊城元始二年，平帝罷安定滹沱苑以爲安民縣，起官寺市里。從番須、回中伐樹木，開山道，至署陽」。案其行兵之道，則安民縣屬安定郡無疑。其縣西漢末置，東漢初即改并，故兩志俱未詳。方輿紀要「安民縣應在平涼府華亭縣界」。先謙曰：趙一清云「續志注安定郡臨涇縣下引謝承書云『宣仲爲長吏，民扳留，改宜民』，見李固傳。而志無此改，豈承之妄乎」？案：「宜民」疑即「安民」之譌，蓋西京已有是稱，不始於宣仲，昭以謝説爲妄，當矣。官本注「池」作「沲」。

〔七〕師古曰：種音之勇反。

〔八〕如淳曰：民居之里。【補注】先謙曰：官本注在「以居貧民」下。

〔九〕【補注】先謙曰：五行志「六月，隕石鉅鹿，二」。

秋，舉勇武有節明兵法，郡一人，詣公車。

九月戊申晦，日有蝕之。〔一〕赦天下徒。

〔一〕【補注】先謙曰：五行志有「既」字。

使謁者大司馬掾四十四人持節行邊兵。〔一〕

〔一〕師古曰：行音下更反。

遣執金吾候陳茂假以鉦鼓，〔一〕募汝南、南陽勇敢吏士三百人，諭説江湖賊成重等二百餘人皆自出，送家在所收事。〔二〕重徙雲陽，〔三〕賜公田宅。〔四〕

〔一〕晉灼曰：百官表執金吾屬官有兩丞、候、司馬。應劭曰：將帥乃有鉦鼓，今茂官輕兵少，又但往諭曉之耳，所以假鉦鼓者，欲重其威也。鉦者，鐃也，似鈴，柄中上下通。師古曰：鉦音征。鐃音女交反。

〔二〕如淳曰：賊雖自出，得還其家而已，不得復除，尚當役作之也。師古曰：如説非也。言身既自出，又各送其家人詣本屬縣邑從賦役耳。【補注】劉攽曰：賊二百皆異縣人，既自出，故送家在所收事也。先謙曰：胡三省云劉説是。何焯云收事，猶今編入里甲當差。

〔三〕服虔曰：重，成重也。作賊長帥，故徙之也。

〔四〕【補注】蘇輿曰：莽傳云「予前在大麓，始令天下公田口井」。即此時事。穀梁宣十五年傳「古者公田爲居」，此蓋放其制，使民即公田爲廬舍，故云賜宅。

冬，中二千石舉治獄平，歲一人。〔一〕

〔一〕李奇曰：吏治獄平端也。

三年〔一〕春，〔二〕詔有司爲皇帝納采安漢公莽女，〔三〕語在莽傳。又詔光禄大夫劉歆等雜定婚禮，四輔、公卿、大夫、博士、郎、吏家屬皆以禮娶，親迎立軺併馬。〔四〕

〔一〕【補注】沈欽韓曰：御覽七百十七引古今注「元始三年，延陵西園神寢内，御户座前大鏡，皆清液如汗水出狀」。

〔二〕【補注】先謙曰：五行志「正月，天雨草，狀如元帝永光時」。

〔三〕師古曰：婚禮有納采、問名之禮，謂采擇其可娶者。

〔四〕服虔曰：軺音軺，立乘小車也。併馬，驪駕也。師古曰：新定此制也。併音步鼎反。【補注】先謙曰：官本注「軺」作「謡」。

夏，安漢公奏車服制度，吏民養生、送終、嫁娶、奴婢、田宅、器械之品。立官稷及學官。〔一〕郡國曰學，縣、道、邑、侯國曰校。〔二〕校、學置經師一人。鄉曰庠，聚曰序。〔三〕序、庠置孝經師一人。

〔一〕如淳曰：郊祀志曰「已有官社，未有官稷，遂立官稷於官社之後」。臣瓚曰：漢初，除秦社稷，立漢社稷，其後又立官社，配以夏禹，而不立官稷。至此始立官稷。光武之後，但有官社，不立官稷。師古曰：淳、瓚二説皆未盡也。初立官稷於官社之後，是爲一處。今更創置建於別所，不相從也。

〔二〕【補注】沈欽韓曰：隸釋溧陽長潘乾校官碑云「構修學宮，宗懿昭德」，是縣學名校也。

〔三〕張晏曰：聚，邑落名也。師古曰：聚小於鄉。聚音才喻反。【補注】錢大昭曰：韋昭曰「小於鄉曰聚」，見文選東都賦注。此顔注所本。

陽陵任横等自稱將軍，盜庫兵，攻官寺，出囚徒。大司徒掾督逐，皆伏辜。安漢公世子宇與帝外家衞氏有謀。宇下獄死，誅衞氏。〔一〕

〔一〕【補注】先謙曰：詳莽及外戚傳。

四年春正月，郊祀高祖以配天，宗祀孝文以配上帝。改殷紹嘉公曰宋公，周承休公曰鄭公。

詔曰：「蓋夫婦正則父子親，人倫定矣。前詔有司復貞婦，歸女徒，〔一〕誠欲以防邪辟，〔二〕全貞信。及眊悼之人〔三〕刑罰所不加，聖王之所制也。惟苛暴吏多拘繫犯法者親屬，婦女老弱，構怨傷化，百姓苦之。〔四〕其明敕百僚，婦女非身犯法，及男子年八十以上七歲以下，家非坐不道，詔所名捕，它皆無得繫。〔五〕其當驗者，即驗問。〔六〕定著令。」

〔一〕師古曰：復音方目反。

〔二〕師古曰：辟讀曰僻。

〔三〕師古曰：八十曰眊，七年曰悼。眊者老稱，言其昏暗也。悼者，未成爲人，於其死亡可哀悼也。眊音莫報反。

〔四〕師古曰：構，結也。

〔五〕張晏曰：名捕，謂下詔特所捕也。【補注】俞樾曰：禮曲禮「八十、九十曰耄，七年曰悼，悼與耄雖有罪，不加刑焉」。此正漢制所本。刑法志「年八十以上，八歲以下，當鞠繫者，頌繫之」。八歲亦當作七歲，下文又述成帝定令「年未滿七歲，賊鬬殺人及犯殊死者，上請得減死」。知漢制皆以七歲爲斷。周壽昌曰：名捕，謂詔書所指名令捕者，張於「名」字義未繹。先謙曰：官本注「特」作「時」。

〔六〕師古曰：就其所居而問。【補注】周壽昌曰：即驗問，不稽時也。豈有長吏就訟者之居而聽訟者，情理不合。後書光武紀「建武三年，詔男子八十以上，十歲以下及婦人從坐者，自非不道，詔所名捕，皆不得繫，當驗問者，即就驗」。顔説蓋本此。然詔語各不同，此云即驗問，謂不稽時；彼云即就驗，是就所居而問，與此有別，不能援以爲據也。先謙曰：周説是。荀紀云「其當驗問者則驗問」。古「即」、「則」字同，荀改「即」爲「則」，亦不解爲就所居而問也。

二月丁未，立皇后王氏，大赦天下。

遣太僕王惲等八人置副，假節，〔一〕分行天下，覽觀風俗。〔二〕

〔一〕【補注】先謙曰：胡三省云「副，副使也。惲等持節，其副則假之以節」。

〔二〕師古曰：行音下更反。

賜九卿已下至六百石、宗室有屬籍者爵，自五大夫以上各有差。〔一〕賜天下民爵一級，鰥寡孤獨高年帛。

〔一〕師古曰：五大夫，第九爵。

夏，皇后見于高廟。加安漢公號曰「宰衡」。〔一〕賜公太夫人號曰功顯君。〔二〕封公子安、臨皆爲列侯。

〔一〕應劭曰：周公爲太宰，伊尹爲阿衡，采伊、周之尊以加莽。

〔二〕【補注】周壽昌曰：帝后之母賜封君。自武帝王皇后母臧兒封平原君始，後漢則屢見。莽母爲帝后祖母，故亦得封君。蔡邕獨斷「異姓婦女以恩澤封者曰君，比長公主」。

安漢公奏立明堂、辟廱。〔一〕尊孝宣廟爲中宗，孝元廟爲高宗，天子世世獻祭。〔二〕

〔一〕應劭曰：明堂所以正四時，出教化。明堂上圜下方，八窗四達，布政之宮，在國之陽。上八窗法八風，四達法四時，九室法九州，十二重法十二月，三十六户法三十六雨，七十二牖法七十二風。孝經曰「宗祀文王於明堂，以配上帝。」上帝謂五(時)〔畤〕、帝太昊之屬。黄帝曰合宫，有虞曰總章，殷曰陽館，周曰明堂。辟廱者，象璧圜，雍之以水，象教化流行。【補注】先謙曰：官本注作「三十六風，七十二雨」。傳寫倒之。引宋祁曰，注文「三十六雨」、「雨」字舊作「旬」，七十二風、「風」字舊作「候」，疑此本有誤。

〔二〕【補注】先謙曰：莽尊孝元，以悦太后意。

置西海郡，〔一〕徙天下犯禁者處之。

〔一〕【補注】齊召南曰：案莽所置西海郡在金城郡臨羌縣塞外西北，地理志可證。西海曰僊海，亦曰鮮水海，即今青海也。先謙曰：莽誘塞外羌獻鮮水海、允谷鹽池。置，官本「置」上有「冬」字，引宋祁曰，新本去「冬」字。周壽昌云：據下書「冬，大風，吹長安城東門」。則此「冬」字應去。

梁王立有罪，自殺。〔一〕

〔一〕【補注】朱一新曰：諸侯王表立廢，徙漢中自殺，乃元始二年事。考文三王傳，立自殺後二年，莽白太皇太后封音爲梁王，而音之封在元始五年，則表與傳符。此紀誤。先謙曰：立坐與衞氏交通。

分京師置前煇光、後丞烈二郡。〔一〕更公卿、大夫、八十一元士官名位次〔二〕及十二州名。分界郡國所屬，罷置改易，天下多事，吏不能紀。

〔一〕【補注】先謙曰：胡注「前煇光蓋領長安以南諸縣，後丞烈蓋領長安以北諸縣也」。

〔二〕師古曰：更，改也。

冬，大風吹長安城東門屋瓦且盡。

五年春正月，祫祭明堂。〔一〕諸侯王二十八人、列侯百二十人、宗室子九百餘人徵助

祭。〔二〕禮畢，皆益户，賜爵及金帛，增秩補吏，各有差。〔三〕

〔一〕應劭曰：禮五年而再殷祭，壹禘壹祫。祫祭者，毁廟與未毁廟之主皆合食於太祖。師古曰：祫音洽。

〔二〕師古曰：徵，召也。【補注】錢大昕曰：是時諸侯王見存者：城陽王俚、菑川王永、河間王尚、魯王閔、趙王隱、長沙王魯人、廣平王廣漢、膠東王殷、六安王育、真定王楊、泗水王靖、廣陽王嘉、廣陵王守、高密王慎、淮陽王縯、東平王開明、中山王成都、楚王紆、信都王景、廣宗王如意、廣世王宮、廣德王倫，止二十二人。梁王音以是年紹封在正月以後，故不數。

〔三〕【補注】先謙曰：胡注「已封者益户，未有爵者賜爵，已有爵者賜金帛，已有秩者增秩，未有官者補吏」。

詔曰：「蓋聞帝王以德撫民，其次親親以相及也。昔堯睦九族，舜惇敘之。〔一〕朕以皇帝幼年，且統國政，〔二〕惟宗室子皆太祖高皇帝子孫及兄弟吴頃、楚元之後，〔三〕漢元至今，十有餘萬人，〔四〕雖有王侯之屬，莫能相糾，〔五〕或陷入刑罪，教訓不至之咎也。傳不云乎？『君子篤於親，則民興於仁。』〔六〕其爲宗室自太上皇以來族親，各以世氏，郡國置宗師以糾之，致教訓焉。〔七〕二千石選有德義者以爲宗師。考察不從教令有冤失職者，宗師得因郵亭書言宗伯，請以聞。〔八〕常以歲正月賜宗師帛各十匹。」

〔一〕師古曰：虞書堯典云「昔在帝堯，克明峻德，以親九族，九族既睦，平章百姓」。咎繇謨曰「惇敘九族，庶明厲翼」。言堯能明峻德之士而任用之，以陸高祖玄孫之親，乃令百姓平和章明。舜又厚敘此親，使衆庶皆明其教，而自勉勵翼戴上命也。故此詔引之。【補注】錢大昭曰：注「陸」，閩本作「睦」。先謙曰：官本「陸」作「睦」，是。

〔二〕師古曰：朕者，太皇太后自稱也。

〔三〕師古曰：吳頃謂高帝之兄仲也。初爲代王，後廢爲合陽侯，而子濞封爲吳王，故追謚仲爲吳頃王。頃讀曰傾。

〔四〕【補注】先謙曰：胡注「漢元，漢初也」。

〔五〕師古曰：糾謂禁察也。

〔六〕師古曰：此論語載孔子之辭也。言上能厚於親屬，則下皆化之，起爲仁行也。以論語傳聖人之言，故爲之傳。他皆類此。【補注】錢大昭曰：注文「爲」當作「謂」。先謙曰：爲、謂通用字。

〔七〕【補注】何焯曰：時諸侯王皆同編户民，無足憚者。然以十餘萬之衆，慮諸劉相結起事，故陰置其所厚黨於王氏斲喪公室者，陰檢束之，非教訓其人也。

〔八〕晉灼曰：宗伯，宗正也。師古曰：郵，行書舍也。言爲書以付郵亭，令送至宗伯也。郵音尤。【補注】周壽昌曰：百官表「帝四年，始更宗正名爲宗伯」。是年復於各宗室王侯郡國置宗師一員。

羲和劉歆等四人使治明堂、辟廱，〔一〕令漢與文王靈臺、周公作洛同符。〔二〕太僕王惲等八人使行風俗，〔三〕宣明德化，萬國齊同。皆封爲列侯。

〔一〕師古曰：爲使者而典其事。【補注】先謙曰：四人：劉歆、平晏、孔永、孫遷。

〔二〕師古曰：文王築靈臺，周公成雒邑，言與之符合。

〔三〕師古曰：行音下更反。【補注】先謙曰：八人：王惲、閻遷、陳崇、李翕、郝黨、謝殷、逯普、陳鳳。

徵天下通知逸經、古記、天文、曆算、鍾律、小學、史篇、方術、本草及以五經、論語、孝經、爾雅教授者，在所爲駕一封軺傳，〔一〕遣詣京師。至者數千人。

〔一〕如淳曰：律，諸當乘傳及發駕置傳者，皆持尺五寸木傳信，封以御史大夫印章。其乘傳參封之。參，三也。有期會累封兩端，端各兩封，凡四封也。乘置馳傳五封也，兩端各二，中央一也。軺傳兩馬再封之，一馬一封也。」師古曰：以一馬駕軺車而乘傳。傳音張戀反。【補注】沈欽韓曰：漢舊儀「丞相掾屬以詔使案事，御史爲駕一封；行赦令，駕二封」。姚鼐曰：如引律，以高紀注所引律合之，此所云五封者，即彼所引四馬高足爲置傳也，如劉屈氂傳「長史乘疾置」是也。所云四封者，中足爲馳傳也。所云三封者，下足爲乘傳也。以緩急別用馬之上下。此三等乃出使者及吏二千石所乘，故當用御史大夫印封也。若軺傳則乘者事輕，所在爲駕，固不必是御史大夫印矣。如梅福從縣道求假軺傳，司隸從事爲申屠蟠封傳是也。然則後世有以使臣出，當名乘傳而稱軺傳者，乃是誤也。至漢律所云當乘傳，謂其爵位使命當乘也。發駕置傳，謂其爵位非應乘傳，特發傳以往迎其人也。儒林傳「以安車駕駟迎申公，弟子二人乘軺傳」。案申公所乘則所云發者，與說文「棨，傳信也」，此即如淳所云尺五寸木。

閏月，立梁孝王玄孫之耳孫音爲王。〔一〕

〔一〕【補注】先謙曰：文三王傳作「玄孫之曾孫」。又五行志「七月己亥，高皇帝原廟(毀)〔殿〕門災盡」。

冬十二月丙午，帝崩于未央宮。〔一〕大赦天下。有司議曰：「禮，臣不殤君。〔二〕皇帝年十有四歲，宜以禮斂，加元服。」〔三〕奏可。葬康陵。〔四〕詔曰：「皇帝仁惠，無不顧哀，〔五〕每疾一發，氣輒上逆，害於言語，故不及有遺詔。其出媵妾，皆歸家得嫁，如孝文時故事。」〔六〕

〔一〕臣瓚曰：帝年九歲即位，即位五年，壽十四。師古曰：漢注云帝春秋益壯，以母衛太后故怨不悅。莽自知益疎，篡殺之謀由是生，因到獵日上椒酒，置藥酒中。故翟義移書云「莽鴆弒孝平皇帝」。【補注】錢大昭曰：注文「獵」當作「臘」。先謙曰：官本「獵」作「臘」。「弒」作「殺」。

〔二〕【補注】沈欽韓曰：五經異義云，許君案，禮云「臣不殤君，子不殤父。君無子而不爲立廟，是背禮棄義，罪之大者也」。

〔三〕師古曰：斂音力贍反。

〔四〕臣瓚曰：在長安北六十里。【補注】沈欽韓曰：長安志「在咸陽縣西二十五里」。舊圖經曰「康陵在興平原口」。錢大昭曰：孝平爲莽所鴆，不書弑者，春秋諱内大惡之意。惟葬不書日，以示變例。

〔五〕師古曰：言帝平生多所顧念哀憐。

〔六〕師古曰：媵妾，謂從皇后俱來者。媵之言送。媵音食證反，又音孕也。【補注】何焯曰：出媵妾歸家得嫁者，莽欲階此奪孝平皇后之志，賴其女賢耳。凡奸人爲一善事，亦必爲其私也。錢大昭曰：「送」下南雍本、閩本有「也」字，此誤刻於「又音孕」之下。先謙曰：官本注「也」字在「送」下。

贊曰：孝平之世，政自莽出，褒善顯功，以自尊盛。觀其文辭，方外百蠻，亡思不服；〔一〕休徵嘉應，頌聲並作。〔二〕至乎變異見於上，民怨於下，〔三〕莽亦不能文也。〔四〕

〔一〕師古曰：大雅文王有聲之詩曰「自(東)〔西〕自(西)〔東〕，自南自北，無思不服」。言武王於鎬京行辟雍之禮，自四方來觀者皆感其德化，心無不歸服。故此贊引之。

〔二〕師古曰：休，美也。徵，證也。

〔三〕【補注】王先慎曰：御覽八十九引「民」下有「人」字。

〔四〕如淳曰：不可復文飾也。